教育现代化的
国际比较

刘惠琴 等 著

清华大学出版社

北京

图书在版编目 (CIP) 数据

教育现代化的国际比较 / 刘惠琴等著 . -- 北京 : 清华大学出版社，2025. 8.

ISBN 978-7-302-70095-1

Ⅰ . G51

中国国家版本馆 CIP 数据核字第 20250ST296 号

责任编辑：刘　晶
封面设计：徐　超
版式设计：方加青
责任校对：宋玉莲
责任印制：刘海龙

出版发行：清华大学出版社

网　　　址：https://www.tup.com.cn，https://www.wqxuetang.com
地　　　址：北京清华大学学研大厦 A 座　　　　邮　　编：100084
社 总 机：010-83470000　　　　　　　　　　　邮　　购：010-62786544
投稿与读者服务：010-62776969，c-service@tup.tsinghua.edu.cn
质 量 反 馈：010-62772015，zhiliang@tup.tsinghua.edu.cn

印 装 者：三河市人民印务有限公司
经　　销：全国新华书店
开　　本：185mm×260mm　　　印　　张：19.5　　　字　　数：446 千字
版　　次：2025 年 9 月第 1 版　　　印　　次：2025 年 9 月第 1 次印刷
定　　价：158.00 元

产品编号：113160-01

序

一种"平视"的比较教育研究

实现教育现代化，建设教育强国，是所有中国人的"教育梦"。党的二十大报告已经为中国教育现代化的实现擘画了蓝图与框架，提供了中国教育现代化的顶层设计和行动方案。刘惠琴等学者的《教育现代化的国际比较》一书，进一步为中国教育现代化以及教育强国建设提供了可供参考的相关国家经验。这是一部兼具理论性与实践性的学术著作，它站在时代前沿观照全球教育现代化，是中国教育学者对世界教育现代化理论与实践的一次"平视"，充分体现了中国教育现代化的道路自信，也反映了比较教育研究的新思路、新站位、新视野和新探索。

当然，以往比较教育研究的论著中不乏有关国家教育现代化的描述与介绍，以及若干非常精辟的分析与独到的见解，而《教育现代化的国际比较》则是站在中国教育的新发展阶段与新发展格局的时代方位，以一种平等的立场分析与评述某些国家教育现代化的进路与特点，进而为中国教育现代化的实现提供了客观的选项。包括对教育现代化本身及相关政策内涵的理解与界定、对若干国家教育体系与状况的描述，以及教育现代化过程中主要政策、发展阶段、核心指标、经验与启示的分析等。这些研究在一定程度上调整了以往某种"仰视"的姿态，反映了自信的取向与"平视"的眼光。而这种眼光恰恰能够更客观地看清楚这些国家教育现代化的历史事实，也有利于帮助中国教育工作者更加科学地评价这些国家教育现代化的经验与得失，从中寻找适合中国教育国情的各种选项，进一步增强我们自己教育现代化的道路自信。正如习近平总书记 2021 年 3 月 6 日看望参加全国政协会议的医药卫生界、教育界委员时所说的那样："70 后、80 后、90 后、00 后，他们走出去看世界之前，中国已经可以平视这个世界了，也不像我们当年那么'土'了……"[①] 本书关于教育现代化的国际比较教育研究十分鲜明地表现了中国教育改革发展所达到的新水平与新境界，体现了国际比较教育研究中"平视"的眼光与思路。

实事求是地说，中国教育经历了 40 多年的改革开放与建设发展，伴随着中国社会经济政治的腾飞，在教育思想、理论与方法等方面已经取得了历史性的进步，在一定程度上改变了以往"仰视"某些发达国家教育的姿态。这也是举世公认的客观事实。我清楚地记得，某知名跨国银行的领导在北京饭店贵宾楼的一次社交活动中谈及中国教育时曾表示，中国这样一个发展中国家教育改革的成功经验，能够对其他发展中国家的教育发展提供十分有说服力的参考与借鉴。而某地区性国际金融机构甚至希望中国的教育研

---

① 本报评论员 . 平视世界有自信 奋斗实干赢未来 [N/OL]. 中国青年报，2023-03-09 (001)[2024-02-19].

究工作者，能够向其他与该金融机构有业务合作的国家的教育机构介绍中国教育改革发展的经验。这些都在一定程度上反映了国际社会对中国教育发展成就与道路的认可。中国教育不仅有深厚的历史文化底蕴，而且有十分丰富的现实经验与理论积淀。当然，中国教育取得的成就与进步并不意味着我们可以居功自傲。我们的教育仍然存在许多不充分和不均衡的问题与矛盾，教育发展水平仍然不能满足人民群众对高质量教育的需求。而且，在教育全球化的时代，中国教育仍然需要向其他国家与教育机构学习，加强彼此之间的交流与合作。这是中国教育改革发展与国际化所面临的新挑战。正如英国著名学者艾伦·麦克法兰在他的著作《现代世界的诞生》中所说的："从政治文化上看，中国未来面临的中心问题是，怎样做到一方面保持自己独特的文化与个性，另一方面充分吸收西方文明所能提供的最佳养分。"[①] 这也同样是新时代国际比较教育研究所面临的挑战。

这种挑战至少具有两方面的含义。

首先，它要求中国教育工作者进一步认清中国教育本身的优势、价值与特点，建立与保持中国教育现代化的道路自信，让中国的教育讲"中国话"，有"中国味儿"。这是一个国家和民族的教育必须具有的个性特征与文化基因。同时，要认真总结几十年来改革开放与建设发展的经验，真正把中国教育的概念、理论、特点、道路与模式等搞明白、说清楚。正如习近平总书记给《文史哲》杂志编辑人员回信中所说的那样："增强做中国人的骨气和底气，让世界更好认识中国、了解中国，需要深入理解中华文明，从历史和现实、理论和实践相结合的角度深入阐释如何更好坚持中国道路、弘扬中国精神、凝聚中国力量"[②]，由此为其他国家与教育机构提供可以参考或借鉴的中国经验、中国方案与中国办法，进而为世界教育发展与人类进步做出中国的贡献。这也是中国教育作为一个大国的教育，在教育国际化中应该承担的责任。

其次，中国的教育应该永远向世界其他国家的教育保持一种开放的格局与态度。一方面，这种开放的格局与态度体现的是不断向其他国家教育学习的精神，充分吸收国际上教育改革发展的宝贵经验与营养。所谓的"平视"，仍然是要"视"的，绝不能闭目自守，孤芳自赏。其他国家的教育仍然有许多值得中国学习与借鉴的东西，不同国家的教育都具有一定的优点与特点。这要求中国教育工作者更加充分、全面与系统地认识并理解其他国家与民族的教育。另一方面，这种开放的格局与特点也意味着中国的教育应该对世界的教育做出自己的贡献，并且承担一定的责任。国际上仍然有许多需要全世界教育工作者共同努力携手去探讨的教育问题。人类命运共同体的建设仍然需要中国教育加强与世界各个国家教育之间的交流，特别是青少年之间的文化往来，增强彼此之间的了解与信任，以促进全人类的共同福祉。

我想，这两个方面的彼此观照与相得益彰，可能就是中国教育在新发展阶段"双循环"的新格局，是中国教育在构建人类命运共同体中"平视"的思路与机制。《教育现代化的国际比较》一书的整体构思与研究取向正是体现了这种"双循环"的格局与"平视"的学术姿势。在这里，我们看到了其他国家教育现代化的道路与经验，发现了许多

---

① [英] 艾伦·麦克法兰. 现代世界的诞生 [M]. 刘北成，评议. 上海：上海人民出版社，2013：4-5.
② 王博. 深入理解中华文明 增强做中国人的骨气和底气 [N/OL]. 光明日报，2021-08-04 [2024-02-19].

对中国教育现代化非常有益的选项；我们在描述与比较分析中看到了中国教育与其他国家教育之间的差异与特点，进一步拓展了中国教育改革发展的视野，明确和坚定了中国特色社会主义教育现代化的取向。

这两个方面之间的彼此观照与相得益彰，或许恰恰体现了比较教育研究的一种新思路。因为，坚持中国教育的民族自信与保持开放的结合，恰恰是符合教育发展规律的，它体现了教育必须适应一个国家或民族自身文化发展个性与适应国际社会文化发展要求的统一，反映了国际教育共同发展、相互促进的规律。正如陶行知先生所说的那样，国际交流的目的有两个方面：交换知识、解决问题。因此，"即以交换知识论，必先双方有东西可以换来换去，才可算为交换。自己必先有好的东西，才能和别人换得好的东西。因为'给的能力'常和'取的能力'大略相等。能给多少，即能取多少"[①]。《教育现代化的国际比较》一书恰恰在这个方面做出了比较成功的实践和尝试。这里，我们一方面看到了中国教育工作者在学习与借鉴不同国家教育现代化经验中的认真态度与实事求是的精神，反映了他们对不同国家教育现代化道路的尊重；另一方面也看到了中国教育工作者在分析和评价其他国家教育现代化经验时的自信，体现了他们在教育国际化中中国本位与相互平等的学术态度。

这两个方面之间的彼此观照与相得益彰，何尝不是清华大学办学风格中"中西融汇"精神的历史传承与时代发展呢！《教育现代化的国际比较》一书的学术站位与理论分析确实非常好地践行了这种"中西融汇"的风格，并且将这种精神与风格体现在比较教育研究的实践中。这也是清华办学风格的价值所在。中国教育的建设发展正行驶在实现中华民族伟大复兴的"中国梦"的快车道上。在这个时刻，我们的比较教育研究需要有更坚定的文化自信，需要有更宽广的教育胸怀，需要有更恢弘的国际视野，由此进一步促进中国教育的现代化。我相信，这应该也就是《教育现代化的国际比较》一书作者们的初心！

谢维和
2024 年秋于清华园

---

① 余子侠 . 中国近代思想家文库：陶行知卷 [M]. 北京：中国人民大学出版社，2015：99.

目录

第一章　绪论

推进教育现代化是建设教育强国的基础，关乎国家发展和民族的未来，对于提高人民综合素质、促进人的全面发展、增强中华民族创新创造活力、实现中华民族伟大复兴具有决定性意义。新中国成立以来，我国的教育事业取得了举世瞩目的伟大成就，建成了世界上规模最大的教育体系。进入新时代，世界处于大发展、大变革、大调整时期，世界多极化、经济全球化、社会信息化、文明多样化深入发展，挑战与机遇并存。我国加快向创新型国家前列迈进，社会主要矛盾关系发生历史性变化，转化为人民日益增长的美好生活需要和不平衡不充分的发展之间的矛盾，加快发展更高质量、更加公平、更具个性的教育迫在眉睫。

教育现代化是建设教育强国战略的重要组成部分，是世界各国实现强国发展的必经之路。在中国，教育现代化一直受到党和国家的高度重视。早在 1983 年，邓小平就提出了"三个面向"，即"教育要面向现代化，面向世界，面向未来"。此后，"教育现代化"一词多次出现在我国的政策文件中，成为中国教育改革实践发展的重要目标和宏观教育战略设计的重要组成部分。党的十九大报告明确指出，建设教育强国是中华民族伟大复兴的基础工程，必须把教育事业放在优先位置，深化教育改革，加快教育现代化，办好人民满意的教育。2019 年 2 月，中共中央、国务院印发《中国教育现代化 2035》，从顶层设计的层面推出了一批标志性、引领性的重大教育改革举措，加快建设教育现代化发展。党的二十大报告更是提出"实施科教兴国战略，强化现代化建设人才支撑"，围绕教育优先发展、科技自立自强、人才引领驱动等做出新的全面部署。在西方国家，虽然"教育现代化"这一术语在政策文件中并不常见，但其近现代教育的演变历史实质上就是本国教育现代化的发展过程。在这一过程中，各国由于历史背景和文化传统不同，形成了各具特色的教育现代化模式。

为充分把握教育现代化的演进规律，本书针对教育现代化进行深入研究，立足本土提出教育现代化的核心概念，以平视的立场审视美国、英国、德国、法国、日本、韩国和中国七个国家教育现代化的演进历程及重点政策，将坚持民族自信与保持开放相结合，从而使中国教育现代化发展达到适应中华民族自身文化个性与适应国际社会文化共性要求的统一。在此基础上，本书基于可比指标对七个国家进行横向的国际对标，挖掘可资参考的经验，为推进我国教育现代化提供改革建议。

本章探讨教育现代化的基本问题——教育现代化的内涵、教育现代化的动力机制和教育现代化的特征。在此基础上，从历史、政策和数据三个视角构建教育现代化的分析框架，并在后续的章节中以平视的立场对不同国家教育现代化的模式进行总结。

第一节　教育现代化的内涵

一、现代化的基本内涵

教育现代化来源于现代化（modernization），即成为现代的（to make modern）。其中，现代（modern）包括两重含义：第一重是时间尺度上对于历史阶段的划分，在这种划分标准下，现代指的是现代时期；第二重则是建立在价值尺度上对于文化观念的划分，在这种划分标准下，现代指的是现代精神和现代价值。①

现代化研究起源于西方，自诞生以来就受到了包括社会学、历史学、经济学和政治学等学科学者的广泛关注和探讨。不同学科背景的学者在对现代化进行界定时采用了不同的分析视角，主要形成了三类观点。第一类观点以马克思为代表，认为现代化是国家实现工业化的过程。马克思、恩格斯在《共产党宣言》中提出，"新的工业的建立已经成为一切文明民族的生命攸关的问题"②，揭示了现代化与工业化之间的关系。马克思指出《资本论》的写作目的为"揭示现代社会的经济运动规律"③，并在《资本论》第一卷第一版序言中提到"工业较发达的国家向工业较不发达的国家所显示的，只是后者未来的景象"。④ 马克思划分"现代社会"这一新时代的根据是生产方式的变化，即大工业兴起带来的现代资本主义生产方式的变化。在这一视角下，经济增长是现代化研究的中心问题。特别是对后发国家，现代化专指特定国际关系格局下，经济落后国家在经济和技术上追赶世界先进水平的历史过程。第二类观点以托马斯·库恩和乔治·萨顿等科学史学者为代表，认为现代化是在科技革命的影响下，社会已经发生和正在发生的转变过程。这一观点认为科技革命是划分现代化阶段的标志性事件，将推动科技革命发展作为现代化研究的中心问题。库恩在他的著作《科学革命的结构》中提出了科学革命是一种范式转换，它导致了科技发展的跳跃式进步和世界观的改变。⑤ 乔治·萨顿认为，科技活动是人类最主要的创造性的活动，不只是在物质上，而且是在精神上。⑥ 以牛顿革命为例，它不仅奠定了现代科学的基础，也唤醒了对科学和真理的追求，进而推动了社会变革和思想革命。第三类观点以马克斯·韦伯和英格尔斯等人为代表，认为现代化的本质是人的现代化，是心理态度、价值观和生活方式的转变过程。这种观点起源于马克斯·韦伯对欧洲资本主义发展过程中社会文化转变的分析。他认为，产生资本主义的因素不仅包括合理的常设企业、合理的工艺和合理的法律，也包括合理的精神、合理的一般生活和合理的经济道德。⑦ 美国社会学家英格尔斯认为，现代人具有 12 个方面的品质特征：（1）乐于接受新经验、新思想和新的行为方式；（2）准备接受社会的改革；（3）不盲从，不故步自封，愿意考虑各方面的不同意见；（4）积极获取能够形成见解或态度的事实和信息；（5）注重面向现在与未来，惜时、守时；（6）强烈的效能感，对自己的能力或与他人的合作充满信心，能够应对生活带来的挑战；（7）讲求事先的计划和安排；（8）能够信赖合理合法的社会机构和周围的人以解决问题；（9）重视专门技术，并愿意以此作为分配报酬的正确基础；（10）乐于让自己和他的后代选择离开传统所认可

① 罗荣渠.现代化新论——世界与中国的现代化进程 [M].北京：商务印书馆，2020：5-6.
② 中共中央马克思恩格斯列宁斯大林著作编译局.共产党宣言 [M].北京：人民出版社，2018：31.
③ 中共中央马克思恩格斯列宁斯大林著作编译局.资本论：第 1 卷 [M].北京：人民出版社，2018：10.
④ 中共中央马克思恩格斯列宁斯大林著作编译局.资本论：第 1 卷 [M].北京：人民出版社，2018：8.
⑤ 托马斯·库恩.科学革命的结构 [M].张卜天，译.北京：北京大学出版社，2022：166-192.
⑥ [美]乔治·萨顿.科学史和新人文主义 [M].陈恒六，刘兵，等译.北京：华夏出版社，1989：48.
⑦ 马克斯·韦伯.世界经济通史 [M].姚曾懋，译.上海：上海译文出版社，1981：301.

的职业，从事与新事物相关的现代职业；（11）注重尊重他人和自尊；（12）注重了解生产及过程。^①

国内学者也对现代化这一概念进行了定义。罗荣渠综合了国外对现代化研究的传统，从历史学的视角比较了世界与中国的现代化进程，创新性地提出现代化是 18 世纪后半期西方工业革命以后出现的全球发展总趋势。这一进程包括广义的和狭义的两种理解。广义的现代化是指自工业革命以来现代生产力导致社会方式的大变革，这一变革以现代工业、科学和技术革命为推动力，实现传统的农业社会向现代工业社会的大转变，使工业主义渗透到经济、政治、文化、思想领域并引起社会组织与社会行为深刻变革的过程。狭义的现代化主要是指第三世界经济落后国家采取适合自己的高效率途径，通过有计划的经济技术改造和学习世界先进，带动广泛的社会改革，以迅速追赶和适应世界环境的发展过程。^②何传启则对"现代化"概念进行了三维定义。一是根据辞典中的基本含义，现代化既可以表示现代的过程，也可以表示现代先进水平的特征。二是根据理论含义，现代化是指 18 世纪工业革命以来人类社会所发生的深刻变化，它包括从传统经济向现代经济、传统社会向现代社会、传统政治向现代政治、传统文明向现代文明的转变过程及其变化。它既发生在先发国家的社会变迁里，也存在于后进国家追赶先进水平的过程中。经典现代化是指从农业社会向工业社会的转变过程及其深刻变化，第二次现代化是指从工业社会向知识社会的转变过程和变化。三是根据政策含义，现代化是指现代化理论的实际应用，即推进现代化的各种战略和政策措施。^③

上述对于现代化的研究表明：第一，现代化既是目标，也是为实现目标所经历的过程，是目标与过程的有机结合。换言之，现代化既是"何处去"，也是"如何去"。作为目标，现代化为社会提供了方向和愿景，指引人们向更高水平的经济、政治和文化生活迈进。作为过程，现代化也包括各种政策、制度、技术和社会实践，即实现该目标的具体路径和方法。第二，现代化是历时性和共时性的辩证统一。从历时性的角度看，现代化是一个长期的、持续不断的变革过程，其影响深远地体现在一个社会或国家的经济、文化和社会结构中。这种变化是累积的，每一个阶段的发展都建立在前一阶段的成果和矛盾基础上。从共时性的角度看，现代化也是不同国家同时经历的历史进程。尽管不同国家由于历史背景和文化传统不同形成了独特的发展模式，但它们共同构成了现代化的复杂图景。第三，现代化既包括客体的现代化，也包括主体的现代化。一方面，现代化是指经济、社会、政治、科技等快速发展与革新；另一方面，现代化也指人的主观思想变革。现代社会需要具备现代精神的人积极投身到现代化建设中。客体和主体的现代化是一个互为因果、相互依存的过程。客观的社会结构和条件会影响主体的观念和行为，而主体的观念和行为反过来也会推动或者影响客体的变革。

尽管不同学者对现代化的认识存在差异，但是他们均肯定了教育在现代化过程中的重要作用。第一类观点将教育视作经济增长和工业化的催化剂。教育通过培养具备必要

① [美] 阿列克斯·英克尔斯，等. 从传统人到现代人——六个发展中国家的个人变化 [M]. 顾昕，译. 北京：中国人民大学出版社，1992：199-202.
② 罗荣渠. 现代化新论——世界与中国的现代化进程 [M]. 北京：商务印书馆，2020：17.
③ 何传启. 现代化概念的三维定义 [J]. 管理评论，2003（3）：8-14+63.

技能和知识的劳动力，为经济增长提供了基础支持。[①] 第二类观点将教育视作推动科学革命和社会进步的重要力量。[②] 第三类观点将教育视作促进人的全面发展和价值观转变的重要途径。[③] 通过教育，人们不仅能够掌握现代社会所需的各种知识和技能，还能够培养现代精神和价值观。

二、教育现代化的基本内涵

中国教育现代化的研究早期由顾明远推动。他主持的"文化传统与教育现代化"等重大课题对教育现代化的内涵和特性进行了分析[④]，引起了学界的广泛关注和讨论。对于究竟什么是教育现代化这一核心问题，已有研究主要从时间、要素、价值等维度进行了界定。

从时间维度来看，教育现代化指的是传统教育向现代教育转变的过程。[⑤] 从广义上看，冯增俊认为教育现代化是从适应宗法社会的封建的旧教育转向适应大工业民主社会的现代教育的历史进程，是大工业运动和科技革命的产物，是一切有关进行现代教育的改革和发展的总称。[⑥] 从狭义上看，教育现代化则专指落后国家如何学习并借鉴发达国家的教育系统和教育理念，通过从其他国家的经验中吸取教训并进行本土化，推动本国教育改革以达到先进教育水平。

从要素维度来看，教育现代化指的是通过推进教育系统中各类要素的现代化，实现教育系统整体的现代化。这一视角将教育现代化解构为教育系统内部各个要素的现代化，其中包括三层次说、四层次说和六因素说等。三层次说认为，教育现代化包括物质层面的现代化、制度层面的现代化和观念层面的现代化；四层次说则是在三层次说的基础上加入了知识层面的现代化；六因素说则认为教育现代化是指教育思想、教育发展水平、教育体系、办学条件、师资队伍、教育管理的现代化。[⑦] 谈松华综合了时间维度和要素维度，提出教育现代化是传统教育在现代社会的现实转化，一国教育适应现代社会发展要求所达到的一种较高水平状态，是教育思想观念、教育制度、教育内容、教育方法的现代化。[⑧] 基于此，他进一步提出了教育现代化的指标体系，包教育制度、教育思想、教育内容、教育管理、师资队伍等。[⑨]

从价值维度来看，教育现代化指的是传统教育向现代教育演进的过程中所获得的新的时代精神和特征，这种新的精神和特征区别于传统教育。[⑩] 在此定义下，人的现代化

---

① 扈中平. 教育学原理 [M]. 北京：人民教育出版社. 2008：102-105.
② 扈中平. 教育学原理 [M]. 北京：人民教育出版社. 2008：105-106.
③ 扈中平. 教育学原理 [M]. 北京：人民教育出版社. 2008：173-176.
④ 顾明远. 关于教育现代化的几个问题 [J]. 中国教育学刊，1997（3）：10-15.
⑤ 顾明远. 关于教育现代化的几个问题 [J]. 中国教育学刊，1997（3）：10-15.
⑥ 冯增俊. 试论我国教育现代化的基本任务主要特征 [J]. 中国教育学刊，1995（4）：5-8.
⑦ 褚宏启. 教育现代化的路径——现代教育导论 [M]. 3 版. 北京：教育科学出版社，2021：35.
⑧ 谈松华. 中国教育现代化的区域发展 [M]. 广州：广东教育出版社. 2003：72.
⑨ 谈松华，袁本涛. 教育现代化衡量指标问题的探讨 [J]. 清华大学教育研究，2001（1）：14-21.
⑩ 袁本涛. 教育现代化及其基本特征浅论 [J]. 辽宁高等教育研究，1999（2）：41-44.

是现代教育的根本目的。[①] 英格尔斯提出人的现代性包括 12 个方面的品质特征，这些特征使现代人区别于传统人。[②] 褚宏启则提出教育现代化是指与教育形态变迁相伴的教育现代性不断增长和实现的过程。[③] 其中，教育现代性是对现代教育一些特征的集中反映，包括教育的人道性、理性化、专业性、民主性、法治性、生产性、信息化、国际化 8 个方面。[④] 当教育通过发展和变革而具备教育现代性时，就表明教育实现了从传统教育向现代教育的转变。

根据以上分析，我们认为教育现代化是以人的全面发展为导向，建设服务全民终身学习的现代教育体系的过程，构成要素包括普及有质量的学前教育、优质均衡的义务教育、全面普及的高中阶段教育、有支撑服务能力的职业教育、有全球竞争力的高等教育，以及高包容性的特殊教育，具有支撑、引领经济社会现代化发展的重要战略功能。该定义的内涵包括以下几个方面。

教育现代化的目标是实现人的全面发展。教育既服务于个体，也服务于社会，尽管教育的个体价值和社会价值可能存在矛盾，但是大多数教育家都力图把两种价值统一于教育目的和教育活动之中。[⑤] 因此，在定义教育现代化时，应特别重视其在人才培养方面的目标和责任。具体来说，教育应着重于德、智、体、美、劳"五育"的综合培养，全方位提升学生的心理素质、思维能力、创新精神以及身心健康水平。追求全人教育意味着现代化教育的目标不仅限于培养人的现代性。这主要是因为现代性以工具理性和单子式个人主体性为核心，缺少价值关怀，忽视了知识的情境性和主观性。这种偏向不仅可能削弱个体的完整性，也异化了教育过程中的人际关系。[⑥] 因此，现代性确实强调了自主性和创造性等正面特质，但它也可能带来人的异化问题。教育现代化需要对现代性进行更深入的反思和超越。马克思提出了人的全面发展观，强调社会成员的才能得到全面发展应成为社会发展的目的本身。[⑦] 联合国教科文组织报告《反思教育：向"全球共同利益"的理念转变？》也重申了人文主义教育观，指出教育应追求全球共同利益，摒弃异化个人和将个人作为商品的学习体系，建立全面的评估框架。[⑧]

教育现代化的本质是构建服务全民终身学习的现代教育体系。教育现代化的发展是为了适应不断变化的社会和经济需求。不同历史时期的经济社会条件对教育发展的愿景有所不同，因此教育现代化的内涵、任务和特征也会随之变化。例如，工业社会中所追求的教育现代化主要强调适应工业化需求的教育体系，而现代社会中所追求的教育现代化则是构建适应信息社会需求的教育体系。尽管教育现代化在不同时期的侧重点不同，

---

① 冯建军. 超越"现代性"的中国教育现代化：人的现代化视角 [J]. 南京社会科学，2019（9）：133-138，156.

② [美] 阿历克斯·英格尔斯. 人的现代化 [M]. 殷陆君，译. 成都：四川人民出版社，1985：22.

③ 褚宏启. 教育现代化的本质与评价——我们需要什么样的教育现代化 [J]. 教育研究，2013（11）：4-10.

④ 褚宏启. 教育现代化的路径——现代教育导论 [M]. 3 版. 北京：教育科学出版社，2021：38.

⑤ 扈中平. 教育学原理 [M]. 北京：人民教育出版社，2008：190-193.

⑥ 冯建军. 教育现代性的反思与批判 [J]. 南京师大学报（社会科学版）. 2004（4）：69-74.

⑦ 中共中央马克思恩格斯列宁斯大林著作编译局. 共产党宣言 [M]. 北京：人民出版社，2018：90.

⑧ 联合国教科文组织. 反思教育：向"全球共同利益"的理念转变？ [M]. 联合国教科文组织总部中文科，译. 北京：教育科学出版社，2015：30.

但其终极目标是一致的，即建设一个面向全民、支持终身学习的现代教育体系。这一目标在任何时代都具有重要意义，因为它要求所有公民通过持续学习、不断成长和发展，推动自身和社会的进步。这种现代教育体系必须体现公平的要求，这是为了全民的现代教育体系；也必须体现可持续发展的要求，这是为了服务终身学习，帮助全民不断更新知识；还必须满足经济社会的发展需求，能够为不同时期经济社会的发展奠定良好的人口素质基础，储备坚实的人力资源。

现代教育体系包括普及有质量的学前教育、优质均衡的义务教育、全面普及的高中阶段教育、有支撑服务能力的职业教育、有全球竞争力的高等教育、高包容性的特殊教育。具体来说，普及有质量的学前教育是指建成覆盖城乡、布局合理的学前教育体系和科学保教体系；优质均衡的义务教育是指实现义务教育城乡一体化均衡发展，普及高质量的义务教育；全面普及的高中阶段教育是指高中阶段教育普及与完成水平进入世界先进行列，城乡新增劳动力普遍接受高中阶段教育，普通高中与中等职业教育协调发展；有支撑服务能力的职业教育是指建成一大批高水平职业院校和特色专业，培养高素质劳动者和技术技能人才；有全球竞争力的高等教育是指建成世界一流的高等教育体系，高等教育达到普及化水平，建成一批享有国际声誉的学术高地、创新平台和智库；高包容性的特殊教育是指形成布局合理、学段衔接、普职融通、医教结合的特殊教育体系，建立更加完善的家庭经济困难残疾儿童少年助学政策体系。

教育现代化的功能是开发人力资源，支撑和引领经济社会发展。与传统教育不同，现代教育的重要功能是推动经济社会发展。教育现代化对经济社会发展的促进作用体现在以下几个方面。其一，教育能够培养现代社会经济发展所需的技能和能力，提升人口素质和人力资本。亚当·斯密早在《国富论》中就指出了人的经验、知识和能力在生产中的重要作用。[①] 人力资本理论更是指出，在现代经济增长中，人力资源可以为经济提供有价值的生产性服务。[②] 由于教育可以促进人力资本的形成，因此应当增加对于教育的投资。其二，教育能够激发人的创造性，促进科学技术创新，创造新的经济增长。特别是对于高等教育而言，人才培养和科学研究是现代大学的重要功能，通过产学研合作可以将高校科技创新成果转化，创造经济与社会价值。其三，教育可以通过培养前瞻性、紧缺型的专业人才，服务于国家发展战略。在现代教育体系中，国家可以有针对性地支持和强化前沿学科发展，以期在新一轮科技革命中拥有核心竞争优势。

第二节　教育现代化的动力

世界各国教育现代化的发展受到本民族独特历史与文化因素的影响，表现出不同的特点。正如人类社会的发展有着共同的发展规律一样，它们也有许多相似之处。因此，

---

① [英] 亚当·斯密. 国民财富的性质和原因的研究 [M]. 郭大力，王亚男，译. 北京：商务印书馆，2005：259.

② Schultz，T.W. Capital formation by education[J]. Journal of Political Economy，1960（6）：571-583.

分析教育现代化的动力有助于更好地总结教育现代化的发展经验，构建教育现代化的理论认识，推动中国教育现代化的进一步发展。

民族国家的兴起与国际竞争推动了现代教育体系的发展。1648 年《威斯特伐利亚和约》签订后，教会势力逐渐被边缘化，现代国家开始兴起，国家能力得到了前所未有的提升。为了提高劳动者素质、提升民族国家认同感等目标，教育成为国家利益所在，各国开始介入并推行民众义务教育。[①] 在这一背景下，教育模式从此前的以家庭、教会或学徒制为主转向国民教育体系。随着教育经费里国家财政投入占比不断提高，政府对国民教育的权力不断扩大，对课程设置、教师资格认定、教育标准制定、教学活动监督和评定等进行干预。[②] 其中，普鲁士于 1717 年强制全国小学实施义务教育，是最早普及义务教育的国家。[③] 此后，义务教育政策在世界各国得到了推广，成为世界各国教育现代化发展的标志性政策。在现代教育体系下，教育的功能从促进技能学习和宗教传播转变为服务于个体发展和国家利益，而受教育群体则从贵族和教士等有权势群体转向全体国民，教育普及程度大幅提高。随着经济、人才和科技领域全球竞争的不断加剧，世界各国开始将教育作为开发人力资源，进而实现经济社会发展的重要手段，更加强调教育的优质发展。特别是在发展中国家，教育现代化对国家现代化发展起着重要的推动作用。发展中国家可以通过提升国民教育水平以提高经济增长率，走出"贫困陷阱"，缩小与发达国家间的差距，甚至实现赶超。研究表明，弱势群体和欠发达国家的教育回报率更高，这表明教育具有提高效率和促进公平的多重作用。[④] 因此，世界各国将推动教育现代化作为国家宏观发展战略的重要组成部分，通过推行教育改革、增加资源投入、改进教育评估、提高教育质量等措施，满足国家和社会发展的人才需求。

科技革命的出现与发展推动了现代教育方式的转变。科技革命指的是科学技术的根本性、全面性变革。美国著名现代化研究学者布莱克在《现代化的动力：一个比较史的研究》一书中提出科学革命、知识和技术是现代化发展的关键动力。[⑤] 对于教育现代化而言，科技革命无疑具有更加重要的作用。其一，科技革命是人类对世界认识的质的飞跃，深刻改变了经济社会发展，影响了国家和市场对现代教育的需求。回顾科技革命发展的历史，可以发现每一次科技革命都会产生新的行业，并重塑既有行业的分配格局。因此，为了回应国家逻辑和市场逻辑下新的人才需求，现代教育的规模、结构、层次也在不断发生调整。其二，科技革命中产生的新的科技成果被应用到教育领域，带来了现代教育教学方式的变化。随着第四次科技革命的到来，人工智能、5G 等技术快速发展，这些技术不仅应用于社会生产领域，也广泛地应用于教育领域，极大地促进了教育的多样化、信息化和国际化发展。其三，科技革命引致的科学与文化观念的转变推动了现代教育培养目标的转

① 郑崧. 教育世俗化与民族国家 [J]. 比较教育研究，2002（11）：25-29+43.
② 郑崧. 教育世俗化与民族国家 [J]. 比较教育研究，2002（11）：25-29+43.
③ 贺国庆. 近代德国普及教育之路 [J]. 河北师范大学学报（教育科学版），2003（1）：5-8.
④ Psacharopoulos, G. Returns to Education: A Further International Update and Implications. *The Journal of Human Resources*[J]，1985，20（4）：583-604.
⑤ [美]C. E. 布莱克. 现代化的动力：一个比较史的研究 [M]. 景跃进，张静，译. 杭州：浙江人民出版社，1989：6.

变。科技革命促进人们对于世界认识的不断发展。为了更好地适应不断发展变化的职业、家庭和社会生活，人们必须不断地提升学习和适应能力，用新的知识、技能和观念来武装自己。因此，现代教育理念更多地关注能力与素养培养，倡导终身教育。

文化思潮的萌生与变化推动了现代教育理念的变革。文化思潮指的是在特定时期和特定背景下，对社会产生广泛影响的文化潮流。"现代"一词最早出现在文艺复兴时期人文主义者的著作中，他们将"现代"看作一种新的观念体系。因此，在分析教育现代化的动力时，文化思潮的萌生与发展是其中不可忽视的重要因素，对现代教育理念变革产生了巨大的推动作用。在众多文化思潮中，启蒙运动对于现代教育理念的发展具有奠基性影响。启蒙运动中诞生了理性、科学、自由、民主、平等、博爱、人权、正义、理想等思想，这些思想构成了现代人的本质与内涵，并对现代教育的人才培养导向产生了深远影响。然而，随着时代的发展，越来越多的学者发现物质财富的快速增长并没有带来稳定和繁荣。与之相反的是，人类开始越来越多地面临生态危机和幸福悖论。因此，现代性不仅包括积极的一面，也包括消极的一面。它逐渐发展为统治人、束缚人的力量，并让人类陷入了危机。在这一背景下，教育现代化的培养理念也从培养人的现代性转变为促进人与社会和谐共生的全面发展。因此，联合国教科文组织在《一起重新构想我们的未来：为教育打造新的社会契约》中提出，教育面临着全新的、紧迫的和重要的任务，必须将关于教育公共目的之共同愿景作为出发点，塑造和平、公正和可持续的未来。[①]

第三节　教育现代化的特征

教育现代化的特征主要体现在普及化、优质化、民主化、均等化、本土化、国际化、个性化、多样化、信息化、终身化 10 个方面。

一是教育的普及化。教育的普及化是指随着经济社会的发展，国民受教育机会日益增加和受教育程度日益提升的过程。1990 年，世界全民教育大会（World Conference for Education for All）召开，从社会发展角度指出全民教育的重要性，提出教育是人的基本权利，对于个人发展和社会进步极为重要。因此，必须普及基础教育，满足所有人的基本学习需要。[②] 在现代社会中，受教育权是公民的基本权利之一，得到了世界各国宪法的确认和保障。教育的普及化包括三个方面：第一，学前教育的普及化。学前教育的普及化是当今教育发展的一大趋势，强调为所有儿童提供公平、高质量的学前教育机会。在全球化和知识经济的背景下，学前教育不再被视为单纯的保育或游戏，而被视为是个人生命早期关键的学习和发展时期。学前教育不仅可以为孩子打下坚实的认知、社交和情感基础，形成生活的基本技能和习惯，也可以为家庭提供支持，提高女性的劳动参与率。第二，基础教育和中等教育的普及化。在前现代社会中，教育职能主要是由家庭承

---

① 联合国教科文组织. 一起重新构想我们的未来：为教育打造新的社会契约 [M]. 北京：教育科学出版社，2021：1-6.

② 黄志成. 全纳教育：21 世纪全球教育研究新课题 [J]. 全球教育展望，2001（1）：51-54.

担的，这导致了社会整体的识字率水平非常低。因此在教育现代化发展初期，成人文盲率水平较高，需要通过扫盲教育来普及初步的读、写、算等素养，培养基本的现代社会生存能力。普及基础教育成为教育现代化的重要任务。儿童教育具有较强的可塑性，是提高人口素质的关键阶段。许多国家实行了义务教育制度，通过公益性、强制性的义务教育保障适龄儿童接受基础教育。随着基础教育的全面普及，越来越多的国家将中等教育纳入义务教育体系。第三，高等教育的普及化。根据马丁·特罗的高等教育发展阶段理论，毛入学率在 15% ~ 50% 为高等教育大众化阶段，毛入学率大于 50% 为普及化阶段。[①]2020 年世界高等教育毛入学率已经达到 40.24%，处于高等教育大众化向普及化转型阶段。随着世界教育现代化的不断深化，可以预见的是，将有越来越多的国家实现高等教育普及化。

二是教育的优质化。教育的优质化是指构建全面发展的人才培养体系和协调合理的教育系统。随着教育普及程度的提升，供给更高质量的教育成为教育现代化在更高阶段的发展目标。教育的优质化包括两个方面。第一，培养对象的高质量发展。教育现代化需要不断提升人才培养的质量，既满足受教育者个人发展的需要，也满足经济社会发展人才资源的需要。因此，高质量人才培养绝不是单一维度的目标，而是复杂的、多维的。教育现代化需要促进个体德、智、体、美、劳全面发展。优质的教育绝不应止步于对考试成绩的追求，而更应关注理智德性、体魄精神和价值观念等层面，回归人的本质。教育现代化同样需要培养个体的社会能力和责任感，促进现代社会的可持续发展。第二，教育系统的高质量协同。教育系统的协同既体现为教育各子系统的协同，即人员、财政、设施等相互作用，实现良性运转，也体现为教育与外部系统的协同，即教育既受到经济、政治、文化等社会其他子系统的制约，也对它们的发展产生影响。[②]优质的现代教育需要适应时代发展的要求，甚至能通过前瞻性的科学研究和人才培养带动经济社会的发展。

三是教育的民主化。教育的民主化是指民主这一现代精神在教育领域的体现，是现代教育最为重要的本质和特征。教育民主化包括三个方面。第一，办学方向的民主化。在前现代时期，教育是少数特权阶层的权利，是服务于等级制度和专制统治的。随着教育现代化的不断深入，教育已经成为广大民众的基本权利，是与人民生活息息相关的领域之一，对人民的获得感、幸福感和安全感具有重要影响。因此，现代教育在办学方向上需要以人民为中心，办好人民满意的教育，这是教育民主化的根本要求。第二，教育管理的民主化。教育管理的民主化在宏观上指的是教育行政管理体制的民主化，建设依法办学、自主管理、民主监督、社会参与的现代学校制度，落实学校办学自主权，调动教育组织自身的能动性和积极性；在微观上指的是在学校管理中尊重教师、学生、家长和社会的建议与意见，拓宽参与学校治理的渠道，建立学校民主管理制度。第三，教学活动的民主化。教育活动的民主化指的是要建立民主平等的师生关系，构建"以学生为

① 黄福涛. 马丁·特罗高等教育发展阶段理论的检视与反思——基于历史与国际比较的视角 [J]. 高等教育研究，2022，43（3）：33-42.
② 潘懋元. 教育基本规律及其在高等教育研究与实践中的运用 [J]. 上海高教研究，1997（2）：3-9.

中心"的教育理念。在这一理念下，教育的目的不在于"教"而在于"学"，旨在提高学习者的自主性、独立性和创造性。

四是教育的均等化。教育的均等化是指保障每个公民平等地享有接受教育的权利。[①]教育的均等化包括三个方面。第一，教育机会的均等化。教育机会的均等化是指所有公民不受先天和后天各种因素影响，都享有均等的教育机会。在所有教育均等中，教育机会的平等是最为基础的，受到国家法律的保障。第二，教育过程的均等化。教育过程的均等化指的是各类教育资源配置中应做到平等，使个体可以平等地获得较高质量的教育。第三，教育结果的均等化。教育结果与受教育者自身的先天禀赋和成长环境密切相关，因此教育结果的均等化并不意味着将所有受教育者培养成同质化的人，而是能够最大限度地激发受教育者的潜能，满足每个人自我实现的需求。需要注意的是，教育均等化并不是一个随着经济社会现代化发展而自然实现的过程。与之相反的是，均等与现代性中效率至上和实用主义等理念是相悖的。在许多教育现代化水平较高的国家，教育均等化遭到了广泛的质疑和挑战。因此，国家在教育现代化的过程中需要从立法和政策层面保障教育平等，通过加大教育投入、改善教育评价等方式降低性别、民族、城乡、地区间的教育不平等，让全体人民享有更加均等的教育。

五是教育的本土化。教育的本土化是指各国在教育现代化的过程中要坚持本国特色，发展符合本国国情的教育现代化模式。现代化理论最早发源并流行于西方，含有较强的"民族中心主义"（ethnocentrism）色彩，将西方国家的现代化特别是美国模式当作世界各国现代化的理想蓝图。[②]然而，众多发展中国家的实践表明，每个国家的发展都存在极大的复杂性，并不存在任何一种通用的现代化模式。相比于经济活动，教育活动由于与人的发展紧密相关，具有更强的多样性和特殊性，因此在发展教育现代化时更需要探索本国的独特模式。教育的本土化包括两个方面。第一，根植于优秀文化传统的本土化。现代教育与传统教育是辩证而非对立的关系，传统教育中的优秀理念可以成为教育现代化的生长资源。特别是在现代化危机的背景下，激活非西方的文化智慧以破解人类困境是当务之急。[③]正如罗荣渠所说："在现代化阶段缺少工具理性价值的文化资源，被西方价值观视为无价值的东西，也可能具有超越的价值。"[④]因此，教育现代化需要以本国优秀文化为基础，汲取其他国家的成功经验，做到以我为主、为我所用。第二，来源于各国实践经验的本土化。由于不同国家的国情差异较大，教育现代化前期基础和发展阶段存在明显不同，因此完全照搬其他国家的教育现代化经验难以与本国的教育实践兼容。即使在初期能够艰难推行，也可能面临政策连续性的挑战。只有根植于本国具体教育实践的教育现代化才能够经得起实践的检验，从而做到行稳致远。

六是教育的国际化。教育的国际化是指将跨国界和跨文化的视野与教育功能相结合的过程。教育国际化主要体现在以下几个方面。第一，教育主体的国际化。教育主体的国际化主要是指学生和教师的国际流动。其中，学生通过各种海外留学、交换和实习等

---

① 顾明远．试论教育现代化的基本特征 [J]．教育研究，2012（9）：4-10+26.
② 罗荣渠．现代化新论——世界与中国的现代化进程 [M]．北京：商务印书馆，2020：41.
③ 沈湘平．中国式现代化道路的传统文化根基 [J]．中国社会科学，2022（8）：109-123+206-207.
④ 罗荣渠．现代化新论——世界与中国的现代化进程 [M]．北京：商务印书馆，2020：541.

方式，融入全球教育网络，从中获得世界各地的学术和文化体验。与此同时，教师也通过参与国际合作研究、访问学者项目和国际学术会议等方式，与全球同行建立联系，共同推进学术和教育的发展。这有助于世界各国间相互学习、文明互鉴，促进科学技术文化的传播和全球化人才的培养。[①] 第二，教育内容的国际化。随着全球化中不确定性的提升，世界各国越来越需要可以在国际与多元文化环境中学习、工作与交流的人才，因此在课程设计、教材编写和教学方法中，都要充分考虑国际元素和跨文化背景。第三，教育传播的国际化。随着全球化和信息化的发展，世界各国的联系日益增加，人类命运紧密关联。教育被赋予了培养全球公民意识，促进世界的和平与可持续发展的重要使命。这意味着教育必须融入国际、多元、开放的价值观，鼓励学生尊重多样性，欣赏文化差异，努力为建设和谐、公正、可持续的全球社会做出贡献。需要注意的是，尽管教育国际化是教育现代化发展的必然趋势，但不可忽视其背后的国际政治因素。以教育评估为例，参与全球教育评估是提升教育国际影响力的重要方式，但受"素养政治学"偏好的影响，评估指标可能成为超教育场域的社会产物，进而成为教育价值文化霸权的媒介。[②] 因此，在教育国际化发展过程中，必须充分认识本国教育发展的独特优势和基本经验，以本土性为基础，保持教育发展的定力。

七是教育的个性化。教育的个性化是指提供适合不同个体发展的教育方案，即因材施教。教育现代化并不意味着将人培养成同一化、标准化的"产品"。主体性是人的现代性中最为重要的特征，而发展主体性的关键是拒绝普遍化和反对平庸，尊重人的个体差异。因此，教育的个性化是教育现代化发展的必然趋势。教育的个性化需要尊重个体的独特性，充分发现并理解受教育者的个性特征，为其提供有利于个性提升的物质条件，最大限度促进受教育者的体能智能、活动能力、道德品质、情感意志等素质自主、和谐、能动地发展。[③] 教育的个性化包括三个方面。第一，教育目的的个性化。教育目的的个性化意味着教育不再是单一、刻板的目标导向，而是根据每个学生的兴趣、天赋和未来规划来制定教育目标。这有助于每个学生发现自己的潜能和追求真正的兴趣，而不是盲目迎合社会或他人的期望。第二，教育过程的个性化。教育过程的个性化强调根据学生的学习方式、节奏和需求来调整教学方法和内容，这可以确保每个学生都能在最适合自己的环境中最优化地学习。第三，教育结果的个性化。教育结果的个性化强调在教育结束后，每个学生都能得到真正有意义且与其个人目标相符的成果，而不是仅仅追求统一的标准化成果。总体来说，教育的个性化是一种更加人性化、更加关注学生需求的教育模式，它旨在培养学生的独立思考、创新能力和实际应用能力，有助于解放人的天性，发挥人的积极性和创造性，实现个体自由发展。

八是教育的多样化。教育的多样化是指教育应适应和满足不同学生的独特需求、背景、兴趣和能力，而不是提供"一刀切"、标准化的教育方式。随着现代经济分工的不

① 陈昌贵.国际合作：高等学校的第四职能——兼论中国高等教育的国际化 [J].高等教育研究，1998（5）：11-15.
② 刘磊明.国际学生评估项目（PISA）的"素养政治学"偏好 [J].教育研究，2022，43（3）：47-57.
③ 刘彦文，袁桂林.个性化教育的内涵与特征浅析 [J].教育评论，2000（4）：16-18.

断细化，现代社会对于人才结构的需求是多样化的。为了适应这一发展，教育需要培养多样化人才。因此，教育特别是职业教育和高等教育需要更加多样、充分地发展。教育的多样化包括三个方面。第一，学习主体的多样化。教育的多样化强调学习主体应包括不同年龄层次的人群，如学龄前儿童、在校学生、成人和老年人等。各个年龄阶段的学习者有不同的学习需求和特点，应提供相应的教育资源和支持。对于不同背景和文化差异的学生，教育应关注不同群体学习需求和兴趣的差异，提供有针对性的教育资源和服务。此外，教育体系也应满足残疾人等特殊群体的学习需求，为他们提供特殊支持和适应性教育资源。第二，教育内容和方法的多样化。教育内容不再局限于传统的认知能力的培养，也包括非认知能力和身体素质的培养。教育多样化倡导跨学科和综合性学习，鼓励学习者在不同学科之间建立联系，培养综合素质和跨领域的能力。第三，办学模式的多样化。办学模式的多样化是指教育机构采取多种不同的组织形式、管理方式和合作方式来开展教育活动。例如，除了传统的公立学校，还有私立学校、国际学校、在线学校等不同的办学形式。学校也可以与企业、社区、非政府组织和其他教育机构建立多种合作关系，共同推进教育创新和质量提高。办学模式的多样化为学生、家长和社会提供了更广泛的教育选择，有助于促进教育创新和提高教育质量。

九是教育的信息化。教育的信息化是指信息技术在教育领域中的应用。[1] 信息化是第三次科技革命的重要成果，对现代社会的发展产生了深远影响。教育的信息化改变了教育领域中信息传播的路径，深刻地重塑了教育教学方式和教育管理方式，为未来教育提供了更多的可能性。教育的信息化包括三个方面。第一，教育过程的信息化。学生的信息获取途径不再仅通过教师传授这一单一模式，而是有着更多元的信息渠道。这需要教师重新设计教学，培养学生信息素养，通过启发式学习引导学生辨别真实信息，选择正确的学习方向。与此同时，教育的信息化突破了时间和空间的限制，以相对小的成本促进了优质教育资源的溢出，有助于推动教育公平。通过建设网络学习空间，教育欠发达地区可以与优质教育地区在教育资源方面共享共建，促进教育机会和教育过程的公平。第二，教育管理的信息化。随着新公共管理运动的发展，绩效目标和评价被引入教育领域，教育管理的信息化可以运用大数据分析来改进教育绩效管理。然而由于教育活动直接作用于人，在开展大数据教育绩效管理时需要慎之又慎。第三，教育资源的信息化。在线学习平台的建立让各教育机构能够共享图书、课程和实验资源，为学生和社会大众提供远程教育服务。教育资源的信息化在一定程度上提高了现代教育系统的韧性。

十是教育的终身化。教育的终身化是指以学习者为中心，通过持续一生的学习不断适应社会、发展自己的过程。这一概念强调的是学习不能局限于学校教育阶段，而是要对社会整个教育和训练的全部机构和渠道进行统合，使人们可以根据需要方便地接受教育。[2] 随着现代科学技术的发展，知识呈现爆发式增长趋势，新技术不断涌现。为了适应这种变化，人们需要不断更新自己的知识体系，从而不断提升自己的综合素质，更好

① 祝智庭.教育信息化：教育技术的新高地[J].中国电化教育，2001（2）：5-8.
② 高志敏.关于终身教育、终身学习与学习化社会理念的思考[J].教育研究，2003（1）：79-85.

地应对生活中的挑战，促进个人成长和自我价值的实现。在这一背景下，建立渠道更加畅通、方式更加灵活、资源更加丰富、学习更加便利的终身教育体系成为世界各国教育现代化改革的指导方针。教育的终身化包括三个方面。第一，教育理念的终身化。这种教育理念认为学习不应仅仅局限于学校教育或某个特定的生命阶段，个体在整个生命周期内都应该保持学习的态度。这是因为，教育不仅是获取知识，更重要的是培养一种持续学习和自我完善的态度和习惯，强调自我驱动、探索性学习和终身成长。终身教育理念的推广使得教育不再局限于传统的学校教育，而是涵盖多种形式和领域的综合性过程，包含家庭教育、学校教育和社会教育等一切教育的终身学习体系。第二，教育培训的终身化。由于现代经济和科技的快速发展，职业所需技能也在持续变化。这要求工作人员不断更新知识和技能以适应市场的需求。教育培训的终身化意味着无论在职场中还是个人生活中，都需要有相应的培训机会和资源，帮助人们进行职业转型、技能升级或者发掘新的兴趣点。这也意味着教育培训的形式和内容需要更加灵活多样，以满足不同人群的需求。第三，教育评价的终身化。一方面，终身教育的普及改变了单一的教育评价体系。除了传统的学历和学位认证外，越来越多的技能证书、职业资格证书等得到了认可，用以评估个体的知识和技能水平。另一方面，教育评价也不再仅基于学校教育的结果，还注重个体在整个生命周期的持续进步、自我反思和长期目标的实现，以此提高个体利用所学知识和技能来解决实际问题的能力。

第四节　教育现代化的研究框架

一、平视的国际比较立场

教育现代化是中国特有的概念，深深植根于我国教育改革与发展的实践。在西方国家，虽然"教育现代化"这一术语在政策文件中并不常见，但其近现代教育的演变历史实质上就是本国教育现代化的发展过程。在这一过程中，各国由于历史背景和文化传统不同，形成了各具特色的教育现代化模式。

在新时代、新发展阶段、新发展理念、新发展格局的大背景下，迫切需要立足中国教育的新发展阶段与新发展格局的时代方位，以一种"平视"的立场，来分析与评述相关发达国家在推动教育形成现代教育体系的典型特征时的政策设计与改革举措。这有利于中国在"两个一百年"交织的时代进程中，更加能够扎根本土、放眼全球，深入推进我国教育现代化，形成中国教育现代化的道路自信、理论自信、制度自信和文化自信。

本书选取美国、英国、德国、法国、日本、韩国、中国七个国家的教育现代化进程作为典型案例，旨在通过比较研究的方式，深入探讨各国在教育现代化过程中的发展阶段和经验启示。选择这七个国家作为研究的典型案例，有以下两方面原因。一方面，这七个国家大多是社会经济发展水平较高的现代化大国，它们的教育政策和实践经验对其他国家具有高度的参考价值。另一方面，这些国家有着不同的文化和历史背景，形成了不同的教育现代化发展模式，具有较强的代表性。其中，美国、英国、德国、法国、日本的教育现代化起步较早，教育发展历史悠久，教育体系已相对完善和灵活。虽然这些国家有许多极具本国特色和适合本国国情的教育政策和制度设计，但也形成了具有普遍意义的改革实践经验，能够为世界教育现代化的发展提供有益参考。韩国和中国的教育现代化起步较晚，但是其教育事业在短期内取得了突飞猛进的发展，在建设速度和普及范围上均取得了显著成效。这可以为其他后发国家的教育现代化发展提供更具借鉴性的经验和启示。

二、分析视角：历史、政策和数据

本书采用历史、政策和数据三种不同的视角，对所选案例国家的教育现代化发展情况展开系统、深入的分析。（1）历史视角：本书追溯了各国教育现代化的演进历程，展现了各国教育体系的变迁，总结了各国教育现代化不同发展阶段的特点。（2）政策视角：本书选取并分析了各国在教育现代化进程中所制定的代表性政策。这些政策反映了国家对教育发展的宏观规划，更体现了各国政府对教育价值和目标的追求。（3）数据视角：本书利用公开数据设计了一套客观的指标体系，并据此对不同国家的教育现代化发展情况进行量化展示，为本书的分析提供了坚实的实证基础。这三个视角相辅相成，为本书构建了全面而深入的研究框架，旨在为读者提供对所选案例国家教育现代化历程的多角度、深层次解读。

（一）历史视角

本书以历史视角为基础，深入探讨所选案例国家的教育发展历程，重点关注不同国家教育现代化的形成和发展过程。事实证明，不论是发达国家还是发展中国家，教育现代化都已经或正在稳步推进中，这背后蕴含着各国不懈的努力与追求。为了更加全面地展示这一进程，本书在分析时以各国现代化发展中的关键事件作为节点，对不同国家的教育现代化过程进行历史阶段的划分，深入探讨不同阶段中教育现代化的目标和发展策略是如何演变的，这有助于揭示教育现代化的规律，研判发展趋势。在此基础上，本书进一步分析不同阶段教育现代化进程背后的社会、政治、经济、文化等影响因素，以更好地理解教育现代化不同阶段教育与其他系统的外部互动关系。

（二）政策视角

本书从政策背景、政策内容、政策影响等多个方面对各国教育现代化发展不同阶段所采取的代表性政策进行系统总结和分析，从而更全面地展示各国教育现代化的发展策略和途径，为政策制定者和研究者提供关于教育现代化政策制定与实施的方法和路径。首先，政策背景部分将政策与环境更好地联系起来，分析代表性教育政策产生的社会、政治和经济环境，为读者解读政策提供更加翔实的背景信息。其次，政策内容部分总结、梳理政策文件中的信息，并重点介绍教育政策的目标、议程、利益相关者和主要内容，从而可以更加全面地展示教育政策如何推动教育变革。最后，政策影响部分分析这些代表性教育政策在实际执行中的效果。这种全方位的审视不仅可以帮助读者理解教育政策的表面意义，更能促使读者洞察各国教育现代化的真实面貌。

（三）数据视角

本书从普及与公平、质量与结构、条件与保障、服务与贡献四个维度构建教育现代化的指标体系，并对所选案例国家在这四个维度的表现进行了分析。这四个维度涵盖了教育现代化的核心要素和关键领域。第一，普及与公平，关注教育的普及水平以及不同阶层和群体教育机会的公平性。这一维度体现了教育现代化的基本目标，即为所有人提供平等的教育机会，促进社会整体的发展和进步。第二，质量与结构，关注教育内涵的发展和教育体系的结构性调整。教育现代化的目标是培养全面发展的人，而这一目标的视线离不开教育质量的不断提升和教育结构的不断优化。第三，条件与保障，关注教育的硬件设施、师资力量以及政策法规等方面的保障。这一维度体现了教育现代化所需的基础条件和保障措施，是推动教育现代化进程的重要支撑基础。第四，服务与贡献，关注教育对社会经济发展等方面的贡献。这一维度揭示了教育现代化在推动国家和社会现代化方面的重要价值和作用。数据来源方面，本书主要选取联合国教科文组织统计处（UIS）、经济合作与发展组织（OECD）等国际组织以及其他可靠来源的教育现代化监测指标。[①] 在此基础之上，各章节还通过查询各国的官方统计数据对缺失数据进行补充和完善。

---

① 指标按照数据来源大致可分为三类：一是从 UIS、OECD 以及其他来源查到的教育现代化监测指标；二是与 UIS 或 OECD 的指标密切相关，但不完全对应的教育现代化指标；三是 UIS 和 OECD 没有提供相关指标，但可分国别查找的教育现代化监测指标。

第二章 美国教育现代化

有美国教育史学家认为，美国大约在 1865 年至 1929 年间实现了教育现代化[1][2]。在这方面，美国走在世界前列，成为全球教育现代化发展的参考，也成为教育现代化研究的焦点。其教育现代化发展历经了四个主要阶段：1776 年建国至 1865 年南北战争结束，美国教育现代化处于萌芽时期，此时期以公立学校的广泛建立为标志，为美国现代学校体系的构建奠定了坚实基础。自南北战争结束至 1929 年间，美国教育现代化进入全面发展阶段，逐步形成了专业化、多层次的现代教育体系，涵盖从学前教育到研究生教育，并囊括职业教育与特殊教育等多个领域。自 1930 年至 20 世纪末，美国教育现代化进入调整完善时期，经历了战后联邦政府主导下的转型发展、20 世纪 60 年代至 80 年代对教育机会平等的强调，以及 80 年代后对优质教育的不懈追求。进入 21 世纪以来，美国教育现代化迈入发展新阶段。然而，面临市场经济动荡、地缘政治、人口结构变革等一系列严峻挑战，美国教育发展在追求更加公正与卓越的道路上艰难前行。

纵观美国教育现代化之路，从义务教育的广泛普及到完备职业教育体系的构建，从高等教育的大众化到研究型大学的崛起，在这一过程中民众在各教育阶段的教育机会得到普遍拓展，普通劳动者素质得到大幅提高，培养了大批高水平科技创新人才，为美国成为经济、科技与军事强国做出了卓越贡献。与此同时，美国也在学习借鉴他国经验的基础上形成了富有美国本土特色的教育模式与教育理念，如综合中学、赠地学院、社区学院以及大学为社会服务的理念等。这些理念不仅满足了民众对教育多元化、民主化的需求，也服务于不同时期社会发展对不同类型人才的多样化需要，构建起了多元完备、灵活开放的高水平现代教育体系。

本章第一节对当前美国的教育体系进行了整体概述，涵盖学前教育、初等与中等教育、高等教育和职业教育体系等范畴，并针对不同教育阶段的基本治理架构予以阐释，勾勒出美国现代教育系统的基本轮廓。第二节详细梳理了美国教育现代化的历史进程，并结合当时美国的政治、经济、社会、科技等历史背景，深入剖析不同历史时期对美国教育现代化进程产生重大影响的典型事件、运动以及政策法规等要素，从而探寻美国教育现代化发展的内在逻辑，提炼其改革经验。第三节借助量化数据对美国教育现代化的核心指标展开了深入分析，呈现其在教育普及与公平、质量与结构、条件与保障以及服务与贡献等方面的具体表现。第四节基于对美国教育现代化的全面概述与深入分析，系统总结了美国教育现代化发展过程中积累的经验以及面临的挑战，并据此提出对我国教育现代化发展具有借鉴意义的启示。

---

① ［美］韦恩·厄本，杰宁斯·瓦格纳.美国教育：一部历史档案［M］.周晟，谢爱磊，译.北京：中国人民大学出版社，2009：222.
② 王晓阳.美国教育现代化的历史经验及其启示［J］.教育发展研究，2008（23）：64-72.

第一节　美国教育概况

　　美国作为全球教育事业最为发达的国家之一，自建国伊始，其教育体系便已初现雏形。历经 200 余年的持续发展与逐步完善，如今已形成初等教育、中等教育以及中等后教育的三级体制。在初等与中等教育阶段，美国教育体系展现出学制丰富多样以及教育单轨制的显著特征；而中等后教育阶段，则呈现为一个高度分层的系统。本节依据教育阶段与类型的不同划分，分别对美国学前教育、初等和中等教育、高等教育和职业教育的基本状况与特点展开详细阐述。

一、美国教育体系概览

　　美国现行学制如图 2-1 所示。

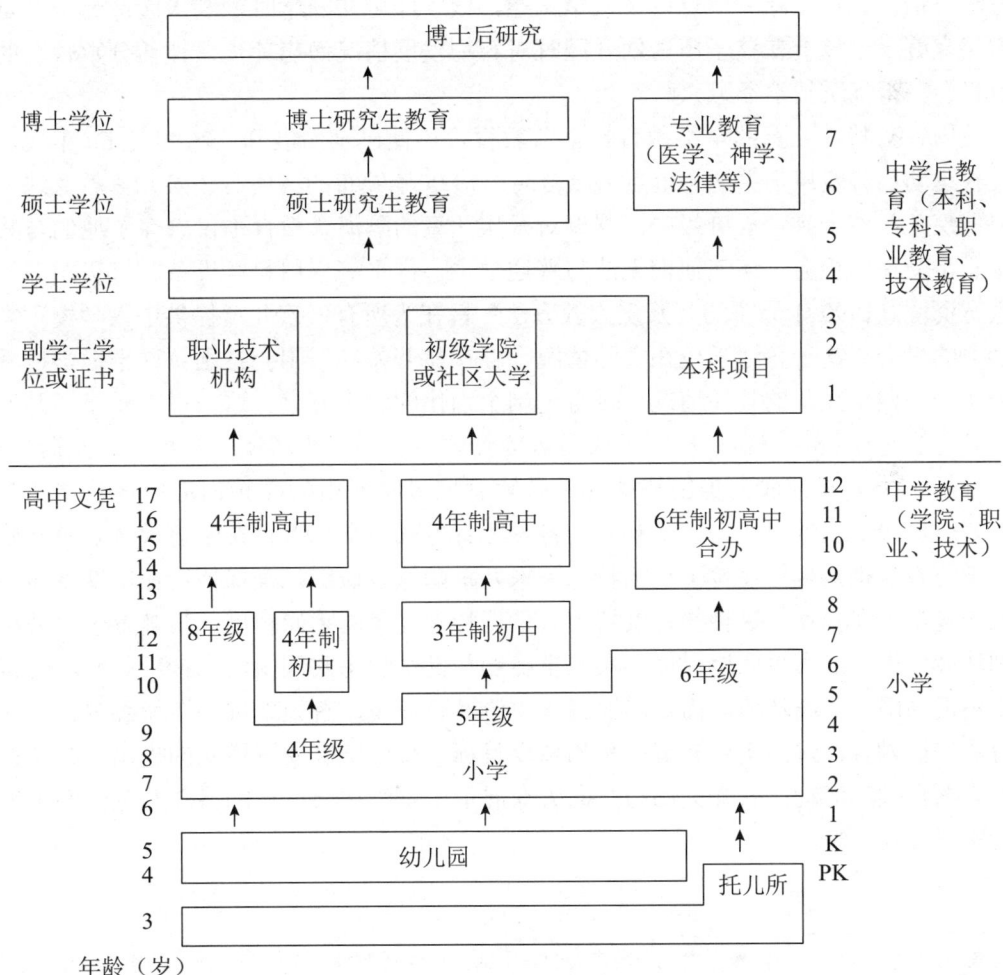

图 2-1　美国现行学制 [1]

---

[1]　根据美国国家教育统计中心资料整理。

（一）学前教育

直至 19 世纪中期，美国才拥有真正意义上的学前教育机构。1860 年，伊丽莎白·皮博迪于波士顿创办了首所英语幼儿园。[①] 为了适应多元社会的发展需求，美国学前教育机构趋向多样化发展，主要分为学前公立学校（Pre-K Public School）、托儿所（Child Care Center）以及"开端计划"（Head Start）三种类型。这些机构主要面向 2 岁半至 5 岁的儿童，超过 60%[②] 的该年龄段儿童会选择在这类机构接受学前教育。其中，学前公立学校重点关注儿童学习能力的培养与发展；托儿所主要满足孩子最基础的生活照顾需求，鉴于多数经济条件欠佳的父母需要工作，因此会将孩子送至托儿所；而"开端计划"则侧重于家庭教育，为此安排了大量的亲子游戏时间。美国的学前教育学校依性质可划分为公立与私立两类：公立学前教育机构的经费主要由政府及慈善机构提供，属于非营利性学校；私立学前教育机构则是由私人提出申请，经政府批准后设立。在幼儿园入学申请方面也存在两种情形：一种是面向低收入家庭，在申请公立幼儿园时仅需提供父母双方经济情况、孩子相关信息以及入学愿望，孩子即可在开学时顺利入园；另一种是面向富裕家庭，学校会在孩子申请幼儿园时对智力发展情况做出评估，评估分数较高的孩子有机会获得优质教学资源。[③]

美国针对特殊儿童的全纳教育自学前教育阶段便已全面展开。20 世纪 60 年代，美国民权运动已将残疾学生纳入重点关照范畴。1975 年颁布的《所有残疾儿童教育法》呼吁将残疾儿童整合到常规班级中，强调对残疾儿童的隔离式教育不仅剥夺了他们与其他学生正常交往的机会，还使他们无法与普通学生一样平等享用科学设备、班级图书等各类教育资源。1990 年颁布的《残疾人教育法》旨在为所有残疾儿童提供进入学校正常班级学习的机会。鉴于各地学校在实际情况上存在显著差异，国会特别允许当地学校系统根据每一个残疾儿童的具体情况，量身定制个别化的教育方案。这一举措赋予了儿童及其家长与当地学校系统就学校所提供服务的具体内容进行协商谈判的权利。此后，"全纳"（inclusion）一词成为美国特殊儿童教育领域最常使用的高频词汇，将残疾儿童安置在普通班级中也逐渐成为广受欢迎的特殊教育方式。全纳教育在学前教育阶段开始实施，学前教育机构专门设置了包括特殊需求儿童的综合班级，确保他们在早期就能与同龄人一起学习和互动。这种教育安置模式依据特殊儿童的障碍程度，将其置于"最少受限制环境"中，最大限度地保证残疾儿童能够与健全学生共同生活、接受教育，使特殊儿童不再局限于隔离环境，而是能够融入主流教育环境，有力地推动了特殊教育与普通教育的有机融合，进而实现教育公平的重要目标。普通班级安置模式的提出，在实践层面上为融合改革运动注入强大动力，向大众展示了一种切实可行的特殊儿童回归主流社会的安置方式。[④]

---

① [美]L. 迪安·韦布. 美国教育史：一场伟大的美国试验[M]. 陈露茜，李朝阳，译. 合肥：安徽教育出版社，2010：202.

② 数据来源：美国国家教育统计中心。

③ 庄瑜. 美国学前教育体系[J]. 江西教育，2012（Z4）：80-82.

④ 牛滢迪. 美国政府保障特殊教育机会均等的教育法规研究[D]. 兰州：西北师范大学，2013：21.

（二）初等与中等教育

美国基础教育通常被称为 K-12 教育，其范畴涵盖从学前班至十二年级的义务教育阶段。美国基础教育体系呈现公立与私立的二元结构：公立中小学作为美国基础教育的核心主体，承担着广泛的教育任务；私立中小学教育系统则独立运作，每所学校皆为拥有充分办学自主权的教育实体。值得注意的是，在美国还有超过 100 万名学生选择接受家庭教育。

美国基础教育的资金投入主要源自两个关键渠道：其一是州政府的财政拨款，其二是当地社区的税收收入，二者在资金占比上近乎平分秋色。此外，联邦政府每年亦会对基础教育予以一定程度的投入，约占总投入的 10%。[①]

美国是世界上较早实行义务教育的国家。早在 20 世纪 40 年代，美国就实现了初等教育普及；到 20 世纪中叶基本实现高中教育普及。教育单轨制是美国基础教育的显著特征。自 19 世纪中叶起，美国中小学全面实行单轨制，所有儿童都可以依据自身年龄与能力，进入相同类型的学校接受教育。具体而言，初级教育阶段（K 至五年级）包含幼儿园阶段和小学阶段。美国各州政府针对儿童义务教育入学年龄的规定存在一定差异，一般介于 5 ～ 8 岁。美国小学的规模普遍相对较小，一般地区的学校学生人数仅几百人，较大城市的学校学生人数可能超过千人，平均每班学生人数维持在 25 人左右。多数美国初级中学的学制为 3 年，通常从六年级起始，至八年级结束；高级中学则从九年级延续至十二年级，学制为 4 年。总体来看，美国初等教育与中等教育的总时长固定为 12 年。鉴于美国教育实行州和地方分级管理体制，在学制划分上，各州会依据自身实际情况灵活调整，因此存在六三三制、八四制、六六制、四四四制、五三四制等多种学制并存的现象。

（三）高等教育

美国的高等院校大致可划分为四种类型，每类大学在教育使命、培养目标、课程设置等方面各具特色，满足了不同学生群体的需求与社会发展的多元需要，共同构建起完整的国家高等教育体系。

1. 研究型大学

以哈佛大学、斯坦福大学、普林斯顿大学、麻省理工学院、加州理工学院等为代表的美国研究型大学，在全球高等教育领域占据着举足轻重的地位。这些大学极为重视学术研究工作，将探索知识边界、推动学术进步视为核心使命。它们通常设有规模庞大且学科门类齐全的研究生院，汇聚了各领域顶尖的学者与研究人员，为学生提供了浓厚的学术氛围与丰富的科研资源。在学位授予方面，研究型大学不仅授予学士和硕士学位，更是博士学位的主要授予机构。博士教育注重培养学生独立开展前沿研究的能力，鼓励他们在学术领域取得创新性成果。与此同时，这些以研究院为核心的大学，高度注重将科研成果转化为实际生产力。通过与企业、政府及其他社会机构紧密合作，大学将科研

---

① 中国驻美国芝加哥总领事馆教育组 . 重新认识美国基础教育 [J]. 基础教育参考，2009（6）.

成果转化并应用于实际生产与社会服务中，为社会创造巨大经济价值，有力地推动了知识型经济的快速发展。

2. 本科大学

本科教育在美国高等教育体系中占据核心地位，发挥着承上启下的重要作用。美国的本科大学涵盖综合大学及各类专业学院，诸如文理学院、工商管理学院、理工学院、农业学院、林业学院、矿业学院、家政学院、新闻学院、建筑学院等。综合大学学科门类较为齐全，注重培养学生的综合素养与跨学科思维能力。学生在本科阶段不仅能够深入学习本专业知识，还可以广泛涉猎其他学科领域的课程，拓宽知识面与视野。各类专业学院则专注于特定领域的专业教育，以培养具有扎实专业技能的人才为目标。这些本科大学多为州立大学，主要以培养中级科技、学术及专业人才为目标。学制通常为四年，学生在四年内需要完成规定的专业课程与通识教育课程，修满相应学分且成绩合格后，将被授予学士学位。[①]

3. 社区大学

高中毕业生在升学选择上，既可以选择进入四年制大学继续深造，也能够依据个人的经济状况、学习兴趣爱好、职业规划等多方面因素，选择费用较为优惠、课程侧重于职业发展导向、离家较近的社区大学或两年制学院。社区大学主要授予副学士学位，其课程设置具有高度的灵活性与实用性。一方面，社区大学可以为期望升入四年制大学的学生提供过渡性的文理课程。这些课程与四年制大学的低年级课程衔接紧密，学生修完相应课程并取得合格成绩后，可以顺利转入四年制大学，继续攻读学士学位。另一方面，社区大学为那些希望直接进入职场的学生提供终止性的职业技术课程。这些课程紧密结合当地产业需求，涵盖了众多领域，如护理、汽修、烹饪、计算机技术等。学生通过学习这些课程，能够掌握实用的职业技能，毕业后可直接进入相关行业就业。

美国社区大学的独特之处在于其紧密结合当地政府、企业以及社区团体。社区大学与当地政府合作，共同制定符合地区发展需求的教育规划；与企业合作，开展订单式人才培养，为企业输送急需的专业人才；与社区团体合作，开展各类成人教育与社区服务项目，提升社区居民的整体素质。这种紧密的合作关系，为公民提供了便捷且多样化的高等教育机会，使社区大学成为推动当地经济发展与社会进步的重要力量。[②]

4. 专门学院

专门学院专注于针对某一特定学科专业开展深入的教学与研究服务，旨在培养该领域的专业精英与高端人才。例如科技学院、艺术学院、音乐学院、医学院、法学院等均属此类。

（四）职业教育

职业教育，近年来也被称为"生涯与技术教育"。美国教育体系秉持终身教育理念，自国家义务教育阶段伊始，就重视在学习、生活、身心健康以及职业选择等诸多方面的发展。这一理念贯穿职前准备阶段、职业选择阶段，乃至入职后的多层次职业教育，为

① 宿伟玲，都莉莉.美国高等教育体系观察与比较 [J].当代教育论坛（综合研究），2010（4）：117-119.
② 吴佳星，付雪凌.美国职业教育体系结构及毕业生升学途径与机制探究 [J].江苏教育，2018（20）：41-46.

职业教育学习者开拓了更为广阔的发展空间。目前，世界上多数国家采用双轨制教育体系，即明确将普通教育与职业教育进行分流。相比之下，美国的单轨制教育体系则独具特色，其普通教育与职业教育并非泾渭分明，而是相互融合、交叉渗透，形成了多样化的融合模式。①

美国中等职业教育的大部分学习是在中学阶段完成的，一般以课程或项目形式进行。学生若想参与中等职业课程学习，须通过选修职业教育相关课程来获取学分。从整体来看，综合中学是当前美国中等职业教育层次的主要学校教育机构。除此之外，全日制职业教育学校、区域性职业教育学校或中心同样承担着提供中等职业教育的任务。②具体而言，全日制职业教育主要由综合中学与部分全日制职业教育学校负责实施。这些学校为学生提供系统且全面的职业教育课程，学生能够在全日制的学习环境中，深入学习专业知识与技能，为未来的职业发展奠定坚实基础。区域性职业教育则由部分区域性职业教育学校和中心提供。这种教育模式为那些无法全身心投入全日制学习的学生，或者有在职进修需求的人群提供了便利。

美国中等后教育则主要由社区学院承担。社区学院为学生提供不同的发展路径选择，予以学生充分的选择权。一方面，学生可选择在社区学院完成过渡性的文理课程。这些课程旨在帮助学生巩固基础知识，提升综合素养，为进入四年制大学深造做好准备。学生修完这些课程后，所获得的学分能够换算并转入四年制大学，从而顺利升入大学继续攻读更高层次的学位。另一方面，学生也可以选择学习终止性的职业技术课程。这类课程具有很强的针对性与实用性，紧密围绕当地市场需求与行业发展趋势设置。学生修完这些课程后，即可凭借所学的专业技能直接进入就业市场。③

二、美国教育发展现状

美国作为全球教育体系最发达的国家之一，其教育体系全面覆盖学前教育至高等教育的各个阶段，为全体国民提供了资源丰富、结构完备的教育服务，具体体现在以下几个方面。

第一，体系健全，投入巨大。根据美国国家教育统计中心数据，2021 年秋季，公立 PreK-K12 阶段学校的就读学生数量达 4 950 万名，私立 PreK-K12 阶段学校的学生人数为 570 万。在 PreK-K12 阶段，2018—2019 学年共有 710 万名公立学校学生接受特殊教育（14.1%）。2021 年，美国公立小学和中学共计 97 568 所，其中公立小学 67 408 所，公立中学 30 160 所。④2021—2022 学年，公立特许学校约有 7 800 所⑤。2018—2019 年度，公立高中学生四年内毕业率为 86%；2020 年，16 ～ 24 岁人群的高中辍学率为 5.3%。

---

① 金传宝 . 美国中学普通教育和职业教育结合的模式及启示 [J]. 当代教育科学，2010（13）：47-49.
② 刘红，徐国庆 . 美国职业教育发展现状——基于 2014 年美国"职业教育国家评估报告"的分析 [J]. 职教论坛，2015（28）.
③ 吴佳星，付雪凌 . 美国职业教育体系结构及毕业生升学途径与机制探究 [J]. 江苏教育，2018（20）：41-46.
④ 数据来源：美国国家教育统计中心。
⑤ 数据来源：美国国家教育统计中心。

2018—2019 年度，K12 公立学校经费收入总计 7 950 亿美元，其中联邦政府投入 630 亿美元、州政府投入 3 710 亿美元、当地政府投入 3 610 亿美元。该年度生均教育经费为 13 701 美元，其中 80% 用于人员的工资福利支出。高等教育领域，2019—2020 年度，18～24 岁学生的大学入学率为 40%。2020 年，大学就读学生共计 1 940 万名，其中全日制学生 1 190 万名；同年，研究生及以上教育阶段的就读学生共计 310 万名。2020—2021 年度，高等教育学位授予机构共有 3 736 所，其中四年制机构 2 520 所，两年制机构 1 216 所。[①]2020 年，高等教育教师数量为 150 万人，生均高等教育经费为 28 976 美元。

第二，国民教育普及度高，性别分布相对均衡。据美国统计署数据，截至 2022 年，年龄在 25 岁及以上的美国人中，有高达 37.7% 的个体至少拥有学士学位。在过去几十年里，这一比例呈现出稳步增长的趋势，充分表明美国高等教育的普及程度不断提高。同时，拥有研究生及以上学历的群体规模也在持续扩大，有 14% 的美国成年人拥有硕士、专业学位或博士学位。值得关注的是，女性在高等教育领域的参与度日益提升，且表现已超越男性。在 25 岁及以上的女性中，39.0% 获得了学士或更高层次的学位；而在同年龄段男性中，这一比例仅为 36.2%[②]。

第三，政府大力支持特殊教育发展。2022—2023 学年，美国共有 750 万名年龄在 3～21 岁之间的学生依据《残疾人教育法》接受特殊教育服务，这一群体占公立学校学生总数的 15%。与 2012—2013 学年的 640 万人相比，这一数字增长了 17%，增长态势十分显著。[③] 从资金投入来看，2022 年美国联邦政府在特殊教育领域的实际投入高达 171 亿美元，较前一年增加了 31 亿美元，这一举措充分彰显了政府对特殊教育事业的高度重视与大力支持。[④]

第二节　美国教育现代化的历史进程

关于美国教育现代化进程的历史分期，目前尚未形成统一定论。参考已有文献研究，本书将美国教育现代化历程划分为四个主要阶段并分别进行概述：第一阶段是美国教育现代化萌芽阶段（1776—1865 年），第二阶段是美国教育现代化全面发展阶段（1866—1929 年），第三阶段是美国教育现代化调整完善阶段（1930—1999 年），第四阶段是美国教育现代化新变革阶段（2000 年至今）。在梳理各个历史阶段时，本书依据教育阶段与类型，将其细致地划分为学前教育、初等与中等教育、高等教育和职业教育这四大板块，深入总结和分析其在美国教育现代化发展的历史进程中所展现出的发展特征。为了更为直观地展现美国教育现代化发展过程中积累的改革经验，本书选取了各阶段具有代表性的政策，详细介绍其经济社会背景、改革措施和深远影响。

---

① 数据来源：美国国家教育统计中心。
② 数据来源：美国人口普查局。
③ 数据来源：美国国家教育统计中心。
④ 数据来源：美国教育部。

一、美国教育现代化萌芽阶段（1776—1865 年）

美国独立战争后的建国历程确立了美国公立教育思想的基本框架。随着政治保障机制的构建完成，以及统一的美利坚民族意识、民族文化的成熟与兴盛，国家主义思潮随之兴起，发展教育逐渐成为国家义不容辞的职责。

（一）阶段发展特征

1. 学前教育

在这一时期，美国学前教育呈现出一种独特的发展态势。它起源于民间，依靠自下而上的力量，于社会土壤中悄然扎根并广泛传播。推动这场学前教育革新与进步的核心动力，并非来自政府的宏观规划，而是源自那些心怀社会理想、秉持公民抱负的启蒙者、知识精英以及富有远见卓识的教育家。他们凭借敏锐的洞察力、坚定的信念以及持之以恒的努力，积极推动学前教育理念的创新与实践，不仅为美国儿童教育筑牢根基，更赋予学前教育深厚的时代内涵与社会价值。

19 世纪初，受洛克、卢梭、裴斯泰洛齐等人关于儿童教育理论的影响，美国开始追随欧洲幼儿学校运动的步伐，尝试将学前教育应用于贫困家庭儿童道德培养与综合素养提升。在这一探索过程中，约翰·格里斯科姆成为当之无愧的先行者。1825 年 3 月，他在纽约的私立学校中创建了首个学前儿童班级，专门面向年龄在 18 个月至 4 岁之间的孩童。

1856 年，舒尔茨夫人在威斯康星州创办了美国历史上第一所幼儿园。这所私立幼儿园以德语会话和教学，旨在为德国移民后代提供与母国教育相衔接的学前教育。1860年，伊利莎白·皮博迪在波士顿开办了美国第一所英语幼儿园。

2. 初等与中等教育

1830—1860 年在美国教育史上被称作"公立教育运动"时期。公立教育运动以建立州立学校制度为宗旨，倡导者认为这种教育制度能够有力地传播民族主义，维持社会稳定，同时满足工业化社会迅猛发展对具备良好教养的公民以及熟练劳动力的迫切需求。[①]公立教育运动的兴起是诸多政治、经济与社会因素相互交织、共同作用的结果。经济层面，大城市凭借其独特的发展优势，吸引了越来越多的人口汇聚，大规模制造业在此蓬勃发展。在这样的形势下，培养具备文化素养与专业技术的劳动力，已然成为亟待解决的现实问题。社会层面，伴随着工业化进程的加快和城市化的不断推进，传统的家庭结构遭受冲击，许多孩子无人照料、流落街头。为了有效减少未成年人犯罪与劳教现象，教育被视为解决这一社会问题的关键良方。此外，自 19 世纪 20 年代起，大量欧洲移民如潮水般涌入美国，本就相对滞后的美国教育体系不堪重负，面临着更为严峻的挑战。[②]在此背景下，教育被赋予了同化移民的职责，被认为是实现"美国化"的最佳路径。政

---

① [美]L. 迪安·韦布. 美国教育史：一场伟大的美国试验 [M]. 陈露茜，李朝阳，译. 合肥：安徽教育出版社，2010：158.

② [美]L. 迪安·韦布. 美国教育史：一场伟大的美国试验 [M]. 陈露茜，李朝阳，译. 合肥：安徽教育出版社，2010：159.

府期望借助公立教育，促使外来移民尽快融入美国社会。[①]

基于上述种种因素，19 世纪 30 年代公立学校运动率先在新英格兰地区拉开帷幕，并以迅猛之势蔓延至全美各地。该运动以构建由税收支撑、社区负责管理、面向全体儿童且免费的公立学校为核心宗旨，主要内容包括：（1）建立州教育委员会，用以统筹规划和管理教育事务；（2）征收教育税，为公立教育的发展提供稳定的资金支持；（3）大力兴建新的公立学校。[②] 到 19 世纪 60 年代，公立小学已在全美各州广泛设立，为普及小学教育发挥了巨大作用。1821 年，波士顿英语古典男子学校（后更名为波士顿英语中学）宣告成立，这一标志性事件正式拉开了公立中学运动的序幕。[③] 1827 年，《马萨诸塞州法》正式颁布，这部法律成为美国首部明确要求建立公立中学的法律。[④] 然而在实际推行过程中，该法并未得到严格的贯彻执行，导致马萨诸塞州的中学数量增长极为缓慢。究其原因，当时美国多数民众尚未完成初等教育，社会大众对中学教育的需求是非常有限的。这种状况一直持续至南北战争结束后，社会对公立中学的需求才出现显著增长。

美国公立教育运动意义深远，为美国现代学校系统的构建奠定了坚实基础。在这一过程中，现代公立教育体系初步建立，公立学校逐渐成为初等教育的主体。通过公立教育运动，美国成功地将源自欧洲的封建主义双轨制基础教育制度改造为适应美国资本主义发展需求的单轨制公立学校系统，地方学区管理体制也在运动过程中日趋成熟。[⑤]

3. 高等教育

独立战争结束后，美国的教育权分散在各州手中。与此同时，早期工业革命的蓬勃发展，为美国高等教育的进步奠定了坚实的物质基础，也对高等教育提出了全新要求：高等教育在课程设置方面，必须紧密反映生产实际需求，更有效地服务于社会经济发展。

在此背景下，美国高等教育现代化踏上了快速发展的道路。19 世纪初，州立大学的兴起通常被学界视作高等教育现代化的重要标志。[⑥] 尽管自 1636 年哈佛学院创立起，美国高等教育的发展历程已逾一个半世纪，但在此之前，美国的高等教育机构大多为私立且带有宗教性质，其课程设置与培养目标也基本沿袭英国高等教育模式。随着美国工业革命的推行及新经济政策的实施，各州急需一批适合本州经济发展及政治改革需要的人才。为了满足经济和社会发展对人才的新需求，各州不得不动用公款创办高等院校，州立大学由此应运而生。1819 年建立的弗吉尼亚大学是美国高等教育发展史上第一所真正意义上的公立大学。该大学由独立战争与共和国初期著名政治家托马斯·杰斐逊筹划创办，对此后西部州立大学的发展起到了重要的示范作用。[⑦] 弗吉尼亚大学的现代性体现

① 李朝阳. 教育与移民"美国化"（1880—1920 年）[J]. 全球教育展望，2018（11）：101-115.
② 曾德琪. 美国基础教育的特点、问题与改革 [J]. 四川师范大学学报（哲学社会科学版），1999（2）：30-37.
③ L. 迪安·韦布. 美国教育史：一场伟大的美国试验 [M]. 陈露茜，李朝阳，译. 合肥：安徽教育出版社，2010：142.
④ L. 迪安·韦布. 美国教育史：一场伟大的美国试验 [M]. 陈露茜，李朝阳，译. 合肥：安徽教育出版社，2010：143.
⑤ 李爱萍，肖玉敏. 20 世纪美国基础教育改革政策的演进与启示 [J]. 外国教育研究，2005（4）：42-46.
⑥ 周敏. 美国高等教育现代化进程透析 [J]. 苏州大学学报，1998（4）：118-121.
⑦ 袁利平，段肖阳. 美国高等教育治理的历史演进与实践逻辑 [J]. 河北师范大学学报（教育科学版），2016（6）：91-99.

在多个方面：一是具有彻底的世俗性，拒绝任何教派势力的渗透和影响；二是拥有丰富的课程体系，涵盖当时所有科学技术领域，尤为注重应用技术课程的设置；三是直接由州政府管理，其董事会成员皆由州长任命。弗吉尼亚大学的创立与发展，对美国高等教育产生了既深刻又广泛的影响。[①]

4. 职业教育

在美国建国初期，农业和手工业在经济活动中占据主导地位。18 世纪末至 19 世纪初，学徒制度是美国职业教育的主要形式。彼时的年轻人往往通过与经验丰富的工匠签订学徒合同，在实际工作中学习职业技能。然而，随着工业革命的快速推进，机械化生产和工厂制度快速取代了手工作坊。这一变革使社会对技术工人的需求急剧增加。面对此种情形，传统的学徒制已难以满足日益增长的职业发展需求，职业教育开始向正规化、制度化发展，"技工讲习所"迅速普及。1862 年，林肯总统正式批准《莫里尔法》，这是美国职业教育史上的重要里程碑。《莫里尔法》规定，联邦政府将向各州赠予土地，各州以此为基础筹集资金，用以建立赠地学院。这些学院聚焦于农业与机械课程的专业教授，旨在培养与工农业生产紧密相关的专业人才。《莫里尔法》的通过极大地促进了职业教育的发展，为工农业生产输送了大量技术人才。

（二）代表性政策

《莫里尔法》

（1）背景

南北战争后，农业在美国国民经济体系中依然占据举足轻重的地位。在此背景下，开展旨在提高农民素质、满足农村人口需要的农业教育成为当时社会发展的迫切需要。与此同时，美国工商业迅猛发展，劳动力市场对具备特定专业技能工人的需求更加迫切，这无疑对教育发展提出了全新的要求与挑战。

（2）内容

《莫里尔法》规定，联邦政府依据各州在国会中议员的数量向各州拨划土地。各州可通过出售土地或经营土地获取收入，以此筹集资金，并将这些资金专项用于建立和资助高等教育机构。这些高等教育机构重点设置传授农业和工业科目的学院，被称为赠地学院。赠地学院致力于实施职业性较强的教育计划，填补了其他类型高等教育机构在此方面的空白。其办学方向紧密围绕工农业生产实际，旨在为所在州及周边社区提供切实有效的服务。

（3）结果与影响

到 20 世纪初，康奈尔大学、明尼苏达大学、威斯康星大学、伊利诺伊大学等院校已逐步发展成为享誉全国的现代综合性大学。1900 年，14 所美国大学校长齐聚，共同创建了美国大学联合会，标志着美国大学在发展历程中迈向成熟阶段。《莫里尔法》的颁布全面开启了美国高等教育现代化的崭新篇章。赠地学院的创办与发展极大地推动了美国高等教育的民主化进程，促使高等教育更为广泛地面向大众。《莫里尔法》也确立

---

① 　周敏 . 美国高等教育现代化进程透析 [J]. 苏州大学学报，1998（4）：3-5.

了农业与工艺学科和与之相关的应用科学研究在高等学校中的地位。自此，高等学校的教学内容与美国民众的生活需求愈发紧密相连，服务社会的观念也逐渐为高等院校所广泛接纳，并成为继教学与科研之后，高等学校必须承担的重要职能之一。此外，赠地学院的创办也在实践层面打破了美国联邦政府长期不过问高等教育的传统局面，进一步加强了高等学校与联邦政府之间的联系。

二、美国教育现代化全面发展阶段（1866—1929 年）

美国教育史学家认为，美国在 1866—1929 年期间实现教育现代化。[①]1866 年，历经四年之久的南北战争宣告结束，美国自此迈入战后重建阶段；而 1929 年，则是美国经济在第一次世界大战结束后的十余年繁荣发展后，陷入"大萧条"的前夕。

（一）阶段发展特征

1. 学前教育

19 世纪 80 年代，美国社会基于对困境家庭，特别是无力负担子女教育费用家庭的援助考量，陆续成立了一批以慈善与教育为导向的机构。在此之后，以救助贫困儿童和母亲为核心目标的幼儿园协会雨后春笋般在全国各地纷纷成立，其中，"免费幼儿园协会"这一名称尤为普遍，成为这一时代慈善教育事业的标志性称谓。这些协会为贫困儿童搭建起接受基础教育的平台，同时也为忙于生计的母亲们创造了平衡工作与育儿责任的契机。在这些协会的悉心指导和大力支持下，到 19 世纪末，慈善幼儿园几乎在每一个大中型城市落地生根，不仅为贫困家庭儿童照亮了成长之路，更彰显了当时社会对于教育公平的深刻认知与不懈追求。

2. 初等与中等教育

南北战争后，美国基础教育迎来了蓬勃发展的黄金时期。初等教育普及化是这一时期美国初等教育的显著特征。为达成普及化目标，各州全力以赴，相继颁布强制性的义务教育入学法令。截至 1898 年，美国已有多达 32 个州颁布并实施义务教育法，标志着初等教育正式步入了义务化与普及化的轨道。进入 20 世纪，美国北部和西部各州几乎无一例外地继续颁布义务教育法令，进一步巩固了初等教育的普及化成果。相较之下，南部各州起初将初等教育视为一种慈善行为，在初期发展稍显滞后。但随着时间的推移，南部各州政府也逐渐认识到初等教育的重要性，进而大力支持其发展。

这一时期，公立中学被称为"群众学院"，中等教育被纳入美国基本教育体系，逐步迈向普及化。综合学校得到进一步发展，课程设置兼顾普通教育与职业教育，涵盖普通基础科目、职业技能科目以及以升学为导向的学术科目。但值得注意的是，这一时期普通教育的受欢迎程度远低于职业教育。[②]国家通过联邦和州两级政府联动的方式，为免费基础教育的推广提供了实施保障。1868 年，联邦政府设立教育机构，负责搜集、印

[①] 王晓阳. 美国教育现代化的历史经验及其启示 [J]. 教育发展研究，2008（23）：64-72.
[②] 李杨. 美国中等教育的发展演化与现代思考 [J]. 科技创新与生产力，2018（11）：39-43.

发、统计教育信息，管理联邦教育经费，并为各州教育系统提供专业咨询和协助。州政府设立教育委员会或教育厅，依据州教育法规开展教育行政管理工作。州下面设学区，学区的教育管理机构为具体管理教育事务的部门。至此，美国形成了地方分权制的教育管理格局。[①]

20 世纪初，工业化浪潮进一步席卷美国，新兴中产阶级随之迅速崛起并不断壮大。与此同时，西部拓荒运动的开展吸引了规模日益庞大的移民人口涌入。在此背景下，社会各界对于教育的需求愈发强烈且迫切。然而，彼时美国公立中学的功能定位仍是主要服务于少数精英群体的需求，将升学作为唯一的办学目标，教学内容也与社会现实严重脱节。为解决这些矛盾，在进步主义的推动下，美国开启了对公立学校教育的第一次改革[②]，旨在满足社会对公立中学教育的迫切需求。在此过程中，现代中学体系逐步得以确立。

值得关注的是，特殊教育也在这段时期被逐步纳入公立教育体系。19 世纪 20 年代，各类寄宿制特殊教育机构广泛建立，标志着美国特殊教育的发端。19 世纪 50 年代，美国各州陆续推行义务教育法令，尽管在初始阶段，特殊儿童并未被纳入该法律的受益范围，但义务教育法所蕴含的公共教育理念，却对特殊教育的发展产生了意义深远的影响。19 世纪中后期，美国寄宿制特殊教育机构不仅在数量和规模上稳步发展，而且在办学主体方面基本实现了从私人办学向政府办学的重要过渡。至此，特殊教育开始被纳入公立教育系统，多种类型的特殊儿童安置模式相继产生。

3. 高等教育

南北战争后，美国进入全新的历史时期。为了满足社会日益多样的需求，大规模的"扩张"和高速的"转型"成为这一时期美国高等教育发展的主要特征。[③] "扩张"集中表现为高等教育在校生数量的持续攀升，以及赠地学院、初级学院和研究型大学等新型高等教育机构大量涌现。"转型"主要指向美国高等教育机构性质的深刻变革，即高等教育机构类型从传统学院向现代大学的历史性转变。这一转变过程中，高等教育实现了从"学院制度"向"现代大学制度"的跨越，构建起一套涵盖研究生教育制度、学位制度、大学治理制度、大学学业评价制度等在内的现代大学制度体系。[④] 这段时期，美国高等教育快速发展，呈现出以下几方面的特点：其一，借助法律手段创设赠地学院，以切实满足农业与工艺教育的现实社会需要；其二，借鉴德国现代大学模式，创办了研究型大学；其三，以选修制的引入与推广为契机，将部分传统学院改造为现代大学；其四，初级学院运动的兴起，充分彰显了美国高等教育在积极满足社会需求的同时，对学术卓越的不懈追求。

到 20 世纪初，美国已成功确立了现代高等教育制度。高等学校职能逐步完善，最终形成集教学、科研及社会服务于一体的美国式高等学校复合职能模式。同时，初步构

---

① 王定华. 美国高等教育发展与改革：历史考察 [J]. 河北大学学报（哲学社会科学版），2021（5）：82-88.

② 李爱萍，肖玉敏. 20 世纪美国基础教育改革政策的演进与启示 [J]. 外国教育研究，2005（4）：42-46.

③ 李子江，张斌贤. 扩张与转型：内战后美国高等教育发展的路径选择 [J]. 清华大学教育研究，2016（1）：16.

④ 王保星. 深度解析美国高等教育发展的阶段特征与社会贡献——《美国高等教育史》（三卷本）的学术价值 [J]. 高等教育研究，2020（7）：106-112.

筑起由初级学院、学院与大学构成的三级高等教育结构，并确立了由副学士、学士、硕士和博士组成的完整四级学位制度。此外，研究生院和专业学院还在科研成果转化为实际应用中发挥了重要作用，有力地支持了美国新兴产业的发展。不仅如此，研究生院还承担着为公立学校体系培育高端管理人才，以及为本科生院输送优秀教授的重任。

这一时期具有标志性意义的事件当属约翰斯·霍普金斯大学和研究生教育制度的建立。1876 年，吉尔曼创办的约翰斯·霍普金斯大学代表了美国高等教育现代化发展的新模式——创办新型大学。在学校管理事务中，吉尔曼坚决主张新型大学应秉持自由探索真理的理念，不受外界诸如宗教及政治派别等势力的干扰与束缚。[①] 同时，约翰斯·霍普金斯大学开创性地将研究生培养置于学校各项事务的核心地位，并将能否授予博士学位以及开展高水平的科学研究确立为区分学院与大学的关键标准。[②] 在此过程中，德国现代大学模式对美国研究型大学的创办产生了深远影响。事实上，在美国现代大学诞生之前，其高等教育发展历程，亦是一部不断汲取他国经验、移植借鉴他国高等教育模式的历史。

初级学院的出现与发展堪称美国高等教育本土化创新的典型案例。哈珀就任芝加哥大学校长后，致力于将芝加哥大学建设成为以研究生培养为核心的研究型大学。1892 年，在哈珀的领导下，芝加哥大学对传统四年制教育模式进行了创新性改组。[③] 其中，前两年被称为"初级学院"，后两年被称为"高级学院"。初级学院兼有双重职能，既可以是为大学三年级做准备的中介教育，也可以是学习两年便结业的终结教育。[④]

美国研究型大学这种独特的结构设置，成功确保了大学与社会发展之间的紧密关联，避免大学沦为脱离社会现实需求的"象牙塔"，彰显出鲜明的美国特色。这一高等教育机构形式，不仅有助于学术性高等教育从普通教育的沉重负担中解放出来，推动了高等教育的多元化发展，而且极大地拓宽了普通民众接受高等教育的渠道，加速了高等教育民主化的进程。至此，高等学府的大门逐步向社会大众敞开，美国高等教育的发展由此步入从精英教育向大众教育过渡的新时代。

4. 职业教育

美国的职业教育也在这一阶段呈现出迅猛的发展态势。彼时，人文主义课程与社会对手工艺者的需求之间存在矛盾冲突，为化解这一矛盾，一些具有社会洞察力的有识之士开始聚焦手工训练的价值，并于 19 世纪 70 年代发起了手工训练运动。手工训练运动可视为美国教育工作者面对工业化浪潮的冲击，在贯通普通教育与职业教育方面所做的初步探索，深刻蕴含着从传统教育模式向现代教育模式的艰难转型。1879 年，卡尔文·伍德沃德在华盛顿创办了第一所手工艺培训学校，该校开设为期三年的中等教育项目，在课程设置上注重脑力劳动与手工艺劳动的平衡，二者各占一半，旨在帮助学生为

---

① 张文静 . 美国走上高等教育强国的历程及其经验 [J]. 赣南师范学院学报，2009（2）：45-50.

② 乔玉全 . 21 世纪美国高等教育 [M]. 北京：高等教育出版社，2000：10.

③ [美]L. 迪安·韦布 . 美国教育史：一场伟大的美国试验 [M]. 陈露茜，李朝阳，译 . 合肥：安徽教育出版社，2010：223.

④ 李子江，张斌贤 . 扩张与转型：内战后美国高等教育发展的路径选择 [J]. 清华大学教育研究，2016（1）：16-23+86.

适应工业化社会的生活做好充分准备。手工训练运动的开展，为后续职业教育运动的兴起埋下了伏笔。[①]

20 世纪初，美国已然成为世界首屈一指的发达资本主义国家。资本主义经济的精细化分工，对劳动力素质提出了全新的要求，职业教育的发展因此受到广泛关注。尽管《莫里尔法》的颁布为美国培养大量技术性人才开辟了道路，但这些高素质人才难以满足工业发展对大规模中低层次技术工人和劳动力的急切需求。随着美国社会劳动力短缺问题的日益严峻，社会各界广泛呼吁联邦政府强化对中学生的职业技能培训，主张通过在中等学校开展职业教育，增加学生职业技能学习的机会，从而为社会发展提供有力的人力资源支撑。在此背景下，美国的现代职业教育体系逐渐完善，并初步确立起来。

（二）代表性政策

《中等教育的基本原则》

（1）背景

自南北战争伊始，美国中等教育的目标和任务便始终在升学导向与就业导向之间徘徊不定。这一矛盾在 19 世纪末 20 世纪初被迅速激化，进而引发了一场围绕中等教育目标与定位的激烈论争。为化解中等教育所面临的一系列问题，推动中学教育能够迅速适应社会以及人口特性的转变，全国教育协会数次组建专门委员会，委派专业领域的专家展开深入的调查研究，并形成相关报告。[②]

（2）内容

中等教育改组委员会于 1918 年发布了《中等教育的基本原则》报告，该报告被誉为"20 世纪美国中等教育的宪法"。报告对中等教育的定位、目标、功能、课程设置以及学段划分等诸多方面进行了全面审视与重新构建，将综合中学确立为"美国中等学校的标准类型"，从而构建起美国现代中学体制。综合中学在小学教育基础上，提供多元课程体系，涵盖学术类、商业类以及职业类课程。这种设置既允许教育工作者坚守公立学校的教育原则，又为学生学习商业与职业技能提供了必要的自主性与独立性。综合中学的创立，使得普通教育与职业教育能够在同一教育场所协同发展，并行不悖，有力地推动了中学教育进入快速扩展阶段，并紧密贴合社会生活实际需求。

（3）结果与影响

该报告旨在为 20 世纪初期处于工业化进程与移民大潮背景下的美国中等教育全面改革提供具有建设性的建议，其内容涉及中等教育的目标、功能、学制、课程等根本性问题。报告一经发布，便迅速引发广泛关注。[③]时至今日，距报告发布已逾百年，但其对美国中等教育改革的影响依旧深远。例如，综合中学目前仍是美国中学的主要办学形

[①] 张斌贤，兰玉，殷振群．迎接工业化的挑战：1870—1910 年的美国手工训练运动 [J]. 清华大学教育研究，2013（5）：5-15.

[②] 杜光强，张斌贤．《中等教育的基本原则》与美国中学综合课程模式的确立 [J]. 教育史研究，2019（1）：71.

[③] Karen Graves.The Cardinal Principles：Mapping Liberal Education and the American High School[J].American Educational History Journal，2010（1）：95-107.

式，其提出的教育七大目标——保持身体健康、掌握基本技能、成为良好的家庭成员、具有就业准备能力、胜任公民职责、善用闲暇时光、养成道德品格，以及综合中学模式的创设等，深刻影响了美国中等教育的发展轨迹。在不同的历史时期，教育家们基于各自所处的时代背景与教育理念，对其进行了多样化的阐述与评价，呈现出丰富多元的研究态势。[①] 与此同时，报告所体现的中等教育发展理念对世界其他国家的中等教育改革同样具有重要的参考意义。

《史密斯—休斯法》

（1）背景

20 世纪初，美国处于向世界头号工业强国转变的关键时期。与此同时，大量移民涌入美国，这些移民群体规模庞大，大多未接受过系统的正式教育，且普遍面临贫困问题。在此背景下，为应对社会发展需求，国会于 1917 年通过了《史密斯—休斯法》。该法案规定，联邦政府将拨款支持在中学层面设立职业教育课程，这一举措标志着美国职业教育体系的初步形成。

（2）内容

《史密斯—休斯法》规定，联邦政府通过拨款的方式，助力各州开展中等职业教育，并明确划定了职业教育的基本领域，涵盖工业、农业、商业、家政以及师资培训等多个方面。与此同时，强调联邦政府与各州协同合作，共同承担起为职业教育各学科培养专业师资的重任。最后，《史密斯—休斯法》提出将传统的普通中学转型为综合中学，为学生增设可供选修的职业课程，使综合中学兼具升学与就业的双重功能。

（3）结果与影响

《史密斯—休斯法》的颁布为长期以来围绕职业教育的诸多争论画上了句号。该法把职业教育的范畴拓展至中等教育阶段，从法律层面确立了职业教育在美国公立学校教育体系中的合法地位，有力地推动了中等职业教育朝着规范化方向发展。在这一时期，综合中学的地位日益凸显。它以传统的升学导向型普通中学为基础，通过改造，赋予了学校普通教育与职业教育的双重功能。综合中学的创立，不仅标志着美国学制彻底摆脱了欧洲双轨制的影响，更丰富了美国独具特色的高等教育层次结构，使其更加多元。此外，该法的颁布，还宣告了美国职业教育制度的确立，为美国职业教育的后续发展奠定了坚实的制度基础。[②]

三、美国教育现代化调整完善阶段（1930—1999 年）

1929—1933 年，一场发端于美国的"大萧条"，如汹涌浪潮般迅速蔓延至整个资本主义世界。作为 20 世纪持续时间最长、影响范围最广且强度最大的经济衰退，"大萧条"不仅导致了长期的大规模失业，还在部分国家引发了政治极端主义转向，最终成为

---

① 陈桂香. 美国《中等教育基本原则》论争的现实思考 [J]. 外国教育研究，2020（7）：46-57.
② 蒋春洋，柳海民. "史密斯—休斯法案"与美国职业教育制度的确立及启示 [J]. 黑龙江高教研究，2012（5）：37-40.

第二次世界大战爆发的重要诱因之一。"大萧条"与接踵而至的第二次世界大战，给美国社会带来了沉重的经济灾难，美国教育系统亦未能幸免，遭受了巨大冲击。具体表现在对教育的经济支持大幅削弱，对美国教育在后续几十年的发展造成了显著影响。[①]

从 1945 年到 20 世纪 50 年代中期，美国社会笼罩在诸多不确定因素之中。史学家埃里克·戈德曼将这一时期形容为"艰难岁月"，并进一步将其时间跨度延伸至 1960 年，认为 1955—1960 年所发生的一系列事件，在一定程度上是此前十年状况的延续。进入 20 世纪 60 年代，受民权运动和反贫困运动的深刻影响，美国在争取教育机会平等的征程中，迈入了一个全新的历史阶段。在社会各界的积极倡导与共同努力下，美国在各教育阶段机会平等方面取得了较为显著的成就。

（一）阶段发展特征

1. 学前教育

在 1929 年爆发的全球性经济危机中，美国遭遇了史无前例的"大萧条"，失业人数剧增，儿童保育问题面临极大挑战。在此背景下，罗斯福总统宣布实施"罗斯福新政"，旨在促进失业人口再就业，同时减轻经济危机对儿童造成的负面影响。加之社会各界热心人士的呼吁与倡议，紧急保育学校被纳入联邦紧急救济署的项目规划之中。1940 年美国国会通过了《兰汉姆法案》，明确由联邦政府出资，在全国范围内建设紧急保育学校。[②]紧急保育学校具有独特性，专门面向失业家庭的儿童招生。然而，随着"二战"结束后美国国内就业机会逐渐增多，符合紧急保育学校入学条件的儿童数量日益减少。与此同时，因母亲在工厂工作而无法进入紧急保育学校，只能独自在家或在街头游荡的儿童数量却不断增加。

"二战"后美国经济迅速发展，但种族隔离对抗、贫富差距以及教育不公平等问题却愈发突出。特别是进入 20 世纪 60 年代后，这一问题变得更加严峻，由此引发美国国内民权运动。在此背景下，联邦政府开始关注少数民族儿童和处境不利儿童的教育问题，将重心置于实现教育机会均等。时任总统林登·约翰逊宣称"向美国贫困无条件宣战"。1964 年颁布的《经济机会法》，旨在通过政策保障帮助贫困学生摆脱教育困境，同时赋予联邦政府更强的教育干预权力。这一时期，美国的学前教育获得了迅猛发展。

进入 20 世纪 80 年代，随着科学技术的飞速发展，尤其是知识经济的兴起，对人的综合素质提出了前所未有的高标准要求。其中，对人的主体性品质，如积极主动性、独立自主性、创造性、责任感以及合作精神等方面的重视程度，远超以往任何时代。基于此，促进幼儿身心全面和谐发展，为每个幼儿提供高质量的学前教育，成为 20 世纪 80 年代以来美国联邦政府干预学前教育的核心价值追求。

在特殊教育领域，直到 20 世纪 50 年代，美国残疾儿童仍被排斥在公立学校教育体系与公共生活之外。虽然各州为这些儿童设立了特殊机构，但其主要目标仅聚焦于"缺

① ［美］韦恩·厄本，杰宁斯·瓦格纳.美国教育：一部历史档案[M].周晟，谢爱磊，译.北京：中国人民大学出版社，2009：350.
② 钱雨.美国学前教育立法的发展、经验与启示[J].湖南师范大学教育科学学报，2020（3）：16-23.

陷补偿"，忽视了他们自身的潜力及其独特的生命意义。民权运动后，联邦法院明确提出"隔离的教育设施在本质上就是不平等的"，自此隔离教育模式彻底丧失合法性。在此背景下，美国掀起了一系列特殊教育改革运动，包括特殊儿童去标签化、教育安置去机构化以及回归主流运动等，旨在推动特殊教育的融合与发展。其中，回归主流运动所倡导的思想与特殊教育普通化理念相契合，其哲学基础为人本主义，主张人人平等，反对对残疾儿童进行标签化界定，允许特殊儿童进入普通学校学习，开启了残障学生与健全学生共同接受教育的全新篇章。该运动有力地推动了特殊教育与普通教育之间的交流与对话，从理论和实践两个层面促使特殊教育向全纳教育转变。回归主流运动成效显著，各州纷纷开始关闭寄宿制特殊教育学校，大量特殊儿童得以回归社区和普通班级，满足了众多特殊儿童及其家长的期望。然而，尽管美国自"二战"以来进行了一系列特殊教育教育改革，但教育质量的根本问题并未得到有效解决。20世纪60年代末，融合教育成为美国特殊教育改革与发展的主要方向，但这一转变未能从根本上满足所有特殊儿童的教育需求。1975年《所有残疾儿童教育法》颁布，美国特殊教育步入了依法治教的轨道，全纳教育变成特殊教育改革的新方向。此后，联邦特殊教育法不断发展完善，普通教育和全纳教育思潮相继兴起，特殊教育质量得以逐步提升。

2. 初等与中等教育

"大萧条"和战争对美国中学教育的影响是巨大的。经济萧条导致中学不能按时、足额获取教育经费，迫于财政压力，学校不得不缩减开支，基本停滞了物质上的更新和改善。到1932年，美国学校普遍陷入财政困境，试图通过扩大班级规模、裁撤非必要职位、要求学生自带学习物品乃至支付学费等方式实现开源节流。然而，部分学生因无力承担这些额外费用，最终被迫辍学。

1930—1999年期间，追求权利平等成为美国基础教育的核心主题。战后初期，美国学校首先经历了一段调整适应期，主要任务是应对入学人数的急剧增长。在课程方面，"二战"后美国一直致力于推进教育改革。1957年，苏联成功发射人造地球卫星极大地震撼了美国社会。基础教育质量欠佳是导致美国科技落后的关键因素，社会各界对公立学校展开了广泛抨击。1958年9月，美国国会通过了《国防教育法》，引发了战后美国首次具有重要意义的中小学课程改革运动，旨在强化新课程资源开发，全面提升基础教育质量。

20世纪60年代中期到70年代初，美国教育政策开始聚焦于处境不利的少数族裔儿童和贫困家庭儿童，期望通过反种族隔离或种族融合教育，以及为贫困家庭儿童提供补偿教育和特殊教育等举措，来提高他们的学业水平。这一时期，全国范围内掀起了一场以"回归基础"为核心的基础教育改革运动。这场运动由学生家长、教师、政治家等多元主体共同发起，呈现出自下而上的特征。该运动着重强调基础课程教学，注重传统教育模式，主张采用传统的教学与评估方法，明确教师的主导地位，并严格执行纪律。"回归基础"教育运动在20世纪80年代得到各学区的认同，美国各州基础教育质量下滑的态势得到遏制，学生学业成绩呈现上升趋势。

进入80年代后，"回归基础"教育运动在推进过程中暴露出一系列新的问题与矛盾。例如，最低能力测试制度问题频发，学校纪律松弛，中小学教师在教学过程中力不从心等。这些问题引发了美国公众对中小学校教育标准和质量的强烈不满，"回归基础"教育运动逐渐走向衰退。与此同时，国际竞争加剧，美国深感人才培养和教育改革的重要性。

1983 年，《国家处于危机中：教育改革势在必行》报告发布。该报告提出了基础教育应着力提高教育标准、强化核心学科教学、提升教师素质、加强教育评估与问责机制、增加学生学习时间，并提高对学生的期望等建议。期望通过这些举措，全面提升美国中等教育的质量与成效，以更好地应对国际竞争与社会发展所带来的诸多挑战。这一时期，美国开展了"重建教育体制"运动。各州教育委员会以立法或制定规章制度的形式，自上而下地制定教育法令与标准，对学生、教师以及学校提出了更高要求。随后，教育关注点逐渐转向对学生、教师以及学校自身权利与需求的重视。最终，形成了教育需要学校、家庭与社会各界广泛协作的共识。在这一过程中，教育管理权从联邦政府逐步转移至州政府。

面对基础教育领域公立学校质量低下、教育不公平等问题，联邦政府尝试引入市场经济原则与管理方式，对教育体制进行改革，择校运动由此蓬勃兴起。自 20 世纪 80 年代以来，几任总统都高度关注择校运动，其中涵盖教育税减免、教育券计划以及特许学校的发展等方面。目前，美国的择校形式不断丰富，择校途径不断完善，传统公立学校、私立学校、磁石学校、特许学校、家庭学校、教育凭证制、教育税减免和开放入学制等形式不断完善了美国的基础教育体系。

3. 高等教育

尽管战争的爆发导致美国高等教育面临生源与教员数量减少，资金亦受影响的困境，但由于高等教育与战备工作关联紧密，其作用受到美国政府的高度重视。战争伊始，各大学积极谋求在战备工作中发挥更为积极的作用，具体举措包括为兵役、军事工业以及关键的民事活动开展人员培训等。此外，联邦政府充分认识到高等教育在尖端军事武器研发中的重要价值，大力整合高校科研资源，建设了大量国家委托实验室。在此期间，联邦政府的资金支持成为诸多研究型大学重要的收入来源。以麻省理工学院为代表的一批高校，积极投身于雷达等军事领域前沿科技的研制工作，为美国在"二战"中的军事行动做出了卓越贡献。

1941 年，"珍珠港事件"爆发，联邦政府随即启动大规模征兵行动。美国职业教育协会要求，战争期间工人必须接受职业训练，这一举措凸显了职业教育的重要性。同时，为向军队输送专业人才，高校纷纷开展针对军人的职业培训。1943 年，随着战争形势逐渐明朗，美国政府开始将工作重心逐步转移至战后社会经济建设与教育发展方面，不得不慎重考虑退伍军人的安置问题。1944 年，美国颁布了《退伍军人权利法》，旨在助力退伍军人顺利回归日常生活，避免出现大规模失业现象，同时通过培养专业人才推动经济社会发展。

根据马丁·特罗的高等教育阶段理论，美国高等教育在 1945—1970 年期间实现了从精英阶段到大众化阶段的过渡，成为世界上第一个实现高等教育大众化的国家。其中，20 世纪 60 年代堪称美国高等教育发展变化最为迅猛的时期。在此期间，两年制社区学院发展态势尤为显著，接纳了数量庞大的青年学生，使得美国高等教育呈现出前所未有的繁荣景象。1971 年，美国高等教育毛入学率达到 50%，成为世界上首个迈入高等教育普及化阶段的国家。[①]

然而，20 世纪 60 年代初期越南战争的爆发引发了美国国内强烈的反战情绪，加之少数族裔的民权运动、妇女运动以及学生潮等一系列社会运动的兴起，美国高等教育逐步从黄金时代陷入危机。其间，暴露出诸多问题，诸如：大学自我管理能力缺失；少数族裔入学机会虽有所增加，但总体仍显不足；大学对本科生教学重视程度不够，导致教育质量下滑，且不同高校之间缺乏统一性；高等教育与社会现实脱节，同时与政府联系过于紧密等。为化解这些危机，20 世纪 70 年代，美国高等教育围绕办学方向、学校管理、教学计划制定等方面，实施了一系列大规模改革。联邦政府的政策重心也开始从侧重国家安全和社会利益，转向对高等教育入学机会的关注。

20 世纪 80 年代以后，美国高等教育进入调整和完善阶段，这一阶段一直持续至 90 年代。其主要原因在于，高等教育现代化进程的高速推进引发了质量与经费等问题，这些问题对高等教育的健康、有序发展形成制约。与此同时，科技与经济的快速发展对高等教育提出了更高要求，高等教育唯有做出相应回应，方能不落后于时代与社会的前进步伐。《国家处于危机中：教育改革势在必行》报告的发布，使人们清醒地认识到当时美国的高等教育不仅与其他主要工业国家的存在不小的差距，且教育质量仍在持续下降。[②] 一方面，教师队伍结构严重失衡，兼职教师数量众多，虽在一定程度上缓解了大学的财政压力，却削弱了教师队伍的专业化程度；另一方面，课程体系饱受争议。为吸引更多学生，学院和大学竞相开设大量专业课程，并将大量资源投入受学生欢迎的课程，导致基础课程质量难以达标。这些问题的出现，表明高等教育质量与绩效之间存在矛盾，在美国高校面临巨大外部经济压力的情况下，其在追求优质教育的道路上面临重重困难。

4. 职业教育

战后时期，美国技术学校与社区学院的数量呈现出显著增长态势，设置了广泛的职业培训课程。1963 年，美国颁布《职业教育法》，明确了职业教育的目标，拓展了职业教育的覆盖范围，还建立了地区职业教育研究中心，旨在确保各州各社区不同年龄段的人群均拥有接受职业训练的机会。1968 年，《职业教育法》修正案正式出台，进一步强化了联邦政府对职业教育的支持力度，尤其着重关注贫困人口以及少数族裔群体的职业教育需求。

20 世纪 90 年代，美国青年失业率处于较高水平。彼时，传统职业教育模式存在教育与工作相分离的弊端，致使学生在进入工作岗位后难以迅速适应。在知识经济蓬勃发展的大背景下，劳动力市场加速向科技密集型产业转型，传统职业教育已无法满足企业对高素质知识型人才的迫切需求。1994 年，《从学校到工作机会法》颁布实施，有力推动了职业教育与学术教育的深度融合。该法案致力于提升学生的学术技能，改革学校教

---

① 高书国. 美国高等教育普及化模式 [J]. 世界教育信息，2006（9）：34-36+64.
② National Commission on Excellence in Education.（1983）.A Nation at Risk: The Imperative for Educational Reform.The Elementary School Journal，84（2），113-130.

育教学方法，促进中等教育与中等后教育的有效衔接。[①] 在此过程中，美国职业教育逐步形成普通教育与职业教育相互融合、中学教育与中学后教育协同发展、职业学校与企业紧密合作的良好发展态势，职业教育的质量与层次得以显著提升。与此同时，政府还创立了弹性管理制度，优化资金使用及职教评估方式，推动了职业教育的现代化。

（二）代表性政策

《退伍军人权利法》

（1）背景

1943 年，第二次世界大战的局势渐趋明朗化，美国联邦政府开始着眼于战后退伍军人的安置事宜。在此背景下，1944 年美国颁布了《退伍军人权利法》。

（2）内容

《退伍军人权利法》规定联邦政府向参加"二战"的退伍军人提供经济补偿，经济补偿年限根据退伍军人在军中服役年限而定。其中，最重要的经济补偿方式是教育费用，包括学费、杂费、书费以及每月发放的生活津贴等，补偿对象是因服役而被延误或中止接受高等教育，且在退伍后已获批进入高等院校学习的退伍军人。

（3）结果与影响

该法旨在对战争中服役军人给予补偿，产生了极为深远的影响。它成功解决了退伍军人的安置难题。"二战"退伍军人皆能获得前所未有的联邦教育资金支持，且这些资金直接对接至个人，而非相关机构。这一举措使得数百万名退伍军人获得了接受高等教育的宝贵机会，不仅有效避免了大规模失业现象的出现，还通过专业人才的培养有力促进了经济的发展。该法案不仅推动了高等教育规模的扩张，还拓宽了职业教育资助的覆盖范围，为高等职业教育的发展提供了强大助力。[②]

《国防教育法》

（1）背景

"二战"结束后，美国在基础教育阶段已大体实现儿童入学机会的均等化。然而，入学机会的均等并不等同于受教育结果的均等。在此背景下，随着战后美国国内与国际形势的演变，其基础教育改革呈现出新的导向。具体而言，其目标从战前侧重于增加公立中学的数量，转变为战后着重提升公立中等教育的质量。这一转变标志着联邦政府首次从法律与教育政策层面，对教育领域展开全面干预。

（2）内容

1958 年颁布的《国防教育法》对学校教育目标做出了明确要求，即从以往注重对生活的适应，转向强调对基础科学知识的传授，旨在培育尖端科技人才。同时，该法案规定，联邦政府需出资助力学校开展改革工作，并着重加强自然科学、数学以及外语（即"新三艺"）的教学力度。此外，该法令特别突出"天才教育"，对于"在科学、数学、

---

① 詹鑫 . 美国现代化进程中的职业技术教育 [J]. 外国教育研究，2003（1）：36-38+42.
② 续润华，宁贵星 . 美国"退伍军人权利法案"的颁布及其历史意义 [J]. 河南师范大学学报（哲学社会科学版），2001（1）：104-107.

工程或一门现代外语方面展现出较高能力或具备良好基础的学生"优先考虑给予专项奖学金、奖研金和贷款支持。

（3）结果与影响

《国防教育法》明确了教育与国防之间的紧密关联，将教育发展提升至关乎国家安危的战略高度。这一举措意味着联邦政府开始涉足原本属于州政府权力范畴的教育领域。与此同时，联邦政府资助教育的行为得到广泛认可，教育机构与科研人员接受联邦资助获得了法律层面的坚实保障。[①]

"开端计划"

（1）背景

1964 年《经济机会法》颁布，第一次以法案的形式明确规定联邦政府要为贫困学前儿童提供补偿教育，在学前教育领域给予了强有力的经济支持。1965 年，美国启动实施了全国范围内规模最大且影响最为深远的联邦学前教育项目——"开端计划"。该计划主要面向 3 ～ 5 岁的贫困儿童群体，为其提供全方位的学前教育服务。

（2）内容

根据《经济机会法》的规定，"开端计划"由联邦政府拨款，为贫困线以下家庭中 3 ～ 5 岁儿童提供为期数月的保育和学前教育服务。这一项目旨在改善儿童身体健康状况，提升其社会认知能力，帮助其在运用语言和概念方面建立信心；与此同时，项目也为父母提供有关儿童发展的知识、技能和经验，以促进其对儿童成长发展产生正面影响。"开端计划"的主要组成部分包括为儿童提供医疗服务、社会服务、家庭教育、配套志愿服务以及心理发展服务。[②]

（3）结果与影响

"开端计划"以保障儿童教育公平为价值导向，有力地响应了彼时美国社会"向贫困宣战"的号召，成为美国教育史上最重要的教育项目之一，标志着美国学前教育立法进入了扶弱阶段。自此，联邦政府开始对学前教育进行专门立法，通过资金的投入来加强对学前教育的干预。[③]而在此之前，学前教育方面的专项法案、项目以及资金投入所见甚少。然而，1969 年《威斯汀豪斯报告》首次对"开端计划"效果进行全国范围评估，发现由于盲目扩大服务规模、雇用大量非专业教辅人员等原因，教育质量难以得到保障，引发了全社会对政策效果的质疑。此后，联邦政府逐渐减少了对"开端计划"的支持，发展陷入低谷。此后，"开端计划"经历了大刀阔斧的改革，美国国会颁布了一系列法案以促进教育质量提升，"开端计划"进入了以质量为导向的发展时期。[④]

《高等教育法》

（1）背景

20 世纪 60 年代，美国社会受到人力资本理论和教育民主化浪潮的影响，教育机会

---

① 郑宏 . 美国《国防教育法》的制定及其历史作用 [J]. 江西社会科学，2011（1）：158-161.

② 单中惠，刘传德 . 外国幼儿教育史 [M]. 上海：上海教育出版社，1997：204.

③ 李晖 . 美国开端计划的学前教育公平政策价值分析与借鉴 [J]. 教育评论，2016（7）：58-61.

④ 姚艳杰，许明 . 美国开端计划的发展、问题与走向 [J]. 学前教育研究，2008（4）：55-59.

的公平与均等问题成为社会各界关注的核心焦点。彼时，为切实贯彻落实《国防教育法》，各州纷纷兴办新的高等院校，并极力扩大招生规模。然而，这一系列举措也随之引发了一系列新问题，诸如高校教学设施严重短缺、师资力量明显不足，以及部分学生因经济困难不得不休学等。鉴于此，为全面提升高等教育人才培养质量，联邦政府亟须采取更为强有力的措施，以实现对各州高等学校的全方位资助。1965 年，美国国会颁布了《高等教育法》。

（2）内容

《高等教育法》以"改善学院和大学的教育条件，为中学后教育及高等教育阶段的学生提供财政支持"为宗旨，内容主要包括两个方面：其一，为各州的学院和大学提供经济援助，旨在帮助这些院校更新教学设施，推动其积极开展社区服务活动，并设立高等学校教师研修班，以提升教师专业素养；其二，为接受高等教育的学生提供包括助学金、贷款以及勤工俭学等在内的多元化资助项目，帮助学生顺利完成学业。

（3）结果与影响

《高等教育法》的颁布与实施，有力推动了 20 世纪 60 年代美国高等教育实现跨越式发展，成为美国高等教育发展历程中一个重要的标志性事件。该法通过加大对地方院校和困难学生的经济资助力度，并适当延长经济资助期限，逐步构建并完善了联邦政府的资助机制。在此推动下，美国高等教育获得了快速发展，并于 1971 年成为世界上第一个步入高等教育普及化阶段的国家。除此之外，《高等教育法》明确提出要大力扶持办学条件相对薄弱的新型院校，这一规定为美国社区学院的发展创造了难得的机遇，有力地推动了美国高校在办学模式、教育理念等方面实现深层次变革。[1]

《职业教育法》

（1）背景

1961 年，肯尼迪政府组建"职业技术教育顾问委员会"，旨在对美国职业教育的现状展开评估调查。调查结果显示，美国传统职业教育存在显著弊端：一方面，对劳务市场的变化缺乏敏锐感知，无法及时依据市场需求调整教育内容与方向；另一方面，严重忽视了各类人才在职业发展进程中的多元需求。[2] 为扭转这一不利局面，使职业教育更好地契合社会发展与人才成长需求，美国于 1963 年正式颁布了《职业教育法》。

（2）内容

《职业教育法》涵盖了多方面关键内容：其一，着力保障各年龄段人群在接受职业教育训练方面享有平等机会，确保无论年龄处于哪个阶段，都能获得相应的职业教育资源；其二，重视职业教育教师的专业培训，通过提升教师素质来保障职业教育质量；其三，规划建立地区职业教育研究中心，为职业教育的理论研究与实践探索提供专业平台；其四，为学习者提供半工半读的机会，促进学习与实践紧密结合；其五，加强中等后职业教育，拓展职业教育的层次与范畴。

（3）结果与影响

《职业教育法》在多方面产生了深远影响。一方面，《职业教育法》对职业教育对象

---

① 续润华，张帅 . 美国 1965 年高等教育法的颁布及其历史意义探析 [J]. 黑龙江高教研究，2013（2）：6-9.
② 马骥雄 . 战后美国教育研究 [M]. 南昌：江西教育出版社，1991：127.

进行了明确且细致的划分，将中学在校生、中学毕业生或肄业生、在职人员以及不适应常规教育者四类人群纳入其中，这一举措极大地拓展了职业教育的受众范围，使更多群体能够受益于职业教育；另一方面，《职业教育法》着重强调个人兴趣、实际需要以及接受能力在职业教育中的核心地位，突破了以往将职业教育单纯等同于职业培训的狭隘认知，标志着美国职业教育观念实现了重大转变，为职业教育的长远发展奠定了更为科学、合理的理念基础。[①]

《所有残疾儿童教育法》

（1）背景

1970 年，朱迪思·休曼在纽约创立了"残疾人在行动"这一残疾人维权组织。该组织积极倡导社会反对对残疾人的歧视，致力于为残疾人争取平等的教育权利以及独立的生活保障。到 20 世纪 70 年代初期，全美范围内约有 20 多个代表特殊儿童利益的全国性组织，深度参与到特殊教育立法游说活动之中，这些组织的活动对联邦特殊教育立法产生了至关重要的影响。[②] 早期特殊教育立法实践为《所有残疾儿童教育法》的制定奠定了基础。据统计，20 世纪 70 年代初期，超过 70% 的州已相继出台了特殊教育相关的法律法规。尽管这些早期立法呈现出零散、繁杂的特征，但它们共同构成了《所有残疾儿童教育法》的立法基石。[③]1975 年，美国正式颁布《所有残疾儿童教育法》。

（2）内容

《所有残疾儿童教育法》的内容设计系统且严谨，对影响特殊儿童发展的内外部因素以及保障主体责任进行了详尽规定，体现了以下几项重要的教育基本原则：①零拒绝原则，即无论残疾严重程度，严禁将任何有特殊教育需求的儿童排除在公立学校教育体系之外，确保每一位特殊儿童都能享有接受教育的机会；②免费而合适的教育原则，即教育经费由政府承担，且优先给予那些尚未接受任何特殊教育服务和正在接受不适当教育服务的特殊儿童，以确保他们能够获得适宜的教育资源；③无歧视原则，即在评估测试过程中，充分尊重每一位特殊儿童，不因残疾类型、种族、语言及文化背景的差异而产生歧视，保证评估的公正性与客观性；④个别化教育计划原则，即依据评估结果以及学生的具体需求，为每一位残疾儿童制订并动态发展个性化的教育计划，此计划的制订过程需全体相关成员共同参与，以全面考量学生的各方面情况；⑤最少受限制环境原则，即根据学生的实际需求，在最大限度上为其提供融入普通班级学习普通课程的机会，尽可能减少因残疾带来的教育环境限制；⑥正当法律程序保障原则，即学校负有责任为残疾儿童及其家长维护自身正当权利提供司法保障，通过合法途径妥善解决教育过程中出现的分歧问题；⑦家长充分参与原则，即要发挥儿童家长在特殊教育及相关政策制定过程中的主导性作用。

（3）结果与影响

《所有残疾儿童教育法》堪称 20 世纪 70 年代最为重要的法律之一。该法以法律形

① 马骥雄. 战后美国教育研究 [M]. 南昌：江西教育出版社，1991：128-131.
② 黄建辉. 公平与卓越的追求：美国特殊教育发展与变革研究 [D]. 福州：福建师范大学，2015：166.
③ 黄建辉. 公平与卓越的追求：美国特殊教育发展与变革研究 [D]. 福州：福建师范大学，2015：166-167.

式认可了美国残障人士的受教育权利，旨在确保所有残疾儿童都能接受免费且适宜的公共教育。[①] 这项法律为残障人士营造了尽可能宽松的教育环境，促使越来越多的残障儿童能够融入主流教育体系。这项法律的另外一个重要成果在于为每一位注册进入特殊教育项目的学生制订个体化教育计划。这一计划详细记录了每一位符合条件学生的当前学业水平、年度学习目标以及教学规划，同时明确了与这些目标相配套的补习服务内容、课堂参与情况报告以及针对这些目标的评价方式，为特殊儿童的教育提供了全面且细致的保障。[②]

《国家处于危机中：教育改革势在必行》报告

（1）背景

面对高等教育质量下滑的严峻问题，1983 年，美国联邦教育部及其下的高质量高等教育委员会发布了《国家处于危机中：教育改革势在必行》报告。该报告指出，美国正面临着全球竞争者的激烈追赶，而本国教育质量的平庸状态将对民族的未来发展构成严重威胁。

（2）内容

该报告提出一系列针对性建议：教育标准和教育目标方面，报告倡导学校、学院及大学对学生的学业成绩与行为表现，施行更为严格且易于量化衡量的标准，并提出更高的学习要求，特别强调四年制学院和大学应提升学生的入学门槛，以此强化教育质量的源头把控。[③] 师资建设方面，报告强调提升预备教师的整体素质，推行教师教育的高标准，致力于将教育工作塑造成为更具价值与尊严、备受社会尊崇的职业，为优质教育提供坚实的师资保障。

（3）结果与影响

该报告一经发布，便引起美国官方的高度重视。高质量高等教育委员会在短时间内成功吸引了政府部门与社会公众对教育问题的广泛关注。"报告发表之后，各州都成立了委员会或行动小组来响应报告的内容。总统与州长们碰面开会。州政府制定了'教学标准'和'课程大纲'，罗列了长串的教育方针。"[④] 在这场意义深远的教育改革运动中，提高教育质量成为核心任务。自报告发表后至 21 世纪初，历经里根、老布什、克林顿三届政府的不懈努力，教育改革以立法的形式如火如荼地进行。美国联邦和各州出台了一系列旨在提高教育质量的教育政策，推动了美国教育事业的发展。

四、美国教育现代化新变革阶段（2000 年至今）

美国社会在迈向 21 世纪之际经历了重大变革，其来势之迅猛，令许多人始料不及。

---

① 肖非. 美国特殊教育立法的发展——历史的视角 [J]. 中国特殊教育，2004（3）：93-96.

② Mitchell L Y，David R，Elisabeth LR.The legal history of special education：what a long，strange trip it'sbeen.Remedial and Special Education，1998，19（4）：219-228.

③ National Commission on Excellence in Education.（1983）.A Nation at Risk：The Imperative for Educational Reform.The Elementary School Journal，84（2），113-130.

④ ［美］约翰·I. 古得莱得. 一个称作学校的地方 [M]. 苏智欣，译. 2 版. 上海：华东师范大学出版社，2014：7.

新经济的形成与发展对美国社会产生了深刻影响；人口从大城市流向郊区，郊区化趋势影响着美国社会的方方面面；家庭结构和人口构成发生重大变化；信息技术更是深度渗透到社会生活的各个角落。这种迅猛而深刻的变化无疑给美国教育带来了严峻挑战，也为其发展创造了机遇。

（一）阶段发展特征

1. 学前教育

21世纪以来，小布什和奥巴马两位总统始终高度重视学前教育事业，积极致力于学前教育的均衡发展。小布什总统任职期间颁布了《不让一个孩子掉队法》（*No Child Left Behind Act*），这一重要法案开篇便着重强调要确保弱势群体儿童能够接受教育。为提高教育质量，该法案引入了竞争机制、设立早期阅读优先计划，并规范了学前教育课程标准。奥巴马总统则专门成立了早期教育委员会，充分彰显了联邦政府对学前教育的关注。联邦政府和各州政府合作制订详细完备的课程内容以提高教育的质量，确保每一个儿童都能做好入学准备，进而实现优质学前教育的普及。特朗普的学前教育政策侧重于幼儿保育，大力支持学前教育向"平民化"转变。他提议允许每位家长在其应缴税费中扣除育儿费用，并保障孕妇至少6周的带薪休假；建立育儿储蓄账户，并免征个人所得税。此外，特朗普还鼓励更多企业雇主为有孩子的父母提供托儿服务。据统计，有7%的雇主愿意提供此项服务。虽然特朗普的育儿政策主张饱受争议，但在减轻美国家庭育儿负担以及推动学前教育向"平民化"转变方面，仍具有一定的积极意义。[1]

2. 初等与中等教育

21世纪以来，联邦政府在基础教育中的作用持续增强，采取了更为积极主动的奖惩政策。《不让一个孩子掉队法》的签署标志着联邦政府深度介入教育事务，正式开启美国基础教育改革的崭新纪元。小布什和奥巴马两届政府的教育政策均以注重效率为基本出发点，积极制定教育标准，实施测验、问责、择校、教师评价等制度，以及提供资助等措施，致力于提升学生的学业成绩。其政策背后的指导思想是新自由主义，强调赋予家长和学生更多的教育选择权，倡导将市场竞争机制引入公立学校体系，鼓励各州开展诸如教育券（Voucher）、特许学校（Charter School）、磁石学校、家庭学校等形式的教育改革探索。2009年，奥巴马政府的教育改革进一步深化，推出名为"力争上游计划"的竞争性拨款项目。此项目在全美各州引发了以提高教育质量和学生学业成就为核心的新一轮教育改革热潮。[2]特朗普政府则秉持基础教育择校政策主张，将教育券与特许学校视为改善教育质量的重要途径。与此同时，特朗普政府致力于限制联邦政府在教育领域的管辖权，以促进地方自主办学，发挥地方教育的自主性和灵活性。[3]

为提升美国教育的国际竞争力，2010年美国政府颁布了《共同核心州立标准》

① 段世飞，辛越优.教育市场化能否让美国教育更公正与卓越？——新任"商人"总统特朗普教育政策主张述评[J].比较教育研究，2017（6）：3-12.
② 段海鹏.当代美国基础教育的变革及其对我国的启示[J].教学与管理，2011（9）：154-155.
③ 张培菡，孔令帅.大力推动择校能否让美国基础教育更加卓越？——美国特朗普政府基础教育政策择校主张述评[J].外国中小学教育，2019（2）：35-41.

（*Common Core State Standards*）。该标准依据学科差异与年级阶段的不同，对学生应掌握的知识和技能做出了详细规定。此标准不仅为普通学生提供了清晰的学习指引，也为有特殊需要的学生创造了获取更高质量教育、实现更广泛教育参与的契机。

同年，美国联邦教育部颁布《改革蓝图——对〈初等与中等教育法案〉重新授权》，旨在优化美国学校体系，提升学生的学习成果，缩小不同学生群体间的学业差距，激发学生积极进取的学习精神，帮助扭转教育低效学校的困境。其核心聚焦于五大领域：其一，为学生顺利步入大学和职场铺路；其二，为学校配备具备卓越能力的教师队伍与领导人才；其三，确保所有学生享有平等的受教育机会；其四，提升教育标准并表彰优秀学生；其五，推动教育创新与持续发展。在中等教育层面，为确保学生为未来的大学学习和职业生涯做好充分准备，奥巴马政府设定了明确的教育目标：无论学生的家庭经济状况、种族或族裔背景、语言文化背景以及健康状况存在何种差异，每一位高中生都应顺利完成学业，并为其后续的深造学习或职业发展奠定坚实基础。为此，联邦政府积极倡导各州制定并采用更高的学术标准，同时支持构建与教育目标相契合的教育评估体系，以衡量学生是否切实掌握了通向成功所需的各项技能。[①]

3. 高等教育

21世纪美国高等教育的发展，在相当程度上是对过去20年主要趋势的强化与拓展。州政府或联邦政府出台的新举措并未显著扭转此前趋势的发展态势。相反，市场力量持续主导着美国高等教育的走向。步入21世纪，美国高等教育呈现出规模更庞大、包容性更强、成本更高昂、层次得以提升的特点。它与校园之外的社会的联系愈发紧密，受市场驱动的程度日益加深，对消费者需求的响应也愈发迅速。[②]

21世纪的美国高等教育展现出诸多新的特征和问题。首先，美国高等教育入学人数持续攀升，达到了历史峰值。1970年美国高等教育注册人数仅858万，2009年人数突破2 000万[③]，2020年人数为1 899万[④]。其次，美国高等教育费用增长迅猛，其涨幅远超美国平均家庭收入水平的提升幅度以及物价的上涨幅度。[⑤]高昂的学费使得中低收入家庭的子女面临失去入学机会的风险，这引发了此类家庭的担忧与不满，也促使政治家更加关注高等教育入学机会的公平性问题。最后，联邦政府虽积极增加学生资助，但快速增长的入学率使联邦政府承受了巨大的财政压力。2011—2013年间，奖学金、助学金以及贷款额度均呈现下降趋势。时任美国联邦教育部部长阿恩·邓肯曾指出，高校学生的贷款危机已使"美国梦"摇摇欲坠。[⑥]不仅如此，美国高校的高负债率与低毕业率同样令人忧虑。这不仅造成了教育资源的严重浪费，也

① 李莎，程晋宽. 创新视野下美国高中特色发展经验探究 [J]. 外国教育研究，2020，47（2）：48-58.
② 韩梦洁，张德祥. 美国高等教育结构变迁的市场机制 [J]. 教育研究，2014（1）：124-131.
③ National Center for Education Statistics.Digest of Education Statistics，2008（No.NCES 2009-020）[R]. Washington，DC: US Department of Education，2009.
④ 数据来源：美国国家教育统计中心。
⑤ College Board.Trends in College Pricing 2008[R/OL].Washington，DC：College Board，2008：2[2024-02-22].
⑥ PORTER N.College Ranking Plan in the Works as Student Loan Crisis Poses a "Threat to the American Dream" [N/OL].The Washington Times，2013-09-30 [2024-02-22].

从侧面反映出美国高等教育存在质量隐患。[①]

4. 职业教育

从 20 世纪 90 年代开始，美国经济进入全面恢复和增长期，科技得到飞速发展。到 20 世纪末，美国在生物工程、新能源、信息等多领域内均取得了世界领先地位。科技的迅猛发展有力地刺激了市场的转型升级，进而对劳动力素质提出了更高要求，传统职业教育已愈发难以满足新型产业的需求。在此背景下，一种新的职业教育理念应运而生，即"从学校到工作"，并逐渐在美国各州的职业学校中推行开来。

然而，进入 21 世纪后，"从学校到工作"这一理念所隐含的问题逐渐凸显。其被诟病过于侧重职业导向，忽视了学生个体的成长与长远发展，难以适应快速转型的社会生活。因此，"从学校到工作"理念被"从学校到生涯"理念所取代。"从学校到生涯"在"从学校到工作"的基础上更加强调应对和解决职业长期发展中所遭遇到的各种困难的能力，更加注重指向终身职业教育、全民职业教育，着重为学生职业生涯做好准备以及进行课程整合，包括学术课程与职业课程的整合、学校本位课程与工作本位课程的整合、中等教育课程与中等后课程的整合等，始终坚持职业教育应贯穿受教育者的终身。在这一政策的引领下，美国职业教育迎来了新的发展契机。2018 年 1 月，特朗普政府在首次国情咨文演讲中更是呼吁要振兴职业教育，充分彰显了对职业教育的高度关注。[②]

（二）代表性政策

《不让一个孩子掉队法》

（1）背景

进入 21 世纪，美国处于历史上的非常时刻。2001 年，美国经历了经济衰退和"9·11"恐怖袭击事件的双重冲击。经济萧条致使失业人数显著增加，失业率急剧攀升。而恐怖袭击事件不仅给美国经济带来重创，还造成了大量人才的损失，进一步加剧了经济的萧条态势。美国担忧自身超级大国的地位被其他国家超越，深刻意识到教育对于维护国家竞争力的关键作用。在此背景下，实现教育目标、提升教育质量以及缩小学业成绩差距等任务，变得尤为紧迫。[③] 小布什和奥巴马总统高度重视学前教育的均衡发展。2001 年，小布什政府在全国范围内发起了一场旨在进一步强化儿童阅读、数学及科学能力，以提升教育质量为核心目标的教育改革，并始终将提供优质教育作为联邦政府的重要使命。2002 年，小布什总统签署了《不让一个孩子掉队法》。

（2）内容

《不让一个孩子掉队法》对学前儿童的阅读能力设定了明确要求，并设立了"早期阅读优先"项目。该项目致力于推动各类学前教育机构设立"优质学前教育中心"，以这些中心为依托，依据科学研究成果开展教学改革活动，旨在全方位促进学前儿童语言认知能力、情感以及社会性的发展。美国对学前教育的投入也相当可观，仅"早期阅读优先"项目一项，就规定在 2002 年用于该项目的联邦拨款为 7 500 万美元，且在随后连

① 阚阅，王蓉. 奥巴马政府高等教育改革方案解析 [J]. 中国高教研究，2014（8）：50-54.
② President Donald J.Trump's State of the Union Address [2024-02-24].
③ 贺国庆，何振海. 战后美国教育史 [M]. 上海：上海交通大学出版社，2014：114-116.

续 5 年（2003—2007 年）每年对该项目的拨款数额均应维持在相近水平。①

《不让一个孩子掉队法》强调教育公平，倡导每个儿童都应享有接受学习与高质量教育的机会。该法在开篇第一条款便明确提出"促进处境不利儿童的学业进步"，突出满足处境不利儿童教育需求的重要性。同时，该法对学前教师培训给予了高度重视，对学前教师培训项目承办机构的申请流程、授权标准、拨款方式、职责范围以及活动方案设计等方面，均做出了详尽规定。该法规定 2002 财政年度在教师培训方面的预算为 30 亿美元，2003 财政年度更是高达 40 亿美元，如此大规模的投入在美国历史上实属少见。②

（3）结果与影响

《不让一个孩子掉队法》以确保所有儿童都能公平、平等且切实地获得高质量教育机会为宗旨，再次彰显了公平与优质的价值导向。该法的实施不仅在推动了美国学前教育的发展，更为众多儿童尤其是处境不利儿童提供了更优质的教育资源和发展机会，对推进美国教育公平和提升教育质量产生了深远影响。③

《每个学生都成功法》

（1）背景

种族不平等问题，长期以来一直是美国历届政府高度关注并全力解决的核心议题。从 1965 年的《初等与中等教育法》，到 2002 年的《不让一个孩子掉队法》，无不彰显出政府致力于弥合不同种族间学业差距的决心。然而，这些法案在实施过程中也引发了一系列负面效应。例如，《不让一个孩子掉队法》所规定的标准化考试方法，致使各州为获取联邦政府的资金支持，纷纷降低学业标准。这一现象的根源在于美国各州基础教育水平差异较大，采用统一且带有惩罚性质的标准，会迫使部分教育质量欠佳的学校为求生存而降低教学要求。最终，导致学习落后学生的实际成绩难以获得有效提升。④ 针对这一问题，2015 年奥巴马政府宣布，各州可申请《不让一个孩子掉队法》灵活豁免。这一举措意味着，获批的州能够依据自身实际情况制定教育方案，摆脱统一标准的束缚。

（2）内容

2015 年 12 月 10 日，《每个学生都成功法》由时任总统奥巴马签署生效。《每个学生都成功法》的前四项条款构成了该法案的主体内容，对《不让一个孩子掉队法》做了大量修改和补充。首先，该法将学术标准的制定权下放至各州，但要求各州确保州内学术标准的一致性；其次，加强对各州的问责，明确由各州主要负责整改本州内表现欠佳的学校，联邦教育部则承担监督职责；最后，着力打造优秀的师资队伍，由联邦政府拨款，为教师提供专项发展资金，并制订更为完善的教师发展与激励计划。⑤ 除此之外，《每个学生都成功法》特别关注弱势群体的教育质量问题，不仅为处于弱势地位的学生提供补偿教育，还扩大了这些学生的教育选择权。

---

① U.S.Department of Education.Early Reading First: Funding Status [EB/OL]. [2024-02-24].
② 沙莉，庞丽娟，刘小蕊.通过立法强化政府在学前教育事业发展中的职责——美国的经验及其对我国的启示 [J].学前教育研究，2007（2）：3-9.
③ 刘淑琪.公平而卓越：21 世纪美国基础教育政策研究 [D].桂林：广西师范大学，2017：26-27.
④ 赵晓军，张曼.美国基础教育改革中的公平观——从 NCLB 法案到 ESSA 法案 [J].现代教育论丛，2017（5）：47-51.
⑤ U.S.Department of Education.Every Student Succeeds Act（ESSA）[2024-02-24].

（3）结果与影响

《每个学生都成功法》在美国基础教育改革的关键节点适时推出。它通过赋予地方更多的自主权和灵活性，提升学业标准，严格把控教育质量，从而夯实学生的学习基础，助力学生为未来的升学与就业做好充分准备。然而，也有观点认为，美国政府和各级教育部门在保障学生按时完成学业、培养学生适应新环境的能力、提高学生阅读水平等方面仍存在较大的提升空间。[①]

《共同核心州立标准》

（1）背景

2010年，《共同核心州立标准》正式出台，旨在切实提升基础教育阶段学生的学业成绩。该标准规定，至少有85%的州立课程需以其为依据制定。[②] 值得一提的是，此标准中专门设有一章"残疾学生应用指南"，明确列出了特殊需要学生应完成的学业要求。目前，如何确保该标准在特殊教育领域得以有效施行，已成为美国教育界广泛关注的重要议题之一。

（2）内容

在《共同核心州立标准》的指导下，美国各州学校及相关教育机构针对特殊教育教学设计、学业评估、教学组织以及教师培训等方面展开了相应的改革与调整，旨在为特殊需要学生争取更为丰富的教育资源。具体方式包括：基于标准制订适宜的个别化教学计划，确保教学内容与特殊学生的实际需求紧密贴合；构建多元化学业评估体系，秉持高期望原则，全面、客观地评价学生的学习成果；建立合作性教学组织，强化集体责任感，促进教师之间的协同合作，提升教学效果；注重提升特殊教育教师的专业知识与技能水平，为特殊教育的高质量开展提供坚实的师资保障。[③]

（3）结果与影响

《共同核心州立标准》的推出，在一定程度上重塑了美国特殊教育的模式，也促使人们对特殊教育的观念发生转变，为有特殊需求的学生创造了更多获取教育资源与参与教学活动的机会。然而，该标准的严格性也给特殊教育的实际推行带来了诸多挑战。美国特殊教育能否如预期般提升质量，有待进一步观察。[④]

第三节　美国教育现代化的核心指标分析

本章围绕教育现代化的四个维度，选取了美国教育现代化的核心指标，不仅呈现了这些指标的最新数据表现，还深入回溯了近20年来部分关键指标的动态变化趋势。

---

① 陈斌. 让每个学生都成功——ESSA与奥巴马政府的教育政策倾向 [J]. 教育研究，2016（7）：149-155.

② 陈吉，黄伟. 美国基于共同核心州立标准的评估系统述评 [J]. 外国中小学教育，2012（1）：56-62.

③ 黄建辉，李恒庆.《共同核心州立标准》背景下的美国特殊教育融合发展探析 [J]. 外国教育研究，2014（10）：70-77.

④ 黄建辉，李恒庆.《共同核心州立标准》背景下的美国特殊教育融合发展探析 [J]. 外国教育研究，2014（10）：70-77.

本书收录的指标数据来源于两类数据库：一是国际组织提供的国际可比数据，如联合国教科文组织统计研究所、经济与合作发展组织的国际可比数据；二是美国国家教育统计中心（National Center for Education Statistics, NCES）发布的美国本国数据，涵盖公立中学数据库、私立中学数据库、综合高等教育系统数据库等。

一、普及与公平

本节统计并分析了美国各个教育阶段的毛入学率。从表2-1可以看出，在小学教育领域，近20年的美国小学教育始终维持着极高的入学率，已经实现全民普及。中等教育领域，美国初中教育普及率在近20年持续处于高位；高中毛入学率则呈现出上升态势，自2000年至2020年，该比率提升了近13%。到2020年，美国高中毛入学率为98.07%。美国高等教育在历经黄金发展时期后，规模迅速扩张。2010年，美国高等教育毛入学率攀升至92.62%，此后出现一定程度的回落，2020年美国高等教育毛入学率降至87.57%。

表2-1 美国各教育阶段毛入学率（单位：%）

教育阶段	年份				
	2000	2005	2010	2015	2020
小学	100.73	101.87	100.33	100.30	100.31
中学	94.05	95.11	94.85	97.65	100.51
初中	102.52	100.82	100.25	100.57	102.93
高中	85.55	89.10	89.69	94.74	98.07
高等教育	67.80	80.63	92.62	88.89	87.57

数据来源：联合国教科文组织统计研究所。

美国人均国内生产总值（GDP）达到3 000美元、10 000美元和20 000美元的年份大概在1960年、1978年和1987年。[1]达到10 000美元时（1978年），美国各阶段的入学率分别到48%（学前教育）、91%（小学教育）、85%（中等教育）、53%（高等教育）。达到20 000美元时（1987年），美国各阶段的入学率分别达到62%（学前教育）、101%（小学教育）、95%（中等教育）、62%（高等教育）。[2]

在服务业增加值占GDP比重方面，美国服务业增加值占GDP比重达到55%、60%和70%（发达国家水平）的年份分别为1990年、1995年前后和1997年。美国服务业增加值占GDP比重超过70%时（1997年，71.5%），美国各阶段的入学率分别约达到71%（学前教育）、104%（小学教育）、89%（中等教育）、73%（高等教育）。[3]

---

① 数据来源：世界银行。
② 数据来源：联合国教科文组织统计研究所。
③ 数据来源：世界银行。

二、质量与结构

美国在小学、初中、高中阶段的教育完成率在近十年均保持较高水平，其中高中阶段的教育完成率从 2010 年的 90.12% 稳步提升至 2020 年的 95.04%。这表明美国在基础教育阶段致力于保障学生顺利完成学业，为学生后续的教育和职业发展奠定了坚实基础（见表 2-2）。美国义务教育的法定年限并非统一标准，在各州之间存在差异，大致介于 10～14 年。例如，亚利桑那州义务教育年限为 6～16 岁，马里兰州则为 5～18 岁。

表 2-2　美国小学、初中、高中阶段完成率（单位：%）

教育阶段	年份		
	2010	2015	2020
小学	99.68	99.67	99.54
初中	98.33	98.78	98.80
高中	90.12	92.99	95.04

数据来源：联合国教科文组织统计研究所。

2018 年，在 15 岁学生的国际学生评估项目（PISA）成绩测评中，美国学生阅读平均成绩为 505 分，数学为 478 分，科学为 502 分。然而，对比全球其他国家，美国基础教育阶段的教育质量仍面临一定挑战。在阅读方面，有 8 个国家的分数显著高于美国；数学成绩方面，有 30 个国家超越美国；科学成绩方面也有 11 个国家高于美国。

在高校学生辍学与肄业相关情况上，美国高等教育领域呈现出在学规模与毕业生规模之间的落差。这一数据反映出尽管美国高等教育在学人数众多，但最终部分学生未能顺利完成学业，或因各类因素导致辍学、肄业等情况发生。2019—2020 学年，美国授予的学士学位数量达 203.87 万个，授予的硕士学位数量达 84.35 万个，授予的博士学位数量达 19.01 万个（见表 2-3）。[①]

表 2-3　美国博士、硕士、学士学位授予数（单位：万个）

学年度	学位			
	博士学位授予	硕士学位授予	学士学位授予	副学士学位授予
1999—2000	11.87	46.32	123.79	56.49
2004—2005	13.43	58.06	143.98	69.71
2009—2010	15.86	69.33	164.99	84.89
2014—2015	17.85	75.88	189.50	101.43
2019—2020	19.01	84.35	203.87	101.90

数据来源：美国国家教育统计中心。

2019—2020 学年度，美国学士学位授予呈现显著的学科集中特征，商科（19.0%）、健康及相关专业（12.6%）、人文学科（13.3%）、社会科学和历史（7.9%）以及工程学（7.3%）构成五大主要领域。2000—2020 年间，美国本科学位授予总量增长 63.8%，从

---

① 数据来源：美国国家教育统计中心。

123.8 万人增至 203.9 万人，其中工程学以 110% 的增幅最为突出，商科增长 47%，人文学科仅增长 25.2%。这表明，美国学士学位结构呈现明显转型，传统人文、社科、商管、教育等领域占比持续下降，而 STEM（STEM 领域包括生物和生物科学、计算机和信息科学、工程和工程技术、数学和统计学以及物理科学和科学技术）学科快速崛起，工程与生物学学士授予量较 20 年前近乎翻倍，计算机专业更成为近十年增长最快的本科专业。

同期研究生教育数据显示，2019—2020 学年美国高校授予 84.4 万个硕士学位，商科（23.4%）、教育学（18%）和健康及相关专业（16%）位列前三；博士学位授予量达 19.0 万个，健康及相关专业独占 43.4%，自然科学与数学领域占 8.4%。2000—2020 年间，美国研究生学位授予总量增长 78%，研究生教育呈扩张趋势。

在全球大学学术排名方面，2022 年软科世界大学学术排名（ARWU）显示，美国有 62 所大学跻身前 200 名，39 所大学位列前 100 名。在 2022 年软科学世界一流学科排名中，美国高校在各学科排名上优势显著，共有 32 个学科排名第一，上榜总次数达 4 714 次。拥有世界前十学科数量最多的 5 所高校中，美国占据 4 席，分别是哈佛大学（26 个）、斯坦福大学（26 个）、麻省理工学院（23 个）、加州大学伯克利分校（12 个）[另外一所是我国的清华大学（14 个）]。

三、条件与保障

美国政府教育支出占 GDP 比例从 2000 年的 6.09% 逐渐攀升至 2010 年的 6.69%，尽管在此之后有所下降，但始终保持在 5% 左右水平，2020 年美国政府教育支出占 GDP 比例为 5.4%。生均经费占人均 GDP 比例从 2000 年的 28% 稳步增长到 2020 年的 30% 以上。公共研发经费占 GDP 比例从 2000 年的 2.6% 增长至 2020 年的 3.5%，同样显示出增长趋势。

表 2-4 展示了美国各教育阶段的生师比（学生与教师的比例），可以看出各个教育阶段的生师比均保持在 15∶1 左右，且不同年份间波动较小，相对稳定。表 2-5 展示了美国小学和初中阶段的班级规模。

表 2-4 美国各教育阶段的生师比

教育阶段	年份		
	2013	2015	2020
学前	12.06∶1	12.24∶1	11.97∶1
小学	15.35∶1	15.35∶1	15.03∶1
初中	15.37∶1	15.37∶1	15.03∶1
高中	15.36∶1	15.38∶1	15.00∶1
高等教育	15.16∶1	14.48∶1	13.49∶1

数据来源：经济合作与发展组织统计。

表 2-5　美国小学和初中阶段的班级规模（单位：人）

教育阶段	年份			
	2005	2010	2015	2020
小学	20.5	20.0	21.1	20.38
初中	25.7	23.3	26.7	25.01

数据来源：联合国教科文组织统计研究所。

　　表 2-6 展示了 2020 年美国师资队伍年龄结构分布情况。表 2-7 则展示了 2023 年美国各阶段教师法定年薪。与其他经济合作与发展组织国家相比，美国教师的法定工资高于平均水平。然而，美国教师的法定工资仍低于接受过高等教育的全职劳动力平均工资，仅为后者的 62% ～ 68%。在所有经济合作与发展组织国家及经济体当中，美国教师的相对收入处于较低水平。[①]

表 2-6　美国师资队伍年龄结构（2020 年）（单位：%）

教育阶段	年龄（岁）				
	<30	30 ～ 39	40 ～ 49	50 ～ 59	≥ 60
小学	15.87	27.18	28.59	20.85	7.67
初中	15.81	27.93	28.02	19.80	8.42
高中	12.38	27.18	27.34	22.26	10.83

数据来源：经济合作与发展组织统计。

表 2-7　美国各阶段教师法定年薪（2023 年）（单位：美元）

教育阶段	薪资水平			
	初始薪资	10 年工作经历薪资	15 年工作经历薪资	最高一级薪资
学前	48 807	54 144	73 220	81 806
小学	47 809	64 877	70 399	83 086
初中普通教育	48 899	68 216	73 787	83 980
高中普通教育	51 204	66 973	74 001	80 747

数据来源：Education at Glance 2024.

四、服务与贡献

　　留学生规模方面，2021 年，美国高等教育阶段共有 763 760 名[②] 学历留学生注册入学，这一数字约占在校学生总规模的 4.7%。其中，本科阶段（包括学士学位和副学士学位）的留学生数量为 344 532 名，约占在校学生总规模的 2.24%，研究生阶段（包括硕

---

① OECD Publishing.Education at a Glance 2018：OECD Indicators[R]，Paris，2018：360[2024-02-24].
② 数据包括持有 F1 签证的在籍外国学生，但不包括接受可选实习的学生。数据反映了给定年份的秋季入学率。

士学位和博士学位）的留学生数量为 385 097 名，约占在校学生总规模的 1.88%。[①] 可以看出，留学生群体已成为美国高等教育的重要组成部分，且在来源地和学历结构方面呈现出多元化特征。

据美国人口普查局数据显示，2000 年至 2020 年，美国 25 岁及以上年龄人口中接受过高等教育人数占比从 25.6% 稳步提升至 37.5%。2020 年，美国 25 岁及以上年龄人口中有 14.1% 的人拥有硕士学位、专业硕士学位或博士学位。而在新一代群体中，2020 年数据表明，25 ～ 29 岁年轻群体中有 39.2 % 的人接受过高等教育。这表明美国民众整体受教育程度处于较高水平。[②] 不过，美国各州民众的受教育程度存在显著差异。这种差异可能源于各州经济发展水平、教育资源分配、教育政策导向等多种因素，它不仅影响着各州的人才储备和创新能力，也可能导致区域发展不均衡问题进一步加剧。

第四节　美国教育现代化的经验与启示

自建国至今的 200 多年时间，美国教育历经了诸多重要阶段，从义务教育的全面普及，到职业教育体系的逐步构建；从高等教育迈向大众化进程，再到研究型大学的蓬勃崛起。在这一过程中，美国教育不仅大幅提升了普通劳动者的素质，使其能够充分适应大规模现代化建设的需求，更培育出大批高水平的科技创新人才，为美国发展成为经济、科技与军事强国做出了卓越贡献。在这一过程中，美国教育现代化也形成了富有美国本土特色的教育模式，既能满足不同人群的教育需求，也能服务于美国对不同类型人才的需要。美国教育现代化的发展道路，虽不乏极具美国特色且贴合本国国情的独到做法，但其中的改革实践经验，同样具备一定的普遍价值。本节将深入剖析美国教育现代化的历史特征，结合其核心指标，全面总结美国教育现代化的经验与启示，期望能为世界教育现代化的发展提供有益参考与借鉴。

一、美国教育现代化的经验

（一）完善立法体系，为教育现代化发展保驾护航

在教育现代化进程中，美国构建起了一套覆盖学前教育、高等教育直至职业教育各阶段的相对完备的法律法规体系。健全的教育法律政策体系保障着美国教育现代化的稳步推进。学前教育阶段，美国先后颁布了《儿童保育法》《不让一个孩子掉队法》等重要法律，将学前教育所涉及的诸多关键问题以立法形式加以明确规范，为学前教育的健康发展奠定了坚实的法律根基；高等教育阶段，进入 21 世纪以来，美国政府陆续出台了一系列政策，旨在助力美国实现数学与科学领域世界强国的宏伟目标。其中包括：推

---

① 美国国土安全部，美国移民和海关执法局，学生和交流访问者信息数据。
② 美国人口普查局，人口调查历史时间序列表。

行"竞争卓越"计划，给予资助支持；颁布《共同核心州立标准》，提高教学标准；颁布"为创新而教"，激发学生参与 STEM 教育等。不仅如此，为进一步巩固美国在科学与技术领域的领先优势并维持其在全球经济与军事领域的主导地位，美国还出台了一系列意义深远的法令。例如，2006 年美国小布什总统宣布"美国竞争力计划"，旨在借助科技与创新的力量推动美国经济发展，提升国家竞争力。同年，颁布《领导力的检验：美国高等教育未来指向》，着重强调加大对科学、工程、医学等重点领域的投入，确保美国在这些关键领域持续保持领先地位；① 职业教育阶段，美国不断修订和完善相关政策法律，促进职业教育发展。例如，美国颁布了《加强 21 世纪职业与技术教育法》，该法重新对高质量职业技术教育，以及职业技术教育项目的规模、范畴与质量进行了精准界定。② 从政策层面着手，有效扭转了美国民众长期以来将职业教育视为"二等教育"的错误认知，为职业技术教育计划的顺利实施筑牢认知基础。

（二）构建分层分类、衔接贯通的教育体系

美国教育体系呈现出极为鲜明的分层分类特征，并在各个层次与类别的教育机构之间，精心构建起了紧密且顺畅的衔接贯通机制。就基础教育而言，为充分兼顾学生的升学与就业需求，美国设立了综合中学。在此阶段，学生能够在综合中学学习普通文化课程，之后依据自身能力与兴趣偏好，自由选择以升学为导向的学术课程，或是侧重于为就业做准备的职业课程，由此成功打通了升学与就业之间的发展通道，为学生提供了多元化的发展路径。在高等教育阶段，以美国的硅谷地区为例，当地形成了一套层次分明、类别多样的高等教育体系，包括斯坦福大学和加州大学伯克利分校两所世界一流研究型大学，专注于高端学术研究与顶尖人才培养；圣荷西州立大学和旧金山州立大学等多所综合型大学，主要致力于培养中高级应用型人才；此外，还有大量四年制本科院校以及两年制社区学院。这些不同类型的高等教育机构，都有着清晰独特的发展定位，彼此相辅相成，共同为当地源源不断地输送不同层次与类型的专业人才，全方位地服务于该地区经济社会的蓬勃发展。③

（三）下放教育权力，促进教育管理的多元参与

在充分保障地方和学习自主权的基础上，强化联邦政府的统筹协调职能，是美国教育现代化进程中积累的重要经验。以《每个学生都成功法》的颁布为例，联邦政府正循序渐进地将部分权力下放至州一级，与此同时，愈发重视学校、学生、家长以及社区等多元利益相关者的参与。这种模式旨在构建一个更为全面、立体且具活力的教育生态系统，各方力量协同合作，共同推动教育事业的发展。

美国职业教育现代化进程同样展现出持续强化产教融合、深化校企合作的显著特征。在推进职业教育改革的过程中，公私部门之间深度开展产学研合作，这种紧密协作的模式为先进制造业的发展提供了坚实的技术支持。政府在此过程中发挥着关键的引导

---

① 陈超. 维持世界卓越："美国竞争力计划"与"综合国家战略"[J]. 清华大学教育研究，2008（3）：72-77.
② 王梦钰.《加强 21 世纪职业技术教育法》开启美国职业技术教育新纪元 [J]. 世界教育信息，2019（16）：75.
③ 闵维方. 优化高等教育整体结构 实行高等院校的科学分层分类 [J]. 教育与职业，2016（9）：8-9.

与推动作用，通过积极扶持当地企业、行业与学校建立稳固的合作关系，并向高中和社区学院拨付专项资金，为学生提供进入高技能、高薪资行业所需的理论知识与技术能力训练。这一系列举措不仅有助于提升学生的就业竞争力，更为产业发展输送了大量高素质的专业人才，实现了教育与产业的良性互动与协同发展。[①]

（四）提升教育质量，注重教育公平发展

一些美国教育家认为，质量与公平的紧张关系，始终是贯穿于美国教育发展历程的核心课题。[②] 美国教育现代化的发展离不开对质量与公平的关注以及二者之间的协调平衡。在基础教育领域，美国为提升教育质量、实现教育公平付出了诸多努力。例如，通过开展教育质量监测工作，提高教育评估的科学性，提升教育质量。奥巴马上任后，开始着力对基础教育评价体系做出一系列调整与改革。譬如，由美国多个州共同发起的"共同核心州立标准计划"，旨在凝聚各州在课程标准上的共识，进而构建一套全面的评估体系，并辅以相应的资金与政策保障，确保标准能够有效落地实施。在教育公平方面，从《不让一个孩子掉队法》到《每个学生都成功法》，这些教育政策的演变绝非仅着眼于解决孩子"掉队"的表面问题，而是深刻地反映出美国基础教育愈发注重对弱势群体的补偿，关注高质量师资队伍的公平配置，以及对学生教育环境选择权的重视。[③]

然而，在总结美国教育现代化成功经验的同时，不能忽视其在漫长发展进程中所滋生的诸多问题，即便在当下，美国教育现代化仍面临着重重挑战。

其一，美国社会根深蒂固的种族歧视问题，对教育现代化进程构成了严重威胁。自20世纪60年代以来，尽管美国一直致力于推进教育平等化，但教育领域的不平等现象依旧显著。作为全球最大的移民国家，美国正经历着新一轮活跃的移民潮，这一趋势正深刻地重塑着美国教育的格局。据预测，到2044年，非白人种族将占据美国人口多数，这一人口结构变化也反映在高校各族裔学生比例的变动上。自1976年以来，白人学生比例持续下降，而拉丁裔、非裔和亚裔学生比例稳步上升。[④] 非裔和亚裔学生承受着巨大的社会压力，其受教育权利受到严重威胁。种族主义进一步加剧了疫情的负面影响，非裔美国人的感染率和死亡率更高，失业率也居高不下。2020年，针对亚裔的仇恨犯罪案件激增，这些事件无不反映出美国少数族裔长期遭受种族歧视的困境。[⑤] 随着全球经济社会的不稳定因素增加，社会稳定与人权平等将成为未来美国社会必须直面的重大挑战。

其二，美国高度的阶级分化与突出的教育不平等问题，也成为制约教育现代化的关键因素。目前，美国中产阶层已缩减到50%左右，阶层不平等问题严重影响教育公平和教育现代化进程。高等教育入学率的变化显示，低收入学生或少数族裔学生比例较高的

① 邓艳玲.美国高等职业教育校企合作相关政策研究[J].黑龙江教育学院学报，2014（11）：14-15.
② 王晓阳.美国教育现代化的历史经验及其启示[J].教育发展研究，2008（23）：64-72.
③ 赵晓军，张曼.美国基础教育改革中的公平观——从NCLB法案到ESSA法案[J].现代教育论丛，2017（5）：47-51.
④ World Migration Report 2020[R]，International Organization for Migration Press，2019：19-54[2024-02-22].
⑤ SMOLINSKI P.Reports of Anti-Asian hate crimes rose nearly 150% in major U.S.cities last year[N].2021-03-13[2024-02-22].

社区学院新生人数下降最为明显。调查显示，因疫情影响，拉丁裔和非裔学生取消或更改高等教育计划的比例远高于白人学生，主要原因在于高昂的学费不断压缩着低收入学生的求学机会。[①] 此外，美国高等教育财政还面临着财政危机加剧的困境。进入 21 世纪以来，州政府对公立大学的财政支持整体呈下降趋势，2008 年金融危机后，这一趋势尤为明显。州政府进一步削减教育预算，加州州长甚至提议大幅削减公立学校教育经费。[②] 为应对资金缺口，部分大学采取提高学费并削减开支的做法，如削减终身教职职位、招聘兼职教师等，这些措施虽暂时缓解了财政压力，但也带来了诸如兼职教师待遇差、工作稳定性差、积极性低等一系列问题，严重损害了教学质量。

二、美国教育现代化的启示

（一）健全各级各类教育法律体系

美国教育现代化的实践表明，推动教育法制化有助于协调教育内部多元权力与利益关系，为教育事业的稳健发展保驾护航。当前我国教育法律法规体系仍存在待完善的空间，部分领域尚待填补空白。以职业教育为例，美国职业教育发展始终与政策法律的持续修订与完善相伴，走制度化的发展路径。我国的职业教育虽然在规模方面增长迅速，但相关制度建设与法律法规尚不完善，法律条文原则性过强、表述宽泛，在实际应用中解决具体问题的能力有待提升。未来，我国需增强法律法规对现实问题的指导与解决能力，确保有法可依。[③] 此外，美国政府通过构建完整的评估法规体系，对学前教育机构进行全面评价与审查，有力保障了学前教育质量的提升。与之相比，我国学前教育法律体系尚不完善，存在内容、标准及关注重点偏离等问题，亟待解决。因此，为推进我国教育现代化，应加快构建中国特色社会主义现代化教育法律法规体系，以法治之力驱动教育现代化进程。

（二）整体规划和调整教育结构体系

美国教育体系涵盖多种层次与类型的教育机构，并通过衔接贯通机制，有效满足了不同群体对教育资源的多样化需求。例如，美国高等教育体系能够根据社会经济发展动态调整，既持续提升普及化程度以满足大众入学需求，又适时提高层次结构重心，为社会经济发展输送高层次人才。此外，美国教育体系注重各阶段的衔接，不仅重视学术型人才培养，也大力推动职业教育的连贯发展。为确保先进制造业人才的稳定输送，美国构建了完备的技能人才培养网络，历届政府均强调将先进制造业职业教育理念融入从 K-12 教育到高中后教育，直至研究生阶段教育的全过程，且在国家职业资格证书制度、STEM 课程改革、学生职业生涯规划等方面提供了相应制度支持。相比之下，目前我国

① HANSON.Back to class: Will pandemic-disrupted learners return to school? [R/OL].Strada Education Foundation. 2021-05-19[2024-02-22].
② MCDADE M B，ROMERO L，PASCUCCI C.Newsom proposes billions of dollars in budget cuts to deal with California's projected $54B deficit[N/OL].Associated Press2020-05-14[2024-02-22].
③ 桑雷.美国职业教育"振兴技能"的政策衍变及经验启示 [J]. 职业技术教育，2020（21）：64-67.

整体的教育结构体系还不尽合理。以职业教育为例，我国还存在着体系建设不够完善的问题，主要体现在中等职业教育存在诸多质疑、学制局限于专科层次、职业教育与普通教育转换单向、学历教育与职业培训衔接不畅、职业培训在职业教育体系中占比较低等。[①]因此，未来我国教育现代化发展应聚焦于构建高质量教育体系，为实现教育现代化提供有力支撑。

（三）协调好政府、学校及其他主体间的权力关系

美国宪法对政府在教育领域的权责做出了明确规定与限制，在基础教育阶段，各州和地区享有较大教育自主权；高等教育阶段，大学办学自主权更为突出。但权力下放并不意味着联邦政府对教育失去管理与影响。平衡各方权力关系，既能激发教育活力，又能实现宏观调控，这对美国教育现代化至关重要。例如：在 STEM 教育的推广方面，美国最新推出的《STEM 2026》报告就明确提出提高参与机构的扩展性，吸纳更多的社会力量，协同开展 STEM 教育创新；加大覆盖人群范围，惠及全体学生，尤其是特殊人群；提升学习活动的娱乐性，培养创新思维和科学探究的能力；保障学习结果的有效性，通过了解学习测量改变评价方式和创新培养模式。[②]我国教育治理体系与美国存在较大差异，但政府权力的释放与收紧同样需要做好平衡。同样是在 STEM 教育领域，我国 STEM 教育面临跨学科师资短缺与社会力量整合不足等问题。这启示我们，在现代教育管理中，中央应发挥主导统筹作用，同时适度放权，调动各方积极性，提高地方政府教育投入的活力，引导学生、家长和教师充分参与，使其能够有效表达诉求，全面提升教育质量。未来教育现代化建设需进一步激发全社会共同参与教育治理的积极性。

（四）兼顾教育质量与公平

质量与公平是教育发展永恒的主题，在不同时代背景下，二者关系呈现出不同特点。在美国教育现代化的漫长进程中，公平与质量这两种价值取向恰似钟摆，来回摆动。时而侧重于公平，时而倾向于质量。这种起伏变化为我国教育现代化的发展提供了宝贵启示：应紧密结合时代需求，在动态发展的过程中，精准把握公平与质量之间的平衡，使二者相辅相成、协同共进，推动教育事业不断迈向新高度。"公平"和"质量"也是贯穿我国教育事业改革和发展的关键词。近年来，政府工作报告多次强调教育公平和质量。党的十九大报告庄严承诺"努力让每个孩子都能享有公平而有质量的教育"，党的二十大报告进一步突出了"高质量教育体系"的目标。由此可见，我国教育事业在兼顾公平和质量的同时不断发展壮大。在新的历史时期，全面建成社会主义现代化强国需要建设高质量教育体系，促进教育公平，确保每个个体都能获得优质教育资源，拥有充分发展机会，成长为国家栋梁之材。

① 葛道凯. 完善现代职业教育体系 彰显职业教育类型特征 [J]. 中国职业技术教育，2019（7）.
② 金慧，胡盈滢. 以 STEM 教育创新引领教育未来——美国《STEM 2026：STEM 教育创新愿景》报告的解读与启示 [J]. 远程教育杂志，2017（1）：17-25.

第三章　英国教育现代化

作为全球最早开启工业化进程的国家，英国对人类历史和文明进程产生了深远影响。钱乘旦等学者指出："在世界各国中，英国算得上是一个典型，它体现着一种独特的发展方式——英国发展方式。这种方式以和缓、平稳、渐进为主要特色，即使对世界事务不甚了解的人，也会有一种模糊的印象……英国对现代世界的贡献与其稳重的行为方式一样令世人印象深刻，可以说，英国率先敲开了通向现代世界的大门，英国是现代世界的开拓者。"[①] 本章以英国为研究对象，追溯其教育现代化的演进历程，旨在从中提炼出具有普遍借鉴意义的历史启示，为全球教育现代化的发展路径提供有益的参考与借鉴。

英国教育历史源远流长，历经岁月沉淀，其教育体系已发展得相对完善且灵活多样。总体来看，英国教育经历了从古典到现代的转型。6世纪至17世纪，古典教育处于教会掌控之下，教育资源和教育体系被宗教势力和贵族阶层所垄断。17世纪至18世纪，英国发生资产阶级革命，这一变革使得入学范围稍有拓展。随着资本主义经济的蓬勃发展、自然科学的不断进步以及唯物主义哲学的兴起，实科中学应运而生，高等学府也开始设立自然科学讲座。然而，此时英国教育在整体上依旧保留着浓重的封建主义教育传统，教育活动多被当作宗教教派的事务或民间自发行为，政府并未进行干预。第一次工业革命后，政府开始逐步干预教育，教育活动的规范化与正式化程度日益提升。一系列与工业化生产所需劳动力相匹配的教育制度相继建立，有力地推动了教育现代化的持续发展。

本章首先介绍当前英国的教育体系和结构，随后重点介绍工业革命以来英国教育现代化的发展历程。依据改革目标的转变以及各阶段发展呈现出的特点，英国教育现代化的发展历程可分为五个阶段：19世纪初至20世纪初、20世纪初至20世纪80年代、20世纪80年代至90年代、20世纪90年代至2009年、2010年至今。最后，本章将展示英国教育现代化的核心指标，分析其主要特征，并深入探讨英国教育现代化对我国教育现代化发展的启示。

第一节　英国教育概况

一、英国教育体系概览

英国现行学制如图 3-1 所示。

（一）学前教育

英国学前教育旨在为 0～5 岁儿童提供教育和照顾服务，包括幼儿园、托儿所和家庭幼儿学校等多种形式。英国学前教育重视自由活动和游戏，着力营造轻松氛围，鼓励

[①]　钱乘旦，陈晓律. 在传统和变革之间——英国文化模式溯源 [M]. 南京：江苏人民出版社，2010：1.

高等教育（博士学位）　22 21 20

博士学位

高等教育（硕士学位）　19

硕士学位
硕士研究生文凭和证书

高等教育（研究生文凭和证书）　18　中学后教育（高等教育、继续教育）

学士学位
国家高等文凭
（HND，全日制）
国家高等证书
（HNC，非全日制）

高等教育机构　17 16 15

继续教育学院　14

高中文凭　18 17　高中：12～13年级　　职业高中：12～13年级　13 12

16 15　高中：10～11年级　11 10　中学教育

14 13 12　初中：7～9年级　9 8 7

11 10 9 8 7 6 5　小学：1～6年级　6 5 4 3 2 1　小学

4 3　学前教育　学龄前学龄

年龄（岁）

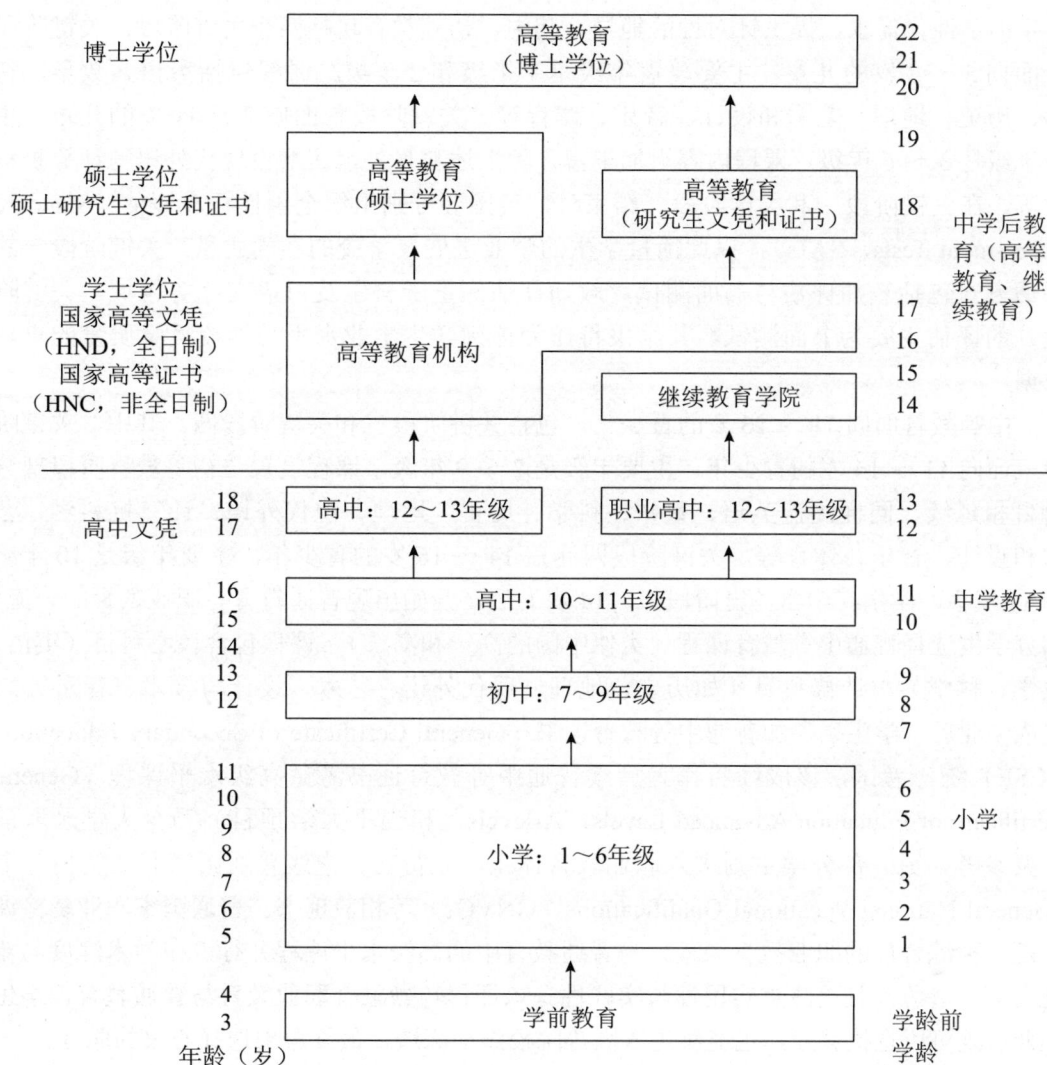

图 3-1　英国现行学制 [1]

孩子在其中积极学习与探索。从发展历程来看，英国学前教育兴起于 18 世纪末，经历了多个重要的发展阶段。1816 年，罗伯特·欧文在苏格兰创办了首所幼儿园，倡导以自由和游戏为主的非传统教育模式。19 世纪初，慈善机构和教会针对贫困家庭儿童开展基本的读写和宗教教育。20 世纪末，英国政府相继推出"确保开端"计划和"每个孩子都重要"计划，大力推动学前教育的发展，全面提升教育质量。到 21 世纪初，通过持续的资金投入与政策改革，英国学前教育实现了广泛和高质量的普及，在国际学前教育领域占据领先地位。

（二）初等与中等教育

英国基础教育分为四个关键阶段，普遍采用小班教学模式，教师得以充分关注每个

---

[1]　OECD.Education at a Glance 2023: OECD Indicators.[EB/OL]. [2022-09-24].

学生的个性化需求，提供针对性的辅导。其中，初等教育包括两个关键阶段：关键阶段一面向 5～7 岁的儿童，主要覆盖年级是 1 年级和 2 年级。课程包括英语、数学、科学、历史、地理、艺术和设计、音乐、体育等。关键阶段二面向 7～11 岁的儿童，主要年级是 3～6 年级。课程内容更加丰富，除上述科目外，还增设现代外语与计算机科学等。在关键阶段一和关键阶段二结束时，英国会分别组织全国性标准评估（Standard Assessment Tests，SATs），以此衡量学生的学业进展及学校的教学质量。关键阶段一的评估方式包括教师评估与书面测试，教师评估侧重于科学及口语交际等领域。关键阶段二的评估主要为书面测试，其结果将作为评判学生学业水平与学校教学质量的重要依据。

中等教育面向 11～16 岁的青少年，包括关键阶段三和关键阶段四。其中，关键阶段三面向 11～14 岁的青少年，主要年级是 7～9 年级，课程设置与初等教育阶段部分科目相延续，同样涵盖英语、数学、科学、历史、地理、现代外语、计算机科学、艺术和设计、音乐、体育等。关键阶段四涵盖 14～16 岁的青少年，主要年级是 10 年级和 11 年级。学生在中学关键阶段三（14 岁）后，开始出现普通教育与职业教育的分流。部分学生选择普通中等教育课程（类似中国的高一和高二），课程包含核心科目（英语、数学、科学）与选修科目（如历史、地理、现代外语、艺术、设计与技术、音乐等）。完成学业后，学生须参加普通中等教育证书（General Certificate of Secondary Education，GCSE）统一考试，该成绩将作为后续普通中等教育证书考试高级水平课程（General Certificate of Education Advanced Levels，A-levels，相当于大学预科）乃至大学录取的重要参考。另一部分学生则进入职业教育体系，获得初、中级普通国家职业资格证书（General National Vocational Qualifications，GNVQs）等相应证书。普通国家职业资格课程是一种综合性的职业教育课程，与普通教育中的高级水平课程并行，在学术深度与难度上毫不逊色，且更注重实用性与实践性。该课程巧妙融合职业教育与普通教育，学生毕业后既可以直接就业，也能够进入高等院校继续深造，最终自由选择心仪的职业。[1]

（三）高等教育

英国高等教育体系凭借卓越的学术水准与深厚的教育传统，在全球范围内声名远扬。其高等教育机构云集众多世界顶尖大学、学院及专科学院，提供丰富多样的课程与学位，吸引了大量国际学生。英国大学本科学制通常为三年。硕士阶段分为授课型硕士与研究型硕士，学制分别为一至两年，通过差异化培养模式，精准满足不同人才发展需求。这种安排不仅有助于学生节省教育时间成本，还间接降低了经济成本。博士阶段一般需要 3～4 年，要求学生开展原创性研究并完成博士论文。为确保学位质量，选拔优秀人才，多数英国大学对所授学位进行分级，一等学位或卓越级仅授予在校期间成绩极为优异的学生。各学校及专业对于卓越级的评定比例有所差异，一般以 70% 以上的分数作为标准。

---

① 吴式颖，李明德 . 外国教育史教程 [M]. 3 版 . 北京：人民教育出版社，2015：429-430.

（四）职业教育

英国职业教育体系致力于为学生提供实用技能与专业培训，紧密贴合劳动力市场需求，有力支持经济发展。该体系覆盖中等教育与高等教育多个阶段，开设广泛的职业与技术课程。学生最早可在关键阶段四涉足职业教育，参加基础和中级水平的普通国家职业资格证书课程，作为普通中等教育证书的替代或补充。英国中等后职业教育形式多样，包括继续教育学院与学徒制等。其中，继续教育学院提供丰富的职业培训课程与灵活的学习模式，如全日制、非全日制及远程教育等，充分满足不同学生的学习需求。学徒制则将实际工作经验与相关学术学习有机结合，设有初级学徒、高级学徒和学位学徒三种类型。2015 年，英国推出学位学徒制，积极鼓励高校与企业合作开设技能培训专业课程。由于学位学徒制不仅无须学生支付学费，还能让学生获得企业实习薪资，自推出后便广受青睐。为更好地服务于英国现代化工业战略，2020 年英国政府宣布推出技术水平课程（Technical Levels，T-levels），作为参加完英国普通中等教育考试之后与高级水平课程这一纯学术路径相对应的另一条教育路径。相比高级水平课程，技术水平课程为期两年，覆盖建筑设计、勘测及规划、数字支持服务、教育和儿童保育、健康等多个职业方向。

二、英国教育发展现状

英国是较早进行教育现代化的国家，历经漫长岁月的发展，其教育体系的建设已经较为完备。

第一，英国基础教育规模庞大，质量较高。2022 年英国中小学的学生人数约 900 万人，这些学生就读于 24 454 所学校。近年来，英国小学的平均规模保持相对稳定，维持在 280 名学生左右；中学平均规模则呈上升态势，2017 年为 946 名学生，2022 年已增至 1 027 人。[①] 基础教育质量方面，每三年一次的国际学生评估项目（Programme for International Student Assessment, PISA）测评已成为英国衡量和检测基础教育的重要参考依据。根据 2018 经济合作与发展组织公布的 PISA 结果，在参与测评的 78 个国家中，英国学生在阅读、数学、科学领域分别位列第 14 位、第 18 位和第 14 位。[②] 其中，相较于 2015 年举行的上一轮 PISA 测试，英国学生的数学成绩提高了 10 分，因此被经济合作与发展组织评为"显著进步国家"。[③]

第二，英国高等教育体系发达，国际化程度高。英国的大学历史底蕴深厚，长期在全球高等教育领域占据领先地位。2023 年 QS 世界大学排名显示，有 17 所英国大学进入前 100 名，26 所大学进入前 200 名。[④] 在 2022 年的《美国新闻与世界报道》世界大学排名中，英国共有 11 所大学进入前 100 名。[⑤] 同年的软科世界大学学术排名中，共有 8

---

① Department for Education.Schools，pupils and their characteristics [EB/OL].[2022-09-24].
② OECD.PISA 2018：Insights and Interpretations.[EB/OL].[2020-08-24].
③ OECD.Where did performance change between 2015 and 2018? [EB/OL].[2022-10-23].
④ QS.World Universities Rankings 2021[EB/OL].[2022-11-24].
⑤ U.S.News.Best Colleges.[EB/OL].[2022-11-24].https：//www.usnews.com/best-colleges.

所英国大学进入前 100 名。^① 此外，英国高等教育规模庞大。2020—2021 年度，有 266 万名学生在英国高等教育机构中学习。其中本科生 194 万人，研究生 71 万人；全日制学生 210 万人，非全日制学生 55 万人；英国本土学生 207 万人，欧盟学生 15 万人，非欧盟国家学生 44 万人。^② 国际化是英国高等教育的显著特色。2021 年统计数据表明，英国高等教育机构共接收海外留学生 666 815 名，占学生总数的 20.7%。其中，前四大生源国依次为中国（143 820 名）、印度（84 555 名）、尼日利亚（21 305 名）、美国（19 220 名）。这种国际化特征在教师结构方面同样有所体现，英国大学海外教师占教师总数的 20.9%，国际研究合作占比达 57.2%。^③

第三，英国高度重视特殊教育体系建设。自 2016 年至 2022 年，英国国家资助的特殊学校学生人数增长了 36 665 人，总数达到 142 028 人。民办特殊学校学生人数则增加了 151 人，达到 3 965 人。数量方面，公立特殊学校数量增加了 49 所，总数达到 1 022 所，而民办特殊学校数量减少至 56 所。^④

第二节　英国教育现代化的历史进程

一、英国教育现代化萌芽阶段（19 世纪初至 20 世纪初）

作为第一次工业革命的策源地，英国教育的发展与工业生产方式的变革息息相关。19 世纪是英国历史上风云激荡、急剧变迁的时代，也是英国崛起为日不落帝国的辉煌时期。工业革命犹如一把"双刃剑"，一方面为英国带来了物质财富的迅猛增长，另一方面也滋生出诸多社会问题。其中，童工的大规模使用引发了一系列不良后果，诸如少年犯罪现象频发、社会道德水准下滑以及社会环境恶化等。与此同时，经济的飞速发展彻底改变了生产方式。机器生产逐步取代了手工劳动、家庭工业以及手工工场，工业在国民经济中的主导地位得以确立。这种生产方式的转变，对教育提出了全新且迫切的要求。为适应大机器生产的工厂制度，必须全面提升劳动者的识字水平，并强化其纪律意识。

在此背景下，英国上层阶级中不乏有识之士，他们的先进理念为教育改革，尤其是初等教育的普及，注入了强大的精神动力。其中，詹姆斯·穆勒秉持教育旨在为大众谋求幸福生活的理念，主张教育应惠及全体民众；罗伯特·欧文则强调，唯有通过优质教育，方可塑造良好性格，进而实现"道德世界"^⑤。他们的先进教育理念有力地引导了社会舆论方向，为教育改革注入了澎湃动力。这一时期英国教育的发展呈现出鲜明的阶段性特征：在基础教育领域，大力推进初等教育的普及；在职业教育领域，兴起新的职业

① ARWU.Academic Rankings of World Universities [EB/OL].[2022-11-24].
② Universities UK.Higher education in numbers [EB/OL].[2020-08-24].
③ Universities UK.International Facts and Figures [EB/OL].[2022-08-24].
④ Department for Education.Schools，pupils and their characteristics [EB/OL].[2022-08-24].
⑤ 瞿葆奎，沈剑平.伟大的空想社会主义者欧文的教育理论 [J].中国教育科学（中英文），2022，5（2）：3-11.

教育形式；在高等教育领域，科学教育得以推行。

（一）阶段发展特征

1. 学前教育

18 世纪末，在自愿与慈善精神的驱动下，英国悄然兴起了幼儿保育与教育的热潮。1816 年，罗伯特·欧文在苏格兰的新拉纳克为棉纺厂工人的子女创办了英国历史上首所幼儿园。这些幼儿园面向 1～6 岁的儿童，在孩子们的父母及兄姐忙于棉纺厂劳作之时，为他们提供悉心保育。欧文深信，幼儿教育应侧重于自由和无拘无束的游戏，而非强制性的正式训练。他倡导通过非传统的教育方式以及体育活动，培养未来社会的合格公民。尽管欧文的理念在当时看来颇具前瞻性，但他的这一创举无疑激发了社会对幼儿教育的广泛兴趣，并在英国催生了众多幼儿学校的建立。

19 世纪初期，英国的学前教育主要依靠慈善机构与教会来开展。这些早期教育机构主要面向贫困家庭的孩子，将基本的读写教育与宗教教育作为核心内容。许多"家庭幼儿学校"（Dame Schools）就是这个时期的典型代表。这些学校通常由妇女在自己家中开设，为邻里孩子传授读、写、算术等基础知识。尽管办学设施较为简陋，但它们为众多工人阶级家庭的孩子提供了基本的受教育机会。

2. 初等与中等教育

在 1870 年之前，英国的教育主要由教会及其相关组织兴办，课程设置也多围绕宗教教育展开。1870 年，英国颁布第一部教育法——《初等教育法》，致力于建立由国家掌控的、世俗化的初等教育体系。

19 世纪上半叶，由于专业教师资源的极度匮乏，英国初等教育广泛采用导生制。这一独特的教学组织形式由英国著名教育家安德鲁·贝尔和约瑟夫·兰开斯特共同创立。导生制的运作模式核心是选拔那些年龄稍长且学业成绩优异的学生担任导生，先由教师对导生进行悉心教导，而后再由导生向其他学生传授知识。在当时特定的历史条件下，导生制在扩大教育规模方面成效显著，因而受到一定程度的欢迎。然而，由于这种模式难以保障教育质量始终维持在稳定且较高的水平，随着时间的推移，导生制逐渐被时代所淘汰。

在中等教育方面，英国从 19 世纪起在经济、政治和文化等诸多方面发生了深刻变革，传统的中等教育模式已无法适应时代发展的需求。社会各界针对英国中等教育的发展，纷纷提出了大量建设性意见。特别是在 19 世纪的前 50 年，捐办文法学校和公学因其存在的诸多弊端而饱受质疑。在这一时期，非公募学校凭借为中产阶级提供的教育服务，在一定程度上弥补了捐办文法学校和公学的不足。到了 19 世纪后期，英国政府开始积极介入中等学校的发展，致力于将其纳入国民教育体系。这一时期，捐办文法学校和公学成为中等教育改革的焦点。随着改革的推进，变革逐渐赢得了社会各界的广泛认同，公学的风气与声誉也稳步提升，其独特的风格也逐渐朝着统一化与标准化的方向发展。[①]

3. 高等教育

彼时，英国传统高等教育秉持着鲜明的宗教与贵族传统，属于典型的精英教育范

---

① 曹格.19 世纪英国中等教育学校发展研究 [D]. 天津：天津师范大学，2021.

畴。随着工业革命的不断深入，社会对科学技术的需求与日俱增，然而古典大学却对实用科学与职业训练有所忽视，这与工业革命所带来的辉煌成就显得格格不入。[①] 尽管剑桥大学自 17 世纪便设立了数学教席，并在 18 世纪上半叶陆续增设了化学、天文学、物理学、解剖学、植物学、地质学、几何学等自然科学教席，牛津大学在 18 世纪也相继设立了植物学、临床医学、解剖学等各自然科学教席，但遗憾的是，诸多此类科目并未发展成为大学的核心课程，其地位与古典"七艺"课程相比，仍存在较大差距。[②] 因此，在 17—18 世纪，牛津大学和剑桥大学依旧以教授古典人文学科与神学为主。[③]

在产业革命的澎湃浪潮中，19 世纪的英国高等教育迎来了其发展的黄金时期，集中体现为新大学运动的蓬勃兴起以及大学推广运动的广泛推行。所谓"新大学"，是指自 19 世纪 30 年代起，以伦敦大学的诞生为标志，在英国各地雨后春笋般涌现的众多城市大学。这些学府深受苏格兰大学模式的启发，以市场需求为导向，形成了独具特色的教育模式。其显著特点包括学费亲民、入学门槛相对较低、不强制学生住校、对宗教教育持摒弃态度等。这一系列的发展历程，被后人称作 19 世纪英国"新大学运动"，是英国教育史上一次意义深远的重要变革。

大学推广运动堪称 19 世纪英国高等教育史上的里程碑事件。随着英国社会的飞速发展、工业化进程的加速推进以及普通教育的日益普及，民众对于高等教育的渴求愈发强烈，他们迫切希望能够更广泛地享有接受高等教育的机会。这一呼声日益高涨，成为推动社会进步的强大动力。在这一背景下，以剑桥大学、牛津大学为代表的传统古典大学教育模式的弊端逐渐凸显，难以适应日新月异的社会需求。面对社会各界的批评和质疑，以及民众对高等教育的殷切期盼，大学推广运动应运而生。大学推广运动的基本理念是：让高等教育不再遥不可及，而是走进千家万户，成为民众生活的一部分。为了实现这一目标，大学纷纷派遣经验丰富的讲座教师，深入各个城镇的讲座推广中心，开设丰富多彩的讲座课程，将高等教育的知识和智慧传递给广大民众。大学推广运动与英国高等教育改革的步伐同频共振，同时也极大地推动了成人教育、女子高等教育以及工人教育等领域的发展。它不仅丰富了英国的教育体系，更为英国社会的进步与繁荣注入了新的活力。

4. 职业教育

工业革命的快速发展极大地激发了工厂对技术工人和职业培训的需求，也使得职业培训的重要性愈发凸显。当时，学徒制是主要的职业教育形式，许多年轻人在工厂中接受学徒培训，学习职业技能。19 世纪出台的一系列《工厂法》规定了工厂雇用童工的条件，并要求雇主为工人提供基本教育，这些法律间接推动了职业教育的发展。

为适应工业革命的需要，帮助工人掌握机械学、物理学、数学等关键学科知识，工人讲习所（Mechanics Institutions）应运而生。1823 年，第一所工人讲习所成立，并迅速在英国各地发展壮大。

---

① 褚宏启. 教育现代化的路径：现代教育导论 [M]. 3 版. 北京：教育科学出版社，2021：457-458.
② "七艺"包括语法学、修辞学、逻辑学、算术、几何、音乐和天文学.
③ 张斌贤，王晨. 外国教育史 [M]. 2 版. 北京：教育科学出版社，2015：252-253.

英国的职业技术教育制度形成于19世纪中后期。1881年，英国政府组建了以塞缪尔森为首的皇家技术教育委员会，该委员会先后考察了本国以及欧洲其他国家的职业教育情况，在此基础上形成了《塞缪尔森报告》。报告针对英国技术教育发展滞后的状况，提出四点切实可行的建议：一是鼓励小学开设金属加工和木器加工制图课；二是开设科学工艺班，由国民教育局和地方团体来管理；三是在师范学院大量增设科学技术课；四是在地方中等学校里广泛增设科学技术教育课程。1889年，英国颁布了《1889年技术教育法》，为后续一系列职业教育相关法律和政策的制定奠定了基础。

（二）代表性政策

《1870年初等教育法》

（1）背景

19世纪中叶，英国的工业化进程迅速，城市化的快速发展吸引了大量移民人口。然而，当时英国教育主要由教会及其相关组织兴办，课程设置也多围绕宗教教育展开。这就导致许多儿童，尤其是工人阶级和贫困家庭的孩子，难以获得系统的教育。在此背景下，教育普及成为社会进步和经济发展的迫切需求。面对这一严峻形势，英国政府决定采取行动，构建一个更为广泛的基础教育体系。

（2）内容

1870年，英国颁布第一部教育法《1870年初等教育法》，致力于建立由国家掌控的、世俗化的初等教育体系，覆盖5～12岁儿童。该法案规定的具体举措包括：①将全国划分为数千个学区，以"填补空缺"的原则，建立数量充足的初等学校，确保教育资源能够充分覆盖；②赋予各地区强制儿童入学的权力，从行政层面保障适龄儿童接受教育的机会；③明确学校经费由国家、地方税以及学生家长三方共同承担，同时，对于家境贫寒的学生，给予免交学费的优惠政策，减轻贫困家庭的教育负担；④实行普通教学与宗教教育相分离，使教育回归纯粹的知识传授与技能培养本质。①②

（3）结果与影响

从政策成效方面来看，《1870年初等教育法》在英国教育史上具有划时代的意义。它彻底打破了教会对初等教育的长期垄断，标志着公立初等教育制度正式确立。随着学校数量的大幅增加，初等教育得以广泛普及。从公民受教育权利普及的角度审视，该法案无疑是成功的。它巧妙借助当时教会和民间的办学资源，以惊人的速度在全国范围内推动初等教育的普及，助力英国跻身义务教育先进国家行列。然而，在实施过程中，也暴露出一些问题。例如，该法规定初等教育并非免费，却又具有强迫入学的性质。③ 同时，为保障法案实施，设置了大量行政管理机构，导致资金耗费巨大。公立学校的部分经费由地方当局负担，这无疑加重了地方财政的负担。更为重要的是，该法是英国教育现代化进程中典型的妥协产物，缺乏应有的革命性与彻底性。它没有触动原有的捐助学

---

① 张斌贤，王晨. 外国教育史 [M]. 2版. 北京：教育科学出版社，2015：269.

② Armytage W.H.G.The 1870 education act[J].British Journal of Educational Studies，2010（2）.

③ 英国免费的初等教育在《1918年教育法》中得以建立。

校体制，而是在弥补捐助学校不足的基础上建立公立初等教育体制，使英国的初等教育形成了公立体制和捐助体制并存的局面。[①] 在此后的 50 年里，英国政府陆续出台了一系列政策法规，以逐步完善英国公共初等教育体系。

《1889 年技术教育法》

（1）背景

工业革命爆发前，英国手工工厂发达，以学徒制的形式为英国培养了几代技术精湛、熟悉生产过程的工人[②]，对工业革命的发展起到了重要推动作用。然而，在工业革命前期，初等教育尚未在英国广泛普及，国民教育基础薄弱，这使得工人缺乏接受职业教育所必需的文化基础。[③] 与此同时，因合适教师的匮乏，教育质量根本无法得到有效保障。种种因素交织之下，彼时职业教育的实际成效远未达到预期，难以令人满意。[④]

（2）内容

1889 年，英国颁布了《1889 年技术教育法》，正式将职业技术教育纳入学制。该法案明确承认大众性职业技术教育的重要地位，并且认可国家对其进行直接干预的必要性。法律赋予地方教育当局通过征税以及其他财政手段来筹集资金的权力，旨在全力支持技术学校的建设以及各类培训项目的顺利设立与运营。法案要求各地积极兴办技术学校，提供工程、制造、建筑和其他工业领域所需的技能培训。开设课程包括理论知识和实践技能，旨在提高工人的专业素质，增强就业能力。

（3）结果与影响

《1889 年技术教育法》的颁布与实施极大地推动了技术教育的发展，它让更多的工人和学生得以接受系统且专业的技术培训，进而促进了生产效率的提高与技术创新的蓬勃发展，为英国经济发展奠定了坚实的基础。自此，英国的职业技术教育制度开始逐步建立。[⑤]

二、英国教育现代化加速发展阶段（20 世纪初至 20 世纪 80 年代）

20 世纪初期，英国国力鼎盛，全球影响力位居前列，在社会立法、技术普及、医学等领域取得了瞩目的成就。然而，这一时期并非一片坦途。从第二次布尔战争（1899—1902 年）到第一次世界大战（1914—1918 年），英国面临着经济恢复和制度重建的严峻挑战。为扭转教育事业的停滞局面，英国政府推行了一系列教育改革举措。在凯恩斯主义盛行与福利国家制度构建的大背景下，英国将公共教育体系改革视为教育重建工作的重点。这一时期英国教育的发展和改革是由外部和内部双重因素共同推动的结果。

从外部因素来看，战争引起了社会格局的剧烈变动，催生出前所未有的社会凝聚力，

① 褚宏启. 教育现代化的路径：现代教育导论 [M]. 3 版. 北京：教育科学出版社，2021：479-491.
② 16 世纪中叶前，学徒制主要由英国行会组织和监督。
③ 褚宏启. 教育现代化的路径：现代教育导论 [M]. 3 版. 北京：教育科学出版社，2021：456.
④ 褚宏启. 教育现代化的路径：现代教育导论 [M]. 3 版. 北京：教育科学出版社，2021：464-466.
⑤ 张斌贤，王晨. 外国教育史 [M]. 2 版. 北京：教育科学出版社，2015：275-276.

促进了人人平等这一社会思潮的广泛传播。虽然长期以来形成的阶级差别与偏见并不会因为一次战争而消弭，但在民族存亡之际，面对共同的敌人和危险，中产阶级与下层群众能够更好地相互理解与合作。战争让英国人民对平等和公民权利有了更深刻的认识，他们呼吁更大范围的教育机会平等，人人接受中等教育也因此成为教育政策的重要目标。

从内部因素来看，教育事业自身的进步同样为英国教育现代化发展注入了强劲动力。《1944 年教育法》的实施进一步确立了中央和地方在教育行政管理体制上的合作关系，基本实现了 10 年义务教育的普及目标，培养了更多的中学毕业生，也推动了高等教育和继续教育的发展。这一时期英国教育发展的阶段特征表现为：基础教育领域，促进人人接受中等教育；职业教育和继续教育领域，规模不断壮大；高等教育则实现了向大众化的转型。

（一）阶段发展特征

1. 学前教育

20 世纪初，英国的学前教育领域已经开始为工薪家庭子女提供周到护理与基础教育。1911 年，麦克米伦姐妹极具前瞻性地创办了露天保育学校。这所学校不仅开展基础教学，其教育理念更是独树一帜。它强调手工艺训练、语言熏陶、感官锻炼、家政技能培养，以及让孩子充分享受自由游戏的乐趣，旨在通过寓教于乐，让孩子们茁壮成长。学校坚决摒弃一切形式主义的束缚，鼓励孩子们在自由与开放的环境中释放天性，探索自我。露天保育学校选址于环境宜人、空气清新的郊外。学校十分注重环境布置和设施配备，确保通风良好，为孩子们提供健康、舒适的学习与成长空间。[①]

2. 初等与中等教育

20 世纪初，儿童健康和福利政策受到广泛关注，英国基础教育的福利政策也随之增多，免费的学校餐便是其中之一。与此同时，学制改革成为这一时期英国基础教育发展的重要推动力。随着工业革命持续深入，城市化浪潮愈发汹涌，英国中等教育在蓬勃发展的同时，也暴露出了诸如初等教育与中等教育之间衔接不畅、部分地区中等教育步伐缓慢、产业工人普遍缺乏受教育机会等问题。在此背景下，英国颁布了在教育史上具有划时代意义的《1902 年教育法》，其意义主要体现在：第一，首次明确将教育纳入政府公共职能监管范畴，要求地方教育机构必须维持其辖区内所有公立小学的高效运行。第二，明确区分了初等教育和中等教育，进一步提升了英国教育体系的有序性。《1918 年教育法》（也称《费舍尔法》）则进一步将义务教育年龄上限从 10 岁延长到 14 岁，并要求地方教育当局为能力较强的儿童提供更高级的教育。尽管此举并未明确界定中等教育的具体年龄范围，但它明确指出地方教育当局有义务设立并维持继续教育学校。随后，学校出现了幼儿部、男生部和女生部的三级划分。1926 年，哈多委员会报告建议用幼儿部、初级部和高级部取代原有的部系划分，进一步推动了学制改革。这一改革方案在 1928 年被政府采纳。然而，进入 20 世纪 20 年代至 30 年代，经济紧缩成为影响基础教育发展过程中至关重要的阻碍因素。1922—1923 年以及此后的经济危机期间，削减教师

---

① 杨汉麟. 外国幼儿教育大事记（续）[J]. 学前教育研究，1997（1）：57-61.

工资的举措严重动摇了教师的专业地位，校园基础设施建设也因此滞后。尽管1936年中央教育署提出了公立初等学校教学楼修建计划，但随着第二次世界大战的爆发，该计划也受到影响。[①]

1944年，英国颁布并实施《1944年教育法》，这部法律对英国教育系统进行了全面改革。它将义务教育年龄延长至15岁，奠定了现代义务教育体系的基础。在这部具有划时代意义的法律中，地方教育当局被赋予了重大责任与使命。它们不仅要确保学生接受到优质的教育，还要为学生提供全方位的生活保障。该法明确规定，地方教育当局有责任为学生提供医疗、牛奶、午餐及其他营养点心，确保学生健康成长；同时，要为贫困儿童提供衣物以抵御寒冬，必要时还须提供膳宿。《1944年教育法》的实施，无疑为英国的初等教育事业奠定了坚实的基础，也彰显了英国对教育事业的高度重视与坚定承诺。这部是英国教育现代化的重要里程碑，依据该法，英国建立了连贯的公共教育体系，加强了国家对教育的领导与控制，延长了义务教育年限，为学生提供了全面的保障条件。该法推动了中等教育的普及、公平和质量提升，新建了大量学校，中学入学人数翻倍，公学数量增加，继续教育也得到发展，成为战后英国教育制度的基石。

3. 高等教育

在这一时期，英国高等教育领域实现了显著且迅猛的发展。1900年，彼时英国大学校园里的学生数量仅约2万人；而到了1938年，则攀升至5万人。特别是第二次世界大战之后，英国大学步入了持续且稳定的增长轨道：诺丁汉大学、基尔大学、艾克斯特大学等众多学府雨后春笋般相继成立。至20世纪60年代初期，英国的高等学府数量已超过20所，呈现出令人瞩目的扩张态势。

然而，尽管英国高等教育在数量上有所增长，但其秉持的"精英教育"核心理念却始终未曾动摇。这种注重质量而非数量的理念，使得英国高等教育在规模上与其他西方发达国家相比，仍存在明显差距。面对这一现状，英国政府毅然推出了具有划时代意义的《罗宾斯报告》。该报告提出的"罗宾斯原则"明确指出，所有在能力与学业表现上达到标准，且对高等教育怀有热忱的个体，都应获得适配的高等教育课程。这一原则的提出，标志着英国高等教育正式开启从精英模式向大众化阶段的重大转型。自此之后，英国高等教育迎来了前所未有的繁荣景象。高等教育入学率由20世纪60年代初的5%稳步攀升，到1987年已突破15%。这一显著增长不仅是数字上的飞跃，更象征着英国高等教育从传统精英教育向大众教育的历史性跨越。这一转变不仅为更多学生提供了接受高等教育的机会，也极大地丰富了英国教育体系，使高等教育成为推动社会发展的强大动力。[②]

4. 职业教育

为了确保更多青少年能够接受基本的职业技能培训，《1918年教育法》提出为14~16岁的青少年提供免费学习课程和职业技能培训，帮助他们顺利过渡到更高层次的教育阶

① 于湛瑶. 历史视角下英国近代初等教育的发展 [D]. 北京：首都师范大学，2014.
② 杨贤金，索玉华，张金钟，等. 英国高等教育发展史回顾、现状分析与反思 [J]. 天津大学学报（社会科学版），2006（3）：161-165.

段或工作领域。^①《1944 年教育法》从法律上承认了以文法学校、现代中学和技术中学为主体的英国中等学校体系，标志着技术中学被正式纳入英国公共教育体系。该法将中等教育覆盖至全体青少年，确立了"人人享有中等教育"的目标。在该法的推动下，英国中等职业教育规模在较短时间内迅速扩大。截至 1947 年，具有实科倾向的现代中学数量达到 3 000 多所，技术中学也发展到 317 所。^②

1956 年，英国政府颁布《技术教育》白皮书，勾勒出职业技术教育体系的蓝图，构建起由地方学院、区域学院、地区学院和高级技术学院四个层次构成的职业技术教育机构。^{③④}为进一步推动职业教育发展，1964 年英国颁布了《工业培训法》，设立工业培训委员会，负责为各行业制定职业培训标准并提供资金支持。该法还要求雇主为员工提供职业培训，并缴纳培训税。

（二）代表性政策分析

《1944 年教育法》

（1）背景

第一次世界大战后，英国政府陆续颁布补充法案，推动中等教育规模快速扩张——1904—1914 年间，受资助中学数量从 500 所增至 1 000 余所，在校生人数增长近三倍。^⑤然而，这种发展仍存在明显的阶级局限性，工人阶级子女接受中等教育的机会依然有限。到"二战"期间，英国社会各界已形成强烈共识：必须建立覆盖全民的现代教育体系。这一共识直接催生了 1944 年教育改革，其核心目标就是突破阶级壁垒，建立"全民中等教育"的国民教育体系，为战后重建培养各类人才。

（2）内容

《1944 年教育法》在英国教育发展史和教育现代化进程中具有里程碑意义。其主要内容如下：第一，废除以往中小学教育不连贯、相互重叠的学制^⑥，构建起由初等教育（面向 5～11 岁儿童）、中等教育（面向 11～18 岁青少年）和继续教育（为离校青少年举办）所组成的公共教育体系。第二，加强了国家对教育的管控。撤销仅承担督导职责的教育署，设立全国性的教育领导核心机构——教育部，以此加强国家对教育事业的全面领导与有效控制。第三，将义务教育从 9 年（5～14 岁）延长到 10 年（5～15 岁），有条件的地方可进一步延长至 11 年（5～16 岁）。此外，该法还要求地方教育当局须为学生提供医疗、牛奶、午餐和其他点心，为贫困儿童提供衣着，并在必要时提供

① 叶丽娜，方蕾蕾，冯永刚，等.追求教育选择的多元化——英国基础教育学制发展趋势研究[J].基础教育参考，2023（7）：37-47.
② 饶贵生，宋俊骥，周淑芳.近现代英国职业技术教育的演变及其特点[J].教育与职业，2010（24）：91-93.
③ 高级技术学院专门提供高级技术教育，地区学院主要开设全日制和工读交替高级课程，区学院主要提供中级水平技术教育，区学院提供初级水平技术教育。
④ 褚宏启.教育现代化的路径：现代教育导论[M].3版.北京：教育科学出版社，2021：506.
⑤ 英国教育网.英国教育史.第7单元：从1900年至1923年.Education in the UK.Education in the UK: a history，Chapter 7: 1900-1923[EB/OL].[2020-10-09].
⑥ 此前，英国初等教育和中等教育两部分互不衔接。初等教育对14岁以下儿童实施义务教育，但是中等教育一般从10岁、11岁开始，二者之间，有几年是重叠的。

膳宿，为缺陷儿童提供特殊教育等。[①]

（3）结果与影响

从实施效果上来看，《1944年教育法》堪称推动英国基础教育从精英化走向大众化的重要法规，它使英国国民教育在普及程度、公平性以及教育质量等方面均取得了显著进步。从规模上看，1945—1970年，英国新建了12 000多所公立小学和中学，这些新增学校足以容纳地方教育当局所属学校三分之二的学生。[②] 中学入学人数呈现爆发式增长，从1946年的1 268 531人，增加到1963年的2 780 782人[③]，增长幅度超过一倍。传统公学数量也从战前的138所发展到20世纪70年代的250多所。继续教育领域同样发展迅猛。据统计，到1950年，英国的私立继续教育机构达到了11 546所，学生2 229 842人；技术学校531所，学生846 508人；工艺学校206所，学生120 713人[④]。就公平化而言，由于该法旨在建立面向所有青少年的中等教育体制，并实施免费的中等教育政策（地方教育当局只能收取部分寄宿费用），在促进教育公平特别是机会公平方面发挥了重要作用。就保障条件而言，该法确立了从初等、中等直到继续教育的公共教育体系，扩大了国民受教育机会。同时，《1944年教育法》也对中央和地方教育行政体制进行了重大改革，成为第二次世界大战后英国教育制度的重要基石。

《技术教育》白皮书

（1）背景

20世纪60年代起，教育民主化浪潮席卷而来。由于文法学校、技术中学和现代中学三类中学地位不平等，中等学校"三分法"饱受质疑。在此背景下，英国掀起了声势浩大的中等教育综合改组运动，旨在广泛设立兼顾升学和就业目标的综合中学以取代原来的"三轨制"。综合中学兼顾升学与就业双重目标，通过增设技术课程开展中等职业技术教育，培养中级技术人才。然而，该运动也暴露了英国教育制度中的一系列问题，如综合中学与文法学校地位不平等、综合中学课程设置混乱以及学生过早专业化等。[⑤]

（2）内容

1956年，英国政府颁布《技术教育》白皮书，勾画了英国职业技术教育体系的蓝图。这份白皮书促成了技术学院结构的调整，构建起地方学院、区域学院、地区学院和高级技术学院四个层次的职业技术教育机构，明确了各类技术学院的办学定位、服务面向、办学形式和课程设置。[⑥][⑦]

（3）结果与影响

1956年的《技术教育》白皮书不仅设立了高等技术学院，还提升了课程标准，有力

① 张斌贤，王晨．外国教育史 [M]．2版．北京：教育科学出版社，2015：367-368.
② 邓特．英国教育 [M]．杭州大学教育系外国教育研究室，译．杭州：浙江教育出版社，1987：22-23.
③ 王承绪．英国教育 [M]．长春：吉林教育出版社，2000：476.
④ 倪学德．和平的社会革命——一战后初期英国工党艾德礼政府的"民主社会主义"改革研究 [M]．北京：中国社会科学出版社，2005：198.
⑤ 褚宏启．教育现代化的路径：现代教育导论 [M]．3版．北京：教育科学出版社，2021：504-505.
⑥ 高级技术学院专门提供高级技术教育，地区学院主要开设全日制和工读交替高级课程，区域学院主要提供中级水平技术教育，区学院提供初级水平技术教育。
⑦ 褚宏启．教育现代化的路径：现代教育导论 [M]．3版．北京：教育科学出版社，2021：506.

推动了英国技术教育质量的显著提高，为社会培育出大量高技能工人，充分满足了经济与工业发展的需求。与此同时，该白皮书通过建立技术学院结构，改变了长期以来办学秩序混乱的局面，对英国职业教育的长远发展产生了深远影响。

《罗宾斯报告》

（1）背景

英国高等教育发展历史悠久，牛津大学与剑桥大学作为西方大学的重要发源地，堪称精英教育的典型代表。高等教育的民主化进程主要始于第二次世界大战之后[1]，战争引发的科技革命让所有工业化国家深刻认识到大学的重要作用，进而推动了高等教育的蓬勃发展。在这一时期，英国最具有代表性的政策成果便是 1963 年由英国高等教育委员会发布的《罗宾斯报告》。

（2）内容

《罗宾斯报告》明确提出，发展高等教育应遵循的基本原则是，所有具备入学能力和相应学识的青年都应享有接受高等教育的机会。[2] 该报告还拟定了英国高等教育直至 1980 年的发展规划，涉及教师设置、经费管理、教育目的与原则等诸多领域，具体内容包括：①扩大高等教育规模，促使高等教育从精英型向大众型转变。②重新阐释高等教育的内涵，推动高等教育的多元化结构发展。1948—1957 年，5 所城市学院成功升格成大学；1961—1968 年，10 所有别于牛津、剑桥等古典大学的新大学相继成立；1969—1973 年，30 所多科技术学院创立；20 世纪 60 年代末，开放大学应运而生，广播电视等媒介为更广泛的社会群体提供了接受高等教育的机会，这一模式随后被世界多个国家效仿；[3]20 世纪 70 年代，"地区师资培训组织"被撤销，师范院校纳入公立高等教育机构范畴，非定向的师范教育体制得以确立。[4] 通过这一系列改革举措，英国高等教育的规模得到了极大的扩充。

（3）结果与影响

《罗宾斯报告》的发布推动了英国高等教育大发展。《罗宾斯报告》发布后，英国政府迅速采取一系列措施，如将学生人数与教育经费挂钩、鼓励高校扩大招生规模、创办新的高等院校等，促使高等教育进入规模扩张的快车道。1963—1997 年期间，接受高等教育的人数由 12 万增至 170 万；高等学校的数量由 30 所增至 190 所；相关年龄组入学率由 8% 增至 32%。[5] 至此，英国完成了由精英高等教育向大众高等教育的转型。

三、英国教育现代化纵深发展阶段（20 世纪 80 ～ 90 年代）

从 20 世纪 50 年代—70 年代，英国经济发展陷入停滞状态，导致其在国际经济格局

[1] 张斌贤，王晨.外国教育史 [M].2 版.北京：教育科学出版社，2015：367.
[2] 英国教育网.《罗宾斯报告》（1963）Education in the UK.The Robbins Report（1963）[EB/OL].[2020-10-09].
[3] 褚宏启.教育现代化的路径：现代教育导论 [M].3 版.北京：教育科学出版社，2021：506-508.
[4] 吴式颖，李明德主编.外国教育史教程 [M].3 版.北京：人民教育出版社，2015：425.
[5] 刘晖.从《罗宾斯报告》到《迪尔英报告》——英国高等教育的发展路径、战略及其启示 [J].比较教育研究，2001（2）：24-28.

中的地位持续下滑。进入 20 世纪 70 年代后，英国经济增长缓慢的问题进一步加剧，出现高失业率和高通货膨胀的"双困"局面。曾经在推动国家经济中发挥重要作用的"凯恩斯主义"面对这一时期的经济衰退无济于事，国家对经济的干预不仅未能缓解危机，反而使矛盾进一步复杂化、尖锐化。[①] 同一时期，因中东战争出现的石油危机让英国本就紧张的财政状况雪上加霜，财政紧缩问题进一步加剧。[②]

1979 年，撒切尔夫人上台执政，开始领导保守党进行市场化改革。为扭转英国经济发展的颓势，撒切尔政府摒弃了福利国家主义理念，转而奉行新自由主义。具体举措包括大幅降低纳税人和企业的税负，压缩奖懒罚勤的福利政策，削减政府的公共开支，并以货币主义经济政策全面取代凯恩斯主义经济政策。[③] 撒切尔夫人所倡导的新自由主义，不仅影响工业和商业领域，还对英国的公共服务产生了深远影响。在教育领域，这一取向表现为政府对教育经费的大肆削减。此外，在新自由主义的影响下，教育制度以"绝对的申请自由"为基础，地方当局不再负责将孩子分配到学校，家长能够自由申请任何中学。当学校报名人数超出预期时，学校将依据学生的能力和资质进行筛选。这种教育市场化的趋势，极大地推动了学校教育的变革。正如有观点指出："家长的选择权和对选择的回应将筛选出家长和孩子想要的学校，学校需要从目前官僚机构强加的、千篇一律的、平庸的办学模式，走向家长要求的多元化、高质量、个性化的发展路径……它们要么成为好学校，要么关闭。"[④] 至此，英国教育现代化迈进了追求质量的纵深发展阶段。

（一）阶段发展特征

1. 学前教育

20 世纪 90 年代，英国发布了《兰伯尔德质量报告》和《皇家艺术学会报告》两份颇具影响力的报告，着重强调了学前教育质量的关键意义。其中，《兰伯尔德质量报告》详尽地指出了学前课程应涵盖八大核心学习领域：美学与创作领域、人类与社会领域、语言与文学领域、数学领域、物理领域、科学领域、精神与道德领域和技术领域。而《皇家艺术学会报告》则进一步强调，为所有 3～4 岁孩童提供卓越教育质量至关重要。

为了贯彻这一理念，1996 年，保守党政府推出了开创性的"教育券计划"。这项政策允许家长在各类学前教育机构中，使用面值高达 1 100 英镑的教育券用以支付非全托制 4 岁孩童三个学期的教育费用。与此同时，政府设定了明确的教育目标——"所有儿童在进入义务教育阶段前，教育成果方面必须达到理想"。"教育券"的推行与"理想成果"的设立，无疑为英国的幼儿教育注入了新的活力，引领其迈向变革与发展的新阶段。[⑤]

①　褚宏启.教育现代化的路径：现代教育导论[M].3 版.北京：教育科学出版社，2021：497-498.
②　张斌贤，王晨.外国教育史[M].2 版.北京：教育科学出版社，2015：395.
③　褚宏启.教育现代化的路径：现代教育导论[M].3 版.北京：教育科学出版社，2021：498.
④　英国教育网.英国教育史 Education in the UK.Education in the UK: a history.[EB/OL].[2020-10-09].
⑤　蒋盈.英国幼儿教育的历史发展与改革研究[J].贵阳学院学报（社会科学版），2014，9（5）：99-101.
DOI: 10.16856/j.cnki.52-1141/c.2014.05.026.

2. 初等与中等教育

这一时期，初等教育改革策略聚焦于进一步赋予学校管理层更多权力，并积极推行家长择校制度。自 20 世纪 80 年代起，英国政府便持续致力于提升家长在教育决策中的选择权，坚信家长的选择和参与是推动学校工作优化与完善的重要动力。此外，政府精心推出了"辅助学额计划"，旨在为那些因经济困难而无法进入独立学校的孩子们提供学费赞助，使他们在独立学校与公立学校之间拥有更自由的选择权，从而大大增加了他们接受高质量教育的机会。这一举措不仅彰显了政府对教育的深刻承诺，也体现了对每个孩子教育公平的深切关怀。[①]

在 20 世纪 80 年代中期之后，教育议题在英国社会引发了前所未有的热烈讨论。在这一背景下，1988 年 7 月 6 日，国会通过一项重要教育法案，即《1988 年教育改革法》（*Education Reform Act* 1988）。这部法律的实施，标志着英国基础教育结构迎来重要调整[②]。在《1988 年教育改革法》的指引下，地方政府对教育的干预管理显著减少，学校办学自主权得到了前所未有的扩大。这不仅极大地激发了学校的办学活力，提高了基础教育的办学效率，也为学生们提供了更多样化、个性化的教育选择。除此之外，该法强化了中央政府对学校教育的宏观调控能力，从而确保了教育政策的一致性和连续性。《1988 年教育改革法》还规定建立一种新型的城市技术学校，旨在为 11 ～ 19 岁的学生提供全面教育。这些学校侧重于科学和技术教育，致力于培养企业急需的高技能人才。政府设立城市技术学院的目的在于鼓励企业参与教育，打破地方教育当局的垄断，增加家长对子女教育选择的机会，进而提高教育质量。[③]

3. 高等教育

20 世纪 70 年代的经济危机和 80 年代的经济衰退严重制约了英国高等教育的发展。大学毕业生失业现象频发，引发人们对教育投入与高等教育文凭价值的质疑。面对财政困境，英国政府在 80 年代削减了对高等教育的经费投入，促使高等教育市场化转型。这一政策推动了高校与工商界的合作，使大学能够通过合作获取经费，同时工商业也能从中获得新技术。

1987 年发布的《高等教育——迎接新的挑战》白皮书强调高等教育在国家经济和社会发展中的关键作用，提出政府应推动高等教育政策和改革措施，强调教育与工商界的紧密联系。在此引导下，教育目标转变为培养适应经济社会发展的新型人才，促进科研成果转化。《1988 年教育改革法》也对高等教育管理体制进行重大改革，将原本由地方政府管理的学院转变为独立机构，直接由中央政府管理。同时，改革拨款机构，加强了中央政府对高校的控制。

4. 职业教育

自 20 世纪 80 年代以来，英国政府在职业教育领域不断增强政策制定和行政干预力

① 褚宏启. 教育现代化的路径：现代教育导论 [M]. 3 版. 北京：教育科学出版社，2021：505.

② 叶丽娜，方蕾蕾，冯永刚，等. 追求教育选择的多元化——英国基础教育学制发展趋势研究 [J]. 基础教育参考，2023（7）：37-47.

③ 辛爱灵. 英国 1988 年教育改革法研究 [D]. 济南：山东师范大学，2009.

度，逐步建立起政府统筹指导下的"标准化"职业教育发展模式。《1988年教育改革法》中与职业技术教育紧密相关的内容有两点：一是将多科技术学院和大多数高等教育学院从原来的由地方教育当局管理转变为由中央直接管理；二是设立多科技术学院基金会，取代原来公共系统高等教育的国家咨询团。

20世纪80年代，国家职业资格委员会与国家职业资格证书制度应运而生。到了90年代，英国政府与相关行业团体又创立了普通国家职业资格证书制度。国家职业资格证书制度的推行旨在解决职业教育与就业岗位脱节的矛盾，而普通国家职业资格证书在此基础上进一步弥合了职业教育与普通教育间的差距。这一制度的实施为16～19岁的青年提供了更广泛的机会，使他们能够接受全日制、非直接职业导向的学校教育，弥补了高级水平考试机会有限的不足。该制度与其他各类证书共同构建起一个上下贯通、左右互转的完整课程框架。[①] 在此期间，英国形成了中央干预程度极高的职业教育体系，大大提高了职业技术教育的标准化程度，强化了本国职业技术人才的培养[②]。

（二）代表性政策分析

《1988年教育改革法》

（1）背景

20世纪80年代，英国社会面临诸多变革，经济领域新自由主义思潮兴起，撒切尔政府秉持自由经济与强硬政府相结合的执政理念。在这样的大背景下，教育领域也亟待改革以适应社会发展需求。《1988年教育改革法》应运而生，它被视为英国自"二战"以来规模最大、最为激进的教育改革之一，堪称里程碑式的教育改革法，其影响广泛涉及普通中小学教育、职业技术教育、高等教育以及教育管理等多个关键领域。

（2）内容

《1988年教育改革法》集中体现了撒切尔政府的执政风格：既坚持新自由主义的市场经济理论，强调教育中的市场成分，如学校自治、多样化与选择、教育的私有化等；又主张保守主义的文化右翼纲领政策，即强调教育中的标准、传统、秩序、权威和等级制度，如设立全国统一课程、推行全国统一考试等。[③] 这一时期，基础教育的发展特征体现为效率优先与选择多样化；职业教育领域表现为国家干预不断加强，建立国家职业资格制度；高等教育则呈现日益突出的市场化特征。

《1988年教育改革法》进一步扩大学校办学自主权，并鼓励家长择校。按照规定，郡办公立学校和民办公助学校可自愿选择脱离地方教育当局的控制，经过一系列手续后，便可直接接受中央政府下拨的办学经费，实现"独立"办学。至1988年底，有33所公立学校准备成为"直接拨款公立学校"。《1988年教育改革法》使基础教育的结构出现了新的变化：减少地方政府的干预管理，扩大了学校的办学自主权，提高了基础教育的办学效率。[④]

---

① 石伟平. 比较职业技术教育 [M]. 上海：华东师范大学出版社，2001：73.
② 姜蕙. 当代国际高等职业技术概论 [M]. 兰州：兰州大学出版社，2002：124.
③ 易红郡. 英国教育的文化阐释 [M]. 上海：华东师范大学出版社，2009：260.
④ 褚宏启. 教育现代化的路径：现代教育导论 [M]. 3版. 北京：教育科学出版社，2021：505.

（3）结果与影响

这一时期具有代表性的教育立法为《1988 年教育改革法》，该法的颁布开启了英国自"二战"以来规模最大、最激进的教育改革之一，被视为里程碑式的教育改革法，涉及普通中小学教育、职业技术教育、高等教育、教育管理等多个领域。《1988 年教育改革法》集中体现了撒切尔政府的执政风格——自由经济与强硬政府的结合。一方面，坚持新自由主义的市场经济理论，强调教育中的市场成分，如学校自治、多样化与选择、教育的私有化等；另一方面，又主张保守主义的文化右翼纲领政策，即强调教育中的标准、传统、秩序、权威和等级制度，如设立全国统一课程、推行全国统一考试等。

此外，《1988 年教育改革法》还以立法的形式规定了学校的基础教学内容[①]，规定全国统一课程，即接受义务教育的学生，除宗教课外还须学习国家课程，包括英语、数学、科学 3 门核心科目，和历史、地理、技术与设计、音乐、体育、美术、现代外语 7 门基础科目在内共计 10 门必修课程[②]，并且对上述国家课程设定成绩目标和学习大纲。同时，规定学生在 7 岁、11 岁、14 岁、16 岁时须参加全国统一考试。[③]该法通过实施统一的国家课程，提高普通教育整体质量，改变过去学校在课程设置方面各行其是的状况。同时，该法加强了中央政府对学校的宏观调控，一定程度削弱了地方政府对基础教育的管理权。[④]

这一时期英国政府也非常关注有特殊教育需要的儿童的发展。1985 年，英国教育与科学部（Department of Education and Science, DES）在《把学校办得更好》（*Better Schools*）白皮书中提出：学校将继续把少数民族学生英语教学放在头等重要的位置，政府提供经济资助；帮助学生了解多元文化、多民族的英国社会，并树立积极的态度；将这些目标具体体现在普通中等教育证书考试的全国性标准以及为所有教师职前培训制定的标准中。[⑤]

《高等教育——迎接新的挑战》白皮书

（1）背景

20 世纪 70 年代英国爆发的经济危机严重限制了高等教育的发展，80 年代经济恶化导致的大学毕业生失业现象也让人们对教育投入和高等教育文凭产生了质疑。[⑥]面对这些困境，英国政府在 80 年代开始减少高等教育经费投入。这一举措对英国高等教育发展产生了深远影响。一方面，高校办学经费的缩减导致科技发展环境恶化，人文学科与自然科学的发展都受到极大限制，导致许多学术人才外流；另一方面，政府削减高等教育经费的政策迫使高校展开了与工商界的合作。大学从合作中获取办学经费，工商业则

① 在《1988 年教育改革法》之前，对于实施统一的国家课程英国政府进行了充分的准备和铺垫，包括 20 世纪 70 年代卡拉汉在拉斯金学院的造势，1981 年发布绿皮书《学校课程》、1985 年教育白皮书《把学校办得更好》，以及 1987 年《国家课程（5～16 岁）》，充分讨论和宣传，做足舆论上的准备。
② 现代外语为中学期间增加的基础学科。
③ 张斌贤，王晨.外国教育史[M].2 版.北京：教育科学出版社，2015：395-396.
④ 张斌贤，王晨.外国教育史[M].2 版.北京：教育科学出版社，2015：396.
⑤ 吕达，周满生.当代外国教育改革著名文献：英国卷：第 1 册[M].北京：人民教育出版社，2004：15.
⑥ 褚宏启.教育现代化的路径：现代教育导论[M].3 版.北京：教育科学出版社，2021：517.

从中获取新技术以推动经济发展。此举既减轻了政府的财政负担，又使大学得以正常运转，也使工商业获取经济效益，实现了互惠互利发展。撒切尔政府的教育政策促进英国高等教育实现市场化转型，对英国的经济发展发挥了支撑作用。[①]

（2）内容

1987 年发布的《高等教育——迎接新的挑战》白皮书在开篇中指出，高等教育在帮助国家应对 20 世纪最后 10 年及以后的经济和社会挑战方面发挥着至关重要的作用。[②] 这一时期，教育改革也成为政府推行哈耶克新古典自由主义市场观以发展国民财富的媒介和工具。该白皮书系统地提出了政府的高等教育政策和为了提高教育效益的主要改革措施，其中特别强调更有效地为经济服务和同工商界建立更密切的联系。传统的大学与国家之间的对话关系在市场机制的加入下被重新塑造，教育与产业界的广泛联系促进了科研成果的转化，教育目标转变为培养适应经济社会发展的新型人才。

（3）结果与影响

《高等教育——迎接新的挑战》白皮书对英国高教体制产生了深远影响，其核心推动了高校治理结构的现代化，引入了市场机制、绩效评估与问责制度，奠定了新公共管理（NPM）在高等教育领域的主导逻辑。它不仅重塑了英国高校的组织行为与发展模式，也深刻影响了全球范围内高等教育政策的走向，成为高等教育由国家主导转向多元治理的典型案例。然而，这一转型也带来了质量与公平之间的张力，引发了对学术标准下滑、大学层级固化的质疑。

四、英国教育现代化全面完善阶段（20 世纪 90 年代至 2009 年）

（一）阶段发展特征

1. 学前教育

20 世纪最后一个 10 年，英国社会面临着日益严重的贫富差距的问题。1997 年，仅有三分之一的幼儿能够接受学前教育。基于此情况，英国政府在 1998 年推出了"确保开端"计划。该计划自推行以来，其惠及范围已由最初的弱势儿童及家庭扩展至全体国民，使英国教育的发展迈出了重要的一步。到 2003 年，为了进一步完善儿童服务体系，英国政府出台了"每个孩子都重要"规划（Every Child Matters, ECM），此举对提升学前教育保教质量起到了直接且显著的推动作用。2008 年，英国政府出台的《儿童早期奠基阶段》为全国所有 0～5 岁的幼教机构及工作人员制定了一套统一的关于儿童学习、发展和保育的标准。在此阶段，英国的学前教育实现了广泛且高质量的普及。[③]

2. 初等与中等教育

20 世纪 90 年代至 21 世纪前 10 年，英国初等教育发展的特征表现为更多地关注政

① 褚宏启. 教育现代化的路径：现代教育导论 [M]. 3 版. 北京：教育科学出版社，2021：517-518.
② 英国教育网. 英格兰教育白皮书：高等教育，迎接挑战 Education in England.White Paper: Higher education: meeting the challenge [EB/OL]. [2020-10-09].
③ 吴峰，刘栋，李梅. 英国学前教育发展经验对我国的启示 [J]. 淮北职业技术学院学报，2018，17（5）：29-31.

策微观管理和引入独立评估。1997 年托尼·布莱尔领导的新工党政府上台后，通过一系列白皮书和教育策略，对学校教学内容和方法进行详细的指导和干预。通过引入国家识字和数学策略，规定小学每天至少一小时的英语和数学教学时间，提高初等教育质量。英国政府在 2003 年宣布对国家识字策略进行审查，因其在三年内对国民阅读和写作成绩提高有限，使得英国政府仍继续对小学教育进行干预，包括推行"综合拼音"教学方法等。2006 年，剑桥大学启动了小学教育独立评审，广泛收集各方面利益相关者的反馈，提供对当代英国小学教育的综合分析，并为未来的教育发展制定愿景。

中等教育方面，20 世纪 90 年代以来，英国延续了 80 年代末的教育政策，并在此基础上继续推进教育改革。同时，英国加强了对不同学生的多样化需求的关注。一方面，英国政府继续推行《1988 年教育改革法》确立的国家统一课程，并且在中等教育领域建立起统一的教育体制；另一方面，1999 年 1 月，英国工党政府针对国家课程进行了深入的改革与调整，特别聚焦于 14 ～ 16 岁这一关键学段。此举旨在增强课程的灵活性，赋予学校与教师更广阔的自主空间。这一改革特别适应于学校多样化、特色化的发展趋势，使学校能够充分发挥其独特优势，为 14 岁以上的学生提供更多元化的选择路径。同时，这也提升了对教师专业性和教学能力的信任与尊重。[1] 2003 年，英国教育与技能部发表了白皮书《机会与卓越：14 ～ 19 岁青少年的教育》，强调要为这一年龄段的青少年学生提供更加灵活开放的高中教育。[2] 2007 年，英国发布了关于高中教育阶段课程改革的报告，进一步强调每一个学生的独特性，高中需要为其提供多样的、适应每个人发展的课程体系。

3. 高等教育

这段时期，英国高等教育开始更主动地应对未来挑战。1991 年，梅杰政府发布了《高等教育：一个新的框架》白皮书，旨在构建一个统一的高等教育体制。1992 年，《1992 年继续及高等教育法》正式实施，此举实现了白皮书中的愿景，赋予多科技术学院学位授予权，使其地位与大学等同，并独立分配教学与科研拨款。该法案同时构建了全新的高等教育质量保证体系，涵盖了质量控制、审查及评估等方面。此举标志着英国高等教育迈向了全新的大众化发展阶段。1997 年，为了对高等教育政策与发展进行全面评估，英国政府发布了《学习社会中的高等教育》报告。该报告详尽规划了英国高等教育的目标、模式、结构、规模、拨款方式，以及面临的危机和未来 20 年的发展蓝图，并提出了关于高等教育经费筹措机制的建立和地方高等教育强化的建议。该报告一经发布，便引发了广泛关注，被公认为自 20 世纪 60 年代以来，最为全面和深入的高等教育评估与未来战略规划文件，对英国高等教育制度的改革进程产生了深远的影响。

4. 职业教育

为了应对快速变化的经济和技术环境对高技能劳动力的需求，降低青年失业率，提升国民就业能力，英国在这一阶段大力发展职业教育。《1992 年继续及高等教育法》规

---

[1] 王璐，周伟涛，曲玲 . 20 世纪 90 年代以来英国中等教育改革探析 [J]. 比较教育研究，2010，32（7）：31-35.
[2] 英国教育网 .14 ～ 19：机遇与卓越 Education in England.White Paper: 14–19: opportunity and excellence [EB/OL]. [2020-10-09].

定，国家学位授予委员会赋予多科技术学院学位授予权，使其具有和大学相等的地位，宣告了英国高等教育"双重制"的彻底终结。[①]1992 年，英国开始推行普通国家职业资格证书制度，旨在将学历教育与职业培训相结合，推动职业教育的发展。

1993 年底，英国政府推出了现代学徒制计划。现代学徒制计划旨在为年轻人提供职业培训和实践经验，提高青年人的就业能力，满足劳动力市场的需求。

2009 年，英国颁布了《2009 年学徒制、技能、儿童与学习法》，对学徒制和职业教育进行了全面改革，设立了全国学徒制服务（National Apprenticeship Service），旨在扩大学徒制的覆盖范围，确保每个有意愿的青年都能获得学徒机会。此外，该法还规定设立技能资助机构（Skills Funding Agency），负责资助职业教育和培训项目。

（二）代表性政策分析

《机会与卓越：14 ～ 19 岁青少年的教育》白皮书

（1）背景

20 世纪 90 年代开始，英国政府为满足不同学生的多样化需求，新增更多学校类型，推进普通基础教育与职业技术教育的融合。进入 21 世纪后，英国基础教育的政策重心转移到了儿童的个性化发展上，为学生提供灵活的个性化学习服务成为这一时期教育改革的主题之一。

（2）内容

2003 年，英国教育与技能部发表了《机会与卓越：14 ～ 19 岁青少年的教育》白皮书，强调要为这一年龄段的青少年学生提供更加灵活开放的教育，通过引入更清晰和适当的课程和资格框架，使学生在 14 ～ 19 岁这个阶段能够选择适合自己的学习路径，获得相应的学术或职业资格。[②]2007 年，英国发布了关于高中教育阶段课程改革的报告，进一步强调每一个学生的独特性，高中需要为其提供多样的、适应每个人发展的课程体系。

（3）结果与影响

《机会与卓越：14 ～ 19 岁青少年的教育》白皮书推动了英国中等后期教育从标准化向个性化、多元化的转型，强调为 14 ～ 19 岁青少年提供更加灵活且具有就业导向的教育路径。它强化了"学术与职业教育并重"的理念，试图通过 14 ～ 19 Diploma 等制度创新打破长期以来普通教育与职业教育之间的壁垒。尽管 14 ～ 19 Diploma 后因执行复杂而被取消，但其改革精神为后续职业教育政策如 T-Levels、技能型培训资助等奠定了方向。白皮书还促成了课程设计从"考试驱动"向"能力本位"转变，强调基本技能和关键能力的培养。此外，该白皮书体现出英国教育政策"公平与卓越"并重的价值取向，推动教育机会结构朝着更加包容、多元的方向演变，并对英国教育制度产生了深远影响。

普通国家职业资格证书制度

（1）背景

20 世纪 90 年代，英国教育体系面临着"学术与职业分离"的问题。长期以来，英

---

① 褚宏启 . 教育现代化的路径：现代教育导论 [M]. 3 版 . 北京：教育科学出版社，2021：426-428.
② 英国教育网 .14 ～ 19：机遇与卓越 Education in England.White Paper: 14–19: opportunity and excellence [EB/OL]. [2020-10-09].

国学术路径被视为"正统"，职业教育被视为学术路径的"次等选择"，社会认可度低、体系分散，难以满足新兴产业对复合型技能人才的需求。与此同时，德国"双元制"等成功经验对英国形成外部政策压力，促使政府尝试建立一种能够兼顾学术通识与职业能力培养的新型资格框架。普通国家职业资格证书制度正是在这一背景下提出的一条"中间路径"。通过这一制度设计，英国政府希望提升职业教育的吸引力与规范性，推动教育公平与劳动力素质整体提升。

（2）内容

英国在 1992 年开始推行的普通国家职业资格证书制度旨在将学历教育与职业培训相结合，推动职业教育的发展。学生通过该制度的课程学习，可以掌握职业工作所需的通用技能与专业知识，为进一步接受高等教育或就业做准备。该制度为 14 ～ 19 岁的青少年提供全日制教育，也为社会人士提供业余的证书课程。国家职业资格证书标准分为基础、中级和高级三个水平，采用模块化的课程设置，覆盖了广泛的职业领域。[①]2000年，高级普通国家职业资格证书更改为高级职业资格课程，并最终变为现在的应用高级普通教育资格证书[②]，与高级普通教育资格证书同级。普通国家职业资格证书制度得到进一步完善。

此外，1997 年国家职业资格委员会和学校课程评审委员会合并成立资格与课程委员会。作为代表政府具体负责在全国范围内推行发展各级教育和培训课程与资格的权威部门[③]，资格与课程委员会宣布于 2006 年 8 月后逐步取消中级普通国家职业资格证书和基础普通国家职业资格证书，代之以职业课程普通中等教育证书。这一变化也反映了英国政府在处理普通教育与职业教育关系上的摇摆。[④]

（3）结果与影响

普通国家职业资格证书制度在 1992 年实施，体现了英国职业教育体系朝"标准化、正规化、学术化"发展的尝试。其推行，一方面在一定程度上缓解了教育"学术导向过强"的问题，为众多中等成绩学生提供了另一条"通向成功"的路径；另一方面也代表了政策层面对"技能导向教育"价值的重新肯定。资格证书制度鼓励实践能力、通用技能的培养，提升了综合中学职业教育的地位，部分缓解了社会对"非学术型"教育的偏见。然而，由于课程设计复杂、评估标准不统一，以及缺乏大学和雇主的广泛认可，该制度未能成功建立强有力的"第三路径"，最终被逐步淘汰。

《1992 年继续及高等教育法》和《高等教育的未来》白皮书

（1）背景

20 世纪 80 年代末至 90 年代初，英国高等教育体系经历了重要转型。随着社会对高等教育需求的激增，政府意识到现有的高等教育体系已难以满足时代要求。政府希望通过扩大高等教育规模、提高劳动力的技能水平以支持经济现代化和全球竞争力的提升。

---

① 杨文明. 英国职业教育的评估体系与借鉴 [J]. 外国教育研究，2003（12）：58-61.

② 崔秀玲. 20 世纪 90 年代以来英国中等职业教育改革研究 [D]. 北京：北京师范大学，2008（17）.

③ 徐学莹，肖家楣. 英国 QCA 的成立及统一的资格证书体系建设的最新发展 [J]. 外国教育研究，1999（2）：42-46.

④ 翟海魂. 英国中等职业教育发展研究 [D]. 保定：河北大学，2004（111）.

（2）内容

这一时期的代表性法规之一为1992年出台的《1992年继续及高等教育法》，其主要内容包括：①国家学位授予委员会赋予多科技术学院学位授予权，使其具有和大学相等的地位；②统一拨款机构，将教学和科研拨款分开；③建立新的教育质量保证体系，主要包括质量控制、质量审查和质量评估。

2003年，英国教育与技能部发表了《高等教育的未来》白皮书，这是英国政府进入21世纪面对知识经济社会、经济全球化和教育国际化所制定的国家发展战略的重要组成部分，标志着英国21世纪最初10年的高等教育政策基本成型。该白皮书以充分的自信和高度的危机感，分析了英国高等教育面临的挑战，包括：高等教育必须满足不断增长的技能要求，进入大学的社会阶层差距正在扩大，大学难以聘请到有才华的学者，需要加强与工商业界的连接等。在保证英国高等教育世界一流水平的战略目标指引下，《高等教育的未来》白皮书提出了英国高等教育未来的战略选择目标及措施，包括：创建一流的科学研究，建设更紧密的高校与企业的交流和联系，保证一流的教学水平，扩大高等教育规模以满足经济和学生的需要，创造公平的入学机会，给予高校更多的自由与投入，允许大学根据课程的经济价值收取不同的学费。该白皮书所提出的政策导向，既强调市场化，又强调增加政府投入、扩大规模、加强国家竞争力导向。[①]

（3）结果与影响

《高等教育的未来》白皮书对英国高等教育体系产生了深远影响。通过引入评估机制，高校在教学质量上的责任意识显著增强，同时也促进了以学生为中心的教学理念的落实。学费上限的提高为高校带来了更多自主筹资的空间，推动了教学与基础设施的改善，但也引发了关于教育公平和学生债务的广泛讨论。此外，该白皮书鼓励发展多样化的学习形式，为非传统学生群体提供了更多接受高等教育的机会，促进了教育普及与包容性。总体而言，该白皮书不仅推动了英国高等教育体系的现代化，也强化了高等教育在国家经济和社会发展中的战略地位。

五、英国教育现代化新变革阶段（2010年至今）

（一）阶段发展特征

1. 学前教育

这段时期，英国以其卓越的学前教育质量闻名于世。2012年，有学前教育国际排名研究报告显示，英国幼儿园教育质量在国际上位居第三。根据英国教育部于2013年发布的报告，地方政府每年拨出高达1.6亿英镑的专项资金，用于为3岁和4岁儿童提供早期教育。此外，英国教育部在2016年12月发布相关说明，着重指出英国政府正持续扩展儿童保育计划，旨在为更多儿童提供高质量的学前教育，并为不同背景的儿童提供最佳的生活起点。为达成这一目标，英国政府在未来一年内将向学前教育领域投资超过

---

① 徐来群，李俊义，王富强. 面向2010年的英国高等教育战略规划评析——《高等教育未来》政策的实施及影响 [J]. 大学教育科学，2008（3）：94-99.

10 亿英镑，并承诺扩大每周 15 ～ 30 小时免费学前教育的覆盖范围，从而帮助家长更轻松地回归工作岗位，减轻学前教育给家庭带来的经济压力，解除一些幼儿对家长工作的限制。[①]

2. 初等与中等教育

2010 年 5 月，英国保守党和自由民主党宣布组成联合政府，这是"二战"以来首次成立联合政府。联合政府发布施政纲领《联合政府：我们的计划》（*The Coalition: Our Programme for Government*），谈及学校改革时提到，要给学生和家长更大的权利去选择好学校，通过建立新学校以帮助社会慈善团体、当地社区和其他社会团体共同改善教育体系。同时，改革现有严格的国家工资和工作条件标准，简化教育质量评估标准，给予学校和教师更大的权力等。[②] 在过去的 10 ～ 15 年里，与其他高收入国家相比，英国的识字和算术技能有了显著提高。

与此同时，教育不平等仍是英国近年来关注的重要问题。到小学毕业时，只有不到一半的弱势学生在阅读、写作和数学方面达到了预期。自 2016 年以来，参加教育、卫生和保健计划（Education, Health and Care Plan，EHC 计划）的儿童人数增加了 60%，这些计划为孩子们了提供全面的支持，包括教育、健康和保健等方面的服务。特别值得关注的是，这些 EHC 计划在弱势家庭中的增长速度更是快于整体平均水平。[③]

3. 高等教育

2008 年金融危机后，英国陷入经济困境。在经济萧条的背景下，英国于 2009 年和 2010 年相继提出了《崇高志向：知识经济中的大学未来》（*Higher Ambitions: The Future of Universities in a Knowledge Economy*）与《确保高等教育可持续发展的未来》（*Securing a Sustainable Future fo Higher Education*）两份报告，指出下一阶段英国应在保障入学机会公平、扩大教育资金来源、促进科学技术与创新转化等方面取得更大进步。英国此后逐步构建了由政府主导、以市场为导向、以学生为主体、多方合作，以培养世界一流大学和优势学科为目标的现代教育体系。2016 年英国政府推出了"教学卓越框架"，以此作为评价学校的重要指标。近 10 年来，英国教育发展的特征突出表现为学校自主权增强，办学活力得以释放，在政府主导的基础上建立了多元化的质量评价体系，实现了高等教育市场化。[④]

4. 职业教育

2012 年，英国政府任命英国企业家与创业学校的创始人理查德对学徒制进行审查，发布了《理查德学徒制评论》，引发了英国现代学徒制的新一轮改革。此后，政府发布一系列政策，包括制定发展规划，实施"开拓者项目"和"未来学徒项目"，成立学徒制学院等，增加了对学徒项目的投资，使新型学徒制覆盖更多经济前沿行业和职业领域。

---

① 张宁珊 . 英国近二十年学前教育政策及其对我国的启示 [J]. 外国中小学教育，2019（11）：39-47+9.
② 英国政府 . 联盟：我们的政府计划 HM Government.The Coalition: our programme for government [EB/OL]. [2020-10-09].
③ 数据来源：英国财政研究所。
④ 周凌 . 英国现代高等教育发展对我国"双一流"建设的启示 [J]. 中国高教研究，2017（11）：86-90.

为了更好地培养高技能人才，英国政府在 2014 年启动了高等技术学院项目。该项目由 40 多所公立学校组成，专注于 14 ~ 18 岁学生的技术和职业教育，除了提供英语、数学和科学等核心科目课程外，还包括一个或多个与当地行业相关的技术专业，旨在为学生提供高质量的技术教育和直接进入劳动力市场的通道。此后，为解决技能人才短缺与青年高失业率并存的问题，2016 年 7 月英国政府发布了《16 岁后技能培训计划》。该计划是近年来英国政府为保证个体熟练就业，促进社会经济发展而出台的职业技术教育新政。[①]2017 年，英国政府宣布引入 T-Levels 资格，这是一种新的两年制技术教育课程，面向 16 ~ 19 岁的学生，提供与特定行业紧密相关的学习内容。T-Levels 资格被视为职业教育的高级替代路径，与学术性的 A-Levels 齐名，目的是为学生提供直接就业或继续教育的选择。

（二）代表性政策分析

"自由学校"计划

（1）背景

英国基础教育领域的突出问题表现为质量堪忧和区域发展不均衡。从国际比较的视角看，英国在 PISA 综合测试成绩的国际排名呈现下降趋势。自 2000 年首次参加 PISA 测试并取得了优异成绩到 2009 年第四轮 PISA 测试之间，英国学生在数学、阅读、科学成绩的国际排名持续下滑。在 PISA 测试的驱动下，英国政府于 2010 年出台了《教学重要性》白皮书，指出要学习先进国家的经验；2012 年，政府设立了一系列机构（如教学司、培训与发展署等），并发布了新的《教师标准》文件，以保障教师质量。[②]

在国内，基础教育领域长期以来实行的双轨制使得公私立教育两极分化加剧，教育质量差距过大。不同区域间也呈现出极不平衡的特征。根据 2010 年英国教育标准局的年度报告数据，贫困地区学生的总体表现较差，杰出水平均不足 20%。[③]

（2）内容

自由学校成为突破上述困境的一条出路，为提升英国整体的教育质量，特别是扶持贫困地区公立学校、平衡社会发展提供了有效手段。"自由学校"计划由英国教育部于 2010 年推出，是联合政府在基础教育领域进行学校改革的重要举措。[④][⑤]英国联合政府以自由学校作为撬动公立学校改革的支点，大力推动自由学校的发展，为积弱已久的公立教育体系注入新的生机与活力。2011 年成立了首批 24 所自由学校，至 2018 年发展到 400 余所。[⑥]

① 刘育锋.英国《16 岁后技能计划》：背景、内容及启示 [J]. 中国职业技术教育，2017（6）：55-60.

② 陈法宝.PISA 测评对英国基础教育改革动向的影响——例论"中英数学教师交流项目"[J]. 基础教育，2016（5）：107-112+90.

③ Ofsted.The Annual Report of Her Majesty's Chief Inspector of Education, Children's Service and Skills 2009/10 [R].London: The Stationery Office，2010：37.

④ 张羽寰，孟伟，李玲.从"特色学校"到"自由学校"——英国多路径改进薄弱学校政策述评 [J]. 上海教育科研，2012（6）：31-34.

⑤ 张俊勇，张玉梅.英国"自由学校"的探索及启示 [J]. 教学与管理，2017（36）：117-120.

⑥ 张俊勇，张玉梅.英国"自由学校"的探索及启示 [J]. 教学与管理，2017（36）：117-120.

　　自由学校并非新出现的学校类型，而是对新工党执政期间推行的"学院计划"（*The Academies Programme*）的拓展。自由学校是教师、家长、大学、慈善机构、企业、社区、宗教团体等社会群体参与建设的公立学校，虽然由教育部直接资助并奉行公共教育的基本原则，但不受地方政府的管理，具有较大的自主权。例如，自由学校采取非选择性招生政策，为教职工设定自己的工资和条件，自主更改学期和上课时间长短等。此外，作为"全能"（all ability）学校，自由学校不参与与同文法学校一样的学业成绩选拔程序。[①] 自由学校采取的革新措施形成了其独特的办学优势。一是在申办程序上，自由学校采取自下而上的模式，主要由普通社会团体、地方教育当局以及私立学校向政府提出申请，以竞标的方式获得政府的建校批准，签署资助协议，政府直接出资，其中普通社会团体的申请方式是自由学校的办学主流。这种申办方式更有利于激发地方的办学热情，取得因地制宜的办学效果。二是在课程设置方面，自由学校对国家课程有选择使用的权利，但数学、英语和科学这三门学科仍作为主干课程。[②] 根据统计结果，在自由学校中，数学、英语和科学三门学科遵循国家课程的比例均高于50%，其中数学学科更是达到了80%。这样既可保证学生掌握基本知识技能，也能因材施教，保证教学的灵活性。三是自由学校与其他学校合作与交流的形式从开放学校基础设施发展到允许专业学科教师在其他地方学校任教，在优化教学资源配置的同时提升了地方教育水平，但这一做法也对其他学校构成了生存挑战。

　　（3）结果与影响

　　从政策效果来看，通过10年间的发展，自由学校已成为英国公立中小学的重要类型。英格兰从2011年到2019年已建立500多所自由学校。2019年英国教育政策研究所对"自由学校"计划的实施效果及存在的问题进行了评估，发现"自由学校"计划在解决学校名额短缺问题上成效较大，但是对缺乏优质学校的地区而言，覆盖程度仍然不充分。就教育扶贫而言，自由学校在中学和小学阶段已经成功地将目标对准了经济弱势地区，来自英格兰"大都市内城""城市文化混合体""年轻族群"的学生在自由学校占比提升。这些学生虽是弱势背景，但在学业表现方面仍然出色。但是，"自由学校"计划仍忽略了其他处境不利的地区。来自"受困地区"和"受挑战的白人社区"的学生得到的服务明显不足，仍是英国地区教育问题的顽疾。[③]

　　总体而言，自由学校计划使得英国社会办学力量充分参与到了公立学校的办学主体之中，打破了地方教育当局垄断公立学校的局面，实现了办学主体的多元化，调动了社会各界办学的活力。国家拨款自由学校独立运营的模式既增强了公立学校的办学自主权，也加大了中央政府的权力，但地方教育当局权力逐渐缩小，这一权力转移的过程同时也改变了公立学校的治理结构。

① 英国政府.学校类型 GOV.UK.Types of school [EB/OL].[2020-10-09].
② Department for Education.Are free schools using innovative approaches? [EB/OL].（2014-09-30）[2020-10-12].
③ Bobbie Mills，Emily Hunt & Jon Andrews.Free schools in England：2019 report[R].London：Education Policy Institute，2019.[2020-10-12].

《16 岁后技能培训计划》

（1）背景

英国《16 岁后技能培训计划》的制定源于英国面临的产业结构转型与教育体系脱节的挑战。随着传统制造业向高新技术产业升级，劳动力市场对专业技能人才的需求日益迫切，而既有的学术导向教育体系难以满足这一需求。同时，大量 16 岁后青年陷入升学与就业的"真空地带"，既缺乏高等教育所需的学术基础，又不具备就业市场需要的实用技能。这一结构性矛盾在金融危机后进一步凸显，促使政府重新审视职业教育体系，为青年提供更具针对性的技能发展通道。

（2）内容

为解决技能人才短缺与青年高失业率并存的问题，2016 年 7 月英国政府发布了《16 岁后技能培训计划》。该计划是近年来英国政府为保证个体熟练就业，促进社会经济发展出台的职业技术教育新政。[①]

①建立高质量且灵活的技术教育体系。该计划中最核心的内容即建立与学术教育系统相对应的高质量职业教育体系。技术教育路径并非学术选择的备选项，学生接受职业技术教育同样需要良好的学科知识基础作为支撑。新的技能体系面向 16 岁后的所有群体，包括那些在 16 岁还未做好选择和已准备好进入教育系统的人员。为此，该计划设置了"过渡年"，为初中毕业和高中毕业后尚未做出未来去向选择的学生提供至少一年的过渡教育。教学内容既包括学科知识的学习，也包括人际交往能力、数字化技能等职业素养。同时，该计划也关注了处境不利群体的发展，包括女性、数学和英语基础知识差的学生、有特殊教育需求和残障学生、未接受教育、就业或培训的个体等。

此技术教育改革方案与学术教育系统相对应，适应不同发展潜力的学生需求，从本质上提升学生学习的积极性与动力，保障就业质量。在具体操作层面，该计划在学术选择与技术选择之间设置"桥梁课程"，不仅为学生提供在两种选择之间灵活转换的机会，而且融入了大量的实践课程，为徘徊在学术轨和技术轨的学生以及有志于进入技术教育领域深造的学生提供了灵活多样的学习选择。

②设立技能就业的专业分类。为明晰年轻人和成年人通向高技能就业的路径，英国政府引入 15 个专业大类，通过职业分类的方式，反映专业大类职业的共同要求（见表 3-1）。学徒机构作为唯一负责技术教育的机构，雇主参与设立所有技术教育领域的技能标准，雇主在职业标准制订方面发挥了主导作用。

表 3-1　英国职业教育 15 个专业大类 [②]

专业大类	具体职业
农业、环境和动物护理	园林师、园艺师、农业经理、农业技术人员等
商务与管理	人力资源经理、管理经理、房地产经理等
餐饮与服务	厨师、屠夫、餐饮经理等

① 刘育锋.英国《16 岁后技能计划》：背景、内容及启示 [J]. 中国职业技术教育，2017（6）：55-60.
② 高存.英国继续教育政策《16 岁后技能培训计划》解读 [J]. 世界教育信息，2018（2）：32-38.

续表

专业大类	具体职业
儿童保育与教育	幼儿园教师助理、幼儿园园长等
建筑	电工、土木工程技术员、木工、施工主管等
创意与设计	艺术编剧、平面设计师、记者、服装设计师、裁缝等
数字化	信息技术业务分析师、软件开发人员、网络管理员等
工程与制造	车辆技工、飞机装配员、打印员、发电工人等
美容与美发	理发师、美容师等
健康与科学	护理助理、制药技术员、运动治疗师、食品技术员等
法律、金融与会计	会计、律师助理、财务主管、法务秘书等
保护性服务	警务人员、消防员、海上运输官等
销售、营销与采购	采购员、销售客户经理、市场研究分析师等
社会关怀	社区安保员、福利咨询师等
交通与物流	船员、铁路通信技术员等

另外，该计划提出在每个专业大类实行之初构建两年适合 16～18 岁学生的大学课程，结合课程特点配备相应的学徒训练，进一步提升学术轨和技术轨之间的流动性。在职业资格方面，政府为每个专业大类内的不同职业提供具有合法性和认可度的技术水平资格证，以保障资格的价值。此外，在保持职业特色的同时强调核心基本技能的形成，包括数学、英语等基本技能和沟通交流、团队协作、问题解决等可迁移技能。

③建立强大的、活力充沛的技能开发提供机构。该计划提出要建立强大的、活力充沛的技能开发提供机构。一方面，许多技术学业和技术自由学校开始为年轻人提供针对雇主需要的知识和技能培训。该计划实施后，英国进一步扩大此类技能培训的惠及范围。另一方面，通过建立新的国家学院，在核能、数字技能、高铁、陆上石油和天然气、创意和文化产业五个关键领域开展培训，开发高层级、高水平的技能。国家学院同时是专业知识的开拓场所，聘任对行业动态和前沿有着深刻认识的教师，并配备先进的设施设备。该计划指出，构建强大且具有活力的技能开发机构需要多方面的支持：强大和可持续的财政支持、高效的领导和管理、注重当地的经济需求。①

（3）结果与影响

总体而言，《16 岁后技能培训计划》的颁布与实施，建立在英国政府对提升技能人才素养功能的战略认知之上，其关键在于打破对技术教育固化的思维，重新定位技术教育的特有功能，进而重组职业教育的核心要素，构建高质量、公平与效率并行的技术教育体系。该计划尤其强调雇主在职业标准制定和课程设置方面的主导地位，同时联合大学、培训机构、专业机构等多方力量，促使职业教育符合经济发展的需求。更重要的

---

① 刘育锋.英国《16 岁后技能计划》：背景、内容及启示 [J].中国职业技术教育，2017（6）：55-60.

是，该计划的目的不仅在于打造英国高级技能人才的重要储备，也旨在改善国内数百万人的生活机会，为他们提供更广阔的社会发展空间。

《2017年高等教育和科研法》与"脱欧"后的系列缓冲政策

（1）背景

2014年12月，英国政府发布了"卓越研究框架"的评估结果，正式取代了研究评估考核。但评估结果受到了各方批评，后者认为高校重视科研而忽视了教学。

2016年5月，英国政府发布《知识经济的成功：教学卓越、社会流动与学生选择》白皮书，提出政府将对现有的教学相关行政管理机构和教学评价做出重大改革，并在未来两年执行"教学卓越框架"计划。值得注意的是，研究卓越框架和教学卓越框架的结果呈现出明显的差异：研究框架中牛津大学、剑桥大学等传统研究型大学排名靠前，而教学框架中表现较好的大学是拉夫堡大学、阿斯顿大学、德蒙特福德大学、考文垂大学等现代高等学校，"罗素联盟"中的传统名校均未能保持领先地位（剑桥大学和牛津大学分别排名第12、28位）。这一结果也凸显了高等教育活动中，教学和研究两大职能可能存在的冲突和对立。[①]

（2）内容

2017年4月，英国发布《2017年高等教育和科研法》，开启了本国高等教育近20多年来最大规模的改革。该法的重点在于简化繁重的高等教育监管体系、促进科研创新、鼓励高等教育机构竞争和为学生接受教育提供选择四个方面。在高等教育体系监管方面，该法决定合并与撤销原有高等教育和科研领域的政府机构，设立学生办公室作为高等教育领域的主要监管机构。在促进科研创新方面，该法案设立英国研究与创新委员会作为高等教育科研与创新的资助机构。该机构下设九大委员会，包括七个学科研究委员会、支持英国高等教育机构的研究和知识交流的英格兰研究委员会（Research England）以及支持企业创新发展的创新英国委员会（Innovate UK），为创新转化等产学研融合活动提供资金、设施、专业知识等方面的资源支持。在鼓励高等教育市场化竞争方面，该法放宽了对新兴高等教育机构的限制，并鼓励其与传统大学良性竞争，为高等教育发展注入活力。在为学生提供更多公平的教育机会方面，该法将学生置于中心地位，为学生提供更多的教育选择，例如种类丰富的高等教育机构、课程、教育方式等。[②]

2016年6月，英国通过全民公投决定"脱欧"。2020年1月，欧盟正式批准英国脱欧，1月31日英国正式脱欧。这一重大事件深刻影响了英国高等教育事业。[③] 长期以来，英国高等教育的发展从欧盟中获益匪浅。英国从欧盟获得资金援助；通过与欧盟成员国的合作研究，共同使用其基础设施与专业设备，既降低了科研开支，还能获得知识产

---

① 黄道主，刘艳琴.英国教学卓越框架评介 [J].高教发展与评估，2018（4）：84-96+106.

② 刘强，刘浩.当前英国高等教育改革的路径与发展方向——基于《高等教育与科研法案》的分析 [J].比较教育研究，2018，40（8）：78-85.

③ 刘进，林松月，宋文."脱欧"：英国高等教育国际化困境与中国机遇 [J].北京航空航天大学学报（社会科学版），2021（1）：143-151.

权；英国学生可以通过伊拉斯谟计划获得欧盟资助在国外学习、旅行、培训；[①] 英国的高等教育机构中包含大量来自欧盟的教职和科研人员。"脱欧"一方面给在英国工作、学习的欧盟师生带来了不便，另一方面大大影响了高校的科研活动。因此，在公投期间，高等教育界总体上并不赞成"脱欧"。

（3）结果与影响

过去几年来，英国政府通过颁布一系列政策弥补脱欧事件带来的国际国内社会裂痕。在教育领域，脱欧对教育国际化产生了巨大冲击，主要表现为高校教育经费减少、国际学生减少、科研人员流失。这势必引发新一轮全球学生和人才流动，也随之影响英国高校的全球声望和世界高等教育的整体格局。[②] 为了维护英国教育的世界影响力，2019 年英国颁布政策文件《国际教育战略：全球潜力，全球增长》(*International Education Strategy: Global Potential, Global Growth*)，以此全面推动英国教育出口和跨国教育，实现"全球英国"的终极目标。[③]

第三节 英国教育现代化的核心指标分析

一、普及与公平

如果从特定的经济发展水平来看，1972 年，英国人均 GDP 达到 3 000 美元，此时英国的小学教育毛入学率为 103.36%，高等教育毛入学率为 15.44%。1986 年，英国人均 GDP 达到 10 000 美元，当年小学教育毛入学率为 105.08%，高等教育毛入学率达到 21.52%。1992 年，英国的人均 GDP 达到 20 000 美元，该年英国的小学教育毛入学率为 104.1%，高等教育毛入学率为 33.23%。[④] 表 3-2 呈现了英国在学前教育、小学教育、中学教育、高中教育和高等教育的毛入学率上的历史性趋势。可以看出，英国各教育阶段的毛入学率虽随年有所波动，但总体保持稳定。其中，学前教育、中学教育和高中教育阶段的毛入学率增长幅度较大，而小学教育、高等教育阶段则基本保持平稳。

表 3-2 英国各教育阶段毛入学率（单位：%）

教育阶段	年份				
	2000	2005	2010	2015	2020
学前教育	79.86	71.03	81.76	101.25	105.76
小学教育	100.36	106.39	104.55	101.93	105.76

① 伊拉斯谟计划是欧洲高等教育行动中的重要计划，是欧盟用于资助教育、青年、培训、体育的项目。
② 胡乐乐. 论"脱欧"对英国和国际高等教育的重大影响 [J]. 比较教育研究，2017（1）：3-11.
③ 陈慧荣. "后脱欧时代"英国跨国教育发展趋势研究——基于《国际教育战略：全球潜力，全球增长》的分析 [J]. 比较教育研究，2020（5）：3-11.
④ 英国人均 GDP 达到 3 000 美元、10 000 美元和 20 000 美元的年份来源于世界银行数据，毛入学率来源于联合国教科文组织统计研究所。

续表

教育阶段	年份				
	2000	2005	2010	2015	2020
中学教育	99.73	101.34	110.16	110.63	115.19
高中教育	103.60	108.43	97.77	134.27	118.23
高等教育	58.47	58.96	58.92	56.46	69.48

数据来源：联合国教科文组织统计研究所。

从服务业占比来看，根据最早可得数据记录，1990 年英国服务业增加值占 GDP 比重已达 68.38%，此时英国小学教育毛入学率为 106.83%，中学教育毛入学率为 84.37%；1993 年，英国服务业增加值占 GDP 比重达到 70%，当年英国中学教育毛入学率为 101.01%。[①]

二、质量与结构

英国在小学和初中阶段的教育完成率近 10 年持续稳定在 99% 以上的高水平，这主要得益于其完善的义务教育制度保障和普惠性公立教育体系。2010 年以来，英国高中阶段教育完成率呈现显著提升态势，这一变化反映出普职融合改革、弱势群体支持政策和资源投入等教育改革措施的成效，见表 3-3。

表 3-3 英国小学、初中、高中阶段完成率（单位：%）

教育阶段	年份		
	2010	2015	2019
小学	99.68	99.67	99.54
初中	98.33	98.78	98.80
高中	90.12	92.99	95.04

数据来源：联合国教科文组织统计研究所。

注：联合国教科文组织统计研究所尚未收录英国 2020 年各级教育完成率数据。

表 3-4 和表 3-5 呈现了英国研究生教育硕博毕业人数、高等教育（学士、硕士、博士）毕业生的学科结构情况。可以看出，2016 年以后，英国的研究生教育在规模上有较大的增长趋势。2019 年，有超过 31 万名研究生毕业；2020 年，研究生教育规模稍有回落。在结构上，商科、健康与福利、人文艺术的毕业生总体比较高；其次是社会科学、新闻学，自然科学、数学、统计和教育学。

---

① 服务业增加值占 GDP 比重来源于世界银行数据，小学、中学教育毛入学率来源于联合国教科文组织统计研究所，其他学段数据缺失。

表 3-4　2013—2020 年英国研究生教育硕博毕业人数（单位：人）

研究生教育阶段	年份							
	2013	2014	2015	2016	2017	2018	2019	2020
硕士	234 727	233 768	233 681	233 157	236 485	253 669	283 610	277 812
博士	25 896	25 020	26 636	27 366	28 143	29 469	29 340	28 441

数据来源：经济合作与发展组织。

表 3-5　英国高等教育（学士、硕士、博士）毕业生学科结构（单位：%）

学科	年份		
	2005	2015	2020
教育学	10.12	9.59	7.37
人文艺术	15.92	15.49	14.59
社会科学、新闻学	11.58	11.82	16.10
商科	21.26	21.96	24.02
自然科学、数学、统计	8.37	13.38	9.22
信息与传播科技	6.14	3.61	4.38
工程、制造	8.76	9.16	9.15
农林牧渔	0.86	1.00	0.91
健康与福利	16.43	13.26	13.77
通用程序	0.00	0.73	0.37
服务	0.57	0.00	0.12

数据来源：经济合作与发展组织。

三、条件与保障

表 3-6 至表 3-8 展示了英国教育现代化在条件保障方面的若干关键指标随时间的变化趋势，涵盖各教育阶段的生师比、班级规模、师资队伍年龄结构等方面。可以看出，近年来英国小学、初中和高中教育的生师比变化不大，平均水平分别维持在 19∶1、16∶1 和 19∶1 左右，高等教育生师比从原先的 18∶1 左右逐渐降低至 13∶1 左右。班级规模上，小学教育班级规模有小幅度的提高，而初中教育班级规模经过下降之后又逐渐回归至 2005 年前后的水平。师资队伍上，近年来，英国初中教育阶段青年教师比例略有下降，高等教育青年教师比例显著提升。

表 3-6　2013—2020 年英国各教育阶段生师比

教育阶段	年份							
	2013	2014	2015	2016	2017	2018	2019	2020
学前教育	9.66：1	17.71：1	/	/	24.77：1	/	39.71：1	36.78：1
小学教育	20.67：1	19.62：1	18.36：1	16.95：1	16.90：1	19.89：1	19.88：1	19.62：1
初中教育	18.48：1	14.96：1	14.27：1	14.80：1	15.22：1	15.86：1	16.18：1	16.65：1
高中教育	18.51：1	16.35：1	26.10：1	16.47：1	17.16：1	18.01：1	18.17：1	18.54：1
高等教育	17.98：1	16.74：1	15.89：1	15.84：1	15.83：1	15.38：1	11.44：1	13.03：1

数据来源：经济合作与发展组织。

注："/"表示数据缺失。

表 3-7　2005—2020 年英国小学、初中教育班级规模（单位：人）

教育阶段	年份			
	2005	2010	2015	2020
小学	24.17	24.39	25.99	26.02
初中	22.08	19.36	19.01	23.49

数据来源：经济合作与发展组织。

表 3-8　2015—2020 年英国教育师资队伍年龄结构（单位：%）

教育阶段	年龄段（岁）	2015 年	2020 年
学前教育	<30	/	24.13
	30～39	/	34.18
	40～49	/	21.38
	50～59	/	17.31
	>60	/	3.00
小学教育	<30	30.75	27.60
	30～39	31.55	33.21
	40～49	22.56	23.60
	50～59	12.79	13.43
	>60	2.35	2.16
初中教育	<30	24.14	21.96
	30～39	35.07	34.31
	40～49	23.28	25.56
	50～59	14.88	15.38
	>60	2.64	2.80

教育阶段	年龄段（岁）	2015 年	2020 年
高中教育	<30	/	21.99
	30～39	/	34.34
	40～49	/	25.53
	50～59	/	15.35
	>60	/	2.79
高等教育	<30	6.12	6.35
	30～39	22.62	29.63
	40～49	29.67	27.45
	50～59	27.74	24.55
	>60	13.86	12.02

数据来源：经济合作与发展组织。

注："/"表示数据缺失。

表 3-9 展示了英国研发与教育经费投入情况。在经费投入上，政府公共研发投入在 2010—2020 年间，占 GDP 比例在 1.63%～1.71% 之间，自 2015 年后呈总体上涨趋势；政府教育经费支出占 GDP 比例自 2010 年的 5.70% 逐年降低至 2015 年的 5.55% 后，在 2020 年进一步下滑至 5.44%；公共教育投入占 GDP 比例从 2010 年的 6.25% 降低至 2015 年的 5.2%，至 2020 年上升至 5.47%。

表 3-9　2010—2020 年英国政府研发与教育投入占 GDP 比例（单位：%）

项目	年份		
	2010	2015	2020
政府公共研发经费占 GDP 比例	1.64	1.63	1.71
政府教育支出占 GDP 比例	5.70	5.55	5.44
公共教育支出占 GDP 比例	6.25	5.2	5.47

数据来源：政府公共研发经费占 GDP 比例来源于 Education Spending、经济合作与发展组织。政府教育支出占 GDP 比例数据来源联合国教科文组织统计研究所。

四、服务与贡献

表 3-10 呈现了英国高等教育在服务与贡献相关指标上的变化趋势。根据可获得情况，数据包括英国受高等教育人口比例、高等教育阶段就业率。可以看出，20 世纪以来，英国本土受高等教育的人口比例在逐步提高，从 2000 年的不到 30% 到 2020 年接近50%。高等教育阶段就业率在近 20 年保持在较稳定的水平。

表 3-10　2000—2020 年英国高等教育服务与贡献指标表现（单位：%）

服务与贡献	年份				
	2000	2005	2010	2015	2020
受高等教育人口比例	25.68	29.71	38.19	44.20	49.39
高等教育阶段就业率	87.76	88.04	84.20	85.39	86.34

数据来源：经济合作与发展组织。

第四节　英国教育现代化的经验与启示

一、英国教育现代化的经验

（一）注重自下而上的需求反馈，形成教育改革的内生动力

尽管国家和政府在英国教育现代化进程中发挥了重要力量，但从改革动因上看，英国教育改革的主要动力来自教育系统的内部需求，属于内源式发展。这种动力模式指最初的倡议和实践来自基层，是教育系统自发地适应政治、经济、文化以及教育发展的需要，国家和政府力量在到达一定阶段后才介入发挥作用。政府在出台相应的政策前，往往已产生了强大的社会思潮，或者已进行了充分的调查研究和舆论铺垫。这种改革模式不仅与英国教育长期以来形成的保守传统有关，也与英国的分权制政治体制密切相关，与日本、中国等更多依赖国家和政府力量推动教育改革具有一定区别。

这种改革动力同时也使得英国的教育现代化进程中伴随明显的冲突和妥协。从政策议题出现到国家政策实施的全过程中，矛盾和冲突往往伴随始终。这种碰撞和冲突表现在多个层面，例如中央政府和地方教育当局的冲突、执政党内部各派观点的对立、两党之间的冲突。这些冲突最终形成了政策的妥协。在妥协中达成融合是英国教育现代化进程的重要特点。这同时表现为英国现代化进程是渐进式的，而非突变式的跃迁。各种利益集团和政治党派之间的冲突使得某一种主张很难直接付诸实施，而是在各种激烈的碰撞中摸索融合点，实现缓慢推进、逐步实施、稳中求变的过程。这种逐步推进的方式，既有长处，又存在不足。其优势主要在于能够有效保存原有民间的资源和政策的延续性，镶嵌民族和文化的基因，同时降低改革所需的成本；不足之处则在于每一次新的策略都不是革命性和彻底性的，难以彻底地解决问题。

（二）维持精英教育传统，积极顺应时代变革

贵族精神是英国社会的主导性文化，深刻影响着英国的社会文化和民众的心理价值取向，潜移默化地影响着英国的学校教育，使其具有浓厚的贵族性和精英色彩。精英教

育在培养社会精英人才的同时，也扮演着社会分层工具的角色。精英教育不仅体现在对学生学业成绩的重视，更表现在对体能训练、性格陶冶、学术修养、礼仪风度等方面的关注和培养。英国精英教育主要体现在中等教育阶段的公学教育和以牛津大学、剑桥大学等顶尖高校为主的高等教育阶段。小学阶段后，英国学生依据成绩进行择校，成绩优秀者能够进入文法学校，成绩非常优异的可以进入公学。[①] 公学有着较高的社会地位和声望，享有优质的教育资源，相较于其他中等学校具有突出的升学优势。[②] 根据 2022 年英国私立学校委员会报告，英国私立学校学生的全科成绩普遍高于公立学校，虽然参加普通中等教育证书考试高级水平考试的学生仅有 16% 来自私立学校，但 93% 的私校学生毕业后继续接受高等教育。其中，有 58% 的学生进入了英国顶尖的 25 所大学，4% 的学生进入了牛津大学或剑桥大学。[③] 而在高等教育阶段，以牛津大学、剑桥大学为代表的精英大学培育了英国各行各业的精英人才。根据英国学者的研究，尽管新大学日益兴盛，但牛津大学和剑桥大学在社会精英的产出上仍占有较大的比例，参与英国社会的方方面面。在 20 世纪，半数以上的英国政府高级官员毕业于牛津大学和剑桥大学[④]，牛津大学在其 800 年的历史中，培养了 5 位国王、26 位首相、多位外国首脑、55 位诺贝尔奖获得者及一大批著名的科学家等，剑桥大学也培养出 121 名诺贝尔奖获得者。[⑤]

伴随着教育现代化的推进，英国精英教育开始重视与现代社会的接轨，通过观念上的调整以及办学措施上的变化为普通家庭学生提供更多的参与渠道。例如，公学在面向富裕阶层的同时，也向全国最有天赋的学生敞开大门；其教学内容不再局限于古典学科，自然学科、实用学科的地位不断提升，注重培养学生适应现代社会的综合素质。在高等教育阶段，学生的个人背景开始被英国大学正式和广泛地纳入综合评价的考察范畴，牛津大学、剑桥大学等高校通过各种不同的方式录取那些成绩稍低，但同样具备发展潜能的弱势背景学生。例如，牛津大学为达到要求且被标记为弱势的学生提供了额外的面试机会，而剑桥大学则将学生的背景信息置于整体性评价中。[⑥] 与此同时，二者还保留着学院制、正式晚宴等传统英国精英教育的氛围秩序和文化传统。可以看出，在高等教育大众化时代，英国高等教育仍保留其精英特征，但在选拔和评价方式上与时俱进，使其在漫长的现代化进程中依然葆有持续的生命力。

（三）注重学术自治，增强教育的多样性和包容性

尽管从 20 世纪初开始，政府逐渐加大了对高等教育的管理和监督力度，但英国政府对教育特别是高等教育始终保持着不直接控制的政策。政府对大学实施有限干预，主

① 英国中学教育阶段中公学的教学质量最高，最初英国公学源于文法学校，但因公学优秀的生源、良好的教学环境和优质的教学资源，公学逐渐脱离文法学校，并且青出于蓝而胜于蓝。公学在各类中等学校中保持着突出的升学率。
② 张淑细. 英国公学及其改革的历史演变 [J]. 教学与管理，2001（2）：77-79.
③ ISC Research and Data Team.ISC Census and Annual report 2022[EB\OL]. [2022-11-24].
④ Williams G.，Filipapakou. O. Higher education and UK elite formation in the twentieth century[J]. Higher Education. 2010，59（1）：1-20.
⑤ 参见牛津大学、剑桥大学的官网介绍。
⑥ 万圆. 考察个人背景：英国大学促进招生公平的实践 [J]. 复旦教育论坛，2017（4）：100-106.

要体现在拨款、立法、评估三个方面，具体组织则实施由第三方机构负责。大学作为自治体，具有较大的自主权，是独立的法人组织。这使得英国学校推出了各类灵活多样的教育项目，增强了教育的包容性。为了维持学术自治的运作，英国政府与大学之间建立了一系列的中介组织，包括大学拨款委员会、高等教育质量保障署、公平入学办公室、学生贷款公司、独立裁决员办公室等机构。这些中介组织发挥着协调者的功能，它们一方面体现着国家对高等教育的管理职能，另一方面又是大学自治权利的维护者。此外，它们还是信息的传递者和沟通者，帮助建立了完善的信息沟通和分享机制。

（四）推动教育国际化，并建立高等教育质量保障体系

在英国的教育现代化进程中，教育国际化是重要的议题。大量接受世界范围的留学生，这一举措不但增强了英国教育的国际影响力，也为国家的经济增长提供了重要源泉。国际化进程中如何保障教育质量是关键环节，也是英国教育发展中的重要经验。具体来说，可以概括为政府宏观调控、学校自主保障、社会参与监督以及市场自主调节。[1]首先，政府通过颁布相关政策进行宏观调控，提供教育的国际发展顶层设计的指导。例如，2003 年颁布的《高等教育的未来》白皮书，提出了加大政府对高等教育的投资力度、加强研究型大学的建设、改善高等教育与工商业的联系以及扩大入学机会等措施，为英国高等教育提供国际竞争的资本条件。[2]2010 年出炉的《布朗报告》(The Browne Report)从高等教育经费和助学问题的角度为改革英国高等教育提供了政策依据，具体包括：建议高校以价格和教学质量为基础为学生提供高质量的课程信息，吸引国际生源，确保英国高等教育可持续发展。[3]其次，2019 年颁布的《国际教育战略：全球潜力，全球增长》旨在全面推动教育出口与跨国教育，在建立和扩大英国教育全球参与等原则下，制定了英国中长期教育出口与跨国教育的发展目标，并通过推动政府整体行动、确定优先发展区域、全面保障跨国教育质量、关注学生体验、规范化教育数据收集等关键的跨领域战略行动来推动"全球英国"终极目标的实现。[4]从学校自身而言，经过几十年的市场化转型，市场化已浸透英国教育，优胜劣汰的原则推动学校不断发展自身特色、吸引生源，提高留学教育质量，树立自身声誉。最后，社会参与也是英国教育国际化中的重要保障。英国高等教育质量保障署(Quality Assurance Agency for Higher Education，QAA)是一个第三方评估机构，是英国高等教育质量外部保障体系的重要一环，在政府与高校之间充当"缓冲机构"的角色，有效地整合了"国家体制"与"市场体制"。[5]作为专业评估机构，英国高等教育质量保障署逐步形成了以学生为

[1] 田恩舜.高等教育质量保证体系及其运行机制[J].高教探索，2003（1）：14-17.
[2] 徐来群，李俊义，王富强.面向2010年的英国高等教育战略规划评析——《高等教育未来》政策的实施及影响[J].大学教育科学，2008（3）：94-99.
[3] 何伟强，徐辉.英国高等教育经费与助学制度改革的新计划——基于对《确保英国高等教育可持续发展的未来》报告的解读[J].比较教育研究，2011，33（6）：36-41.
[4] 陈慧荣."后脱欧时代"英国跨国教育发展趋势研究——基于《国际教育战略：全球潜力，全球增长》的分析[J].比较教育研究，2020（5）：3-11.
[5] 孙科技.英国高等教育第三方评估及其启示——以高等教育质量保障署为例[J].外国教育研究，2020（6）：42-54.

中心的评估理念，在规范英国的跨国教育、评审英国同其他国家合作办学的过程中承担着重要角色。

二、英国教育现代化的启示

（一）重视宏观调研和教育立法，加强现代教育的法治性

国家公权力积极介入教育，运用法律和制度手段来规范教育的发展，是英国现代社会和教育的重要特征。法律在教育现代化进程中发挥了以下作用：进行各方利益的确认和分配；协调各利益方间的关系；保障和促进教育利益的实现；促进新教育利益的形成和发展。[1] 在英国教育现代化的历程中，无论是综合性法规还是针对特定学段的教育，重大的政策都是议会以法律形式加以确定，以强制性来保证国家教育事业的发展，保障教育改革中所需要的人力、物力、财力能够充分到位。相较于英国历史悠久的教育政策和立法传统，我国教育立法历时尚短，且存在地域差异大、制度缺乏操作性和难以落实等问题，这对于教育现代化的引导和规范难以起到实际作用。[2] 为了加强教育决策的法治化依据、促进教育的现代化进程，我国应进一步完善教育政策体系，细化政策文本，改善政策内容；面对新时代教育的新形势、新变化，出台相关法律，为教育的改革、转型和发展提供法律规范和法律依据。除此之外，还需要加强和完善教育领域相关保障制度，为教育政策和法律法规的落实和推行提供制度保障和资源支持。

（二）警惕教育市场化的双重性

市场化是英国教育现代化进程中的突出特征。教育市场化的实现过程充分释放了市场的活力，带来了教育事业的发展和经济的繁荣。但是，过度的市场化也在一定程度上损害着教育的本质。在基础教育领域，市场化和集团化趋势可能带来服务质量下降、教育费用上涨、教育公平受损等问题。区域性垄断和资本的注入可能形成"道德风险"[3]，导致扩大社会分层等严重后果。而在高等教育领域，过于强调市场化和关注高等教育的经济效益，势必导致大学的精神与文化传承连续性被忽视，背离大学对公共利益的基本承诺，使大学行为蒙上浓重的功利色彩。[4] 同时，信息和购买能力的阶级分层导致市场机制难以实现有效的教育公平和社会公平。正如担忧者称，教学卓越框架和法规文件中将现有大学和潜在进入高等教育市场的培训机构统称为"供应商"，将学生视为教育消费者，这可能进一步强化日益增长的教育消费主义，进而引发"美国式灾难"。[5] 这种市场化带来的不确定性，仅依靠当前一些教育行政管理机构的监督并不能及时地、充分地

① 褚宏启.教育现代化的路径：现代教育导论 [M].北京：教育科学出版社，2013：215-218.
② 马怀德.教育决策法治化要论 [J].国家教育行政学院学报，2015（8）：9-12.
③ 刘颖.市场化与集团化对学前教育普惠和质量的挑战：英国的案例 [J].外国教育研究，2019（4）：18-31.
④ Higher Education and Research Bill 2016 [EB/O L].[2020-08-21].
⑤ Peters，C.Why the Higher Education Bill is bad news for students [EB/OL].The Telegraph.[2020-07-21].

予以解决。

（三）增强教育决策过程的科学化

教育现代化就其性质而言，是一场科学化、理性化的运动。英国近现代的重大教育改革，均有白皮书等重要的调研报告提供严肃的政策参考，这些报告基于对教育数据的统计和理性分析，为教育决策提供科学、合理的洞察和依据。与西方的教育科学发展历史不同，我国的教育改革、研究与实践更多以思辨为主，而较少应用教育领域的实证方法进行分析，这一现象近年来正在逐步改观。随着经济社会的快速发展和对教育现状与问题认识的逐渐深入，传统以思辨分析为主的教育智库研究和教育决策工具已无法满足教育宏观决策的需要。[①] 政府应该根据经济社会发展要求和教育事业自身的发展规律，通过定性与定量相结合、宏观与微观相联系的方法，确定各级各类学校的比例结构、各类专业学生的比例结构等问题，增强教育决策的科学性和理性化。

（四）建立完整的现代教育服务体系，构建学习型社会

英国于 1997 年成立的资格与课程委员会致力于加强社会职业机构与教育机构的联系，促进教育与培训的统一，全面整合了从学前教育至各级普通教育、职业教育、高等教育乃至职业培训的学校课程、评估和资格认证体系，建立了统一的国家资格证书体系，使提供教育服务成为有效而便捷的民生工程。我国的教育体系与我国所有制结构相适应，教育管理体系的集权性和政府归属性使我国各级各地政府对于公办学校的管理、制约和支持远远大于私立学校，对于非正式学习场所中发生的学习行为往往缺乏有效的指导。面对未来教育的挑战，我国要建设全民学习、终身学习的学习型社会，需要扩大并整合各种教育资源，将学校教育、家庭教育和社会教育充分结合，将学历教育与职业技能培训相结合，营造社会参与、一体化的教育体系。此外，也可以通过采用不同教育阶段的学分制、学分银行、工学交替、工学结合等方式来保持教育体系的开放性与灵活性，建立学校与社会双向融通、学习成果互认、互相促进的机制，从而扩大政府的政策覆盖面和教育支持管理范围，促进学习型社会的建成。

（五）妥善处理教育本土化和国际化的关系

过去几十年，全球教育国际化竞争日趋激烈，英国凭借其教育理念的先进性和教学基础设施的完备性在世界舞台上始终保持强势，吸引了大量的留学生和教学科研人才。教育国际化的成功使得英国教育成为国家经济增长的重要贡献来源。但近年来，英国的教育法规和政策大多强调本国学生的受教育情况，并不致力于解决国际留学生问题。"脱欧"之后，英国政府收紧国际学生的签证政策，尽管国际学生缴纳的学费是英国本土学生的 4 倍，其在英国完成学业后却很难居留和就业。这不但使英国难以解决本土劳动力的缺口，也使得英国在国际学生市场的竞争力落后于美国、加拿大和澳大利亚等国，影响了英国教育的全球声誉，给未来英国教育在全球市场上的表现带来了不确定

---

① 田慧生. 当前教育智库建设的形势、方向与思路 [J]. 中国教育学刊，2016（11）：1-6.

性。英国教育国际化的经验对于思考我国教育的对外开放政策具有启示意义。增强教育的开放性和国际化是各国国际竞争的重点，这一方面能够吸引国外财力和智力资源，另一方面也能扩大中国教育和文化的国际影响力，提高我国教育的国际竞争力和在国际教育贸易中的地位。[1] 中国的教育现代化建设需要根据不同时期的国家经济社会需要和人的发展需要，把握内部社会需求与外部国际人才的结构化比例关系，灵活调整开放政策，保证教育国际化的健康、可持续发展。

———————————
① 褚宏启 . 中国现代教育体系研究 [M]. 北京：北京师范大学出版社，2014：20.

第四章　德国教育现代化

德国教育现代化的进程与其国家现代化的进程是基本一致的。德国很早就实施了义务教育，在职业教育普及上也领先于其他发达国家，近年来又在学前教育和高等教育的普及方面迈出了更大的步伐。根据联合国教科文组织的统计数据，2020 年德国国民的平均受教育年限达 14.26 年，居世界首位。[①] 在提高教育质量方面，德国的基础教育学校进入 21 世纪以来受到了"PISA 冲击"，高等教育则受到全世界兴起的"一流大学建设运动"影响，目前已经在全日制学校、学业标准、卓越计划等方面取得了进展。在教育条件方面，德国在公共财政资源上一直能确保教育优先发展，并且越来越多依靠联邦与各州的合作提供支持。在促进教育公平方面，尽管德国的教育分流制度本身是教育公平的阻碍因素之一，但德国也在政策上特别注重对包括移民在内的社会经济地位不利家庭的子女提供教育机会。在社会贡献方面，德国的职业教育、应用型高等教育都为产业经济发展以及社会流动做出了重要贡献。

纵观德国的教育发展进程，虽然"教育现代化"一词从未出现在德国任何一个历史时期的教育政策文本中，但德国教育的发展方向与教育现代化概念深深契合。中国和德国教育所处的地域虽然不同，但人们对于理想教育形态却存有一定共识。因此，考察德国教育现代化的进程，对于我国具有重要的比较和借鉴价值。

本章主要通过以下几个部分对德国的教育现代化开展论述。第一节首先介绍德国的学制体系与结构，并简述该体系结构的独特之处，而后对德国教育的发展现状进行总结。第二节将德国教育现代化分为三个阶段：18 世纪末至 1945 年（"二战"结束），1946—1990 年（东、西德统一），以及 1991 年至今。主要通过重要事件和代表性政策介绍德国各个阶段的教育发展情况。第三节从教育普及与公平、质量与结构、条件与保障、服务与贡献四个维度列出德国教育现代化的若干指标并介绍德国教育现代化的特点。第四节总结了德国教育现代化建设的若干经验，并探讨这些经验对我国教育现代化发展的启示。

第一节　德国教育概况

德国教育体系根植于德国的社会文化传统，有些传统一个多世纪以来基本上没有变化，因此具有非常稳定的结构。德国教育体系的特点体现在：教育管理上的联邦制，主要由各州负责从小学到大学的教育事务。小学学制短，学生毕业后即分流到普通教育轨与职业教育轨。职业教育以企业为主，企校"双元制"和学校职教并存。高等教育的学术型和应用型分轨明晰。随着人口、经济社会环境以及欧洲一体化等教育发展框架条件的变化，

---

① 联合国教科文组织统计局 . 其他政策相关指标：平均受教育年限 Other policy relevant indicators: Mean years of schooling [EB/OL].[2022-12-19].

最近 30 年是德国教育变化较快的时期。但大多数的变化仅是政策变化，如对博洛尼亚进程的引入、卓越计划的实施、全日制学校的引入等，对教育体系结构的影响并不大。

一、德国教育体系概览

德国的教育基本可分为学前教育、初等教育、中等教育（初级中等教育、高级中等教育）、高等教育与继续教育五个阶段。德国现行学制如图 4-1 所示。

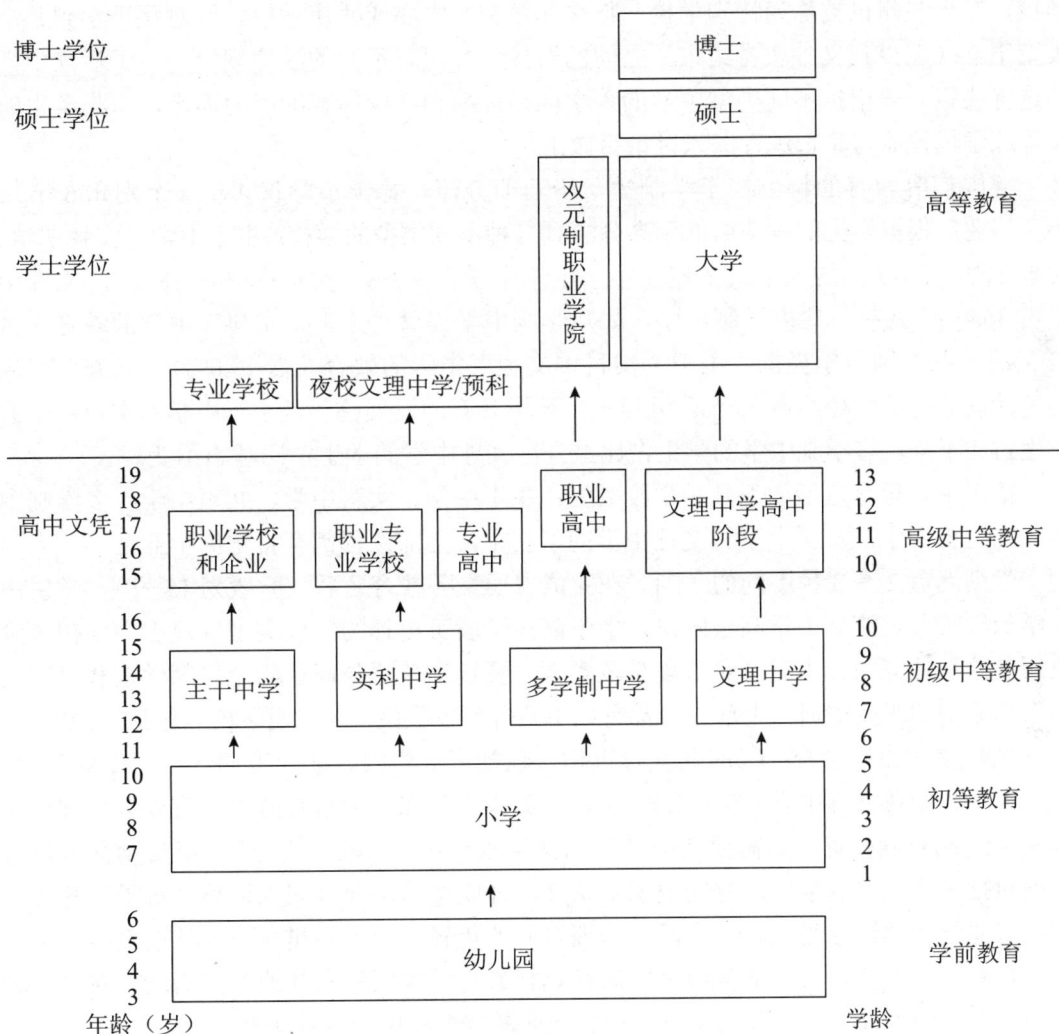

图 4-1　德国现行学制 [1]

（一）学前教育

学前教育涵盖从几个月大到入学年龄（一般为 6 岁）儿童的教育机构。其中包括接收 3～6 岁儿童的幼儿园，也包括接收 3 岁以下婴幼儿的日托机构。学前教育采取自愿

---

[1]　各州文化部长会议 . 联邦德国的教育 KMK. 德意志联邦共和国的教育体系 2018/2019[M].Bonn，2021：30.

入学原则，但大部分州对 3～6 岁儿童入园有强制性的规定。[①]

（二）初等与中等教育

德国的义务教育一般开始于 6 岁，共 9～10 个全日制学年（柏林、勃兰登堡、不莱梅、图林根州为 10 年；北莱茵 - 威斯特法伦州的文理中学为 9 年；其他普通教育学校为 10 年）。满 6 岁的儿童进入小学学习，小学包括 1～4 年级。柏林和勃兰登堡州的小学有 6 年级。对于有特殊教育需求但在普通学校得不到保障的学生，有不同类别的特殊学校，在一些州也被称为特别学校、特殊（教育）中心或残疾学校。针对从小学到某个类型中学（至少到义务教育结束）之间的衔接，各州有不同的法律规定。对于后续中学的选择决策一般根据不同类型中学的入学成绩标准和学校的容纳能力而定，由小学生的父母或学校校监与家长进行深入讨论后做出。[②]

德国初等教育的特色在于学制短，毕业即分流。德国小学仅 4 年（个别州 6 年）。小学毕业后根据学生的成绩由低到高分流到三种不同类型的学校：主干中学、实科中学、文理中学。2017 年的 8 年级在校生中，主干中学占 9.8%，实科中学占 18.0%，文理中学占 36.4%。还有一些多学制中学，如双学制中学提供"主干 + 实科"中学的教育（占 12.3%），三学制中学提供"主干 + 实科 + 文理"中学的教育（占 19.0%）。此外，残疾儿童就读的特殊学校约占 3.6%。近年来，德国教育的发展趋势是主干中学和实科中学的学生占比下降，多学制中学的学生占比上升，文理中学的学生占比基本不变。

德国中等教育包括如下几种学校类型：主干中学、实科中学、文理中学、多学制中学。在主干中学、实科中学和文理中学的学制中，全部课程都有特定的毕业证书。多学制中学则涵盖 2～3 种不同的学制。在完成普通义务教育之后（一般为 15 岁），学生由中学初级阶段过渡到中学高级阶段，中学高级阶段可选择的学校类型取决于中学初级阶段所获的毕业证书。中学高级阶段学校类型主要包括普通与职业的全日制学校和"双元制"体系中的职业培训。大部分州都有如下两种学校类型：①普通学校，包括文理中学、三学制学校、预科学校；②职业教育机构，包括职业学校、职业专门学校、专业高中、职业高中、职业文理中学 / 专业文理中学。如果学生在高中教育阶段没有以全日制形式进入普通或职业教育，则需要完成半日制义务教育（职业教育义务）。半日制义务教育一般包括 3 个半日制学年，时间根据受认证培训职位的培训合同来调整。对于那些既没有在普通学校继续接受教育，也没有培训合同的年轻人，个别州在职业学校系统中延长了全日制义务教育年限。义务教育的履行包括参与常规课程和其他学校活动。对义务教育履行职责的不仅有学生及其父母，还有职业教育框架中的培训企业。

（三）高等教育

高等教育包括以下几种高等教育机构：①大学、工业大学、师范学院、神学院；

---

① 各州文化部长会议 . 联邦德国的教育 KMK. 德意志联邦共和国的教育体系 2018/2019[M].Bonn，2021：101-102.

② 各州文化部长会议 . 联邦德国的教育 KMK. 德意志联邦共和国的教育体系 2018/2019[M].Bonn，2021：129.

②艺术与音乐学院；③应用科学大学。除了上述公立高等学校之外，还有一些只招收特定学生的特殊高校类型（如联邦国防军学院、行政管理高专）。在高等教育领域，德国没有类似中国的高等职业学校。但在部分大企业的推动下，出现了"双元制"的职业学院，为有高等学校入学资格的学生提供另一种选择。学生在高中毕业后，同样到企业签订学徒培训合同，学徒的工作、学习、分配与"双元制"中等职业学校几乎一样。企业在其中扮演着主导角色。此外，德国的行业协会在"双元制"职业教育中发挥重要作用。行业协会是监督调节机构，"双元制"教育企业的资格认定、教育合同的履行管理、考试考核的命题主持、资格证书的制定发放，均由行业协会负责。

德国高等教育已形成分类发展格局。自20世纪70年代工程师学校升格为应用科学大学以来，德国高等教育的学术型和应用型分类日渐清晰。大学及专业学院（含工业大学、师范、艺术、音乐学院）属于学术型，应用科学大学（含行政管理高专）属于应用型。另外还有少量的企校联合的"双元制"职业学院也属于应用型/职业型。一个大的趋势是应用科学大学的在校生比例不断上升，到2018—2019学年已达36.7%。大学及专业学院有从本科到博士的体系化培养，教授的研究与教学相统一。应用科学大学则以教学为主，绝大多数不能授予博士学位。

（四）职业教育

德国中等教育普职分轨路径清晰。文理中学的学生在12～13年级后参加普通高校入学资格考试后获得大学入学资格，接受学术型高等教育。主干中学学生9年级后拿到"第一普通教育毕业证"（主干中学毕业证）。实科中学学生10年级后拿到"初中毕业证"（实科中学毕业证）。其中，主干中学毕业生部分与企业签约做学徒工，同时到"双元制"职业学校接受非全日制的职业教育；部分选择到全日制的职业专业学校就读。二者在12年级毕业后获取职业资格毕业证，直接进入劳动力市场。实科中学毕业生除了和主干中学毕业生一样选择做学徒工以外，还可以选择全时制的职业专业学校、专业高中或在有职业教育经历后就读职业高中，12年级毕业后获取应用科学大学入学资格，接受应用型高等教育。这体现了德国中学阶段的普职分轨。

德国的中等职业教育体系以企校合作的"双元制"为特色。"双元制"中，企业占据主导地位，职业学校仅仅提供理论课的学习。学生在初中毕业后，首先需要拿到企业提供薪资的学徒培训合同，然后以学徒工的身份在就近的职业学校注册为学生。学生一周内大约一半时间在企业参加实践培训，另一半时间在学校进行文化课及专业理论学习。学生毕业后，既可以在所在企业以正式工身份继续就业，也可以到其他企业求职。

在终身学习的背景下，继续教育的意义正在不断加强，并日益发展为一个独立的教育领域。继续教育的多样化要求被差异化的继续教育体系所满足。提供继续教育服务的机构有：地方教育机构尤其是业余大学、私立机构、教会所设机构、工会、商会、党派和协会、企业与公共管理机构、家长学校和家庭教育机构、学院、专业学校、高等学校以及远程教学机构。广播电视同样提供继续教育服务。

二、德国教育发展现状

第一，体系完整、规模较大。根据德国联邦统计局的数据，全德 2018—2019 学年设有各层次教育学校 9.9 万所，其中公立学校 5.4 万所，私立学校 4.4 万所。在校生总计为 1 731 万人（含幼儿园及日托机构的幼儿）。其中，公立学校在校生 1 369.1 万人，私立学校在校生 361.9 万人。公立机构在除学前教育的其他阶段教育占据绝对主体地位。2017—2018 年度，全德各级学校共有教职工 251.2 万人，占全德当年就业人口的 6%。其中，高等学校中教学科研人员与行政后勤辅助人员数量比为 1.4：1，学前教育阶段专任教师与行政后勤人员数量比为 4.8：1，中小学及职业学校中该比例为 7.4：1。

第二，国民受教育程度高。根据联合国教科文组织数据，2020 年德国 25 岁及以上人口的平均受教育年限为 14.26 年，超过美、英、法、日等发达国家，位列世界第一位。高等教育的毛入学率 2019 年达 73.5%。[①] 根据 OECD 的统计数据，劳动人口中受过高等教育的比重自 1999 年开始一直在 25% 左右，2017 年升至 28.7%。2017 年德国 25 ~ 64 岁人口中，最高学历为本科的占比为 16%，硕士为 12%，博士为 1%。最高学历为高中的人口中，接受过职业培训的比例极高。在 25 ~ 34 岁的年轻人口中，接受过高等教育的人口占比约为三分之一。

第三，职业教育参与率高。德国 25 ~ 64 岁劳动人口中，接受过中等职业教育的占比为 53.4%，在 25 ~ 34 岁的年轻人口中，接受过中等职业教育的占比仍高达 46.0%。在 2017—2018 学年中，进入文理中学就读的学生共有 222.6 万人，进入职业学校就读的学生为 264.4 万人，其中前者还包括文理中学初中阶段学生。[②] 因此，年轻一代选择职业教育的比例仍然要高于普通教育。联邦教育部部长在 2019 年《德国职业教育报告》中指出，职业教育是德国教育体系中为世界上很多人所羡慕的珍宝。该报告显示，联邦政府、各州政府以及经济界和社会各界对职业教育的地位和作用有广泛共识，坚持将职业教育作为保障德国专业人才、巩固和提高德国经济竞争力和创新力的基础。

第四，继续教育参与率高。根据《德国继续教育形势报告》，近 40 年来，德国 18 ~ 64 岁的劳动人口中参与某种形式继续教育的人占比逐年提升，2018 年已经达到 56%。其中，72% 参加的是与企业有关的继续教育与培训，10% 参加了与个体职业相关的继续教育与培训，18% 参加的是与个体职业无关的继续教育与培训。[③] 总体而言，德国的继续教育参与率较高。

---

① 联合国教科文组织统计所 . 其他教育指标：平均受教育年限，高等教育毛入学率 Other policy relevant indicators: Mean years of schooling, Gross enrollment ratio for tertiary education [EB/OL].[2022-12-19].
② 联邦统计局 . 2019 年统计年鉴 [Y/OL].Wiesbaden：2020：96，100.[2022-12-29].
③ 联邦教育与研究部 . 2018 年德国的继续教育 [EB/OL]. 2018[2022-12-29].

第二节　德国教育现代化的历史进程

德国教育现代化的历程与德国作为一个统一民族国家的出现与崛起历程是高度一致的。教育现代化既是德国国家现代化的推动力量，也是德国国家现代化的有机组成部分。德国教育现代化可以分为三个阶段。一是 18 世纪末至 1945 年（"二战"结束）。从德国教育体系发展来看，在统一的德意志帝国出现之前，现代学校制度已经在普鲁士公国基本建立起来，此后尽管政权更迭频繁，但是教育制度始终保持了较强的稳定性。二是 1946—1990 年（东、西德统一）。"二战"后德国教育持续应对着不断变化的政治、经济、社会形势，一方面继续沿袭了此前的教育制度；另一方面也不断深化政策和具体的改革举措，以保持其内外部的适应性。三是 1991 年至今。德国教育现代化进入了新的发展阶段。这一时期德国通过各种改革举措提升教育质量、推动教育公平、注重教育绩效。

一、德国教育现代化奠基阶段（18 世纪末至 1945 年）[①]

21 世纪初的德国教育体系是德意志地区长期历史发展，尤其是近 300 年来历史发展的结果。如果缺少历史视角的审视，人们可能很难理解德国教育体系的特征。德国作为统一的主权性质的国家，始于 1871 年普法战争后成立的德意志帝国（也称德意志第二帝国）。在此之前，德意志尚处于封建割据时代，是由普鲁士、巴伐利亚等城邦（公国）构成的，此时的德意志只是一个文化地理概念，并非一个民族国家概念。在第一次世界大战中，第二帝国战败，1918 年成立了魏玛共和国。1933 年，纳粹夺得政权，直至 1945 年在"二战"中战败。

虽然政权更迭频繁，但德国的教育制度一经确定下来就拥有了较高的稳定性。今天德国的教育体系，是由印刷术的发明、宗教改革和反宗教改革以及 18 世纪和 19 世纪初欧洲民族国家的出现所推动的长期发展的结果。[②] 1871 年普鲁士统一德意志之后，世俗化的国家取代了教会，成为最重要的教育机构提供者，一直持续至当代未发生根本性变化。从教育治理看，普鲁士统一德意志前各邦国自主管理教育，魏玛共和国保留了这种联邦结构，现在的德国依然实行"文化联邦制"。从基础教育来看，19 世纪确定的"三轨制"学校制度（国民学校、实科中学、文理学校）至今未发生大的变化。这种"三轨制"学校制度是德国社会阶层结构在教育系统中的体现，反映"基本上符合三级社会的政治、经济和社会地位利益"[③]。从高等教育来看，1810 年洪堡创立柏林大学所确定的研究型大学制度至今也未发生大的变化。总的来说，统一的德意志帝国出现之前，现代学校制度已经在普鲁士公国基本建立起来。其中的大背景有新兴资产阶级性质的国家从教会手中夺取教育权，为支

---

① 在介绍德国教育的中文教科书中，一般以德国政权的更迭为时间为单位开展历史进程分段。但是，由于德国教育体系的稳定性非常强，政权的更迭对教育制度的影响较小。因此，本章仅将德国教育现代化的历史进程分成三个阶段："二战"结束前的奠基阶段、两德分离时的深化阶段、两德统一后的新发展阶段。

② 德国教育体系的里程碑 [EB/OL].（2013-09-09）[2024.03.19].

③ 德国教育体系发展概览 [EB/OL].（2014-10-31）[2022-12-29].

99

付不起教育费用或者不愿意送子女上学的平民阶层子女提供受教育机会，让妇女能摆脱照管压力而提供儿童保育服务，为蓬勃发展的工商业提供劳动力等。帝国及魏玛共和国时期形成的教育体系基本上延续到"二战"后乃至今天。以下内容依据德国联邦政治教育中心出版的《德国教育史大事年表》[①]，介绍德国教育现代化奠基时代的各个里程碑。

（一）阶段发展特征

1. 学前教育

1802 年，波琳公主开设了"幼儿保育设施"，这是一种幼儿园的早期形式。"幼儿保育设施"主要是为了缓解务工母亲的照管压力，让妇女能走向社会。教育家福禄培尔 1837 年创办有教育功能的幼儿园，标志着"世界上第一所幼儿园"的诞生[②]，受到了广泛的重视和关注。总的来说，学前教育的出现主要是由幼儿园的社会福利功能和教育功能合力推动的。

2. 初等与中等教育

1763 年，普鲁士王国出台了《乡村教育规定》，其中要求对 5～14 岁儿童进行强制教育。每个人都应该学习"基督教教义""阅读和写作"。这一规定旨在确保所有儿童接受基础教育，以提升普鲁士国民的整体素质。1794 年的普鲁士法律进一步规定，每个不能或不愿为自己家里的孩子提供必要教育的居民，都有责任在孩子出生 5 年之后将他们送入学校。这一规定强化了国家对儿童教育的责任，确保所有儿童都能接受教育。1809 年，洪堡受普鲁士国王委托开始教育改革，旨在为所有儿童提供一个全面统一且分阶段的学校教育体系。这一时期学校教育体系的构想就包括普通初等学校。初等学校主要提供基础知识的教育，包括读写能力、数学和基督教教义的学习。1809 年，外交官洪堡的教育改革也包括对中等教育的规划，建立了普通城市学校（对应今天的实科中学）和文理中学两个轨道。普通城市学校提供更加实用的教育，注重科学、技术和现代语言的教学，适合那些希望在工业、商业和技术领域发展的学生。这种学校为中等教育的一个重要部分，提供了实用技能培训。文理中学则更加注重学术教育，提供古典语言、文学、数学和自然科学的深入学习，为那些计划继续接受高等教育的学生做准备。这种学校是通向大学教育的主要途径。约 1850 年，德意志的大部分王国都实行了 9 年义务教育，这意味着儿童从 5 岁开始，要接受至少 9 年的连续教育。这种教育体制显著提高了国民的识字率，使德意志成为当时欧洲教育最先进的地区之一。1872 年，《学校监督法》废除了普鲁士王国神职人员对学校的检查，并要求所有学校接受国家监督。这一法律的实施，使教育体系更加世俗化和规范化。

1900 年，实科中学毕业生可以参加没有拉丁文与希腊文的高考，这为更多学生提供了接受高等教育的机会。1918 年，魏玛共和国宪法规定义务教育延长至 18 岁，辍学者或者初中毕业者必须接受职业教育。这一政策确保了所有青年在完成基础教育后，继续接受职业培训或进一步的学术教育。1920 年，魏玛共和国法律规定取消衔接小学和中学

---

① 德国教育史大事年表 [EB/OL]. （2013-09-09）[2024.02.19].

② 吴式颖，李明德. 外国教育史教程 [M]. 3 版. 北京：人民教育出版社，2015：239.

教育的私立先修学校，因为这些收费的学校对穷人子女家庭不利。此举旨在提高教育公平性，让所有学生无论家庭背景如何，都能接受同等质量的教育。进入纳粹统治时代后，学校教育体系变化不大，但开始增加对犹太人入学的限制，反映了当时政治对教育的影响。

3. 高等教育

1772 年，普鲁士王国规定了高考是接受大学教育的前提，规范了大学教育的入学条件。只有提供拉丁语和希腊语课程的文理中学毕业生才能参加高考。1809 年，普鲁士王国成立了文化与课程事务部，专门管理教育事业。这个时候的大学还只是培养神职人员和公务员的中世纪大学或者宗教改革大学，1386 年成立的海德堡大学、1694 年成立的哈勒大学，以及 1737 年成立的哥廷根大学，就是这样的大学。1810 年，洪堡建立了柏林大学。柏林大学被认为是世界上第一所现代大学，实现了研究与教学的统一，教授从事专业研究和教学活动。1908 年高级女子中学开始提供高考课程，女性获得了接受高等教育的资格。

4. 职业教育

1859 年，妇女协会为义务教育结束后的女性创设了包含手工艺、绘图等课程的职业学校。1871 年，工商业与手工艺行会创立了第一所职业培训学校。1897 年，"双元制"职业教育开始出现。作为手工业专业协会（例如织布工、面包师、鞋匠、铁匠）的行会负责实施培训并进行期末考试。学徒在师傅的指导下从事某种职业，并融入师傅的家庭生活中。大多数职业只允许相关协会的成员（学徒、熟练工和师傅）从事。此为"双元制"中的"一元"。随着大规模生产的需要，大公司和工厂逐渐替代手工业企业承担了职业培训的功能。行业协会（如手工业商会）仍然在培训规范及资格考试中发挥重要作用。国家在教育领域的介入也日益深入。普鲁士建立的各种职业学校，为学徒提供基础的文化课和职业理论课教育，成为"双元制"的"另一元"。

（二）代表性政策分析

《普鲁士一般邦法》

（1）背景

18 世纪末，普鲁士处于社会和经济转型时期，工业和城市化进程加快，对教育系统提出了更高的要求。随着对知识和技能需求的增加，普鲁士政府意识到统一和强制教育的重要性，特别是在提高国民素质和加强国家竞争力方面。1794 年的普鲁士法律在这样的背景下出台，旨在规范和强化教育系统，确保所有儿童接受基础教育。

（2）内容

1794 年的普鲁士法律明确规定，每个不能或不愿为自己家里的孩子提供必要教育的居民，都有责任在孩子出生 5 年之后将他们送入学校接受基础教育，未能履行此责任的将受到法律制裁。基础教育内容涵盖基督教教义、阅读和写作等基础知识。与此同时，法律规定地方政府和社区必须设立足够的学校，以满足所有儿童的入学需求。

（3）结果与影响

《普鲁士一般邦法》以法典形式确立了国家在教育中的核心地位，明确规定政府有义务监督教育实施、父母必须送子女入学，这在法律层面将教育定义为公民基本权利而非特权。这一理念成为现代国民教育体系的核心理念，为现代义务教育制度奠定了法律基石。法典将学校体系制度化分类，为1808年洪堡教育改革奠定了基础。此后，普鲁士教育快速发展，文盲率降至欧洲最低水平，为普鲁士及后来的德国奠定了坚实的人力资本基础，提升了国家的整体竞争力。

二、德国教育现代化深化阶段（1946—1990年）

"二战"前，德国的教育体系与政策已经为其教育现代化发展奠定了基础。"二战"后的德国教育则在持续应对不断变化的社会形势。政治上，"美苏争霸"大背景下德国分裂为实行不同社会制度的联邦德国和民主德国；经济上，德国战后实现了经济起飞，知识经济时代的到来对扩大高等教育规模以及分类培养人才提出了新要求。这一时期的德国教育发展既有对旧教育制度的"修补"，也有应对经济社会变化的新改革举措。从现代化视角看，这一时期的德国教育在制度和政策改革举措上不断深化，以保持其内外部的适应性。

（一）阶段发展特征

1. 学前教育

1970年，联邦德国教育评议会建议将幼儿园纳入教育体系的初级阶段。在此之前，幼儿园主要承担保育任务，不属于教育机构。长期以来，德国作为保守的福利国家，与许多欧洲国家一样对幼儿教育和保育的重视程度相对较低。学前教育只是一种社会福利，对学龄前儿童的教育和照管属于儿童与青年援助范畴。在联邦层面由联邦家庭、老年人、妇女和青年部主管，在州层面由青年社会部或国民教育部主管。[①] 因此，尽管有前述努力，学前教育始终未纳入公共学校教育体系。

2. 初等与中等教育

"二战"后，德国各州学校教育差别很大，给教育发展造成了混乱。1947年开始，盟军占领区开始了学校体系的"民主化"改革。主要内容包括：对课程、教材到教师队伍进行全面审查，清除纳粹意识形态的影响；培养学生的民主意识和公民责任感，促进社会转型；追求教育机会的平等，对所有义务教育的学费及教学材料费免费；等等。1949年，联邦德国宪法继承了德意志帝国（1871—1918年）以及魏玛共和国（1919—1933年）时期的联邦主义，确定了"教育联邦制"，即由各州自行负责其从小学到大学的教育事务，跨州的教育事务则由各州文化部长联席会负责协调。1955年，各州签署了《杜塞尔多夫协定》。协定规定各州统一各类学校名称、学期、考试和分数等级等，为统一联邦德国的普通教育制度奠定了基础。1964年，联邦德国各州签署了《汉堡协定》，统一各州的中小学基本学制，进一步完善了中学的"三轨制"，对联邦德国的教育系统产生了深远的影响。1973年联邦与州教育规划合作委员会确定设置融合了主干中学、实科中学与文理中学一体的综合中学，以缓解过早分流的弊端。但这种综合中学并没有取

---

① 李国强. 德国学前教育简况 [J]. 基础教育参考 . 2011（8）：27-28.

代"三轨制"，只是作为"三轨制"的补充。

3. 高等教育

为满足不断增长的高等教育需求，联邦德国将工程师学校和高级专业学校升格为高等专业学校（也称应用科学大学），成为除大学外高等教育的另一种类型。1968 年，各州通过了"联邦德国在各州统一高等专业学校领域"的协议，正式引入了高等专业学校的概念。自此，高等专业学校不断扩大规模，联邦德国高等教育的结构发生了根本性改变，基本上形成了大学或专业学院与应用科学大学并存的二元结构。两类学校分工明确、各司其职、特色明显。[1]1976 年，《高等教育框架法》出台，各州高等教育机构的类型结构实现基本统一。

4. 职业教育

"二战"后，联邦德国面临严重的经济和社会问题。为了促进经济复苏，德国重建了职业教育体系，特别是双元制教育模式，作为经济重建的基础。1969 年德国颁布《职业教育法》，构建起"双元制"职业教育新体系。[2]"双元制"职业教育结合企业实际培训和职业学校理论教育，确保学徒在实践和理论上均获得扎实的技能。法律明确了学徒与企业之间的合同关系，并规定了职业教育的监管机制和资格认证体系。此举大幅提升了联邦德国劳动力的专业水平，成为全球职业教育的典范。

在联邦德国深化教育现代化改革的同时，民主德国也在按照新的意识形态开展教育改革。从 1946 年开始，苏联占领区实施从幼儿园到大学的统一学校制。民主德国将学前教育视为解放妇女的必要手段，因此其学前教育的普及率非常高。3 ～ 6 岁儿童的入园率在 1977 年就约达到 90%。八年制的义务教育仅在最后一学年实行第二外语以及数学和自然科学课程的分化，之后为四年制普通高中，然后可上大学。1959 年，民主德国《学校事业的社会主义发展法》引入 1 ～ 10 年级一体的综合完全学校，这是国家举办的免费统一的义务教育学校。其中，成绩欠佳的学生在 8 年级后毕业，成绩较好学生在 8 年级或 10 年级后继续上 4 年普通高中并参加高考。1965 年《统一的社会主义教育体系法》完成了民主德国的教育体系的构建，具体包括：学前教育机构、十年制综合完全学校、普通高中、职业培训机构、工程师与专业学校、大学与专业学院、卫生系统负责的特殊教育设施。职业教育的"双元制"传统原则上保留下来。1990 年，民主德国并入联邦德国，实行与《汉堡协定》一样的学校制度。

（二）代表性政策分析

1964 年《汉堡协定》

（1）背景

"二战"后，联邦德国经历了战后重建和经济复苏后，教育体系也面临着统一和标准化的需求。各联邦州的教育政策和学校制度存在显著差异，这严重影响了联邦德国教育的公平性和质量。1964 年，各联邦州教育部部长在汉堡召开会议，讨论如何在全国范

---

①　彭湃. 德国应用科学大学的 50 年：起源、发展与隐忧 [J]. 清华大学教育研究，2020（3）：143-155.
②　高书国. 世界教育强国的形成与发展——以英、法、德、美为例 [J]. 教育研究，2023，44（2）：15-29.

围内实现教育的统一和协调，以应对日益增长的社会和经济需求。最终在《杜塞尔多夫协定》的基础上，签署了《汉堡协定》。

（2）内容

1964年《汉堡协定》是联邦德国教育统一和标准化的重要文件，共包括5章22款。《汉堡协定》规定了9年全日制义务教育，并将各类学校统一命名为基础学校、主干中学、实科中学和完全中学，并设置五、六年级为"促进—观察阶段"。中等教育中，主干中学从五年级开始教授外语（一般为英语）；实科中学要求英语为必修科目，第二外语为选修科目；而完全中学需学习三门外语。协定还规定了各州对考试的认可和分数等级，确保完全中学毕业生可以升入大学。《汉堡协定》在统一普通公立学校学制方面发挥了重要作用。1968年10月，《汉堡协定》第一次修订明确了专科学校的性质和两年学习年限，并允许实科中学毕业生或具有同等学力者进入专科学校。

（3）结果与影响

《汉堡协定》通过统一学制、课程设置和考试认可制度，显著减少了各州之间的教育差异，提高了联邦德国全国教育体系的协调性和标准化。协定强调语言教育的重要性，提升了学生的语言能力，确保完全中学毕业生可以顺利进入大学，促进了高等教育的普及和公平。通过职业教育的规范和完善，协定为学生提供了更多的继续教育和职业培训机会，满足了社会对各类技术人才的需求。

《1969年职业教育法》

（1）背景

20世纪中期，联邦德国经历了快速的经济复苏和工业化进程，对高素质技术工人的需求急剧增加。同时，战后社会的发展和技术的进步使得传统的学徒制教育模式难以满足现代职业培训的需求。为了适应经济和社会发展的需要，提升劳动力的技能水平，联邦德国政府意识到需要制定一部统一的职业教育法，来规范和促进职业教育的发展。

（2）内容

《1969年职业教育法》规定了联邦德国职业教育的双元制模式，明确了职业学校和企业在职业教育中的双重角色，要求各行业制订详细的职业培训计划和大纲。该法规范了培训师资格认证和统一的职业资格考试制度，确保全国范围内的职业资格标准一致。政府提供财政支持和资源，职业学校根据行业需求设置课程，教授专业知识和技能，其中包括一般教育课程。该法还明确了学徒与企业之间的培训合同内容，保障学徒的合法权益，并要求提供就业指导服务，帮助学徒完成培训后顺利进入就业市场。

（3）结果与影响

《1969年职业教育法》通过规范化和标准化的职业培训和考试制度，提高了职业教育的质量，培养了大量高素质的技术工人，促进了联邦德国工业和经济的快速发展。

三、德国教育现代化新发展阶段（1991年至今）

两德统一之后，德国教育现代化进入了新的发展阶段。与过去相比，新发展阶段更加突出了对教育质量、教育公平、教育绩效的考量。其一，教育质量成为重要的改革关键词。无论是学前教育、基础教育还是职业教育，无一例外地都采取各种改革举措提升教育质量。其二，教育公平成为另一个重要的改革关键词。各种改革为相对弱势群体，如移民子女、家庭背景不利儿童等提供了更多的教育支持。其三，教育绩效表现被提到一个突出的位置。无论是大学科研表现还是教育体系的治理等，都在新公共管理主义的影响下开始重视绩效。

（一）阶段发展特征

1. 学前教育

学前教育是近 30 年来德国教育体系中发展变化较大的教育阶段，主要体现在扩大教育供给与提高教育质量。为应对不断增加的幼儿入托需求，并为基础教育阶段做好准备，德国开始实行日托扩张计划，重在提升 3 岁以下幼儿的日托覆盖率。2004 年，各州文化部长联席会和青年部长联席会通过了《日托中心早期教育的各州共同框架》[①]，确定了早期教育的基本原则，为联邦政府资助早期教育提供了制度安排。2005 年，联邦政府层次的《日托扩张法》[②] 正式生效。该法旨在开展质量导向、适应需求和灵活的日托扩张，以迅速提升日托覆盖率。2008 年，《儿童促进法》[③] 正式颁布，明确了 1～3 岁的儿童都有合法的入托权利，并要求各州持续扩张 3 岁以下儿童的日托服务。经过日托扩张计划，日托机构的数量大大增加，从 2006 年的 4.5 万个增加到 2019 年的 5.3 万个。

与此同时，为了保障学前教育质量，德国实行国家质量行动。1990 年，德国颁布《社会保障法Ⅷ》《儿童与青少年福利法》，确定了 3 岁以上儿童有入幼儿园接受学前教育的权利。该法自 1999 年全面实施。当年，德国开始了"幼儿教育机构国家教育质量行动"计划，旨在长期系统地改善托儿所及幼儿园的教育质量。当时 3 岁以上儿童入园率已经很高，保证并提升保育质量成为政策重点。此后，2008 年颁布的《儿童促进法》进一步强调要提高保育质量，并明确了联邦政府的出资额度。随后，联邦政府又对该法开展了五轮执法评估（2015 年为最后一次），检验实施效果。[④] 在此过程中，专业研究机构出台了德国学前教育质量的国家标准。[⑤]2018 年，德国又出台了《幼儿园质量与参与改进法》。该法于 2019 年正式实施 [⑥]，要求从保育人员专业技能、语言教育等 10 个方面开展行动以提高质量，并要求在全德范围内统一质量标准。质量行动是在 3 岁以上儿童入园率接近普及、3 岁以下儿童入园率大幅提升的背景下持续开展的。每一项行动举措都直接指向学前教育需要解决的现实突出问题。以语言教育为例，据统计，人口大州北威州在 2015 年有 1/4 的儿童在家不说德语。因此，质量行动中的一个重要措施就是在幼儿园开展德语教育。德国还于 2009 年实施了"学前教育师资继续教育计划"。质量

① 联邦各州日托中心早期教育共同框架 [EB/OL].（2004-06-03）[2024-03-18].
② 日托扩张法 [EB/OL].[2024-03-18].
③ 儿童促进法 [EB/OL].[2024-03-18].
④ 儿童促进法 [EB/OL].[2024-03-18].
⑤ 沃尔夫冈·蒂策，苏珊娜·菲尔尼克. 德国 0～6 岁幼儿日托机构教育质量国家标准手册 [M]. 田春雨，鲁玉峰，罗毅，译. 济南：山东科学技术出版社，2018.
⑥ 幼儿园质量与参与改进法 [EB/OL].[2024-03-18].

行动取得了明显成效。[①] 幼儿园的教学人员数量从 1994 年的 28.57 万增加到 2019 年的 60.97 万。3/4 的托儿所保育人员受过 160 学时以上的在职专业培训。

2. 初等与中等教育

这一阶段,德国更加注重教育质量和教育公平并重。1997 年,各州文化部长联席会决定制定含小学在内不同类型及层次的学业标准,旨在通过统一各州的教育标准,确保全国范围内教育质量的一致性。各州文化部长联席会于 2003 年成立了教育质量发展研究所(IQB)[②],制定全国性各科目、各层级的教育标准、编制测试卷并监测其实施,以促进德国基础教育系统的质量发展。为进一步确保在大规模测试中能准确描述学生所获得的能力并确定达标率,教育质量发展研究所还制定了小学和初中毕业时的德语、数学与科学的能力水平模型标准。[③]"PISA 震惊"之后,建立全国统一的教育标准进入加速期。教育标准的制定和实施给德国基础教育带来了巨大的变化。学校教育教学不断被外界审视,增强了各州的竞争意识及学校的质量意识。2008 年开始,教育质量发展研究所不断组织全国性大规模抽样的质量监测,逐步实现各州及联邦内学业成绩的可比性,发布《IQB 质量趋势报告》,引起社会关注。[④]

为了促进教育平等,德国开展全日制学校行动以抵消家庭背景的不利影响。全日制学校行动在各州实施有差异,但基本可分为三种:开放式(学生自己选择是否参加全日制教育和看护)、完全限制式(所有学生都必须参加)、部分开放式(部分学生必须参加)。全日制学校并非新建学校,而是由联邦和各州政府投入资金,在原有学校基础上增加教师或照管人员以提供全日制服务。

3. 高等教育

高等教育是德国教育现代化近 30 年变革最明显的阶段。这些变革有的是欧盟范围内整体倡议在德国的反映和实施,有的则是德国主动实施的,直指高等教育传统顽疾的改革。追求绩效、竞争、自主、透明成为这些改革的主题。

首先,为了进一步改革过去德国学制中学制时间长、毕业生年龄大、与国际通行的三级学位不兼容的弊端,德国自 1999 年起开始推进博洛尼亚进程。在这一进程中,德国仍然保持着渐进性和自主性,和本国高等教育类型结构进行了匹配。最大的改革是德国将毕业文凭分解为学士和硕士两个层次。这一分解不仅在大学中实施,也在应用科学大学中实施。该进程的配套措施还包括欧洲范围内的"伊拉斯谟奖学金计划",这一计划旨在促进学生在欧洲范围内的交流。

其次,为了提升大学整体科研水平、促进大学之间竞争、增强德国大学在全球的学术竞争力和声誉,德国从 2006 年起开始实施卓越计划。从 2018 年起,第二期卓越计划更名为卓越战略,包括卓越集群和卓越大学两线投资。每年计划投入 5.33 亿欧元。

最后,为了推动应用科学大学更好地培养应用型人才、服务地方经济发展,德国联

---

① 教育报告编写组 . 德国教育报告 2020 [M].Bielefeld:wbv,2020:93-95.
② 教育质量发展研究所 [EB/OL].[2024-03-18].
③ 主干中学与实科中学毕业生数学教育标准与素养分层模型 [EB/OL].[2024-03-18].
④ IQB 教育趋势:基于各州文化部长会议教育标准的国家教育监测 [EB/OL].[2024-03-18].

邦及州政府开展了一系列的"应用科学大学研发"行动，旨在进一步彰显应用科学大学研究的独特性和成功因素，特别是通过与企业或其他实践合作伙伴的合作，促进应用型知识和技术的转让。2008 年，宪法规定联邦和州政府协作为其提供资助。年度预算已经从 1 000 万欧元增加到 2018 年的近 6 000 万欧元。

4. 职业教育

职业教育方面，德国推出了"职业教育 4.0 计划"[①]，以应对"工业 4.0 计划"的教育需求。2016 年，联邦政府与德国职业教育研究所合作启动该计划，目标是提升培训者在数字化时代开展职业教育的能力和数字化技能。通过制定《共同建设数字化世界中的高质量职业学校》等政策，德国加大了对职业学校基础设施的投入，并设立多个改革资助项目。2019 年，德国《职业教育法》完成修订。主要内容包括：进一步明确职业教育条例（《职业进修促进法》确定的 300 多个教育职业）；细化学徒职教合同，包括规定企业及学徒的义务，确定"双元制"学徒报酬的最低额度，增强学徒的权利保障，拓宽学徒与其他教育阶段的联通性等。此外，法律还规定了职业进修三级结构学位化（合格职业技师、职业学士、职业硕士）；对国外职业资格在德国进行同等化认证等内容。这一方面提升了现有双元制职业教育的吸引力，另一方面增强了职业教育与高等教育、职前教育与职后进修的协调，促进了职业教育的国际合作。

（二）代表性政策分析

《2008 年儿童促进法》

（1）背景

随着社会和经济的发展，德国面临着提升学前教育质量和普及程度的需求。特别是为了促进儿童早期发展、支持家庭工作和生活的平衡，以及应对人口结构变化带来的挑战，德国政府不断推动学前教育政策的改革和完善。

（2）内容

《2008 年儿童促进法》旨在扩大和提升德国学前教育服务，确保所有儿童特别是 0～3 岁儿童，能够获得高质量的教育和照护。该法主要内容包括：增加托儿中心和家庭托儿名额，制定和实施学前教育质量标准，提供经济支持以减轻家庭负担，并为弱势群体如移民家庭、低收入家庭和单亲家庭，提供额外的支持和服务。该法还强调对幼儿教育工作者的培训和职业发展，改善其工作条件和待遇，以提升学前教育的整体水平。

（3）结果与影响

《2008 年儿童促进法》通过扩大学前教育的覆盖面和提高教育质量，促进了儿童的早期发展，为其未来的学业和生活打下坚实基础。《2008 年儿童促进法》也帮助家庭更好地平衡工作与育儿责任，特别支持弱势群体，促进社会公平。

"国家融合计划"

（1）背景

由于欧盟经济的一体化、德国因劳动力短缺吸收外来移民的传统以及难民的增加，

---

① 职业教育 4.0 [EB/OL].[2024-03-18].

德国的移民比例日渐增加。2018 年，德国有 2 000 万人口有移民背景，占总人口的 1/4，其中一半为外国人。[①] 移民子女往往因家庭背景、语言劣势等原因，受到很多融入阻碍。因此，移民子女的教育问题日渐受到重视。德国在联邦和州各个层面，开展多种形式针对移民子女的教育项目，以教育促进融合。这些项目往往是一系列移民融入政策在教育领域的体现。

（2）内容

2007 年德国在联邦层面实施了"国家融合计划"。[②] 国家融合计划最重要的语言部分主要在学校教育中实施。如"移民背景儿童和青少年支持计划"[③] 旨在开发、测试和审查创新方法，系统地提高移民儿童和青少年的语言技能。

（3）结果与影响

国家融合计划取得了一定成效。但由于移民的日益多样化（越来越多来自欧盟内部移民且近几年越来越多的难民），移民子女的教育差距逐渐演变为家庭社会经济地位所带来的教育差距。PISA 语言测试结果分析表明，2018 年移民子女与非移民子女的语言能力差距，更多地可以用家庭社会背景来解释。[④] 在不控制学生和学校背景前，移民子女与非移民子女阅读成绩的差距为 63 分，这一巨大差距在控制了背景后缩小到 17 分。[⑤] 这让教育部门认识到移民身份问题很大一部分还是阶层身份问题，不可能通过教育政策解决移民的所有问题。因此，专门针对移民在中小学开展的教育行动变少了，更多的行动转移到对国外取得职业资格的移民在德国进行认证和对移民（含难民）进行"语言 + 职业培训"等方面。

"卓越计划"

（1）背景

在"卓越计划"之前，德国大学之间差异极小，各州各校之间在资源分配上有平均主义倾向，德国大学的科研水平在世界大学的学术排名中不占优势，尖端科研的国际竞争力弱，缺乏与大学外四大研究所的科研合作。竞争、绩效等新公共管理主义的理念并未在德国高等教育治理中起到作用。因此，德国需要开启自己的一流大学建设运动，"卓越计划"呼之欲出。

（2）内容

"卓越计划"是德国提升大学整体科研水平、促进大学之间竞争、增强德国大学在全球的学术竞争力和声誉的重要改革。从 2006 年起，德国政府开始实施第一期"卓越计划"。具体来说包括三线投资（研究生院、卓越集群、卓越大学）、两段计划（2005—2011 年；2012—2017 年）。[⑥] 一段计划中联邦和州共投资 19 亿欧元支持了共 85 个项目；

① 2018 年每四个学生就有一个有移民背景 [EB/OL].[2024-03-18].
② 国家融合行动方案 [EB/OL].[2024-03-18].
③ 移民背景儿童与少年支持计划 [EB/OL].[2024-03-18].
④ Weis，M.，Müller，K.，Mang，J.，Heine，J.H.，Mahler，N.& Reiss，K.Soziale Herkunft，移民背景和阅读能力 Zuwanderungshintergrund und Lesekompetenz[C].In K.Reiss，M.Weis，E.Klieme & O.Köller（Hrsg.），PISA 2018.Grundbildung im internationalen Vergleich（S.129-162）.Münster：Waxmann，2019.
⑤ Country Note Germany[EB/OL].[2024-03-18].
⑥ 联邦与州的卓越计划（2005—2017/2019）[EB/OL].[2024-03-18].

二段计划投入 27 亿欧元，支持了 45 个研究生院项目、43 个卓越集群项目以及 11 个卓越大学项目。联邦和州投入比例为 75∶25。从 2018 年起，第二期"卓越计划"更名为"卓越战略"，包括卓越集群和卓越大学两线投资。每年计划投入 5.33 亿欧元。

（3）结果与影响

"卓越计划"打破了德国大学的原有"平等"生态，带来了巨大变化，被学界称为德国高等教育政策的"范式转换"[①]。2016 年国际专家委员会对第一期卓越计划进行了评估。评估报告[②]显示，计划促进了大学之间的分化，受卓越集群项目支持大学凸显了这些学科的优势，产生了令人印象深刻的研究绩效。计划改善了大学的治理结构，触发了竞争新联邦主义，但治理结构仍有改进空间。计划对将大学整合进国家研究体系以及国际化也有正面影响，但对于学术后备力量培养（研究生院项目）作用模糊。已有学术研究支持"卓越计划"对大学聚焦研究、促进大学与研究所合作有益，但并未发现其为整体研究体系带来大规模变化。

"职业教育 4.0 计划"

（1）背景

经济合作与发展组织预测，到 2030 年有 35% 以上的职业会发生根本性变化，其中数字化是常规职业被替代的最大推动力。2013 年，德国正式提出"工业 4.0 计划"，旨在推动制造业的智能化升级，以提高德国制造业的全球竞争力。产业升级使得生产、物流、商业等各领域对于人员数字化技能的要求不断提升。这一趋势要求职业教育和培训进行相应改革。

（2）内容

"职业教育 4.0 计划"[③]正是应对企业生产场所不断提高的数字化水平而提出的，是"工业 4.0 计划"的教育应对计划。2016 年，联邦政府与德国职业教育研究所合作启动该计划，具体包括：检查调研受数字化影响的职业及其流程；在跨企业职教中心开展数字化培训；开发基于数字媒体的职业教育解决方案（如开放性教育资源）。此外，对企业内部的培训者开展了"培训者的媒体与 IT 能力""网络 Q4.0"等计划，提升培训者在数字化时代开展职业教育的能力和数字化技能。通过制定《共同建设数字化世界中的高质量职业学校》等政策，德国加大了对职业学校基础设施的投入，并设立多个改革资助项目。

（3）结果与影响

"职业教育 4.0 计划"的实施年份不长，但已经取得了一些成效。比如："双元制"职业学校的数字化基础设施以及智慧学校建设取得一定进展；中小企业以及跨企业培训中心培训者的媒体素养及媒体教学能力得到提升；构建了一批面向培训者的数字化学习媒体资源，对数字化背景下学生的学习方式也产生了积极影响。但政策的长期影响目前尚未经过严谨的评估。

① Hartmann M.Die 卓越计划—德国高等教育政策的范式转变 Exzellenzinitiative—ein Paradigmenwechsel in der deutschen Hochschulpolitik[J].Leviathan，2006：447-465.
② 卓越计划评估国际专家委员会 [EB/OL].[2024-03-18].
③ 职业教育 4.0 [EB/OL].[2024-03-18].

第三节　德国教育现代化的核心指标分析

本节将按照普及与公平、质量与结构、条件与保障、服务与贡献四个维度，对相应指标进行描述性分析，以更好地展现德国教育现代化的发展趋势。

一、普及与公平

从各级教育的毛入学率看（见表 4-1），德国的教育普及率在各个教育阶段均较高。其中 3 岁以下早期教育普及率超过 72%，学前教育毛入学率高达 108%，高等教育毛入学率约为 70%，中小学各学段的毛入学率均接近 100%。并且中小学教育的普及率在过去 50 年中一直较高。从义务教育法定年限看，2010—2020 年德国义务教育法定年限均为 13 年。[①]

表 4-1　德国各级教育毛入学率及变化[②]（单位：%）

教育阶段	年份	
	2015	2020
早期教育	73.20	72.07
学前教育	108.79	108.03
小学教育	101.67	101.10
初中教育	97.36	97.48
高中教育	101.52	96.42
高等教育	67.75	72.99

德国教育普及度与经济发展水平的关联性可通过人均 GDP 的关键节点来考察。根据历史数据，德国在 1971 年（3 000 美元）、1986 年（10 000 美元）、1990 年（20 000 美元）和 2003 年（30 000 美元）四个经济发展阶段呈现出显著的教育转型特征。由于其中小学教育普及率长期保持高位，重点变化主要体现在教育体系的两端：高等教育领域在 1980 年前后（人均 GDP 约 10 000 美元时）进入大众化阶段，到 1997 年前后（人均 GDP 介于 20 000～30 000 美元）则实现了普及化发展。这一演变轨迹清晰展现了德国教育体系与经济发展的协同推进过程，特别是高等教育规模扩张与经济水平提升之间的紧密关联。

从服务业增加值占 GDP 比重看，德国在东、西德统一时（1990 年）教育毛入学率已经达到 56.37%，在 1996 年达到 61%（60% 为"服务经济"的指标），随后一直在 62% 左右徘徊。这一发展变化趋势既与所谓 70% 的发达国家水平标准不符合，也与德国的高等教育普及率没有关联性。

---

① 参见联合国教科文组织统计研究所。
② 参见联合国教科文组织统计研究所。

二、质量与结构

德国过去 30 年中基础教育阶段的结构变化主要体现在多学制中学的增加以及学生选择高等教育而非职业教育的比例稍有提高。根据德国各级教育完成率数据（见表 4-2），德国近十年的小学教育完成率保持在 98% 以上，显示出义务教育阶段的稳定性；初中教育完成率呈现小幅波动，从 2010 年的 94.04% 降至 2015 年的 92.62%，2020年回升至 93.64%，可能与学制调整和分流政策变化有关；高中教育完成率则从 2010 年的 79.56% 略微下降至 2015 年的 78.76%，2020 年回升至 81.28%。

表 4-2　德国各级教育完成率及变化（单位：%）

教育阶段	年份		
	2010	2015	2020
小学教育	98.12（2011）	98.45（2013）	/
初中教育	94.04	92.62	93.64
高中教育	79.56	78.76	81.28

数据来源：联合国教科文组织统计研究所。

高等教育阶段则主要在学科结构和层次结构两个方面发生变化。德国高等教育在校生所学习的学科分为人文学科、体育、法学/经济学/社会科学、数学/自然科学、医学/药学、农林与食品科学、工程学、艺术以及其他 9 个大类。过去 30 年中，学生所学增幅最快的领域是法学/经济学/社会科学，人数增加了 1.5 倍。其次为工程学科，人数增加了 1.4 倍。学习人文学科、数学与自然学科的学生数量也在增加，但增幅不大且在 2014—2015 学年之后有所下降。医学等其他学科领域虽有不同程度的增幅，但基数较小。

从比例看，2018—2019 学年占比最高的是法学/经济学/社会科学领域（37.2%），其次为工程学科（27.0%）。在这两个领域学习的学生占到全部学生的六成以上。在人文学科和数学与自然科学领域学习的学生占比较为接近，均在 11.5% 左右。其他学科领域合计约占 13%。

德国高校的层次结构变化以 2000 年加入博洛尼亚进程为界。在此之前，德国大学授予毕业文凭、国家考试文凭、博士三种学位。应用科技大学只能授予毕业文凭、国家考试文凭两种学位。毕业文凭是最主要的学位类型，学习年限一般在 4～5 年。部分学生以国家考试文凭的形式获取学位。国家考试文凭的学习领域主要有教师教育、牙医学、医学、药学、兽医学、法学、神学等，一般学习年限为 4～5 年。这两类学位大体相当并且在实际中也被认可为中国的硕士层次学位。总体而言，在博洛尼亚进程前，德国高等教育只能分为硕士和博士两个层次。其中，应用科学大学只有硕士一个层次。

加入博洛尼亚进程后，德国引入了学士和硕士两种新的学位，相当于将毕业文凭分解成两个层次。到 2008 年，国家考试文凭中的教师考试文凭也可分解为学士和硕士两个层次。但毕业文凭与国家考试文凭并没有完全消失，而是和学士、硕士文凭并存。

根据毕业生文凭数据，1970 年前后德国应用科学大学刚开始出现，高校硕士层次占比为 83% 左右，其中大学颁发的毕业文凭和教师资格考试证书各约占一半；此外，博士层次占比约 17%。从 1975 年应用科学大学开始颁发毕业文凭。此后直至 2000 年，德国高等教育的层次结构在硕士—博士比例上一直保持较为稳定的态势，维持在 90∶10 的比例。但硕士层次内部有结构变化，具体表现为：从 1975 年至 1990 年东、西德统一，大学颁发的毕业文凭比例从 30% 上升至 50%，此后一直保持 45%～50%。教师考试证书的比例在 1975—1990 年呈下降态势，但在 1994 年之后一直保持稳定，占比约 10%。应用科学大学颁发的毕业文凭一直保持稳定，大约在 30%。从 2000 年开始，德国高校开始颁发学士与硕士学位，部分替代了大学和应用科学大学原先颁发的毕业文凭。一个明显的趋势是毕业文凭颁发的比例逐渐减少，到 2017 年大学颁布的毕业文凭仅占不足 7%；应用科学大学颁发的毕业文凭比例降至不足 2%。而颁发学士和硕士学位的比例从 0 开始逐年升高，其中学士学位占比到 2017 年已经超过 50%，硕士学位占比达到 27%。教师资格考试文凭始终保持在 9% 左右。博士文凭的比例缓慢下降至 6% 左右。如果将学士文凭、教师考试证书中的学士文凭统一记作学士学位，将毕业文凭、教师考试证书中除学士文凭外的文凭统一记作硕士学位，德国高校 2017 年颁发的学位中学士、硕士、博士的比例约为 52∶42∶6。

根据德国高校的在校生统计数据，在校生攻读的学位共 101 个小类。其中含有学士的小类（包括教师考试文凭中属于学士的小类、应用科学大学文凭中属于学士的小类）统一归为学士学习层次，硕士、教师考试证书以及应用科学大学毕业文凭中不属于学士的小类、其他国家考试文凭、毕业文凭统一归为硕士学习层次，其他学位、在其他国家获取学位、不为攻读某一学位视为其他层次。1998—2018 年，德国高校中博士层次的注册在校生所占比例变化不大，一直在 4% 左右波动。硕士层次的注册在校生比例逐渐下降，从 1998 年的 94.7% 下降至 2018 年的 33.4%。同期学士层次的注册在校生比例则从 1998 年的 0% 上升至 2018 年的 61.8%。根据在校生计算的学士比例稍高于根据毕业生计算的学士层次比例，硕士比例则稍低于根据毕业生计算的硕士层次比例。这可能因为随着博洛尼亚进程的深入推进，学生选择学士层次学习的比例有升高趋势。

三、条件与保障

总体而言，德国发展各级各类教育的条件较好，公共教育支出以及研发经费较为充足（见表 4-3）。如表 4-4 和表 4-5 所示，德国生师比处于低位，中小学的班级规模均在 25 人以下，这为开展更具个性化的教育教学提供了条件。但中小学教师队伍的年龄结构不容乐观，老化较为严重。小学、初中和高中教师群体中，50 岁及以上的教师平均占比分别为 41.96%、46.80% 和 42.52%（见表 4-6）。

表 4-3 2010—2020 年德国政府教育支出、公共教育财政和公共研发经费占 GDP 比例（单位：%）

项目	年份		
	2010	2015	2020
政府教育支出占 GDP 比例	5.10	4.86	5.59
公共教育财政占 GDP 比例	4.29	4.16	4.58
公共研发经费占 GDP 比例	2.73	2.93	3.13

数据来源：政府教育支出占 GDP 比例数据来源于联合国教科文组织统计研究所，公共研发经费占 GDP 比例数据来源于 OECD Education spending。

表 4-4 2013—2020 年德国各教育阶段生师比（单位：%）

教育阶段	年份							
	2013	2014	2015	2016	2017	2018	2019	2020
学前教育	10.30：1	10.08：1	9.75：1	9.65：1	9.49：1	9.36：1	9.34：1	9.15：1
小学教育	15.62：1	15.44：1	15.45：1	15.32：1	15.40：1	15.27：1	15.06：1	14.86：1
初中教育	13.61：1	13.39：1	13.26：1	13.19：1	13.15：1	13.03：1	12.93：1	12.83：1
高中教育	13.22：1	13.06：1	13.00：1	12.90：1	12.70：1	12.57：1	12.35：1	12.18：1
高等教育	11.69：1	11.82：1	11.97：1	12.09：1	12.09：1	11.97：1	11.90：1	11.70：1

数据来源：经济合作与发展组织。

表 4-5 2005—2020 年德国小学、初中教育班级规模（单位：人）

教育阶段	年份			
	2005	2010	2015	2020
小学	22.05	21.48	20.70	20.94
初中	24.74	24.71	24.06	23.88

数据来源：经济合作与发展组织。

表 4-6 2010—2020 年德国教育师资队伍年龄结构（单位：%）

教育阶段	年龄段（岁）	年份		
		2010	2015	2020
学前教育	<30	19.75	21.04	21.57
	30～39	24.00	23.27	24.23
	40～49	30.78	26.27	23.97
	50～59	23.79	25.02	22.44
	>60	1.68	4.41	7.80
小学教育	<30	7.18	8.17	8.22
	30～39	21.68	23.69	26.38
	40～49	23.46	27.35	28.00
	50～59	37.08	25.84	26.25
	>60	10.61	14.95	11.15

续表

教育阶段	年龄段（岁）	年份		
		2010	2015	2020
初中教育	<30	5.29	6.95	6.96
	30～39	16.95	21.43	28.72
	40～49	23.18	23.43	26.72
	50～59	42.16	31.35	25.78
	>60	12.43	16.85	11.82
高中教育	<30	3.38	6.48	6.05
	30～39	24.29	26.02	29.15
	40～49	25.80	27.66	23.65
	50～59	36.68	26.21	26.71
	>60	9.87	13.64	14.44
高等教育	<30	23.47	25.07	22.79
	30～39	29.72	30.31	29.09
	40～49	22.78	19.70	18.65
	50～59	15.78	16.16	18.53
	>60	8.26	8.76	10.94

数据来源：经济合作与发展组织。

四、服务与贡献

总体上看，德国教育的服务与贡献符合该国国情。从 2015 年到 2020 年，德国受高等教育人口比例稳步提升，从不足 28% 至超过 30%，且近十年来人均受教育年限逐年提升。2020 年，德国人口中超过 30% 的人口获得的最高学历为本科及以上学历。近年来高等教育毕业生就业率也稳定在 88% 以上（见表 4-7）。

表 4-7　2015—2020 年德国教育服务与贡献指标表现（单位：%）

年份		2015	2020
平均受教育年限（年）		14.08	14.26
受教育程度人口比例	小学	3.28	4.28
	初中	9.93	9.62
	高中	47.88	41.76
	高等教育	27.64	31.26
	本科	14.67	17.02
	硕士	10.99	12.05
	博士	1.34	1.64

续表

年份		2015	2020
各教育阶段就业率	小学	48.02	50.18
	初中	62.27	68.19
	高中	78.66	80.71
	高等教育	88.13	88.67
	本科	88.05	87.61
	硕士	87.53	89.53
	博士	93.56	93.08

数据来源：平均受教育年限数据来源于联合国教科文组织统计研究所，受教育程度人口比例和各教育阶段就业率数据来源于经济合作与发展组织数据。

第四节　德国教育现代化的经验与启示

一、德国教育现代化的经验

（一）实现教育普及

第一，国家努力保障人的受教育权，尤其是不能因为家庭经济原因让儿童的受教育权受损。迄今为止，不仅德国的公立基础教育学校不收取任何学费，一些州的高等教育也开始取消学费。德国公共财政对教育支持的力度很大，使得家庭的教育成本分担比例极低，保证了德国教育的普及。

第二，将学前教育，尤其是3岁以下儿童的保育视为促进女性劳动力参与、提升人口数量与质量的重要福利措施。面对德国生育率低、劳动人口短缺等问题，政府提供高质量且由政府补贴的日托服务不仅免除了父母的后顾之忧，也显著提升了学前教育的普及率。

第三，重视学徒的劳动价值，提高中等职业教育的普及率。在"双元制"职业培训中，《职业教育法》明确规定了学徒的最低工资，对主导培训的企业提出了各种要求，保障了学徒的权利，防止了企业对学徒的"剥削"，保证了"双元制"职业教育的普及。

第四，扩大学位供给和学生选择自由，保证高等教育普及。德国高等教育总体学位充足，能够满足所有符合资格的学生需要。同时，没有参加高考的学生也可以通过其他立交桥（如开放高校计划）进入大学或应用科学大学学习；对于在校生，转专业、转学校、出国留学、超期就读所给的限制极少，在很大程度上保障了高等教育的普及。对于辍学的大学生，政府仍然将其视为重要人力资源，设立各种计划帮助他们接受职业教育，实现了"离校不辍学"。

第五，将博士研究生视为学术后备力量，提高了博士生教育的入学率。无论是在大学还是研究所，德国将博士生视为"学术雇员"，向其支付能保证体面生活的工资或者相当的奖学金，保障了博士生教育的普及率。

（二）推动教育公平

第一，重视对教育公平程度的监测。自德国意识到自身教育公平度不高后（以家庭背景出身和学业成就以及其他教育获得的关联度表征），社会各界都关注对教育公平程度的动态监测。这让教育公平成为一种全社会尤其是教育决策者非常关注的议题，推动了教育公平问题的缓解。

第二，重视处于不利地位家庭子女的教育。移民（含难民）及其子女、残疾儿童少年、领取救济金的家庭、多子女家庭是各种教育政策重点关注的对象。政府提供各种补贴或优惠措施以让不利地位家庭子女的受教育权和入学机会得到充分保障。这在学前教育、基础教育、职业教育等各教育类型和阶段中均有体现。

第三，保证公立教育的绝对主体地位，对私立学校严格监管并大量补贴。德国普通教育的私立学校学生占比已经从东、西德统一后的 0.9% 增加到 2016 年的 9.9%。但这些私立学校主要是教会所办，并非贵族学校，主要满足特殊教育、寄宿制等特别需求。政府在教育目标、设施配置、教师培训等方面对私立学校的要求与公立学校等同。私立学校和公立学校的学生在家庭社会经济地位上差别极小。这在很大程度上避免了学校的分化，保证了教育的公平性。

第四，确保教育过程中的补偿性公平。就政策层面而言，德国的小学无论是资金投入还是教师人力投入差异均不大。但考虑到半日制教学可能扩大家庭背景的劣势，德国广泛开展全日制学校建设，加大对弱势儿童的学校教育补偿力度，"以校内补偿校外"，促进教育过程公平。

第五，通过融合措施保障残疾儿童少年接受平等教育。德国的残疾儿童原先在特殊教育学校接受教育。2007 年，德国签署了《联合国残疾人权利公约》。自此，全纳教育替代了德国传统的残疾儿童与普通儿童分校教育体系。近年来，德国在普通学校提供了更多全纳学校服务，让残疾儿童和普通儿童合校接受教育。2008—2009 学年，占全德5.9% 的特殊教育学生只有 1.1% 在普通学校就读。2018—2019 学年，占全德 7.4% 的特殊教育学生已有 3.2% 在普通学校就读。[①] 全纳学校是促进教育过程公平的重要措施。

（三）提高教育质量

第一，重视统一的考试测评，开展全国性质量监测。在 2000 年"PISA 震惊"后，德国开始成立专门组织制定国家教育标准，定期组织测评并发布报告，在各州间开展比较。外部评价引起社会舆论，刺激教育体系树立质量意识，重视教育成果，提升基础教育质量。

第二，不断修订教育职业培训条例（国家认证的 300 多个职业），保障"双元制"职业教育质量。联邦职业教育研究所常年开展这项工作，并不断增加新出现的职业并更

---

① 教育报告编写组. 德国教育报告 2020[M].Bielefeld：wbv，2020.

新现有的职业条例，让培训条例始终能紧跟职业发展实践。

第三，严格大学课业标准，保障高等教育教学质量。德国大学奉行"宽进严出"，有较为严格的课业标准。2018 年，大学本科生和硕士生的辍学率分别高达 27% 和 17%，[①] 其中很大一部分原因是成绩达不到要求或缺乏学习动力。虽然这一数据经常被视为高等教育的问题所在（本不应该上大学的学生上了大学），但也体现了大学教师在保障教育质量方面的严格和努力。

（四）优化教育结构

第一，注重不同学习的联通，加强中等教育结构的开放性。德国中等教育存在典型的"三轨制"，虽然结构和出口清晰，但也已经成为影响教育结果平等的重要因素。因此，德国通过建立多学制中学来扩大学生对不同轨道的选择。虽然成效尚不明显，但在改变非常固化的教育结构方面可供借鉴。

第二，注重职前教育与职后进修、"双元制"职业培训与学校职业教育之间的联系、互通与整合。《职业教育法》中对职前教育与职后进修是统筹考虑的，存在合适的资格衔接；"双元制"和全日制职业学校是并存的，二者能够各自发挥优势，优化中等职业教育的结构。

第三，坚持高等教育学术型和应用型的分化，优化高等教育结构。自 20 世纪 70 年代应用科学大学出现以来，其特色不断彰显（注重实践、学以致用、教学优先、校企合作、结构化课程、学时相对较短等），在校生人数占比已经从 0% 发展至近 40%，是德国最成功的高等教育改革之一。[②]

第四，充分发挥行业企业的作用，优化教育供给的教育和非教育部门布局。在中等职业教育领域，德国不断强化其特色优势，鼓励企业更多投入；在高等教育阶段，顺应企业界办"双元制"高等教育的要求，举办"双元制"职业学院，进一步体现企业需求和办学优势。

（五）保障教育条件

首先，在财政投入上确保教育科研优先地位。德国曾提出教育科研预算占 GDP 总量 10% 的目标。虽然由于金融危机等情况并未实现，但政府仍在围绕这个目标努力推进教育投入增长，联邦政府也在寻找各种机会进行教育投资。从 2009 年开始，德国公共教育支出占 GDP 的比重均超过 4%。

其次，注重基础教育阶段的财政投入均衡度。德国基础教育投入主要在地方，但德国发展的地方不平衡现象仍然存在（主要是东西部之间的差距），因此德国联邦政府在财政方面给予落后地区大力支持，避免地区差距过大。2016 年的公立中小学生人均教育支出甚至出现了东部高于西部的情况。

---

① Drop-out rates of German first-degree students，by types of higher education institution and selected degree types[EB/OL]. [2024-03-18].

② 彭湃. 德国应用科学大学的 50 年：起源、发展与隐忧 [J]. 清华大学教育研究，2020（3）：143-155.

（六）改进教育治理

首先，紧密联系合作，推进多方共同治理。德国教育事业的推进既需要联邦、州及地方政府的紧密合作，也需要教育部门、劳动部门以及其他社会伙伴的顺畅协作。因此，德国推出的几乎所有教育改革都是多方合作、共同治理的结果。在高等教育领域，德国推行的"卓越计划"并非由政府直接管理，而是依靠德国科学基金会和科学评议会组织。在职业教育领域，联邦教育与科研部和联邦劳动与社会事务部合作推进工作。而继续教育则有更多部门和社会伙伴参与。合作共同治理有助于从更广阔的视角理解和改革教育，从而取得较好的改革成果。

其次，注重依法治教，出台政策之前都有立法扫清障碍。无论是高等教育的卓越计划、高校协定等改革，还是职业教育领域的外国资格认证等改革，都是立法先行，或者地方立法先行。

（七）促进服务贡献

首先，鼓励应用科学大学的应用型研究，充分发挥其服务地方企业的功能。专门提供各种应用型研究项目资金支持应用科学大学开展应用型研究，引导其服务地方。

其次，不盲目追随各种排名和"国际化"，坚持自身的教育特色。比如德国虽然是欧盟的主导国家，但在教育的标准化上并不盲目，对职业教育的"双元制"、科研体系坚持自身特色。

二、德国教育现代化的启示

（一）将学前教育政策作为人口政策的重要配套

德国人口发展的少子化趋势推动了学前教育的系列改革。我国同样也处于这样的进程中，需要提前对事关我国人口发展的重要政策与学前教育的相互影响做深入研究。学前教育政策需要成为人口政策（如"全面三孩"政策）的重要配套。

首先，需要扩大公共财政支持学前教育的力度，进一步降低家庭承担学前教育的经济和时间成本。大力兴办公办幼儿园以及普惠性民办幼儿园。在有可能的情况下，将学前1年纳入义务教育范畴，由公共财政提供支持。

其次，提供幼托服务是保障年轻夫妇生育意愿的重要条件。需要对3岁前的早期教育及幼托服务做提前谋划，在大城市中试点建立社区和家庭结合的幼托服务机构，为家长提供可得、便利、灵活的早教与幼托服务。

最后，进一步提高学前教育的质量，包括提升学前教育的师资专业化水平，提升游戏和活动育人的质量，杜绝幼儿园小学化现象。尤其是国家需要支持广大农村地区建立学前教育的基本质量保障体系，包括引入专业的保育力量（当前农村的幼儿园师资大多非学前教育专业），提升农村幼儿园基本设施建设水平等。

（二）推动基础教育优质均衡发展

德国基础教育近年来的发展趋势是注重学业标准和质量、提升学习成果的平等化程度。德国基础教育发展的经验对我国有如下启示。

首先，进一步强化义务教育优质均衡发展。这一发展政策在我国已经取得了明显成效。但大城市中民办学校与普通公办学校的学业成绩差距以及由学业成绩差距所导致的声望差距仍存在扩大趋势，衍生出"掐尖""择校热""学区房热"等系列现象，不利于义务教育的均衡发展。因此，我国需要在招生及学生出口的制度设计上进一步体现优质均衡发展的理念。

其次，继续保障流动学生的平等受教育权。参考德国对于移民子女教育的相关措施，我国应在保证义务教育阶段流动儿童受教育权的基础上，加强对于在流入地长期就读学生就地参加高考的制度设计。

最后，将课后辅导纳入公立学校服务范畴。参考德国设立全日制学校保障不利地位家庭子女教育的相关政策，建议我国将课后辅导纳入公立学校的服务范畴。这样做一方面便于家长接送，另一方面可以减轻部分学生的课外辅导压力。

（三）加强职业教育顶层设计

"双元制"职业教育在德国的成功，依赖多重因素的保障。我国要发展高质量的职业教育，可以从优化职业教育发展环境以及做好顶层设计方面学习借鉴德国的经验。

第一，扶持大批行业企业所办的职业学校或应用型高校。企业办职业教育有着需求明确、学以致用、与产业无缝对接等固有优势。国内一些企业已经有很好的先例，也有一些企业（如江苏昆山等德资企业集聚地）学习德国"双元制"建立了自身的职业培训体系。我们认为应摆脱唯教育部门办职业教育的桎梏，加大力度扶持类似的新样态职业教育学校以及人力资源部门举办的技工学校。从税收优惠、补贴等多方面入手，让行业领先企业所办的职业学校和应用型高校成为国家技能形成体系的重要组成部分。

第二，构建"职教跟着产业走"的职业教育布局调整计划。已有经验表明，那些不靠近产业、不围绕产业布局的职业学校只能提供"保底线"，谈不上是有质量的职业教育，学生从中学不到"真本事"。职业教育布局不能再按照行政指令安排，需要将地方产业对职教人才的需求、地方产业能提供的实践师资以及与地方产业合作办学的机制作为职教机构与专业布局的门槛标准。

第三，鼓励产业群企业建立行业协会参与职业教育。德国"双元制"起源于行业协会的规定。行业协会深度介入职业教育具有独特优势。而我国的行业协会作为社会组织本身发展非常滞后，在行业企业的人才培养服务方面更是作为甚少。因此，需要基于产业群（同一产业集群所需的技能人才规格接近）建立以服务企业发展为目标的行业协会。唯有如此，行业协会才有可能主动满足企业的用人需求，在职业教育方面发挥重要作用。

（四）引领高等教育更好服务经济社会发展

第一，加快高等教育分类发展的进程。德国的高等教育学术型与应用型分类清晰，应用型高校特色明显，社会认可度高。对我国而言，"双一流"建设已经为学术型高校提供了极大支持，高等职业院校也有"双高"计划的支持。但为数众多的应用型高校目前还没有系统的、充足的财政支持。这对于分类发展是极为不利的。建议国家教育主管部门设立支持应用型高校发展的引导基金，支持一批办学成果卓著的高水平应用型高校发展，以其为示范，形成应用型高校高质量发展的新局面。

第二，提高专业学位研究生教育产教融合的程度。产教融合培养研究生，是德国研究生教育的重要经验。我国的专业学位研究生将成为未来研究生教育的主体。建议学习德国应用科学大学以及弗朗恩霍夫协会研究所的经验，通过校企联合设立项目制专业硕士 / 博士项目，将研究生培养与解决企业现实问题结合起来。此外，需要改革中央主管部门直接调控硕博士招生指标的制度，在专业学位招生指标方面给予培养单位更大的自主权，让培养单位成为面向市场自主办学的主体。

第三，进一步扩大教育对内对外开放的力度。一是鼓励支持地方政府、企业家、社会团体等多主体举办高等教育机构。特别是对于举办应用型高校、行业特色型高校、新型研究型大学应给予更大的支持力度和发展空间。二是扩大我国高等教育面向"一带一路"共建国家的开放力度，大力吸引"一带一路"共建国家留学生来华学习，同时也鼓励我国高等教育机构到"一带一路"共建国家办学。

第五章　法国教育现代化

　　法国在国际舞台上具有重要地位，其政治、经济、科技、文化的发展均对世界格局发挥着重要作用。法国是联合国五大常任理事国之一，也是许多重要国际组织的所在地。经济方面，法国是欧洲四大经济体之一，工业、农业、旅游业等都极其发达。科技上，法国在核能、航空航天、石油化工、交通等领域都处于世界领先水平。法国文化源远流长，是世界闻名的文化大国，诞生了众多具有世界影响的文学、艺术巨匠。法国在现代化进程中取得的这些辉煌成就离不开法国不断优化的教育体制与人才培养体系的支撑。本章力图梳理剖析法国现代化进程中的教育演进，以期为我国教育强国建设提供参考。

　　法国在 19 世纪中期基本完成工业革命，成为当时仅次于英国的工业国家，是世界上较早启动现代化进程的国家之一。然而与英国平稳渐进式的现代化进程不同，法国采用了激进革命的方式实施政治现代化，革命与反革命、复辟与反复辟、帝国制与共和制的斗争使得法国的现代化进程艰难而漫长。在这一过程中，法国教育也受政治、经济的影响，在不断地迭代、停滞、倒退与进步中为适应政治、经济、社会的现代化而调整、革新。法国的教育根据其文化背景与思想传统，在现代化进程中也始终保持着自身的特色，值得我们借鉴与研究。

　　本章分四个部分考察和论述法国教育现代化：首先介绍法国的教育概况，包括法国的教育体系、教育规模及教育发展现状；其次把法国教育现代化演进历程分为四个阶段，即法国教育现代化的起始阶段、初步发展阶段、全面发展阶段及新世纪以来的调整优化阶段，并分别选取各阶段典型的教育政策加以分析；再次选取法国教育相关核心数据进行解读；最后总结法国教育现代化的经验以及对我国教育现代化的启示。

第一节　法国教育概况

一、法国教育体系概览

　　法国现行学制如图 5-1 所示。

　　法国的教育体系完善，分为初等教育（学前教育和小学教育）、中等教育（初中和高中）和高等教育三级体制。在初等与中等教育层级中，法国又将每个层级细分为不同的阶段，赋予每一个阶段或学年不同的教育目标。法国义务教育覆盖 3 ～ 16 岁，包括：3 年的学前教育（幼儿园）、5 年的小学教育、5 年的中学教育（4 年的初中教育和 1 年的高中教育）。义务教育阶段完成之后，学生可继续学习，在高中最后一年通过全国性会考，获得国家颁发的中学毕业证书后可进入高等教育阶段。法国的教育体系体现出丰富多样且完善灵活的特点，本章根据法国教育体系的层级划分，分别介绍法国的初等教育（学前教育和小学）、中等教育（初中和高中）、高等教育、职业教育以及特殊教育体系。

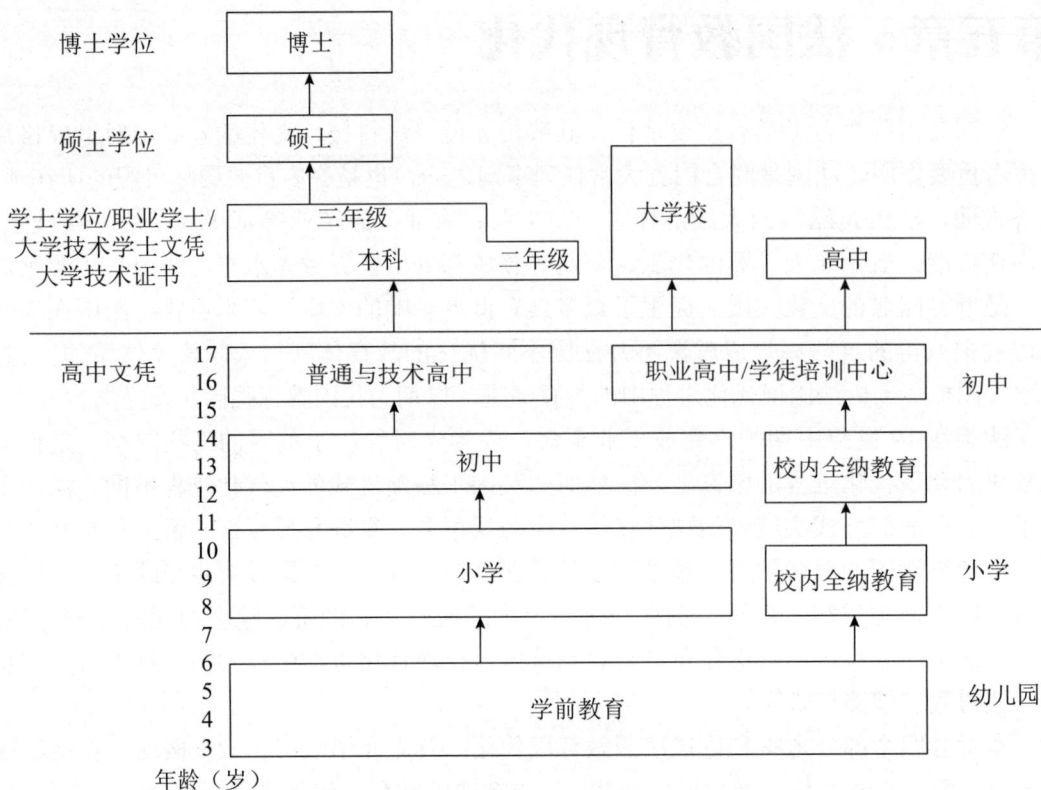

图 5-1　法国现行学制[1]

（一）学前教育

法国学前教育为 3 年学制，是初等教育体系中的第一阶段——启蒙阶段。幼儿园是学前儿童的主要教育机构，此外还有一些小规模的托儿所和幼儿短期托管中心。与中国相似，学前教育从低至高分别是小班、中班、大班。法国素来重视学前教育，是最早出现幼儿教育机构的西方国家之一。[2] 2019 年起，法国将接受义务教育的最低年龄从 6 岁降至 3 岁，成为欧洲较早实行义务教育低龄化的国家。

（二）初等与中等教育

法国初等教育学制 5 年，招收 6 ～ 11 岁的儿童，从低到高分别为预备班、基础班一年级、基础班二年级、中级班一年级、中级班二年级，相当于中国的一至五年级。前三年为小学的基础学习阶段，课程包括语文、数学、外语、美术、音乐、体育、探索世界以及公民与道德教育。后两年与初中的一年级共同构成巩固学习阶段，[3] 在原来的基础上增加艺术史、历史地理、科学课。

---

① 法国国民教育和青年部 . 2022 年法国教育年鉴 [R/OL]. [2023-12-20].

② 张雁，张梦琦 . 法国学前教育的实践理据与价值负载——新《母育学校教学大纲》透视 [J]. 比较教育研究，2019.

③ 法国国民教育和青年部 . 2022 年法国教育年鉴 [R/OL]. [2023-12-20].

法国的中等教育体系包括初中教育和高中教育。初中学制 4 年，年级的命名方式和中国相逆，从低到高分别是六年级（对应中国的初一）、五年级、四年级、三年级。初中第一年与小学的后两年一起为巩固学习阶段，是小学到初中的衔接与过渡阶段。初中的后三年为深入学习阶段，为进入高中做准备。

法国高中学制 3 年，分别为高中二年级、一年级和毕业班（对应中国的高一、高二、高三），其中高中第一年是义务教育的最后一年。法国高中阶段的教育机构有普通与技术高中、职业高中和学徒培训中心。普通与技术高中的第一年（法国的高二，相当于中国的高一）为通识教育，后两年实行双轨教育。因此，高中的第一年为选择确定阶段，后两年为结业阶段。高中的第二年和第三年的双轨教育分为"普通教育"轨道和"技术教育"轨道，为不同兴趣学生的出路做准备。其中"普通教育"轨道主要通向普通高等院校（公立大学或大学校的预科班），高中毕业时设会考，会考通过后学生可进入长期的高等教育（三年或以上）；"技术教育"轨道主要通向技术类高等教育机构，完成高中学业获得普通高中技术教育会考证书后可在短期技术类高等教育机构中学习两年，获得高等技工证书或大学技术学院文凭。

（三）高等教育

法国高等教育体系包括综合性大学、大学校、大学校预科班以及短期高等教育。

综合性大学规模较大，学科门类齐全。法国接受高等教育的人口中约有 56% 是在综合性大学接受教育。[①] 综合性大学可授予学士、硕士、博士学位。学士学制三年、硕士学制两年，博士学制三年。大学报考为申请制，获得高中毕业会考文凭的学生均可通过申请制进入综合性大学学习。

大学校为硕士层级的学校，是法国的精英学校，规模较小。按照领域分，有工程师学校、商业和管理学校、高等师范学校、高等艺术学校等，是为法国培养行政、工程、经济、教育精英人才的高等学府。报考大学校，需先在预科学校或设有预科班的中学完成两年的预科学习，再通过非常严格的选拔性考试。也有少部分大学校提供自己的预科教育。大学校颁发相应领域的国家文凭，如工程师文凭、工商管理硕士文凭等，这些文凭为硕士层级文凭，授予硕士学位。大学校也提供博士培养课程，可颁发博士文凭，但总体来看占比较少。

大学校预科班学制两年，一般设立在中学里。持有高中会考证书或相应学历者可申请入学，学校通过档案资格审查择优录取。大学校预科班分为经济与贸易预科班、文学预科班和理科预科班三种类型，为学生报考工程师学校、商业学校和高等师范学校等"大学校"做准备。

短期高等教育主要是指两年学制的高等技师班和大学技术学院。高等技师班设立在高中、学徒培训中心、继续职业培训中心或远程教育机构中，学生毕业时获得高级技师证书。大学技术学院设立在综合大学里，学生毕业获得大学技术证书。2019 年法国设置了新的高等教育文凭——大学技术学士文凭，并从 2021 年秋季入学开始执行。这个文

---

① 法国国民教育和青年部 . 2022 年法国教育年鉴 [R/OL]. [2023-12-20].

凭由法国大学技术学院颁发，学制三年。该文凭融合原有的大学技术证书和职业本科证书，取代了两年制大学技术证书。[①]

（四）职业教育

法国的职业教育分为中等职业教育和高等职业教育。中等职业教育在职业高中或学徒培训中心中实现，学生可获得的文凭主要有三种：职业高中证书、技师文凭以及职业能力证书。毕业生毕业后大部分直接流向就业市场。获得职业高中证书和技师文凭需进行 3 年的学习，人才培养面向某一行业，如农业、建筑业等，教学上重视内容理论与实践相结合，是一种宽口径的职业教育。获得职业能力证书一般需要两年的学习，证书对应的是很具体的职业，如面包师、理发师等，教学更注重某一职业的技能教育。法国的职业能力划分非常详细，证书涵盖的专业有 200 多种，涉及生产生活的各个领域。[②]

高等职业教育在高等技师班、大学技术学院以及综合大学中实现，除学校的学习外也有高等教育层次的学徒制。学生可获得的文凭主要有高级技师证书、大学技术学院文凭、大学技术学士学位证书、职业学士学位证书和职业硕士学位证书。

学徒制历史悠久，是法国职业教育的重要传统，学徒既是学生也是企业的员工。学徒的实践培训在企业进行，理论课程由学徒培训中心提供。根据相应的职业资格证书的要求，学徒每年在学徒培训中心的培训时间为 400 ～ 675 小时。企业与学徒培训中心合作紧密，以确保学生获得实际所需的专业技能。[③]

二、法国教育发展现状

法国是进入教育现代化进程较早的国家，各级各类教育均发展成熟，具有教育大国的特点，同时在新的时期也呈现出一些新的特点。

第一，庞大且完善的教育体系。在基础教育阶段，2021 年法国共有学前教育机构 13 184 所，接收学前教育儿童人数为 233.7 万人。2021 年法国共有小学 35 393 所，在校生人数为 414.4 万（其中 86.6% 在公立学校）。[④]中学共 10 680 所，其中初中 6 960 所，高中 3 720 所。中学学生人数约 572.9 万，其中初中阶段人数约 340.8 万，高中阶段人数约 224.8 万，其中就读普通和技术高中的人数为 162.1 万，就读职业高中的人数为 62.7 万（78.9 % 的中学生在公立学校就读）。在高等教育阶段，2020 年法国公立和私立高等教育部门共接收 289.5 万名学生，其中 77% 在公立学校就读。2020—2021 学年，法国综合性大学人数为 165 万，占高等教育总人数的 57%。本科生、硕士生、博士生在读人数分别占总人数的 62%、35%、3%。[⑤]特殊教育方面，在基础教育阶段，47.6 万名残疾儿童在普通学校或特殊教育机构中学习。[⑥]在高等教育阶段，有 4 万名残疾学生在公立高

---

① 2019 年 12 月 6 日关于改革职业许可证的命令 [EB/OL].[2023-12-20].
② 法国国民教育和青年部 . 职业能力证书 [EB/OL]. [2023-12-20].
③ 法国国民教育和青年部 . 学徒中心：运行、人员与学徒 [EB/OL]. [2023-12-20].
④ 法国国民教育与青年部 . 2022 法国国民教育 [EB/OL]. [2023-12-20].
⑤ 法国高等教育、科研与创新部 . 2022 法国高等教育、科研与创新现状 [EB/OL]. [2023-12-20].
⑥ 法国高等教育、科研与创新部 . 2022 法国基础教育现状 [EB/OL]. [2023-12-20].

等教育机构注册，占学生总人数的 1.82%，其中 88.2% 是在综合性大学学习。[①]

第二，教育普及率及教育完成度高。法国在把义务教育年龄提前到 3 岁后，成为欧洲国家中义务教育年限最长的国家。[②] 在基础教育阶段，入学率非常高，几乎涵盖了所有适龄儿童和青少年。学生在该阶段的毕业率也相对较高，2021 年法国基础教育未完成率为 7.8%，低于德国、西班牙等欧洲国家，已达到欧盟低于 9% 的目标。[③]2021 年法国高中毕业率为 91.1%，同年龄段获高中毕业证书人数为 79.2%[④]，这表明大多数学生能够完成规定的学业。学生在完成基础教育后，有较高比例继续接受高等教育，这反映了教育的连续性和完成度的高水平。同时高等教育完成率为 50.3%[⑤]，超过了欧盟提出的高于45% 的目标，位于欧洲国家前列。

第三，国民受教育程度高。2022 年法国 25 ～ 64 岁人口当中受过高等教育的比例为42%，接近经济合作与发展组织国家平均水平（40%），高于德国和意大利等国。但与一些更为发达的国家相比，法国的这一比例排名并不靠前，这是由于法国是一个老龄化社会，高年龄段人口在总人口中占比较高。2022 年，法国 25 ～ 34 岁人口中受过高等教育的比例为 50.4%，超过经济合作与发展组织平均水平。在这部分人口中，拥有硕士学位的人口占很大比例，2022 年达到 23.3%，名列经济合作与发展组织国家第四。[⑥]

第四，终身教育与职业教育的推广度高。法国鼓励终身学习，提供多样化的成人教育和职业培训课程，提高了国民的整体教育水平。同时法国注重技能的与时俱进，在法国职场文化技能和知识的更新方面的教育推广度高，通过在职培训等方式，保持劳动力市场的竞争力。2021 年法国高等教育阶段接受继续教育人数为 32.4 万。[⑦]

第二节　法国教育现代化的历史进程

教育现代化不仅是教育发展本身的问题，它受国家政治、经济、社会发展等方方面面的推动与制约。1789 年法国大革命爆发前，法国经济在重商主义的推动下有了明显发展，手工业和商业发展迅速。但由于法国还处于绝对君主制的统治之下，资产阶级不能容忍旧制度造成的僵化的社会结构，发动了大革命，要求推翻旧制度在政治、经济、教育等方面的全面束缚。

法国大革命启动了法国现代化的进程，然而法国的现代化道路曲折且漫长。在进入现代化进程初期，法国选择了激进革命的方式实施政治现代化，这使得法国在近一个世纪的时间内政局动荡、经济发展迟缓，教育现代化无法全面跟进，呈现出分级发展的特

---

① 法国高等教育、科研与创新部 . 2022 法国高等教育、科研与创新现状 [EB/OL]. [2023-12-20].
② 法国国民教育与青年部 . 2022 欧洲教育现状 [EB/OL]. [2023-12-20].
③ 法国国民教育与青年部 . 2022 欧洲教育现状 [EB/OL]. [2023-12-20].
④ 法国国民教育与青年部 . 2022 法国国民教育年鉴 [EB/OL]. [2023-12-20].
⑤ 法国国民教育与青年部 . 2022 欧洲教育现状 [EB/OL]. [2023-12-20].
⑥ 世界经合组织 . 2023 教育报告 [EB/OL]. [2023-12-20].
⑦ 法国高等教育、科研与创新部 . 2021 公立高等教育继续教育 [EB/OL]. [2023-12-20].

点。法国成立第三共和国之后，政治才开始走上平稳发展的道路，经济、社会的稳定发展促使教育现代化走向民主。20 世纪初，法国由于受到战争影响，教育仅经历了短暂的发展。"二战"后，为适应社会发展的需要，法国着手恢复与重建教育事业，形成了与现代化相适应的教育大系统。进入 21 世纪，法国的教育现代化除适应国内经济社会发展外，还受欧洲一体化和博洛尼亚进程等外部因素影响，进行了一系列的教育改革与教育实践。

根据上述内容，我们将法国的教育现代化历程分为四个主要阶段：第一阶段是法国教育现代化的起始阶段（1789—1869 年）；第二阶段是法国教育现代化的初步发展阶段（1870—1945 年）；第三阶段是法国教育现代化的全面发展阶段（1946—2000 年）；第四阶段是法国教育现代化的调整优化阶段（2001 年至今）。我们在每一个阶段的历史进程的梳理中，对该阶段学前教育、基础教育、高等教育、职业教育以及特殊教育的发展特征予以概括总结，并通过对代表性政策的分析与解读，探讨法国教育现代化的成功经验与失败教训。

一、法国教育现代化起始阶段（1789—1869 年）

中世纪时期，法国教育几乎完全由教会承担并垄断，教育表现出浓厚的宗教色彩。"基督教学校兄弟会"主导初等教育，耶稣会和耶稣基督圣乐会先后主导中等教育。[①] 宗教改革和反宗教改革推动了学校的发展，让新教信徒不分背景和性别都能识字，读懂《圣经》成为教育的主要目标。大革命爆发前，法国高等教育从规模和学制上看当时在世界上是领先的。欧洲最古老的大学之一巴黎大学创建于 13 世纪，14 世纪出现了学士、硕士、博士的学位制度雏形。到 18 世纪，法国共有 22 所大学，超过其他欧洲国家，[②] 为法国高等教育的发展打下了基础。但这一时期大学仍遵循中世纪的教学内容和方法，已不能适应社会发展的需要。15 世纪下半叶，法国政治经济进入了新的发展时期。政治上封建专制国家初步建立，经济上推行重商主义，这些因素增加了对专业技术人才的需求。18 世纪法国开始发展职业技术教育，创建了服务于各领域的技术学校，在当时满足了国家在不同行业与领域对专业人才的需求，也是法国现代大学校的前身。大革命爆发前，法国还出现了一批启蒙思想家，如伏尔泰、卢梭、爱尔维修等，他们的思想深刻影响了法国的教育理念和实践。教育世俗化、教育管理的国家化、公民道德教育等思想都被大革命时期的革命者所继承并实践。

1789 年，法国资产阶级采用暴力革命的方式彻底地推翻了法国的旧制度，确立了资本主义制度，为法国的现代化发展创造了前提。然而大革命后政局动荡，先后经历了拿破仑的法兰西第一帝国、复辟王朝、七月王朝、第二共和国、第二帝国、第三共和国执政，导致这一时期法国教育现代化国民教育体系的建立较为缓慢。随着工业革命在第二帝国后期最终完成，法国逐渐成为一个工业化、城市化国家，教

① 吴式颖，李明德.外国教育史教程 [M]. 3 版.北京：人民教育出版社，2018：159-160.
② 吴式颖，李明德.外国教育史教程 [M]. 3 版.北京：人民教育出版社，2018：160.

育现代化也取得初步进展。

这一阶段法国建立起中央集权式教育管理体制。法国大革命后政局动荡，执政党派更换频繁。但无论是帝制、王制还是共和制，革命后的国家都希望加强民族统一和思想管理。为实现这一目标，执政党均认为学校可以发挥关键作用。1789—1799年，立宪派、吉伦特派、雅各宾派轮流执政，颁布多个教育改革方案。方案内容虽有差别，但所体现的教育目标却是一致的，即主张建立国家教育制度。[①] 由于政治与社会大背景混乱，一些方案无法实施，但体现的改革思想成为19世纪法国教育改革的目标和依据。教育管理体制方面，拿破仑建立起以帝国大学为核心的中央集权式教育管理体制，帝国大学全面负责整个帝国的公共教育，同时确立了地方管理体制，建立学区，初步实现了法国中央集权、分级管理的教育管理体制。[②]

（一）阶段发展特征

1. 学前教育

学前教育初现雏形。法国最早的学前教育机构"庇护所"[③]出现在18世纪末、19世纪初。"庇护所"随着工业革命发展起来，形式上接近现在的日托中心，旨在照顾女工的子女，保证孩子们的安全。继1833年《基佐法》后，法国颁布了《庇护所手册》，就机构的运营、时间等提出指导建议。这个建议手册中的相关规定后被国家采用，成为法国托儿所的制度起源。1850年《法卢法》中出现了3条与学前教育相关的条例，标志着国家将学前教育纳入教育体系。[④]

2. 初等与中等教育

这一时期受政局影响，法国初等教育呈现出先抑后扬的阶段性特点。拿破仑第一帝国时期，初等教育受到教会势力的干扰，且不受当局重视，发展缓慢。[⑤]复辟王朝时初等教育重新被提上议程。七月王朝时随着工业革命的发展，社会经济对人口整体素养提出了更高的需求，在《基佐法》的推动下初等教育有所发展。法国小学的数量由1832年的4.3万所增至1847年的6.3万所。[⑥]整体来看，这一时期初等教育在规模上呈增长趋势，但由于起步晚，受重视程度较弱，发展较为缓慢。

与初等教育不同的是，这一时期法国的中等教育快速发展。为培养服务于战争的技术人才，中等教育在大革命后受到拿破仑的高度重视。政府创办国立中学，地方创办市立中学，二者齐头并进、迅猛发展。这两种公立中学的模式，也成为后来法国中学主要的两种类型。七月王朝时期，教会势力又有抬头，加强了对中等教育的干预介入，中等教育发展受到影响，发展速度放缓。第二帝国时期，法国驱逐教会势力，在中等教育中加入了体现现代元素的科学教育、商业及农业知识等。

① 吴式颖，李明德. 外国教育史教程 [M]. 3版. 北京：人民教育出版社，2018：163.
② 吴式颖，李明德. 外国教育史教程 [M]. 3版. 北京：人民教育出版社，2018：181.
③ 法国教育研究院. 学前教育 [EB/OL]. [2023-12-20].
④ 法国教育研究院. 学前教育 [EB/OL]. [2023-12-20].
⑤ 吴式颖，李明德. 外国教育史教程 [M]. 3版. 北京：人民教育出版社，2018：248.
⑥ 吴式颖，李明德. 外国教育史教程 [M]. 3版. 北京：人民教育出版社，2018：184.

3. 高等教育

高等教育专科学校蓬勃发展。这一阶段高等教育的主要进步是拿破仑创办的一批服务于当时国家发展的高等专科学校，包括工程师学校、师范学校以及军事类学校。这些学校对法国的科学技术的发展以及对国家高级管理人才的培养做出了贡献，是法国"大学校"的雏形。根据《国民教育计划》《国民教育总法》，法国还创立了医学院、法语院、理学院、文学院等。复辟王朝和七月王朝时期，部分高等教育机构被停办，在第二共和国和第二帝国时期也未有改善，法国大学发展出现停滞。

4. 职业教育

相较欧洲其他国家，法国职业教育起步较晚。为了满足大工业发展的需要，一些企业在工厂内创办生产学校，推动了职业教育的发展。拿破仑时期，法国加强了国家对教育系统的控制，建立了包括高等专科学校在内的一系列国家管理的学校，为国家培养工程师和技术人员，推动了职业教育的现代化。

（二）代表性政策分析

《关于帝国大学条例的政令》

（1）背景

大革命后，拿破仑加强中央集权制，取消地方自治机构，实行地方服从中央的政治制度。教育方面，拿破仑将"以教育巩固政权"作为战略核心，实行中央集权式的教育管理体制，要求教育服务于国家政治与军事，所有学校需经国家批准方可开办，以培养忠于帝国的行政官员和专业人才。

（2）内容

拿破仑通过《关于创办帝国大学以及全体成员专门职责的法令》以及《关于帝国大学条例的政令》，确立了中央集权式的教育管理体制。[①] 帝国大学并非一所真正的大学，而是一个掌管教育全局的国家教育领导机构。帝国大学全面负责整个帝国的公共教育；未经帝国大学首脑批准，不得成立任何教育机构或学校。帝国大学因而成为法国历史上第一个管理国家教育的教育行政部门。

帝国大学的最高官员即大学总监由拿破仑直接任命，负责学校的创立及教师的任免、提升等。帝国大学还附设30人的评议会，辅佐帝国大学总监开展工作。法令还规定，将全国划分为27个大学区，各设学区总长1名，帝国大学以下设若干名督学，负责各大学区的巡视工作。[②]

（3）结果与影响

《关于帝国大学条例的政令》的实施确立了法国中央集权教育管理体制，通过设立帝国大学作为最高教育行政机构，全国划分为27个大学区，形成层级化管理，教师成为国家公务员，教育国家化取得实质性发展，公立教育处于主导地位。尽管后续拿破仑政权倒台后，"帝国大学"的名称被废除，但该体制的基本框架仍被保留，成为法国现代国民教育体系的基础。

---

① 吴式颖，李明德.外国教育史教程[M].3版.北京：人民教育出版社，2018：246.
② 法国国民教育与青年部.关于大学组织架构的教育法令[EB/OL].[2023-12-20].

《基佐法》

（1）背景

大革命期间法国发布了多个教育改革的法规，先后有《塔列兰计划》《康多塞计划》《雷佩尔提方案》以及《多诺教育法》等，提出了教育普及、设立各级各类学校等设想。但由于政局不稳，这些方案均未能很好地实施。七月王朝时为抵制教会势力颁布了《基佐法》，推动了教育的世俗化与国家化进程。

（2）内容

1833 年 6 月颁布的《基佐法》，以时任法国教育部部长基佐的名字命名。该法规定：①小学教育分为初级和高级两级，每个乡镇设初级小学一所，人口在 6 000 人以上的城镇设高级小学 1 所；②各省设立 1 所师范学校以培养小学师资，教师须通过国家考试获得任教证书；③地方有权征收特别税作为教育经费；④在地方设立小学教育监督委员会。[①]

（3）结果与影响

《基佐法》使这一时期的初等教育有了很大发展，提高了全民文化水平。由于教育普及，法国小学生人数从 1830 年的 200 万增至 1848 年的 350 万。[②] 文盲率从 1834 年的 47% 下降至 1848 年的 33%。《基佐法》也发展了师范教育，使国家掌握教师资格的认定权。在该法颁布后的 3 年内，法国相继出现 30 多所师范学校，五年后发展到 60 多所。[③] 该法也扩大了地方参与教育发展与管理的权力。

《卡诺教育法》

（1）背景

1848 年法兰西第二共和国成立后，男性公民的普选权首次得到确认。执政者们因此提出学校应培养受教育者的共和国公民意识。时任法国教育部部长卡诺随即提出了免费、世俗化的义务教育等主张。

（2）内容

①普及初等教育义务，300 人以上的村庄设小学 1 所，男女儿童均应入学受教育；②提高初等教育教师待遇；③政教分离，取消神学课程；④增加课程内容，加入法国历史、地理、道德和公民教育等内容。要求教师"教孩子们共和国的美德"。[④]

（3）结果与影响

1850 年《法卢法案》否定了卡诺方案，恢复了教会对教育的监督权，导致其改革中断，但卡诺的世俗教育思想成为 19 世纪末法国教育改革的重要先驱。其中一些提议被后来的《费里法》采纳并继续深入，如男女接受免费初等教育，为教师提供免费的师范培训，以及保障教师待遇的教师最低工资等。

迪律依改革

（1）背景

19 世纪 50 年代，由于政治局势变化，世俗教育被破坏。法国第二帝国时期，教

---

① 法国国民教育与青年部 . 关于小学教育的《基佐法》(EB/OL]. [2023-12-20].
② 皮埃尔·米盖尔 . 法国史 [M]. 桂裕芳，郭华榕，译，北京：中国社会科学出版社，2010：244.
③ 吴式颖，李明德 . 外国教育史教程 [M]. 3 版 . 北京：人民教育出版社，2018：190.
④ 周采 . 外国教育史 [M]. 上海：华东师范大学出版社，2008：184.

育体系开始恢复和改革。迪律依为时任国民教育部部长，是这一时期教育改革的代表人物。

（2）内容

首先，迪律依提出要大力发展公共初等教育，推动教育世俗化，改革措施规定：①各市镇根据本地财政情况开办免费或部分免费学校；②人口超过 500 人的市镇开办 1 所女子小学，推行义务教育；③受教育者通过初等教育获得"初级学习证书"；④提高教师薪资，男女同酬。

其次，迪律依还改革中等教育，增加科学类课程，发展女子中等教育。大力推进中等职业教育，强调实用性教学，如测绘、机器操作、农作物种植、工厂见习等。详细规定了理论课和实践课的时长，并设立中等职业技术教师资格考试。

最后，在高等教育方面，迪律依提出高等教育要满足国家经济发展的需要，要重视科学研究，培养研究人员，创办科学刊物等。迪律依还提出国家预算中应有用于科研的预算。1868 年，他创立了巴黎高等应用研究学校，推进实验教学与研究。[①]

（3）结果与影响

迪律依的系列改革推动了教育义务化，改变了女子教育长期不受重视的局面。迪律依的改革也让中等职业教育无论是内容还是师资都与国家经济发展的联系更为紧密。高等教育开始与科学研究结合，形成了融教学与研究为一体的新模式。迪律依的主张具有很强的先进性，但由于国家未予以贯彻，又受到教会的阻挠，改革效果并未全部实现，但这些进步思想对之后的教育改革起到了推动作用。

二、法国教育现代化初步发展阶段（1870—1945 年）

法国在普法战争中的失败直接导致了第二帝国的垮台，也促成了法兰西第三共和国的建立。第三共和国历时 70 年，法国由此进入了一个政治稳定、社会安定的时期，基本政治制度在这一时期得以确立。经济上，第三共和国成立之初受战争影响衰退严重。到"一战"前的十年，法国逐渐走出经济低迷，经历了为期十年的经济高涨期。这一阶段也是法国近代教育体制创立的时期，是法国教育走向现代化的关键时期。这一时期法国著名的教育社会学奠基者涂尔干深深影响了教育改革，他提出教育的两大功能是为工业经济输送技术工人和通过文化传递整合社会。同时，他也论述了教育与社会的关系，认为教育科学应认识到教育在不同历史时期的社会中所发挥的作用以及教育如何反映当代社会的需要。政治、经济、思想等多方面的因素促使法国即使经历了战争，依然在教育现代化上迈出了重要步伐。

（一）阶段发展特征

1. 学前教育

学前教育纳入国民教育体系。学前教育在这一阶段得到了充分的发展。1881 年《费

---

① 端木美. 法国现代化进程中的社会问题 [M]. 北京：中国社会科学出版社，2001：307-308.

里法》正式将原来的儿童"庇护所"定义为"公共学前教育",规定学前教育是免费、世俗的,但非强制性的。1886 年颁布的《戈布莱法》将学前教育正式纳入了法国国民教育体系。[1] 这一阶段法国学前教育的师资也纳入了国家统筹,看护儿童的社会人员逐渐被受过培训的幼儿教师取代。1887 年起师范学校开始实施幼儿师范教育。1908 年法国颁布指导学前教育内容的指导项目,之后又设立了国家级的学前教育督导专家,对学前教育进行统一监督与规划。

2. 初等与中等教育

这一阶段,法国基础教育获得极大发展,实现了初等教育义务化,确立了国民教育制度。1881 年和 1882 年两部《费里法》的颁布与实施,使法国教育首次确立了初等教育义务化、免费化、世俗化三原则,从而使初等教育在现代化道路上大大向前迈进了一步。

与此同时,法国中等教育呈现出古典与现代之争。19 世纪末法国重文轻理、重古典轻实用的传统教育观念仍然根深蒂固,已不适用于当时法国经济社会的发展,这引起了中等教育教学内容的改革。20 世纪初法国教育大力改革课程内容,古典课程还是现代课程,重理论还是重实用,是这一时期中等教育改革的争论的焦点。另外,这一时期法国创立了公立女子中学,发展女子中等教育,体现了这一时期中等教育的民主化进程。

3. 高等教育

高等教育恢复。高等教育在这一时期虽有进步,但与同时期的初等、中等、职业教育相比,未有突破性进展。大革命时期,大学被看成旧制度的象征,于 1793 年被取消,法国高等教育遭到严重破坏。[2] 普法战争后政治经济的发展要求振兴教育,共和派更是把教育看成共和制的基础,因此高等教育的恢复被提上了日程。在费里的推动下,政府增加高等教育拨款,多所大学和学院得到重建,学生人数有所增加,高等教育得到恢复,为 19 世纪后半期法国高等教育的发展奠定了基础。

4. 职业教育

这一时期是法国职业教育发展的里程碑式阶段。1881 年 7 月,法国开始兴办国立初等职业学校。职业教育的改革适应了法国新工业高潮的生产实际,体现了现代特征。《费里法》《阿斯蒂埃法》的颁布为职业教育的发展提供了法律保障,之后又有多个法令不断补充完善职业教育体制,形成了法国职业教育的基本框架。

(二)代表性政策分析

《费里法》

(1)背景

法国第三共和国时期,政治相对稳定。为维护共和政体,第三共和国温和派努力推行国家政权及社会生活的世俗化、民主化政策;恢复整顿公民的民主自由权利。

(2)内容

费里曾两度出任内阁总理,三度出任教育部部长。在他的主导下,法国于 1881 年 6

---

① 端木美.法国现代化进程中的社会问题 [M].北京:中国社会科学出版社,2001:345.
② 端木美.法国现代化进程中的社会问题 [M].北京:中国社会科学出版社,2001:272.

月和 1882 年 3 月颁布了两项教育法令，史称《费里法》，旨在具化初等教育的义务性和世俗性。该法规定：①6～13 岁的所有儿童接受义务初等教育，对不送孩子入学的家长处以罚款及其他惩罚措施；②废除公立学校的宗教课，增设公民和道德课；③开设语文、算数、历史、地理、生物、音乐、美术、体育等课程；④取消教会人员的施教权和管理学校的权力；⑤私立学校必须得到国家承认，公立和私立学校的学生均接受同样年限、同样教学内容的教育。[①]

（3）结果与影响

《费里法》实现了教育机构和教育内容的世俗化，确立了国民教育制度的义务化、免费化和世俗化原则，为之后法国国民教育的发展打下了坚实的基础，加速了教育现代化的进程。1882 年之后的十年，入学人数明显增加，文盲人数不断下降，到 20 世纪初，仅有 4% 的文盲。[②]

"统一学校运动"

（1）背景

19 世纪末法国的初等教育和中等教育是互不衔接的"双轨学制"，包含面向劳动市场的初等教育和为富有的资产阶级家庭子弟设立的中等教育。在教学内容上，初等教育由于面向就业市场，讲授实用知识；而中等教育追求培养上层社会的"有教养"的公民，讲授的都是华而不实、与社会脱节的知识。[③] 基于教育制度民主化和教学内容民主化的双重需求，法国在"二战"前开展了"统一学校运动"。

（2）内容

"统一学校运动"中，首先发挥作用的是"新大学同志会"，由社会进步人士和教师组成。他们主张教育应当是"民主的""统一的"[④]，初等与中等教育应相互衔接，要向一切符合要求的人提供中等教育。具体建议包括：①教育年限延长至 14 岁，儿童应接受统一免费教育；②中学可分为人文类和职业类两种，但无论哪一种均可升入大学。"新大学同志会"的改革主张推动了一系列的教育改革。1936 年教育部部长让·泽提出统一学校制度的方案，包括：①改变教育部组织，创建三级教育司[⑤]，保证初等、中等、高等教育的连贯管理；②将国立中学和市立中学的初级阶段改为独立的公立学校，以实现初等中学教育的统一化；③小学毕业生进入"方向指导班"，依个人情况在第二年选择进入古典、现代、技术三类中学之一。

（3）结果与影响

"统一学校运动"主张实现学校教育制度民主化，消除阶级鸿沟，为人民提供均等的教育机会，极大地推动了教育民主化的进程。1937 年法国教育部命令设置"方向指导班"，启动了学制改革，但由于"二战"学制改革遭中断。这一运动对法国教育产生了积极的影响，改革主张在战后再次被采纳。

---

① 吴式颖，李明德 . 外国教育史教程，[M]. 3 版 . 北京：人民教育出版社，2018：249.
② 吴式颖，褚宏启 . 外国教育现代化进程研究 [M]. 太原：山西教育出版社，2005：205.
③ Maria Vasconcellos，Philippe Bongrand. Le système éducatif[M].Paris：Edition La Découverte，2013：11.
④ 邢克超 . 法国教育 [M]. 长春：吉林教育出版社，2000：113.
⑤ 瞿葆奎 . 教育学文集——法国教育改革 [M]. 北京：人民教育出版社，1994：47.

《莱格中等教育改革法》

（1）背景

19 世纪末，法国的中学以古典课程为主，教育管理者们认为法国的中学教育古典色彩过重，忽视了适应社会发展的现代实用型课程。应对课程内容进行改革，加强现代法语和理科的教学，重新建立中学课程体系。

（2）内容

法国政府于 1902 年颁布的《莱格中等教育改革法》规定：①中等教育与初等教育要相衔接；②中等教育分两个阶段，分别为 4 年和 3 年，每个阶段都应实现课程的文理并重。

（3）结果与影响

该法将现代学科（如自然科学、现代语言）与古典学科（拉丁语、希腊语）置于同等地位，并肯定两种课程的互补性，打破了传统人文教育的垄断，适应了工业化社会需求，是法国中等教育适应现代社会的一种进步。然而，由于保守派教育管理者的强烈反对，古典教育体系在后续改革中再度被强化，导致学生面临更沉重的课业负担与学习压力。这一反复凸显了法国教育中长期存在的古典人文传统与现代实用主义之间的深刻矛盾，成为后续法国教育改革的核心议题。

《阿斯蒂埃法》

（1）背景

19 世纪末 20 世纪初，法国工业高速发展，经济社会的发展急需一批素质高、懂技术的应用人才。战后，为了恢复和发展经济，职业技术教育再次被提上议案。

（2）内容

1919 年法国阿登省议员阿斯蒂埃提出了《职业技术教育法案》，并被议会通过，史称《阿斯蒂埃法》。该法规定：①由国家统一管理职业技术教育，设立国家专门机构负责；②每一个市镇设立 1 所职业学校，由国家和用人单位共同承担经费。私立技术学校可得到国家承认并获得国家补助金；③18 岁以下的青年有接受免费职业教育的义务，用人单位保证青年每周有 4 小时工作时间接受职业技术教育；④职业技术教育内容包括普通教育、职业基础课程和实践课程。[①]

（3）结果与影响

《阿斯蒂埃法》在历史上又有法国"技术教育宪章"之称[②]，该法案首次将法国的职业技术教育纳入国家管理体系，规定由国家代替私人承担职业教育任务，并设立专门机构进行统一管理，奠定了职业教育作为国家事业的基础。与此同时，《阿斯蒂埃法》构建了法国职业教育的基本范式，为后续职业教育立法提供了范本，对法国职业教育发展影响深远。

---

① 吴式颖，李明德. 外国教育史教程 [M]. 3 版. 北京：人民教育出版社，2018：358.

② 端木美. 法国现代化进程中的社会问题 [M]. 北京：中国社会科学出版社，2001：311.

三、法国教育现代化全面发展阶段（1946—2000 年）

"二战"结束至 20 世纪末，法国经历了第四、第五共和国，政治、经济发生了显著变化，进入了全面的现代化社会。人们的思想观念也发生了改变，"现代化""民主化"演化成一股社会潮流，成为战后的热点问题之一。

法国教育在这一阶段的发展以战前教育改革和教育主张为基础，继续深入初等教育和中等教育的制度改革。与此同时，随着人们对自然科学知识的获取需求不断增强，教学内容也随之进行改革，1968 年，震惊世界的"五月风暴"带来了高等教育体制和结构改革。战后的重建与经济的飞速发展，也使发展职业教育成为这一时期重点改革。

总体来说，法国在战后进行的系列教育改革，形成了与现代化相适应的教育大系统，从学前教育、初等教育、中等教育到高等教育以及职业教育，教育现代化得到了全面发展，教育的现代性日益增强。

（一）阶段发展特征

1. 学前教育

这一阶段，法国学前教育体系走向了完善与成熟。与其他国家相比，法国的学前教育在战前已处于领先地位，并在战后继续保持领先优势。在这一阶段，法国强化了国家的督导作用，并开始注重将学前教育与初等教育接轨。社会参与也受到了重视，学前教育阶段的每所学校都需设立家长委员会。儿童的身心健康发展越来越受重视，法国不断通过各种政策完善对儿童心理、生理、健康等方面的教育指导。"以儿童发展为中心"的理念，在战后经济飞跃期及 20 世纪末都不断被提出并予以深化。

2. 初等与中等教育

法国初等与中等教育开始从追求普及走向追求质量。战后法国掀起了一波初等教育改革的浪潮，基础教育改革不断深入、迭代发展。20 世纪六七十年代，法国受教育人口在数量上发展迅猛，但在一定程度上忽视了教育的质量。到 80 年代，学生学业失败现象日趋严重，引起了教育管理者的关注。在此背景下，课程的质量问题被提上议案。中等教育也遇到了相似的瓶颈。中等教育极强的选拔性导致很多学生无法获得高中毕业会考证书，无法顺利走向就业市场。学业失败问题使法国开始思考未来社会发展需要培养什么样的人，应设置什么样的教学内容以培养国家发展所需要的人才。

对此，法国进行了一系列初等与中等教育改革，旨在减少学业失败，实现教学内容的现代化。1982 年法国推出"教育优先区"政策，对最需要帮助的教育区域予以经济、师资等方面的支持。同年，法国推行"信息交流和传播工具入门"计划，将信息技术加入课程内容。1983 年《为了民主的初中》与《21 世纪前夕的高中及其教育》两份教育报告的发布体现了法国政府对中等教育改革的重视。两份报告是法国 20 世纪 80 年代的纲领性文件，提出了具体的改革措施，对中等教育改革发挥了重要作用。1985 年法国实施新的中小学教学大纲，调整教学内容，加强基础学科的教学。[①]1989 年，法国颁布

---

① 吴式颖，李明德 . 外国教育史教程 [M]. 3 版 . 北京：人民教育出版社，2018：436.

《教育指导法》，推动学制更为灵活，改革课程设置，并开设现代外语课程。1992 年，法国发布《课程宪章》，对学科体系综合改革，目标是兼顾小学到高中课程的系统性和学科之间的贯通。1994 年，法国"国家教学大纲委员会"发布《在初中学什么》的报告，提出初中教育的内容为"共同基石"的概念。1998 年法国教育部针对高中教育内容，提出"共同文化"的概念。为提高教学质量，师范教育改革也成为这时期的重要内容。法国在各个学区设立教师培训学院，对初等教育教师进行岗前和在职培训。为增强教师职业的吸引力，改革还提高了教师工资、津贴与补助等。

通过进行一系列针对教育劣势地区课程内容、学科体系的改革，法国教育事业在一段时间里取得了发展，小学和中学教师数量均有增长。尽管由于解决学业失败问题是一个长期的过程，改革结果并没有立即显现，但"共同基石""共同文化"等有关教育内容的探讨与思考成为法国进入新世纪后的改革主题。

3. 高等教育

这一时期的法国高等教育分为两个阶段：第一阶段从"二战"后到 1968 年，主要目标是恢复高等教育，于 1966 年重新组织了大学教学结构，创办了两年制的大学技术学院；第二阶段从 1968 年大学学潮之后到 20 世纪末，这一阶段推动了促进高等教育与现代化进程相匹配的改革，先后颁布了《高等教育方向法》与《高等教育法》。两部法律体现了法国适应时代要求改革高等教育体系的愿望，建立了法国现代大学的体系。

4. 职业教育

这一阶段，法国职业教育蓬勃发展。"二战"后，为响应国家战后的发展需求，职业教育成为法国发展的重心之一，私立学徒中心获得教育部的承认。战后重建时期，技术人才成为国家对人才的首要需求。法国政府积极恢复职业技术教育。法国首先调整了中等职业技术教育的结构，使中等职业技术教育与普通教育接轨。20 世纪六七十年代联合国教科文组织第 12 次、第 18 次大会分别通过了《关于技术和职业教育的建议》及其修订方案，对法国影响很大。法国不断调整原有纷繁混杂的市立、国立技术中学和学徒中心等，逐渐形成了与普通高中并列的技术中学和职业中学。这种调整使中等职业技术教育纳入普通教育体系，中等职业技术教育结构进一步完善。

进入"辉煌三十年"后，法国的科学技术突飞猛进，科学知识成为技术、产业及各方面变革的动力。工人和技术人员必须具备更高的素质，法国也开启了职业教育深化改革。1971 年，法国政府颁布了《终身继续教育法》《职业训练法》《技术教育法》《企业主承担初等阶段职业技术教育经费法》，这些法规被统称为《继续职业教育法》。[①]《继续职业教育法》指出，职业继续教育是国民的义务和权利，面向所有人，目的是使劳动者适应技术和工作条件的变化，提高个人的专业资格和文化水平，改变他们的社会地位和生活条件。20 世纪 80 年代的经济危机造成了失业率增长，法国再次通过大规模改革职业技术教育寻求解药。这一阶段，法国不断推动职业教育根据现代工业科技的发展进行更新优化，是法国职业教育现代化的飞跃阶段。1984 年《高等教育法》指出职业培训是高等教育的重大使命，参与职业培训成为大学的义务。经过改革，法国职业技术教育制

---

① 端木美. 法国现代化进程中的社会问题 [M]. 北京：中国社会科学出版社，2001：368.

度日趋合理，职业教育水平不断提高，入学人数和成功完成学业拿到毕业证的人数都不断增加。1987 年时仅有 880 人取得职业高中毕业会考证书，到 1990 年时达到了 23 850 人。[①]

（二）代表性政策分析

"郎之万—瓦隆教育改革计划"

（1）背景

"二战"后法国教育有两大目标：一是要从战争中走出来，重新恢复被严重影响的教育，在战前提出的教育改革框架下进行改革；二是国家的重建急需教育以适应国家发展的新需求。另外，战后的教育民主思潮也对法国教育实践产生了重大影响。

（2）内容

"二战"后法国临时政府委托委员会制订战后教育发展计划，委员会主席物理学家郎之万和副主席儿童心理学家瓦隆共同提出了教育改革方案，称"郎之万—瓦隆教育改革计划"。1947 年委员会提交的计划中，倡议教育结构应适应社会结构与经济发展，提出以下总原则：第一，公正原则，所有儿童不论家庭、社会和种族出身，均享有平等受教育的权利。承认一切社会工作有同样的价值，不分高低贵贱。第二，定向原则，教育提供方向指导，先是学业方向，后是职业方向。[②]

计划的内容包括：①实施 6 ~ 18 岁未成年人的免费义务教育。②义务教育第一阶段为 7 ~ 11 岁；第二阶段为 11 ~ 15 岁，为方向指导；第三阶段为 15 ~ 18 岁，学生可选择普通型学校、职业类学校和技术类学校。这种结构适合学生智力和心理不断发展的需要。③提出了保证教育质量的条件，如班级规模为 25 名学生，尊重儿童的生理发育特点，提出教学建议时长（7 ~ 9 岁每天 2 小时，9 ~ 11 岁每天 3 小时，11 ~ 13 岁每天 4 小时，13 ~ 15 岁每天 5 小时）。④加强师范教育，培养师资，提高教师地位。⑤建立学校心理咨询机构，确保对每个学生进行心理跟踪，以更好地确保其未来发展方向。⑥学校要为学生提供接受高等教育的助学金。[③]

（3）结果与影响

"二战"后，法国忙于恢复经济，无暇顾及教育改革，该计划最终没有付诸实施。但此计划提出的基本原则成为法国战后历次教育改革的指导方向，成为战后初期法国教育改革的依据。[④]

《法国学校体制现代化建议》（以下简称《建议》）

（1）背景

"二战"后，法国努力推进关于中等教育的改革，继续贯彻"郎之万—瓦隆教育改革计划"主张，强调"统一学校"和"以儿童为中心"的原则，但此次改革并不彻底，国立中学、市立中学、市立普通中学、市立技术中学并存，教学内容分散。法国希望通过《建议》实现共同的基础教育目标。

① 邢克超. 战后法国教育研究 [M]. 南昌：江西教育出版社，1993：239.

② 端木美. 法国现代化进程中的社会问题 [M]. 北京：中国社会科学出版社，2001：318.

③ Gaston Miralaret. Le plan Langevin-Wallon[M].Paris：PUF，1997：26-47.

④ 吴式颖，李明德. 外国教育史教程 [M]. 3 版. 北京：人民教育出版社，2018：432.

（2）内容

1975 年，时任教育部部长哈比提出《法国学校体制现代化建议》，并于 1977 开始实施。内容包括：①建立统一学校，包括统一的小学和统一的初中，且两者贯通；②继承费里法案的主张，规定初中教育免费；③统一教学内容，实现法国学生的知识同质化，既包括知识性也包括实际操作性课程；④在教育管理体制上提出"教育共同体"概念，相当于一个理事会，将学生、教师、非教学人员和学生家长联合在一起，共同促进教育的监督与管理；⑤高中分普通高中、技术高中和职业教育高中。普通高中与技术高中实施完全中等教育，前者以准备高中毕业会考为目标，为高等教育输送生源；后者则导向技术高中毕业会考，既为高等技术教育提供毕业生，又直接向社会输送人才。职业教育高中实施不完全中等教育，学制二、三年不等，培养技术工人和低级职员。[①]

（3）结果与影响

《法国学校体制现代化建议》历时 7 年，尽管受到多方质疑，但它促进了法国普通教育结构和管理的民主化，确立了单轨制的统一学校体制，所有学生从小学到初中在统一的学校系统里学习。此次改革较为彻底地改变了法国中等教育的性质，促进了法国中等教育结构的民主化。

《高等教育方向指导法》

（1）背景

由于"二战"后法国教育民主化的主张一直得不到贯彻，教育不平等现象在大学尤其严重。高等教育课程设置陈旧、学校数量严重不足、学生就业困难等问题引发了 1968 年声势浩大的学生运动，被称为"五月风暴"。"五月风暴"后教育部部长富尔迅速制订高等教育改革计划，于 1968 年 11 月 12 日正式公布《高等教育方向指导法》（也称《富尔法》）。

（2）内容

《高等教育方向指导法》共 9 章 46 条，明确规定了法国高等教育的任务、性质、办学原则、组织机构、教师队伍及改革实施等内容。该法规定：①高等教育的任务是传播与发展知识，促进科学研究和人才培养。大学发展须不断适应工业和技术革命所要求的民主化进程。②大学的办学原则是自治、参与和多学科性，自治首先是指大学自主确定其内部结构和章程，也指大学具有教学相关的自主权，如在确定课程内容、教学计划、教学方法、研究计划和评估方式方面的自主权，明确大学是有法人资格和财政自治权的公立科学文化性机构；参与是指民主参与，教授、教师、职员和学生都可参加学校管理委员会，实行民主管理。委员会中也可以吸收校外非教育界人士，体现出大学要增强与社会外界的联系；多学科性是指打破以往学科之间的壁垒，规定大学必须尽可能将人文社会科学与科学技术联系起来，创立新型课程，使大学教育与国家经济社会的现代化程度相匹配。[②]

（3）结果与影响

该法体现了高等教育为社会发展服务的宗旨，在横向上促进教育管理部门和经济社会实践部门进一步相结合，打破了过去的传统学校教育观念。学科方面的改革也体现了

---

① 王保星. 外国教育史 [M]. 北京：北京师范大学出版社，2008：427-428.

② 瞿葆奎. 教育学文集：法国教育改革 [M]. 北京：人民教育出版社，1994：152-173.

高等教育为适应现代科学技术既高度分化又高度综合的特点进行的现代化调整。依据《高等教育方向指导法》建立的大学体制标志着法国现代大学体系的初步建立，也体现了法国高等教育为适应国家经济社会现代化而进行的高等教育现代化变革。

《高等教育法》

（1）背景

20 世纪 70 年代，石油价格上涨引爆了经济危机。法国社会各界矛盾重重，一些人认为高等教育培养的人才无法满足社会需求，将危机的原因归于高等教育的落后。1981 年当选总统的密特朗要求法国高等教育积极参与经济和社会发展，参与技术进步，提出教育要适应国际竞争和发展经济的需要。1984 年，法国颁布了《高等教育法》（也称《萨瓦里法》）。

（2）内容

《高等教育法》确认了 1968 年《高等教育方向指导法》中提出的自治、参与和多学科原则，同时规定了高等教育的总体目标为开放、教学改革和职业化。该法规定：①高等教育是具有"科学、文化和职业性"的独立实体。②高等教育的任务包括开展继续教育、从事科学和工艺技术研究、传播文化和科技信息、加强国际合作等。③成立国家教育评估机构"国家评估委员会"，定期向政府提交对高等学校的评估报告，为高等教育改革提供依据。④增加高等教育职业方向指导，增加职业技术类课程，增加"大学基础科技学习文凭"。[①]

（3）结果与影响

《高等教育法》进一步扩大了高等教育的职能，第一次提出高等教育要有助于提高全民族和每个人的科学、文化、职业水平，体现了政治、经济社会对教育的要求，以及教育对社会的服务功能，凸显了教育现代化的民主化原则。

四、法国教育现代化调整优化阶段（2001 年至今）

影响法国教育变革的有两方面的因素。从内部看，法国国内的基础教育质量下降，对基础教育改革的呼声很高。从外部看，欧洲国家陆续开展基础教育改革，法国也受到欧盟教育政策以及博洛尼亚进程的影响。21 世纪初，为适应社会经济发展，法国开始了全面的基础教育改革。高等教育方面，在博洛尼亚进程的推动下，法国高等教育推行了全面改革，为实现学分互认、文凭对等，法国将高等教育中复杂的各种学制、文凭统一为学士—硕士—博士模式。另外高等教育国际化也是法国高等教育改革的核心内容，高校合并组建集团、海外办学、推行积极的留学政策等成为法国提高高等教育国际竞争力的手段。

（一）阶段发展特征

1. 学前教育

学前教育向义务与强制、低龄化发展。进入 21 世纪后，法国继续其重视学前教育的传统，将提高学前教育质量视为新世纪的重要目标。从 2002 年起，法国不断规范完

---

① 法国国家立法网 . 关于高等教育的 84-52 号法案（1984 年 1 月 26 日）[EB/OL]. [2023-12-20].

善学前教育内容，于 2008 年起草了第一份国家幼儿园教学大纲。[1] 这一阶段学前教育的师资培养机构与培养体系也在不断调整和改进，教师待遇逐步提高。2018 年法国宣布将义务教育起始年龄从 6 岁调整到 3 岁，旨在进一步提高教育公平，让所有人从出生开始就能享受均等机会。法国因此成为欧洲最早实行早年义务教育的国家之一。

2. 初等与中等教育

21 世纪第一个十年，法国继续秉承重视基础教育的理念，同时也紧跟世界基础教育改革潮流，努力提升基础教育质量。为了适应未来社会的变化，法国提出了新的概念，即"共同基础"，由知识和能力共同构成。[2] 这既对学校教育中培养的共通能力基础进行了阐释，也对教育公平提出了新的要求。21 世纪第二个十年，在经济合作与发展组织有关学生核心素养框架与 PISA 测试的外部推动下，法国的基础教育改革聚焦于提升基础教育质量，促进教育公平。一系列改革的目标，一是改变法国基础教育学业水平相比其他发达国家相对较低的现状，二是帮助处于学业不利和有学业困境的学生和地区。这些改革由于启动时间不长，目前还未见到明显的效果，但改革涉及教学内容、方式、手段等各个方面，为法国的基础教育质量提升提供了坚实的保障。

3. 高等教育

进入 21 世纪后，法国力图推进高等教育国际化，提升国际影响力。其一，响应欧盟的政策，改革高等教育学制，使用欧洲学分转换体系，加强高校之间的合作，挖掘统一文凭的效益。其二，重视法国高等教育的国际声誉。法国对大学以及科研机构进行重组，通过一系列改革与政策，如高校重组、高校与科研集群、卓越大学计划等提高法国高校在世界上的排名。从结果看，法国确实在一定程度上提高了在世界大学中的排名，但也存在很多隐患。其三，为提高法国作为留学地的吸引力，法国积极加入"伊拉斯谟奖学金计划"，推出"欢迎来法国"等计划，吸引外国留学生前往法国。

4. 职业教育

自 2001 年以来，法国的职业教育体系经历了多次改革和创新，以应对全球化、技术进步和劳动力市场需求变化带来的挑战。2004 年，法国职业教育引入个人培训权利制度，旨在通过提供持续的培训机会，帮助员工不断提升职业技能和知识，以适应劳动力市场的变化。为进一步改善职业培训的可及性和质量，法国政府对个人培训权利制度进行改革，推行职业培训账户制度，让员工可以在整个职业生涯中积累培训时间和职业技能。2013 年《法国学校改革法》以法律的形式明确了职业教育的重要地位，指出职业教育是振兴生产力的必要手段，有助于促进青年就业。为了应对高青年失业率，近年来法国政府通过一系列政策鼓励企业提供学徒培训岗位，并给予企业税收优惠和财政支持。

（二）代表性政策分析

《学校未来的导向与纲要法》

（1）背景

1989 年《教育指导法》实施十九年后，法国教育虽有了一定的发展，但还未实现既

---

[1]　杨进. 马克龙时代的法国教育观察 [M]. 北京：高等教育出版社，2019：28.
[2]　和学新，李博. 21 世纪以来法国基础教育课程改革及其启示 [J]. 教师教育学报，2016：89-100.

定目标，基础教育学业失败的问题依然未得到改善。因此，教育改革的呼声很高。进入21世纪后，发达国家为提高国家竞争力，纷纷进行基础教育领域改革，这也推动了法国顺应世界潮流改革其基础教育。2004年，法国公布了《为了全体学生的成功》报告。根据《为了全体学生的成功》报告中的指导思想，法国于2005年公布了《学校未来的导向与纲要法》，对法国2010—2030年的教育做了规划与布局。

（2）内容

《学校未来的导向与纲要法》的附加报告全面阐述了该法的基本精神。①为了一个更公正的学校：可信任的学校；②为了一个更有效率的学校：高质量的学校；③为了一个更开放的学校：倾听全国的学校。[①] 可信任的学校是指学校保证学生机会均等，获得成功；有效率的学校是对学校教学质量的描述；开放的学校是指学校和社区、家长、用人单位紧密合作，共同促进教育。根据新的法规，法国在课程内容、教学方法、教育评估、学校管理等方面进行了一系列的改革。改革围绕着上述两个文件中提到的必不可少的"共同基础"进行。"共同基础"将语言和数学作为新一轮改革的两大支柱，将英语和信息技术作为未来公民必须具备的两大能力。法规附件还提出增加中等教育奖学金、促进男女生教育平等、提高残疾儿童教育质量等新世纪的教育平等目标。

（3）结果与影响

该法规出台后，受到社会上多方的质疑，认为该法规过于理想主义，缺乏具体的实践指导和政策支持。但该法规体现了法国为适应新的时代要求，提出的基础教育未来发展理念和对现有教育问题进行调整的方向。追求教育平等、实现教育公平、提高基础教育质量的改革理念贯穿于法国21世纪教育改革进程中。

《重建共和国学校》

（1）背景

21世纪前十年的改革未能大幅改善法国学生学业失败问题，仍有很多学生处于学习困难的境地，且这一现象呈上升趋势。根据法国教育部报告，法国小学和初中学生书写困难的问题严重。PISA测试中，法国一直表现不佳，低于经济合作与发展组织成员国的平均水平。法国社会各界意识到，如不能有效改善教育现状，法国与其他国家的差距会越来越大，乃至有可能失去国民对国家教育的信任。另外，萨科齐执政期间对基础教育重视不够，5年内取消了8万个教师职位[②]，造成了师资不足，难以保证教学。奥朗德政府就以上问题组织了数次议会讨论，于2013年发布了《重建共和国学校》报告。

（2）内容

《重建共和国学校》的基本目标是提高所有学生的知识、能力和文化水平，减少由于区域差别和社会阶层造成的教育不平等现象，提高学业成功率和毕业证书获得率。具体目标是使80%以上的学生获得高中毕业会考文凭。具体内容包括：①增设教师岗位，提高教师地位；②加强教师培训，设置新型教师培训机构；③调整课时安排与学校作息时间，也允许各地区根据当地情况进行调整，制订"地方教育计划"；④提供地方教育

---

① 王晓辉. 法国新世纪教育改革目标：为了全体学生成功 [J]. 比较教育研究，2006（5）：22-27.

② 杨进. 马克龙时代的法国教育观察 [M]. 北京：高等教育出版社，2019：7.

活动经费补助[1]；⑤提供数字教育服务。

（3）结果与影响

《重建共和国学校》把"共和国"加入了新时期教育改革的名称中，提出为了重建共和国而重建学校，从价值传承的高度上提出未来学校发展的愿景和目标，意在建构更大范围的共识和取得长远有效的成果。[2]虽然由于法国的经济不景气，失业率居高不下，导致增设教师岗位、扩大教育数字化等目标无法落实，让法国民众对改革失去了信心，但改革中为消除教育不公平所做的尝试，如关注教育相对落后地区、增加对其政策倾斜与资金扶持力度等，为后续改革提供了方向。

《可信任的学校》

（1）背景

近年来中小学学业失败问题和教育体系的不公平现象引起了法国社会对教育的不满和质疑。2019年法国出台《可信任的学校》法规，力图改善法国教育中的以上问题，重树民众对政府的信任。

（2）内容

①将义务教育的年龄从6岁降低到3岁；②《可信任的学校》规定：在教室里必须挂有法国国旗和欧盟旗帜，还必须展示"自由、平等、博爱"的座右铭和《马赛曲》；③学生享有不受干扰的受教育权，指出校园欺凌可能对心理健康、社会融合和学业成绩产生严重影响，强调了在教育界开展提高认识和警惕行动的必要性；④为残疾儿童提供更好的教育条件；⑤对有困难的"教育优先区"扩充班级，小班授课，提高师生比；⑥优化评估模式，跟踪学生成绩；⑦初中教育减负化、丰富化、个性化；⑧学校为初中学生提供家庭作业辅导；⑨加强职业技术教育，为学生提供更好的就业辅导；⑩继续深化高中毕业择校制度改革。

（3）结果与影响

《可信任的学校》中的一些提议受到了社会各界的热议，很多教育界人士认为改革提供的理想目标远远得不到实际的支持，如在教育优先区扩充班级的目标从硬件上无法提供教室的保障，也没有足够的师资力量；初中教育减负要减少各科目的课时，但可能会降低学生的基础等。此外，改革遭遇了新冠疫情的严重影响，目前效果还在观察中。

高等教育学制改革

（1）背景

欧洲经济、政治一体化推动了欧洲教育一体化，1998年《索邦宣言》和1999年《博洛尼亚宣言》的宗旨是通过建立统一的学制和学分互认体系，促进学者和学生在欧洲境内的交流，实现欧洲教育一体化。当时的法国高等教育学位制度可以说是历史上最为复杂的[3]，其所颁发的文凭种类繁多，不利于法国与欧洲其他国家的文凭互认。因此，法国

① 王晓辉.重建共和国学校——法国当前基础教育改革[J].比较教育研究，2015：29-32+38.
② 王晓宁，张梦琦.法国基础教育[M].上海：同济大学出版社，2015：245.
③ 吕一民，钱虹，汪少卿，等.法国教育战略研究[M].杭州：浙江教育出版社，2014：163.

21 世纪第一个十年的高等教育改革就是在学制改革的框架下进行的。

（2）内容

按照《博洛尼亚宣言》的精神，法国从 2002 年起开始逐步改革大学学制，新的学制分别为学士学位、硕士学位（分为研究型硕士和职业型硕士）与博士学位。这一学制改革大大改变了法国原有的复杂的学制体系。首先，法国取消了原来两年本科学习之后颁发的普通大学学习文凭，将大学第一阶段即本科阶段改为三年一贯制。其次，取消了硕士阶段旧学制中一年学习完成后颁发的硕士和两年学习完成后颁发的高等深入研究文凭或高等专业研究文凭，改为大学第二阶段即硕士阶段学习后统一颁发硕士学位。[①] 法国大学在 2006 年时已基本完成了学制改革，而欧盟预计完成改革的时间是 2010 年。法国提前完成了学制改革的任务，并落实了"欧洲学分互换体系"。

（3）结果与影响

来自欧洲高等教育一体化的改革推动力，使法国原来复杂的学制得以简化且更为清晰，既有利于法国国内高等教育机构间的横向交流与合作，也使法国教育体制更易被外界所了解、接受和认可。欧洲学分互换体系的推行促进了法国重新梳理大学的专业和课程，也让法国与其他国家的教育合作愈加活跃。

《大学自由与责任法》

（1）背景

法国早在 1968 年《高等教育方向指导法》中就确定了法国现代大学自治、参与、多学科的原则。进入 21 世纪后，法国内部财政危机导致国家对高等教育机构的财政投入缩减，高等教育质量受到了社会的质疑。外部环境上，法国则受博洛尼亚进程推动的影响，大学的自主、自治、走向市场成为法国高等教育机构治理的重要改革内容。

（2）内容

2007 年 8 月，法国颁布《大学自由与责任法》。在大学内部治理方面，该法增强了校长的职能与权力，力图改变法国大学原来相对松散的学院自治状况；强化了行政委员会的构成与地位，大学校长由行政委员会选举产生，委员会成员构成覆盖全面，包括教师、学生、行政人员、外部代表等。该法缩减了委员会人数以便深入研究讨论；赋予大学更高的人事权，大学可自行决定教职人员的增减，自主选拔合格教师和研究员，自主制定奖励机制。财政管理方面，该法提高了大学财政管理的弹性，大学可自主管理不动产及动产以获取收入；也可投资继续教育领域；大学可与经济和工业合作领域共同商议，确定大学的教学任务，也可通过基金形式开展科研项目。从监督和保证实施的层面看，国家仍保有颁发国家学历和评估大学的职能。国家通过与大学签订合同的方式，保证高等教育公共服务的职能正常运转并不断进步。[②]

（3）结果与影响

该法颁布后法国启动了推进大学自治化的改革，对大学进行筛选并分批次予以推进。为了评估改革效果，设立了由四名议员组成的"改革进展跟踪委员会"对改革情况

---

① 吕一民，钱虹，汪少卿，等 . 法国教育战略研究 [M]. 杭州：浙江教育出版社，2014：163-167.

② 吕一民，钱虹，汪少卿，等 . 法国教育战略研究 [M]. 杭州：浙江教育出版社，2014：110-116.

予以评估。此次改革使法国大学的自主管理权力大大增强，提高了大学管理和决策效率，有助于法国大学更好地适应现代经济社会的发展。对于政府来说，下放大学管理的权力改变了国家与大学之间的关系，让大学承担起更多培养人才的责任和服务国家与社会的义务。

"卓越大学计划"

（1）背景

进入 21 世纪后，法国高等教育的国际竞争力受到来自英语国家的冲击。此外，由于法国在高等教育体制上追求"小而精"，高等教育机构规模较小、划分较细，因此在参与世界大学排名时不具优势。在 2006 年软科世界大学学术排名中，法国所有大学都排在 40 名之后。这在法国社会各界中造成很大震动，法国随即出台一系列改革措施，以期提高法国高等教育的国际影响力，扭转法国高等教育在国际舞台上的不利局面。

（2）内容

2006 年法国颁布《研究计划导向法》，提出把各具特色和学科优势的公立大学、大学校以及研究院所进行组合，建立"高等教育和研究集群"，共同开展教学和科研，实现资源共享。2009 年，总统萨科齐启动"投资未来计划"，提出建设 5～10 个高等教育和研究集群。2010 年，法国在"集群"改革基础上启动"卓越大学计划"，制定了打造 5～10 所世界一流的综合研究性大学的总体目标。计划以申请的形式加入，国家对申请大学或大学共同体的整体发展目标、相互协调性、教学及科研水平、学校与经济社会、工业社会的合作紧密性等进行评估和遴选，国家督促和帮助入选大学或大学共同体建设发展成"卓越大学"。[①] 总的来说，这些机构联合起来形成了超出其自身原有实力的大学集群，学科覆盖面更广，弥补了法国过去小规模办学的劣势。各教学科研团队的实力叠加，也增强了与世界一流大学的竞争力。

（3）结果与影响

"卓越大学计划"历经三任总统的接力建设，是法国高等教育领域近期财政投入最大、覆盖面最广的一次改革。虽然"卓越大学计划"在法国内部存在由于机构间运行机制不同造成的合作不够紧密等问题，但此计划对法国高等教育的国际影响力和国际排名有显著提升作用。在 2020 年软科学世界大学学术排名中，巴黎萨克雷大学首次上榜并高居全球第 14 名。"卓越大学计划"在推动新世纪法国高等教育进入国际前列方面功不可没。

第三节　法国教育现代化的核心指标分析

本节根据普及与公平、质量与结构、条件与保障、服务与贡献四个维度，梳理了法国近 20 年教育现代化进程中核心指标的变化趋势。

---

① 刘宝存，张伟 . 国际比较视野下的创建世界一流大学政策研究 [J]. 比较教育研究，2016：1-8.

一、普及与公平

表 5-1 呈现了法国各阶段教育毛入学率的变化情况。法国学龄前教育毛入学率、小学教育毛入学率、中学教育毛入学率、高中教育毛入学率均已在 20 世纪达到了 100%，并在近 10 年来保持稳定。进入新世纪后，高等教育毛入学率继续呈稳步上升趋势，从 2010 年到 2020 年上升近 15%，2020 年达到 69.35%。

表 5-1　法国各教育阶段毛入学率变化（单位：%）

教育阶段	年份		
	2010	2015	2020
学龄前教育	105.92	105.11	106.66
小学	102.76	101.99	102.81
初中	102.91	100.8	101.86
高中	111.12	106.96	108.38
高等教育	54.88	62.79	69.35

数据来源：联合国教科文组织统计研究所。

法国人均 GDP 在 1971 年、1979 年和 1990 年前后分别达到 3 000 美元、10 000 美元和 20 000 美元。对应这些关键的发展阶段，表 5-2 展示了各级教育的毛入学率情况。从中可以看出，随着人均 GDP 从 3 000 美元提升至 20 000 美元，初中、高中教育毛入学率总体上呈显著增长趋势，而且学前教育的普及程度最为突出，毛入学率从 61.1% 上升至 98.2%，反映出法国对早期教育的高度重视。这一阶段，法国高等教育也经历了快速扩张进程，毛入学率从 18.56% 增长至 36.89%，几乎翻了一番，显示出在经济快速发展的背景下，高等教育需求和供给的同步提升。

表 5-2　法国人均 GDP 达到既定经济发展水平下的各阶段入学率（单位：%）

人均 GDP	3 000 美元	10 000 美元	20 000 美元
法国达到既定经济水平年份	1971 年	1979 年	1990 年
学前教育毛入学率	61.1	/	98.2
小学教育毛入学率	116.28	110.18	111.50
初中教育毛入学率	93.21	94.51	111.45
高中教育毛入学率	74.23	71.1	96.06
高等教育毛入学率	18.56	/	36.89

数据来源：人均 GDP 数据来源于世界银行，毛入学率数据来源于联合国教科文组织统计研究所。
注："/"表示数据缺失。

二、质量与结构

表 5-3 呈现了法国教育部与联合国教科文组织分别统计的法国小学、初中、高中教育完成情况随时间变化的趋势。法国的小学教育完成率在近 10 年均保持较高的水平，

初中教育完成率已接近 100%。高中教育完成率逐年上升，2020 年时达到 88% 以上。

表 5-3　法国各教育阶段完成率（单位：%）

教育阶段	年份		
	2010	2015	2020
小学	99.27	99.47	99.08
初中	98.53	98.93	98.15
高中	82.02	86.66	88.06

数据来源：联合国教科文组织统计研究所。

法国的小学教育完成率一直持较高的水平，法国把关注的重点放在了学业成功率上。近些年的改革致力于降低小学教育的留级率。通过改革，2022 学年与 2014 学年比较，留级率明显下降，相对稳定[1]，说明改革初见成效。可以看出，法国的基础教育已经从"数量型"进入了"质量型"。

2019 年高等教育毕业生的学科结构分布如表 5-4 所示，其中社会科学、商科、法律领域人数占比最大，农业领域人数占比最小。

表 5-4　法国高等教育毕业生学科结构（单位：人）

领域	人数
教育学	8 908
人文科学	57 249
社会科学、商科、法律	173 651
理科	56 970
工程、制造和建造	54 088
农业	3 833
服务业	14 173

数据来源：经济合作与发展组织统计。

根据法国高等教育部的统计数据，2010—2020 年自然科学和运动科学的增长非常突出：在 2010—2015 年增长 10.5% 之后，2015—2020 年又增长了 13.6%。医药领域的增长势头也很强劲，2010—2015 年增长了 9.1%，2015—2020 年增长了 6.7%。艺术、文学和人文社会科学方面，在前 5 年增长 3.7% 之后，后 5 年出现了大幅增长（9.9%）。法律和经济学的发展则较为缓和，分别增加了 1.8% 和 3.9%。[2]

表 5-5 显示，1990—2020 年法国硕士毕业人数均呈稳步上升状态。其中，2000 年的数据出现异常变化，不同统计机构的硕士毕业生人数统计数据很不一致。这可能是由于法国应博洛尼亚进程改革了其高等教育体系为本科—硕士—博士模式，取消或合并了部分原有的硕士模式。不过依然可以看出法国硕士生培养非常稳定，并呈逐渐增加趋势，

---

[1]　2022 年第 22.38 号情况说明 [R/OL].[2024-02-05].

[2]　参见法国高等教育部官网。

人口受教育程度越来越高。博士生毕业人数近 20 年来变化不大，21 世纪以来法国未针对博士生的培养规模进行相关改革，更多还是旨在提高研究质量和水平。

表 5-5　法国研究生教育硕、博士毕业生人数（单位：万人）

教育阶段	年份					
	1990	2000	2005	2010	2015	2020
硕士	4.8	8.1	11.4	13.5	25.4	30.1
博士	0.7	1	1	1.3	1.4	1.1

数据来源：2022 年统计数据和参考资料 Repères et références statistiques 2022 [R/OL].[2023-02-13]: p11.

从 2018 年 PISA 结果（表 5-6）来看，法国的总体表现在经济合作与发展组织成员国平均值之上。

表 5-6　法国 2018 年 PISA 测试成绩

领域	OECD 平均	法国
阅读	487	493
数学	489	495
科学	489	493

数据来源：PISA 2018 results，[EB/OL].[2022-12-11].

21 世纪初，世界大学排名越来越受各国的重视，然而法国的表现一直不理想。2005 年泰晤士大学排行榜公布的世界前 100 名大学中，法国大学有 5 所。在此之后法国的排名情况持续下降，在 2008 年的同一排行榜中前 100 名中只有 2 所。法国政府为提高排名和国际影响力，推出了"卓越大学计划"等一系列改革措施，将法国的大学、大学校、科研院所等重组，以"集群"的方式参与世界排名。近几年，法国的排名明显提高。在 2023 年的 QS 世界大学排名中，前 100 名的大学有 4 所，前 500 名的大学有 13 所。

但是这种"集群"形式也存在一些不稳定因素，如 2019 年 5 月 1 日此"集群"中的巴黎综合理工学院正式脱离巴黎萨克雷大学，导致 QS 排名从 2016—2019 年 240 名左右下降至 2020 年的 262 名，并在 2021 年下降至 305 名。

在法国的众多高校中，在国际排名中稳列前茅的学校有巴黎文理研究大学、索邦大学、巴黎萨克雷大学和巴黎综合理工大学。

三、条件与保障

法国政府教育支出占 GDP 比例近 10 年来保持稳定，2010 年、2015 年、2020 年分别为 5.64%、5.45%、5.66%。2020 年，政府教育支出占总教育支出的比例相比前一年的 57.3% 增加了 1.5%。[1] 根据法国教育部教育评估司的报告，增加的部分主要是用于家庭特殊援助，包括高等教育助学金（1.5 亿欧元）和返校津贴。另外，自 2017 年以来，法国对初等教育的优先关注使得班级数量增加了一倍。在中等教育方面，国家设立了

---

① 参见法国国家统计局官网。

8 000 个帮助残疾学生的职位。^①

生均经费方面，从 2019 年经济合作与发展组织各成员国对比来看，法国的生均经费水平处于中上游，为 13 049 美元 / 人；经济合作与发展组织成员国平均水平为 11 990 美元 / 人，欧洲 23 国平均值为 12 195 美元 / 人。^②

公共教育支出与公共研发经费方面，根据经济合作与发展组织的数据，2015—2020 年期间，法国公共教育财政占 GDP 比例均在 5.4% 上下。2000—2020 年法国公共研发经费占 GDP 比例从 2000 年的 2.10% 稳步上升至 2010 年的 2.18%，2020 年达到 2.35%。^③ 根据法国高等教育部 2022 年的数据统计，法国公共研发经费占 GDP 比例在 1981—2010 年经历迅速上升及金融危机期间的波动以后，一直处于稳定状态，保持在 2.2% ～ 2.3%。^④

班级规模方面，从表 5-7 所呈现的班级规模发展趋势可以看出，法国的班级规模在 2011—2021 年间变化并不大，基本稳定在 24 人左右。其中小学班级规模呈稳中有降趋势，中学班级呈稳中有升趋势。

表 5-7　法国各教育阶段班级规模（单位：人）

教育阶段	年份					
	2011	2013	2015	2017	2019	2021
公立小学	/	23.30	23.50	23.00	21.70	21.30
私立小学	/	24.40	24.90	25.10	24.90	24.60
公立初中	23.90	24.10	24. 20	24.30	24.60	24.70
私立初中	26.00	26.10	26.30	26.80	27.10	27.30
公立高中	29.10	29.80	30.00	30.10	30.30	30.70
私立高中	26.50	27.00	27.40	27.70	28.40	29.60

数据来源：法国教育部官网。

注："/" 表示数据缺失。

从表 5-8 中可以得出，法国学校总体生师比在 2013—2020 年间变化微弱，保持稳定。

表 5-8　2013—2020 法国各教育阶段生师比

教育阶段	年份							
	2013	2014	2015	2016	2017	2018	2019	2020
学前教育	24.18：1	24.12：1	24.11：1	23.93：1	23.64：1	23.46：1	23.29：1	23.16：1
小学教育	19.68：1	19.64：1	19.69：1	19.63：1	19.40：1	19.08：1	18.66：1	18.42：1
初中教育	14.43：1	14.42：1	14.43：1	14.46：1	14.39：1	14.39：1	14.46：1	14.61：1
高中教育	16.34：1	16.66：1	17.08：1	17.64：1	17.52：1	14.48：1	15.26：1	17.17：1
高等教育	15.43：1	15.74：1	16.11：1	16. 29：1	16.18：1	16.31：1	16.48：1	16.66：1

数据来源：经济合作与发展组织。

---

① 参见法国教育部官网。
② 数据来源：OECD 官网。
③ 数据来源：OECD 官网。
④ 数据来源：法国高等教育部官网。

此外，法国规定教师需要参加教师资格考试，但由于教师资源紧缺，法国也招聘了大量合同制但尚未获得教师资格的教师。2017—2018 学年，法国中小学生教师总数为901 787 人，其中合格教师有 830 946 人，占总教师数的 70.7%。[①]

法国教师法定薪资水平整体较低，各教育层级教师薪资水平均低于经济合作与发展组织成员国平均工资。法国教师职业生涯初期的薪资增长缓慢，工作 15 年后位于职业中期的教师尤其处于劣势，小学教师和中学教师在工作 15 年后的法定工资至少比经济合作与发展组织成员国的平均水平低 18%。2023 年法国教师法定薪水情况如表 5-9 所示。

表 5-9　2023 年法国教师法定薪水（单位：美元）

教育阶段	初始薪资	10 年工作经历薪资	15 年工作经历薪资	最高薪资
学前教育	40 068	44 531	46 886	67 423
小学	40 068	44 531	46 886	67 423
初中普通教育	43 697	48 161	50 516	71 408
高中普通教育	43 697	48 161	50 516	71 408

数据来源：Education at Glance 2024。

法国教育部进一步统计了包含所有在职教师的平均薪水，包括全职、兼职、合同制、体制内教师，并换算成全职教师等价工资进行展示。2020 年，公立学校教师平均比私立学校教师薪水高约 400 欧元，第二阶段教育（初中＋高中）的教师平均比第一阶段教育（学前教育＋小学）的教师薪水高约 300 欧元。[②]

四、服务与贡献

就业率方面，法国高校毕业生首次就业率与学历高度基本呈正相关。其中健康福祉类大专与大学校培养的硕士层次（商校与工程师学校等）的毕业生有最高的就业率与最低的失业率（见表 5-10）。

表 5-10　法国高校毕业生首次就业率与失业率（单位：%）

所获最高学历（截至 2010 年）	就业率		失业率	
	就业后 3 年	就业后 7 年	就业后 3 年	就业后 7 年
未毕业	40	58	50	35
职业高中（面向就业）	74	84	20	12
技术类职高（面向大专）	61	79	24	13
普通高中	54	76	22	14
技术类大专	78	89	15	7

---

① 数据来源：法国教育部评估与预测司官网。
② 数据来源：法国教育部官网。

续表

所获最高学历 （截至 2010 年）	就业率		失业率	
	就业后 3 年	就业后 7 年	就业后 3 年	就业后 7 年
健康福祉类大专	96	98	2	0
职业本科	85	96	10	1
普通本科	72	89	14	7
硕士	84	92	12	6
硕士层次 （大学校）	93	96	5	3
博士	92	96	6	3
总计	68	80	23	14

数据来源：法国教育部。

留学生方面，根据法国高等教育部统计，2000—2019 年流入法国高等教育的留学生数量不断增长，2000 年为 13.65 万人，2005 年快速上升至 20.95 万人后逐年稳步增长，2019 年达到 24.93 万人。但 2020 年有所波动，高等教育留学生数为 24.10 万人。[1]

同时，根据法国高等教育部统计的留学生来源分布[2]，来自非洲的留学生最多，其中大部分来自摩洛哥、阿尔及利亚、突尼斯、塞内加尔；其次是亚洲和美洲，美洲留学生主要来源国是美国，亚洲留学生主要来源国是中国；最后是欧洲其他国家，主要来自德国和意大利。

法国高等教育普及率呈现出明显的代际差异特征。根据经济合作与发展组织 2020 年教育统计数据显示，法国 25 ～ 34 岁年轻群体的高等教育完成率达到 49.5%，显著高于经合组织国家平均水平；而 55 ～ 64 岁中老年群体中这一比例仅为 26.4%，两者相差超过 20 个百分点。这种代际差异导致法国 25 ～ 64 岁劳动年龄人口的整体接受过高等教育比例（39.7%）与 OECD 平均水平基本持平。随着接受过高等教育的年轻世代逐步成为劳动力市场主力，法国整体国民教育水平有望进一步提升。[3]

第四节　法国教育现代化的经验与启示

一、法国教育现代化的经验

（一）教育立法与教育政策紧密相连

法国一直以来重视各学段的教育立法，并辅有各类教育政策，以保证教育改革的推

---

① 数据来源：法国高等教育、科研与创新部官网。
② 数据来源：法国高等教育、科研与创新部官网。
③ 数据来源：经济合作与发展组织官网。

进。这不仅体现了法国政府对教育领域法治化、规范化的管理，也促进了教育体系根据时代的变迁而不断实现现代化。在基础教育阶段，法国先后通过多项法律来保障幼儿、儿童受教育的权利。《费里法》明确规定教育机构的性质为公共教育，学前教育实行免费的原则。《戈布莱法》进一步明确了基础教育的地位，并对师资、教育管理等提出要求，法国基础教育开始走上普及化之路。进入 20 世纪后，法国继续颁布法令规范基础教育的办学目标和教育内容，如"郎之万—瓦隆教育改革计划"、《哈比法》等。21 世纪《学校未来的导向与纲要法》《重建共和国学校》等使促进教育平等与公平拥有了法律依据与保障。这些法令和规定保障了法国基础教育的目标和内容跟上时代发展的步伐，极大地保障了儿童的入学率，保证了教育质量，也为法国的基础教育提供了坚实的保障系统。[①] 在高等教育阶段，拿破仑时代关于创建"帝国大学"的两项法令开启了法国高等教育的"依法治教"；而战后的《高等教育方向指导法》则是法国现代大学体系建立的立法标志；新世纪的《大学自由与责任法》推进了大学自治，加强了大学的社会服务功能。法国教育立法的不断完善确保了教育的现代化发展。为适应教育的现实发展，国家也在不断对政策法规进行调整，以确保政策法规的顺利实施和教育目标的达成。同时，从国际视角出发，法国的经验为全球教育法典化提供了宝贵的借鉴。

（二）追求有质量、全方位的教育公平

法国教育公平的思想贯穿其教育现代化的整个进程，教育不公平现象一直是法国全社会讨论的焦点，这种不公平主要体现在家庭背景、地区差异以及弱势群体的受教育权等问题。法国历史发展的每个时期都采取了多种措施以确保所有学生享有平等的教育机会。这些措施涵盖了从基础教育到高等教育各个层面，包括改革招生制度、增加对基础教育的投入、关注弱势和处境不利的地区等。

大革命以来，法国对教育的普及、教育内容的公平做出了努力，至 20 世纪 80 年代，根据新的时期的新的问题设立"教育优先区"政策，根据学前教育入学率、小学留级率、失学率、外籍学生比例等条件确定优先支持区域，由国家给予经费、师资、硬件等方面的特殊支持。此后，政策不断升级换代或出台配套方案，如"中小学创新与成功""作业帮扶""贫困生助学"计划。同时，法国在现阶段把保障残疾和弱势儿童受教育权视为实现教育公平的重要阵地，面向残疾儿童开设"融合教育班级""残疾学生伴读"项目等。专门针对贫困、残障、智障等弱势儿童制定相关的政策法律，为保障他们的受教育权提供扶持和帮助。法国在现代化进程中一直在追求教育公平的路上，并不断根据时代的新的发展要求和新的挑战做出以教育公平为目标的改革与探索。

（三）人才培养分级分类

法国的教育体系在多个层面表现出了法国的分级分类培养特色。在中等教育阶段，历任政府都出台相关改革措施，围绕着"方向指导"与"定向"展开。这一阶段的分级分类培养旨在因材施教，满足不同学生的需求，并与不同的能力水平相适应，同时也通

---

① 周琴，苟顺明 . 法国学前教育均衡发展的保障措施及启示 [J]. 比较教育研究，2012，34（5）：17-21.

过定向辅导促进学业的成功。初中毕业生需要在普通教育、技术教育和职业教育之间做出选择。普通高中生需要在高中一年级结束前确定分科方向（文科、理科、经济与社会学科）。定向原则强调"发展性"和"可逆性"，在为学生提供发展的路径的同时，也为学生提供更正选择的机会，促进学生的成功。这些改革探索对提高法国学生高中完成率与成功率已经取得了一定效果。1995 年以来，法国高中成功率稳步上升，至 2021 年提高了 13.2%。总体来说，法国对高中生的方向指导和学业、就业的分流准备工作提高了法国的高中毕业率，也在一定程度上解决了学生就业升学的问题。

在高等教育阶段，法国高等教育发展至今，构建了多元化多层次的分类培养高等教育体系。形成了综合性高等教育、精英式高等教育以及职业化高等教育三大类。综合性大学培养的"综合"特色很强，几乎涵盖了各个学科领域，学生人数约占法国高等教育在学人数的 60%，是法国实现高等教育普及化的重要阵地。精英式高等教育入学门槛高，培养的是行业性强的领军人才。职业化高等教育分短期教育和长期教育两种，培养专业应用型技术人才。法国三种类型高等教育培养模式协同发展，人才分类分级培养，为法国国家建设输送多样化人才做出了突出贡献。许多西方国家在高等教育大众化泛化过程中遇到了专业技术人员和精英人才短缺的问题，这可以从法国的经验中寻找答案。

（四）推进多通途的教育路径

法国上述的分类培养并没有使法国的人才培养模块互不联通，而是互补连通，形成了自下而上、横向联通的系统化教育结构。在基础教育阶段，每一类别的培养体制都可与高等教育相对应，同时也可以根据学生的需求横向调整。中等教育到高等教育连贯升级，横向与普通中等教育或普通高等教育互相关联。职业教育方面，在中等教育里有三年制技术类高中、职业高中和两年制技术学校。在高等教育阶段有大学技术学院这种设在大学里的短期教育形式。另外，法国学徒制具有悠久的历史传统，也在不断适应现代化进程而调整，形成了当今覆盖高中和高等教育的学徒制，在法国继续职业教育与培训体系中得以广泛应用。[①] 另外，法国还构建了完善的职业资格认证管理体系。职业资格证书涵盖领域很广，目前共有约 1.5 万种各级各类职业证书。[②] 职业证书认证目录中设立了"五级认证制度"，逐级授予相应的文凭。法国教育的多层次、多种类、多通途的系统化结构为法国实现教育的不断现代化提供了可能。

（五）教育改革与科技进步融合推进

法国教育的一大特色是通过人才培养为科技创新提供源源不断的动力，并通过科技发展与创新来推动教育模式和方法的变革，提升教育质量。截至今日，法国共孕育了 40 余位科技领域的诺贝尔奖得主，法国的科技和工业水平也处于世界前列，这些成就的取得离不开科学教育。自基础教育阶段开始，法国就非常重视科学教育，并将其纳入每个学生的"共同基础"。根据 2015 年修订的"共同基础"，并通过"探究—实践—反思"

---

① 杨进 . 马克龙时代的法国教育观察 [C]. 北京：高等教育出版社，2018：110.
② 杨进 . 马克龙时代的法国教育观察 [C]. 北京：高等教育出版社，2018：98.

模式教会学生获取科学知识和训练学生科学思维。科学教育为学生提供探索自然的基本数学和科学知识，同时培养学生的思考能力、动手能力和批判能力。在高等教育领域，法国不断建设人才、科研和创新平台。2009 年，法国高等教育与科研部与法国工业部联合发起高等教育机构创业发展计划。进入 21 世纪第二个十年，法国提出要继续扩大人才、科研和创新平台，创建世界上最大的孵化器，推出"法国科创"，扩大新兴技术所需人才的招生人数。马克龙上任后，重组高等教育部，将其更名为"高等教育、科研与创新部"，旨在打通人才、科研和创新平台间的壁垒，从国家层面上统一支持与协调。近期，法国在科教融合方面举措不断，可以看出法国希望在信息时代引领欧洲乃至世界。这些由国家总统主导引领的革新也确实迅速提高了法国科技的吸引力，国际一流人工智能、大数据等研究机构、企业入驻法国，在为法国高等教育与科技人才提供国际平台的同时，也服务了法国的科技战略。高度紧密的校企合作也是科学技术教育的特色，也是法国科学技术教育成功的关键环节。法国教育的发展与企业的管理支持、教学支持与资金投入有很大关系。同时，国家通过立法使学校和企业之间的关系变得紧密，允许企业参与教育，以此提高企业对教育的支持力度。规定企业的一定税收用于支持实习岗位。院校内部有负责与企业沟通的专职人员，针对企业的需要与当地的发展情况设置相应的课程。学校还要聘请企业人员参与授课环节，担任企业导师等。这种模式不仅可以及时反馈社会的现实需要，也体现了教学课程设立的严谨性、高效性和实用性。

然而，法国教育现代化的进程也不总是一帆风顺的，教育改革也曾遇到诸多困难、挫折乃至失败。这些法国教育发展中呈现的问题与挑战也可以帮助我们反思和改进教育体系，以更好地满足社会的发展与教育现代化的与时俱进。

首先，中央集权与地方管理存在潜在矛盾。高度中央集权式的管理是法国教育管理最重要的特点之一。但法国在教育管理上追求高度的集中与统一，某种程度上制约了地方学校的发展，忽略了地方办学的主动性与积极性。赋予教育系统中低层级的教育主体更多决策权已经成为众多发达国家教育改革的一个重要目标[①]，然而在法国中央、学区、地方的纵向管理结构中，地方的决策权仅占 30% 左右。

近年来，法国中央政府倡导的基础教育改革，在一些教育落后地区落地困难，缺乏相应的地方政策和硬件、软件条件支持，引起地方教育管理者、教学一线教师的抗议甚至游行。中央在制定政策时由于不考虑地方实际情况而引起较激烈的反对，在法国并非鲜有出现。如协调不好，会限制师生的积极性和创造性，进而引发教育秩序或教育质量无法保证的混乱局面。总体来看，法国高度中央集权的传统对当前法国教育改革造成了一定的障碍。

其次，师资储备与师资学科配置影响教育质量。法国教育虽在教育民主化、世俗化、实际化等方面取得了很大成就，但一些长期悬而未决的教育问题仍困扰着法国教育的发展。这些教育问题主要包括：学业失败、机会不平等、教学内容陈旧及方法不适应现代社会发展需要、青少年教育水平相对低下等。根据最新调查，法国的基础教育师资结构比例失调是近年来基础教育改革的主要"绊脚石"。虽然法国有重视师资培训的传统，但

---

① 王晓宁，张梦琦. 法国基础教育 [M]. 上海：同济大学出版社，2015：60.

师资力量并没有跟上法国现代化步伐。2022 年，在法国基础教育阶段的教师招聘中有近 17% 的岗位空缺，与 2021 年相比增加了近两倍（2021 年为 6%）。^①教师的日益匮乏，也是近年来法国在 PISA 等国际测评中成绩不佳的原因之一。法国的教师待遇在西方发达国家处于中下游水平，教师群体之间存在收入不平衡的问题，导致教师行业的吸引力下降。法国目前无论是理科教师的师资储备还是在职教师培训都亟待进一步改革。

再次，基础教育学业失败问题持续存在。法国基础教育很早就已经实现了普及，基础教育从追求数量发展转变为追求质量卓越。然而，从 20 世纪末起，学业失败等问题凸显，法国虽采取了多种措施与改革方案，但成效有限。众多移民的涌入，也给法国的教育提出了挑战，学生由于背景不同，差距显著。法国公立学校的质量由于地区差异等因素也逐渐呈现分化的趋势，家庭条件相对较好的学生择优选校，而家境条件相对较差的学生则集中在教育资源匮乏的学校，从而形成从幼儿园到大学的教育闭环，进一步加剧了学业失败的现象。

最后，追求快速提高高等教育的国际影响力而忽视了内部教育管理及治理。为提高国际大学排名和国际影响力，2006 年法国以"高等教育与研究集群"方式，对法国 60 多所院校和研究机构进行重组。基于此"集群"建设，2010 年法国又推出"卓越大学计划"^②。法国重组高校的直接目的就是以最快的速度提升法国高等教育与研究机构的世界排名。结果显示，法国这一教育战略确实有效提升了法国在世界的学校排名，提升了法国大学在国际舞台上的形象。然而由于高校内部缺乏实际落地的重组政策，各学校依然以独立的方式运行，因此重组缺乏深层稳定性。此外，重组大学淡化了法国的一些固有的教育特色，如法国的精英教育、法国的特色文凭等，因而逐渐失去了法国教育的独特吸引力。此外，法国一直坚持免费的高等教育，在持续数年缩减教育开支的背景下投入巨资进行高校重组，进一步加重了法国政府的教育财政负担。

二、法国教育现代化的启示

（一）教育现代化不能以否定自己的传统文化为代价

法国大革命启动了法国的现代化进程，从而推动了与社会发展相适应的教育现代化进程。很多学者认为，法国是早发型现代化国家中否定传统最甚的国家。^③进入现代化进程后，虽然法国的政府不断更迭，导致改革不连贯，但是纵观法国的教育改革，可以看出法国传统与现代化的互动是比较平缓的。法国对历史与传统特别尊重，教育现代化过程以尊重自己的传统文化为基础，小步伐而不间断地向前发展。

法国教育现代化过程中始终伴随着教学内容的文理之争。随着工业和经济社会现代化的发展，与现代国家更为适配的科技课程的重要性凸显。然而与法国传统文化相关的

①　法国国民教育部 . 2022 教师资格考试成绩 [EB/OL]. [2024-02-25].
②　张惠，张梦琦 . 法国创建世界一流大学的战略实践——以索邦大学为例 [J]. 比较教育研究，2016：22-28+41.
③　吴式颖，褚宏启 . 外国教育现代化进程研究 [M]. 太原：山西教育出版社，2006：155.

课程并没有在现代化进程中取消，而是调整为与现代社会更为适应的教学内容贯穿于整个教育体系。法国的语言（法语）、文学、哲学、艺术等教育的系统性与科学性在为法国保留其悠久人文传统的同时，也不断为现代法国培养着影响世界的当代文学家、哲学家与艺术家。

法国教育现代化进程中的另一个特色产物是法国的大学校，其以培养社会各领域的精英人才为培养目标。选拔式的招生方式、淘汰制的培养过程、小而精的学校规模、广而高的社会认可度，使大学校成为法国高等教育独树一帜的培养模式。然而进入 21 世纪后，面临世界大学排名的压力，为了在保护好这一国家教育传统的前提下提高国际竞争力，法国并没有采取盲目扩大学校规模的做法，而是以"高等教育与研究集群"的新型组织模式参与国际竞争与排名。

"文化例外"政策也是法国值得一提的保护传统的做法。作为世界文化大国，法国在 20 世纪 90 年代初提出了反对把文化列入一般性服务贸易的"文化例外"政策，并长期以来坚持"文化例外"，保护本国文化不遭受别国文化冲击。基于这一理念，法国教育界提出涉及法国传统文化的教育领域不能被市场所控制，要特别保护法国艺术、文学、哲学等创造性本土文化不被外来文化所侵蚀。

教育现代化不能以完全否定过去为代价，它与尊重我国的优秀历史、传统文化与现代化是相得益彰的。我国是千年文明古国，有着悠久的文化传统。经历了改革开放，在一个追求国际交流与大同化的世界里，传统与现代的各种观念冲击着我们，以致在实践中遇到瓶颈时，我国往往习惯于从西方教学模式和政策中寻求解决方案，而忽略了我国教育传统的精髓和本国的实践土壤。教育现代化应该是教育传统在新时代的重生与升华。与此同时，我国培养出的新时代人才也应熟知我国的文化传统，在各个领域继承、发扬传统。

（二）教育现代化需要思想先行、理念引导

法国历史上，众多教育学家、哲学家、社会学家、政治家都参与到教育的起源、发展和实践的讨论中，教育思想对法国教育现代化的作用与影响是深刻的。法国现代化始于法国大革命，而大革命的基础是一系列的思想洗礼。文艺复兴、宗教改革、启蒙运动，这些思想火花凝练成教育思想与理念，体现在大革命初期的多项教育改革法规中，如《孔多塞法》《雷佩尔提法》《费里法》等。

第二次世界大战后，人们的思想观念发生改变，教育民主化成为新的社会思潮。当时法国的初、中等教育实行双轨制，入学人数较少等现象受到了这股新思潮的冲击与质疑。教育民主化思潮为法国之后的改革打下了思想基础与改革启动的动力源泉。"郎之万—瓦隆教育改革计划"、《哈比法》、"统一学校"运动等逐步推进了实现教育机会均等的教育民主化改革。虽然这些法规没有成功或只是部分成功，但这些改革所包含的教育理念成为日后教育改革者们所思考和借鉴的思路。"促进平等""面向全体学生""为了全体学生成功"等新世纪的教育改革目标依然是法国教育现代化中民主教育理念的体现。

法国对思想的重视也体现在哲学教育中，这一传统可以追溯到法国大革命前的启蒙运动。法国将哲学教育纳入国家教育体制，从学前教育和初等教育就引入隐形的哲学教

育，中学阶段开设显性哲学课程，无论文理生，高中毕业会考均设置哲学科目。思考、反思与思辨也是法国教育现代化不断推进的基础与旗帜。

有趣的是，法国的某些教育思想尽管在法国没有落地，却影响了其他国家的教育发展。法国在 1579 年曾提出建立一种在国家制度下的包括所有大学组织和机构的设想，后在 1768 年、1775 年又被当时主管教育的官员提出，但由于法国大革命的爆发没能实现。然而这一在法国被提倡了二百多年的大学理想，却在美国生根，那就是 1784—1787 年筹建的美国纽约州立大学，这是第一所体现法国理性主义哲学家思想的教育机构。[①]1817 年，美国西点军校校长在访问了巴黎综合理工学院后，彻底推翻了原有的学生管理和课程体系，重新设计招生方式、课程大纲、培养体系和评估模式，体现了巴黎综合理工学院以及法国其他工程师学校的教育理念与模式。[②]

中国自古以来并不缺少教育思想家。从我国传统儒家思想强调"以仁为本"，到《大学》提出"明德、亲民、至善"，再到中国近现代的教育理念，如"三民主义"启蒙思想，"五四"和新文化运动中"兼容并包、思想自由"的教育理念等，都对推动中国教育发展起到了引领作用。在我国教育现代化的推进过程中，促进百家争鸣，形成与社会、经济发展相适应的教育思想、教育理念，将其贯彻于教育政策、管理与实践，是现代教育发展的根基与推动力。

（三）教育现代化是国家人才战略的一部分

教育现代化的目标是培养人，向社会输出更多高素质人才，满足社会的劳动力需求。法国教育现代化进程充分体现了教育在不同阶段服务国家的战略性调整。法国在大革命后急需与之相适应的教育体系，将公民培养成新的资产阶级社会制度下的公民，国民教育制度应运而生。随着工业革命的发展，法国社会经济的发展对国民素质的要求提高，国家随即加大普及基础教育的力度，19 世纪末文盲人数明显下降。为适应社会与经济的发展，中等教育和高等教育也取得瞩目成就。20 世纪法国颁布《教育方针法》，第一条就确定教育是国家的首要事业[③]，明确教育是国家战略的重要部分。

法国职业教育现代化也体现了为国家储备人才的战略。19 世纪初，法国工业生产对人员的技能水平需求提高，受过专业技能培训的工人紧缺。通过发展中等职业技术教育，法国提高了工人的数量与技术水平。面对 20 世纪 70 年代的经济危机，法国迅速调整经济部门结构，加强职业培训，缓解了就业压力。20 世纪末至今，法国推动在职人员培训计划，使在职人员能够不断根据社会现代化的要求改善自身知识结构并提高技能水平。大革命至今，法国职业教育体系的现代化为法国各行各业的人才培养发挥了关键作用。

国家发展也有对能参与国家事务管理的高层次精英人才的需求。法国创建的独树一

---

①　贺国庆. 近代欧洲对美国教育的影响 [M]. 保定：河北大学出版社，1994：64.

②　Konstantinos Chatzis et Thomas Preveraud. 1870 年以前法国对美国工程教育转型的影响：体系构建与教学内容调整 [DB/CD]，Artefact，2016.

③　端木美. 法国现代化进程中的社会问题 [M]. 北京：中国社会科学出版社，2001：358.

帜的大学校，按照国家的不同管理需求，为法国的国家管理输送了大批高素质人才。法国历史上与当下政治、经济、文化、科技等各个领域中的著名人物，大多毕业于培养高层次精英人才的大学校。

随着 21 世纪知识经济时代的到来，我国应加强顶层设计，加强教育体系、课程体系与内容的改革，进一步促进教学与现代政治、经济要素的紧密结合，培养高素质人才。

（四）教育现代化与科学技术现代化的相互促进

法国教育现代化的发展顺应了科学技术和经济发展的需求，教育现代化也反过来促进了科学技术现代化，二者是相互促进、相辅相成的过程。

19 世纪下半叶，法国的工业和经济发展非常迅速，法国学者认为这一进步并非社会变革的结果，而是来自人们对自然界、对科学进步的把握。[①]21 世纪第一个十年，法国提出"新工业法国"政策，旨在重振工业与技术，制定了十年要完成的短期目标和优先要发展的技术领域。

法国教育现代化与科学技术现代化的相互促进还体现在国家对高等教育和科研的国家管理机构的调整上。"二战"后，法国政府设立国务秘书负责国家科研的管理。成立第五共和国后，法国正式成立国家管理教育的部门。但这一时期，法国的科研和教育还未实现真正的融合。20 世纪末，法国成立了教育与科研部，从国家层面将教育与科技统一管理。法国通过科教融合的管理方式赋予了高等教育投入国家创新的使命。

中国在科技创新方面取得的成绩与实施科教兴国战略关系密切。在未来的发展中，教育现代化要与科技发展相适应，需要包括教育管理、教育体系、科技相关学科设置等方面的现代化。科技现代化离不开教育现代化，教育现代化是科技现代化的动力与源泉。

（五）教育现代化是一个系统化的过程

法国现代化进程启动较早，教育现代化经历了漫长的发展过程。教育现代化的初期，法国受当时政治、社会等因素影响，初等、中等、高等教育现代化并非全面同步实现，而是表现出明显的阶段性特征。首先是中等教育，其次是初等教育，最后着眼于高等教育。在教育体系各层级教育健全后，法国教育改革的着力点为各教育层级的联系与融通，旨在打造一个教育大系统。19 世纪末的"统一学校"运动旨在推动初、中、高等教育的连贯管理。此后，由法国高等教育机构结构和文凭种类繁多引发的高等教育改革，使法国打通各级各类教育，实现了专科学校到大学、预科学校到大学、专科学校到大学校等各类通途。

伴随着教育结构的系统化，法国也进行了教学内容上知识传授的系统化。纵向看，学前教育设计三级渐进式教学内容，与初等教育衔接；初等教育在"统一学校"运动中改革教学内容，使其与中等教育衔接；中等教育不同类型的培养模式和培养内容对接法

---

① ［法］乔治·杜比，罗贝尔·芒德鲁. 法国文明史 [M]. 傅先俊，译. 上海：东方出版中心，2019：660.

国不同类型的高等教育。横向看，加强每一个教育层级内部教学科目与内容的协调与融合。基础教育阶段围绕"共同基础"使教学围绕学科级组织，进一步加强了学科之间的联系。

法国在教育现代化进程的每个阶段都十分关注多学科的协同现代化，将教育现代化视为一个系统化的进程。19世纪初，法国按照工程、法学、医学、理学、文学等学科创立学校，保证学科的并行发展。20世纪，基础教育建立"共同基础"，中等教育则设置了打通学科领域的"工业科学"课程。"二战"后，法国以多学科性大学代替原有的学院以促进多学科性研究。"多学科"原则与法国大学现代化改革紧密联系，体现了现代化大学的理念。

我国的教育现代化同样应该是一个系统化的工程，在教育大系统内某一层级的改革，要充分考虑其与系统内其他要素之间的联系与衔接。纵向上，加强初等、中等、高等教育的上下贯通，横向上设计换轨机制，建立普通教育、职业教育、技术教育间可接续、可互认、可衔接机制，搭建人才培养的"立交桥"。学科的协同发展、交叉融合是一个系统化的工程，也是高等教育现代化的重要路径。因此，推动新工科、新医科、新农科、新文科的"四新建设"是我国现阶段高等教育现代化的重要举措。对接高等教育的学科系统化发展，基础教育阶段学科间也需加强相互联系，不断融入、补充现代化的课程与教学内容，使教育实现全面的系统化发展。

第六章　日本教育现代化

　　日本教育现代化的历史、经验和教训对我国具有一定的参考价值。中日两国有着源远流长的文化交流传统，融汇了儒学、佛教、道教的中国传统哲学思想与汉文化深度形塑了日本文化，因此两国在产业分布、文化观念、社会规范上均长期呈现高度的相似性，其中教育亦不例外。早至 7 世纪的天智、天武天皇时代，日本便仿照中国的太学与国子监等机构建立"大学寮"，以《孝经》《论语》《周易》《礼记》《尚书》《诗经》《左传》等中国经典著作作为教材，面向官员与贵族宣讲汉学与儒学思想。[①]

　　江户时代以来，儒学进入了全盛期，著名禅僧藤原惺窝与其门下弟子将程朱理学系统地引入日本，促使"朱子学"跃升为幕府官方学说，并经急速扩张的寺子屋、私塾、藩校等官方、民间教育机构下渗至社会民众日常之中。[②] 然而，19 世纪中叶后，中日教育走上了不同的轨迹。在中国仍坚持以科举考试为中心开展儒家经典教育时，日本已率先开展明治维新，全面向西方国家学习，着手打造现代学校教育制度。在维持忠君爱国的封建体制前提下，初步推动了西方科学技术与自由民权思想在日本传播普及，促使日本快速崛起为资本主义强国。[③] "二战"后，日本虽因受军国主义荼毒，国力大大受损，但在教育民主化思潮的影响下，一场教育行政管理、法律法规的根本性变革彻底改变了日本教育的发展方向。现代科技知识成为主流教学科目，激发学生主体性，鼓励从生活经验中学习等西方教学方法与理念开始流行，一系列保障学生身心健康、促进学生成长的法律法规得以颁布。[④] 不过，过快、过激的教育改革也引发了不少社会问题，其中唯应试导向、课外补习盛行、学生个性发展受压制等问题亦在近现代中国教育改革历程中隐约浮现。鲁思·本尼迪克特曾在《菊与刀》中将日本民族性描述为"在世界历史上，很难在什么地方找到另一个自主的民族如此成功地有计划地汲取外国文明"[⑤]。在教育现代化的十字路口，日本在儒家教育传统仍有巨大影响的背景下，选择了全面学习借鉴欧美的道路，其中固有成功之处，但教训也令人警醒。

第一节　日本教育概况

　　日本现行学制如图 6-1 所示。

　　日本现有教育体系基本延续了第二次世界大战后"6—3—3—4"制的学制，即小学 6 年与初中 3 年的义务教育、3 年高中、4 年大学，但在战后长期发展过程中，日本教育

---

① ［日］伊藤循.日本古代的大学与国学教育及释奠［J］. 教职课程年报，2018（1）：46-60.

② ［日］木本毅.江户时期的近世教育与近代公共教育的思想与哲学：私塾、乡学、寺子屋中的儒学与朱子学［J］. 和歌山信爱大学教育学部纪要，2020，1：13-28.

③ ［日］文部省.明治维新后的教育改革［M］// 学制百年史. 东京：帝国地方行政学会，2009[2020-11-17].

④ ［日］船山谦次，藤冈信胜.战后的教育改革［J/OL］. 教育学研究，1970，37（3）：211-222.[2020-11-17].

⑤ ［美］鲁思·本尼迪克特.菊与刀［M］. 吕万和，熊达云，王智新，译. 北京：商务印书馆，1990：41.

博士学位　　　　　　　　　　　　　　　　　　博士研究　　8

　　　　　　　　　　　　　　　　　　　　　　　　　　　7

硕士学位　　　　　　　　　　　　　　硕士研究　专业硕士　6

　　　　　　　　　　　　　　　　　　　　　　　　　　　5

学士学位/　　　　　　　　　专修学校　　　　　　　　　4　高等教育
专门士学位　　　　　　　　专门课程　　　　大学本科　　3
　　　　　　　　　　　　　（专门学校）　短期　　　　　2
短期大学士　　　　　　　　　　　　　　　大学　　　　　1
　学位

高中文凭　18　　　　　　　专修学校　　　　　　　　　12
　　　　17　特　高　各　高等课程　　　　　　　　　　11
　　　　16　别　等　种　（高等专修　高中　中等教育学校　10　中学教育
　　　　15　支　专　学　学校）　　　　　　　　　9
　　　　14　援　门　校　　初中　　　　　　　　8
　　　　13　学　学　　　　　　　　　　　　　7
　　　　12　校　校　　　　　　　　　　　　　6
　　　　11　　　　　　　　　　　　　　　　　5
　　　　10　　　　　　小学　　　　　　　　4　小学教育
　　　　9　　　　　　　　　　　　　　　　　3
　　　　8　　　　　　　　　　　　　　　　　2
　　　　7　　　　　　　　　　　　　　　　　1
　　　　6
　　　　5　　　　　　　　幼儿园　　　　　　　　学前教育
　　　　4
　　　　3
年龄（岁）

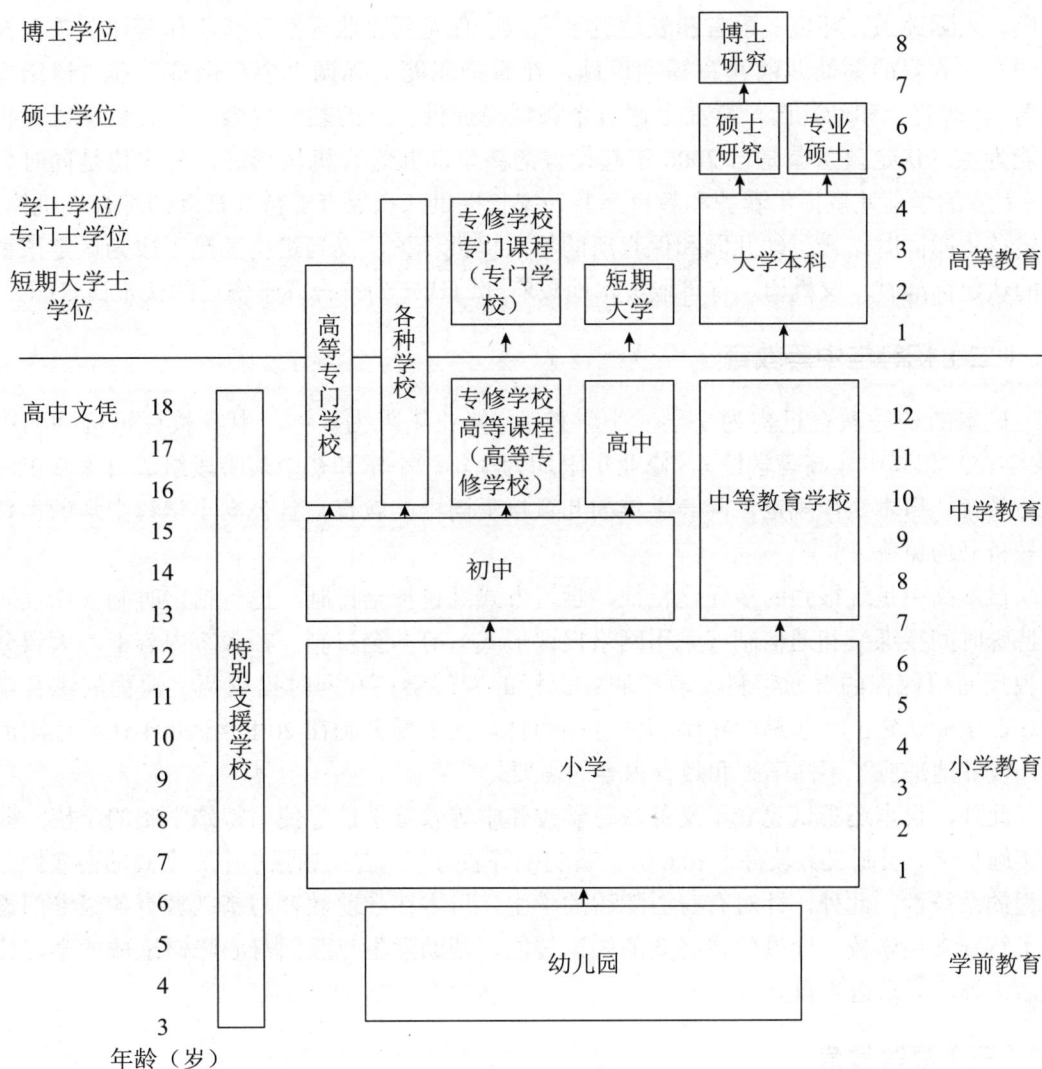

图 6-1　日本现行学制

资料来源：日本文部科学省。

体系逐渐由单轨制转变为多轨制，呈现出学校类型多元化、分流趋势显著化的特点。[1]

一、日本教育体系概览

（一）学前教育

　　日本当前的学前教育机构主要包括幼儿园、保育所和认定孩童园三种类型。[2]幼儿园是供 3 岁至升入小学之前的幼儿就读，助长身心发展的官方教育机构，教育内容包括

---

① 　[日] 日野纯一 . 关于教育制度的分歧化 [J]. 京都产业大学教职研究纪要，2017（12）：23-41.
② 　文部科学省 . 幼儿教育的现状 [R/OL]. （2019）[2022-11-26].

健康、人际关系、环境、语言和表达五个领域。保育所是收养因家长工作等原因需要托管的 0～6 岁的婴幼儿的儿童福利设施,在看护职能上强调"生命保持"和"情绪安定",在教育上和幼儿园一样在上述五个领域内提供一定的教学内容,但总体上以看护职能为主。认定孩童园是自 2006 年起设置的新型幼儿教育机构形态,其定位是同时为 0～6 岁的学前儿童提供看护和教育,并为家长提供儿童保育支持与援助的综合性机构。认定孩童园同时结合了幼儿园和保育所的特点提供看护,仅当机构满足了成为认定孩童园的认定标准时,该机构才有可能被本地政府部门认定为符合办学资质的认定孩童园。

(二)初等与中等教育

日本的初等教育机构为小学(小学校),修业年限为 6 年,中等教育机构为初中(中学校)和高中(高等学校),修业年限均为 3 年。小学和初中两阶段组成日本 9 年制义务教育。日本法律规定,同一学年的儿童接受同样的教育,且公立小学和中学的学费和教科书均免费。[①]

日本高中呈现很强的多元化特征。学习方式既包括全日制,也包括定时制(在夜间等特殊时间授课)和通信制(采用网络授课形式)等非全日制。在教育内容上,大致分为教授通用课程的普通学科、教授职业课程的专门学科和同时提供两类课程的综合学科。在毕业认定上,包括学年制和学分制两种,其中学分制在 20 世纪 90 年代后逐渐流行,较好地适应了不同学制和教育内容的需要。[②]

此外,日本还尝试建立了义务教育学校和中等教育学校等使用特殊学制的学校,分别实施 9 年一贯制义务教育[③] 和 6 年一贯制中等教育[④],尝试加强小中、中高的衔接性与课程的系统性。此外,针对有身心障碍的学生,日本在学前教育与基础教育各级专门设置了特别支援学校,通过传授必要的知识技能,帮助学生克服因身心障碍造成的学习或生活困难,谋求自主自立。[⑤]

(三)高等教育

日本高等教育机构主要包括大学和短期大学两种类型。[⑥] 其中,大学是学术培养和通识教育培养的主要场所,修业年限通常为 4 年。根据设立主体性质不同,可将大学分为国立大学、公立大学和私立大学。多数大学是由数个学部组成的综合大学,但也有只设一个学部的单科大学,如部分医科大学。

在获得相应资格后,学生可以选择进入研究生院(日语称为"大学院")攻读硕士

---

① [日] 江幡裕 . 在义务教育中的免费制度问题—从方法论的视角提出的问题 . [J]. 教育制度学研究,2014(21): 40-55.
② [日] 町井辉久 . 高中教育改革与单元制高中的一项考察 [J]. 北海道大学教育学部纪要,1995(66): 95-114.
③ 文部科学省 . 小学和中学一贯的教育课程的编制与实施指南 [R/OL]. (2016) [2022-11-28].
④ 文部科学省 . 中学和高中一贯教育的概述和设置情况 [EB/OL]. (2012) [2022-11-28].
⑤ 文部科学省 . 特别支援教育 [EB/OL].[2022-11-28].
⑥ 文部科学省 . 大学·大学院、专门教育 [EB/OL].[2022-11-28].

课程或博士课程。[①] 日本研究生教育主要由硕士生教育和博士生教育两级构成，日本通称为"修士课程"和"博士课程"。硕士生教育是研究生教育的初级层次，主要招收大学本科毕业生或具有同等以上学历者入学，修业年限一般为 2 年。博士生教育是日本研究生教育的高级层次，可进一步分为"一贯制"博士生教育和"区分制"博士生教育，二者修业年限一般均为 5 年。其中，"一贯制"博士生教育不再区分阶段，而"区分制"博士生教育将教育阶段划分为"前期课程"（2 年）和"后期课程"（3 年），"前期课程"相当于硕士生教育，在完成硕士论文或达成相应条件并通过审查后，可获得相应的硕士学位。因"区分制"博士生教育更为灵活，因此该类型的博士生教育学制相对更为流行。

为了培养日本经济发展需要的高层次专业人才，2003 年，政府在研究生教育阶段设立了"专门职大学院"制度[②]，修业年限一般为 2 年或 3 年，毕业条件更为灵活，毕业论文不是毕业必需条件，修完一定的学分即可毕业，授予的学位名称为"（学科领域）硕士（专门职）"，如管理学专门职大学院毕业生将被授予"经营硕士（专门职）"或"经营管理硕士（专门职）"等相当于工商管理硕士的学位，法科大学院毕业生则遵照国际管理授予相当于法律博士的"法务博士（专门职）"学位。

（四）职业教育

除进入高中外，完成义务教育的学生还可以选择进入高等专门学校、专修学校或"各种学校"就读。[③] 高等专门学校实行 5 年一贯制，目的是培养适应日本经济发展所需的中级技术员与工程师，同时具备高中和短期大学的特征。专修学校是提供技术和资格培训等学习机会的学校，相当于高中教育或高等教育水平。专修学校设置三类课程：以中学毕业生为对象的高中课程、以高中毕业生为对象的专业课程、不规定入学资格的一般课程。设置高中课程的学校可称为高等专修学校，设置专业课程的学校可称为"专门学校"，是否称其为专门学校则交由各学校负责。"各种学校"是指除上述类型学校以外，满足学校开设条件，并获得本地政府批准的学校，一般而言无入学年龄、学历限制，具有较大的自由度，授课内容包括宗教、会计、语言、运输驾驶、艺术、医疗护理、服装等，具有较强的职业导向。

二、日本教育发展现状

日本教育已具有较为完备的体系。下面分别介绍日本学前教育、基础教育、高等教育和职业教育的发展情况。

学前教育阶段，日本呈现出以私立机构为主的格局，覆盖率较高。根据日本政府组织的"学校基本调查"，在学前教育方面，2020 年日本共有幼儿园 9 698 所，在园幼

---

① 郎永杰，张冠蓉. 日本研究生教育改革背景、现状及动向 [J]. 教育理论与实践，2016，36（30）：12-14.

② 李文英，陈元元. 日本硕士专业学位研究生教育的发展及经验 [J]. 研究生教育研究，2018（4）：91-95.

③ 朱文富，孙雨. 日本职业教育学位体系的构建历程与经验 [J/OL]. 学位与研究生教育，2022（5）：87-93. [2022-11-28].

儿 107.8 万人，其中 86% 的幼儿在私立幼儿园就读。认定孩童园共 5 847 所，在园幼儿75.9 万人，其中 87.5% 的幼儿在私立幼儿园就读。

基础教育阶段，日本呈现以公立学校为主、覆盖面广的特点。2022 年日本共有小学19 161 所，在校生 615.1 万人，其中 98.1% 的学生在公立学校就读。初中 10 012 所，在校生 320.5 万人，其中 91.5% 的学生在公立学校就读。高中共 4 824 所，在校生 295.7 万人，其中 65.4% 的学生在公立学校就读。中等教育学校 57 所，在校生 3.3 万人，其中70.2% 的学生在公立学校就读。特别支援学校 1 171 所，在校生 14.8 万人，其中 97.5%的学生在公立学校就读。

高等教育阶段，展现出多样化发展态势。2022 年日本有大学 807 所，在校生 293.1万人，其中 74.1% 的学生在私立学校就读。短期大学 309 所，在校生 9.5 万人，其中94.6% 的学生在私立学校就读。在研究生教育方面，设置了研究生教育层次的大学共657 所，硕士在读生 16.6 万人，博士在读生 7.5 万人，专门职在读生 2.0 万人。

职业教育方面，2020 年日本共有专修学校 3 051 所，在校生 63.6 万人，其中 96.4%的学生在私立学校就读。高等专门学校 57 所，在校生 5.7 万人，其中 90.3% 的学生在国立学校就读。[1]

第二节　日本教育现代化的历史进程

根据文部科学省牵头编纂的《学制百年史》[2]及日本国立教育政策研究所齐藤泰雄[3]等对日本教育现代化历史的研究著作中的记述，本章将起源于明治时代的日本教育现代化历史进程划分为 1868—1884 年的萌芽阶段、1885—1945 年的制度化阶段、1946—1970 年的成长阶段、1971—2000 年的反思阶段、2001 年至今的新阶段等五个阶段。

一、日本教育现代化萌芽阶段（1868—1884 年）

（一）阶段发展特征

日本教育现代化历史起源于 19 世纪中期幕末时代结束至明治时代开始的交替期。1868 年，日本政权已从德川幕府转移至以天皇为最高权力的明治政府，同时正式启动日本现代化进程中最重要的改革——明治维新。这一时期，为快速提升综合国力，发展西方资本主义，日本政府提出"文明开化""富国强兵""殖产兴业"等口号，推翻了幕府时期带有封建等级色彩的教育体系，仿照欧美国家引入了近代教育体系，初步建立了小

---

① 数据来源：文部科学省.学校基本调查[EB/OL].（2022）[2020-04-17].
② 文部科学省.学制百年史[M].东京：帝国地方行政学会，2009.
③ [日]齐藤泰雄.日本教育发展的历史[M]//沙特阿拉伯和日本的教育：论文集.阿拉伯伊斯兰学院，2007.

学、中学、师范学校、帝国大学的教育体制基本格局。1868 年，日本明治天皇发布了施政纲领《五条御誓文》。该纲领以向天地神明立誓的形式，宣布了明治政府改革的总体国是方针。^① 其中，《五条御誓文》的"破旧来陋习，基于天地之公道"和"求知识于世界，大振皇基"等语句清晰表明了政府改革传统，引进西方主流教育制度，实现国家教育现代化的决心。1871 年，明治政府实行"废藩置县"，在名义上废除了幕府时期各藩大名群雄割据的封建制度，代之以由中央直辖的府县制度，设置了负责主管全国文化教育事业的文部省，加速了中央集权的进度。这一教育体系虽然在教育内容上仍然带有忠君爱国思想等浓厚的封建色彩，但是它一方面在全国范围内普及了义务教育，大幅削减了文盲率；另一方面为国家输送了大量专业技术人才和掌握西方先进理念的政治人才，为资本主义发展提供了人才动力。^②

1. 学前教育

文部省于 1872 年颁布《学制》^③，对日本学前教育机构的设立作出明确规定："幼稚学校是对 6 岁以下的男女儿童实施升入小学之前教育的场所。"这是日本首次在教育法律法规中对学前教育机构作出规定。1876 年，日本政府创办了日本第一所公共学前教育机构——东京女子师范学校附属幼稚园。1877 年，文部省制定了东京女子师范学校附属幼稚园的规则，规定了幼儿园的目的、入园年龄、保育时间、保育科目和保育费用等。该幼儿园对后续日本幼儿园的设立产生了重大影响。^④1879 年，政府颁布了《教育令》^⑤，明确了"幼稚园"这一机构名称，同时规定公立幼儿园的设置与废除必须得到当地政府批准。自此，一大批仿照东京女子师范学校附属幼稚园的幼儿园在日本建立起来。不过，此时幼儿园仅面向少数特权阶级的子女，尚未在民众间广泛普及。1882 年，文部省为了解决民众上幼儿园的难题，指出城市内幼儿园的规模不宜过大，可设置简易幼儿园，大量收容贫民劳动者的子女与父母没有时间、精力照顾和养育的子女。^⑥ 文部省规定简易幼儿园在设施、编制上要从简，收费要低廉，实行不分儿童年龄阶段的集体保育，适宜于城市和边远地区幼儿园的普及。这一政策客观上遏制了将学龄前儿童提前编入小学接受教育的不正规现象，加速了幼儿园的普及，促进了日本学前教育的空前发展。

2. 初等与中等教育

明治政府非常重视儿童智育发展与基础教育的普及，为在年轻一代传播西方近代文化思想与科技文化知识奠定了良好基础。1872 年，明治政府颁布了日本历史上首例规定近代教育制度的法规《学制》，将大力发展实学教育、发展个人自立自营能力定为《学制》的首要任务，其愿景是"邑无不学之户，家无不学之人"，"人人自立其身，治其

---

① 五条御誓文 [S/OL].[2021-06-08].
② 文部省.明治维新后的教育改革 [M]// 学制百年史.东京：帝国地方行政学会，2009[2020-11-17].
③ 文部省.学制的制定 [M]// 学制百年史.东京：帝国地方行政学会，2009[2020-11-17].
④ 文部省.幼儿园的创立 [M]// 学制百年史.东京：帝国地方行政学会，2009[2020-11-17].
⑤ 教育令（明治十二年九月二十九日太政官布告第四十号）[S/OL].[2021-06-08].
⑥ 文部省.幼儿园的创立 [M]// 学制百年史.东京：帝国地方行政学会，2009[2020-11-17].

产，昌其业，以遂其生"[1]，最终目标是以国民教育为抓手普及现代科学文化知识，实现资本主义的快速发展。《学制》彰显了平等普惠的理念，规定无论出身和性别，6～9岁的儿童都需要进入下等小学学习 4 年，毕业后再进入上等小学学习 4 年，此后再进入下等中学和上等中学各就读 3 年，最后进入大学。不过，此时的基础教育尚未实现义务化和无偿化。为支持《学制》落实，文部省随后颁布了《小学教则》与《中学教则》，规定了学校课程的授课科目、教科书、教学方法概要等内容，将学习内容聚集在"实学"之上。[2] 第一版《小学教则》共规定下等小学设立 19 门课程，其中超过半数课程围绕语文的听、说、读、写设立，凸显了训练扎实基本功的理念，其余课程则包括算术、科学、体育、修身，以及富有西学特色的世界地理等。上等小学课程适当压缩了语文训练，增添了几何、历史、化学、生物等课程，显示了对理学的重视。由于当时文部省采取了优先发展小学的方针，相比之下，初期的《中学教则》仅模糊地说明了课程名称，对于授课内容几乎没有说明。

在初等教育基础牢固确立后，政府将重点转为改进中等教育。在学制改革之初，各地中学学制不一，课程科目也较为杂乱。1881 年，文部省开始加以整顿，制定了《中学校教则大纲》[3]，阐述了中学衔接小学教育和高等教育的制度性质和教学内容。这一大纲明确规定，中学将分为初等科 4 年与高等科 2 年；在课程上，初等科设立修身、语文、算术、代数、几何、英语、地理、历史、生理、动物、植物、物理、化学、经济、记账、习字、绘画、歌唱、体操等一系列课程；高等科还设置了矿物、法律等专门性更强的课程。不过，此时政府对中学的成立条件管束较严，前述课程尚未在全国得到完全普及。

3. 高等教育

为培养国家需要的各类高级人才，明治政府重视高等教育机构的建设与管理，并以国家政府法令的形式保障各种教育制度的制定和施行。1869 年，明治政府将旧幕府直辖学校，即以日本国学为中心的昌平坂学问所（改称大学本校）、以西洋学说为中心的开成所（改称大学南校）、以西洋医学为中心的医学所（改称大学东校）合并为"大学校"（后改称大学）。但由于大学本校所授内容过于偏向日本国学，激发了汉学派的不满；而 1870 年明治政府颁布的《大学规则》以西方大学制度为参照，同时引起国学派和汉学派的反对，在反复的争斗中大学本校被迫关闭。[4] 1872 年的《学制》也规定了高等教育相关内容。《学制》规定，大学是教授各种高级课程的专门学校，凡大学毕业者一律授予学士称号。1873 年 4 月，明治政府颁布《学制二编》，在《学制》的基础上，规定设置由外教授课的专门学校，涵盖法学、医学、外语、工学、农学等学科。申请人须修完小学学业，年满 16 岁，并在外国语学校完成两年课程。[5] 1877 年，江户时代以来的两大研

① 文部省. 学制 [EB/OL]. （2009）[2022-11-28].
② 松尾由希子. "学制"成立期的小学校和中学校教育课程的编制相关的基础研究（1）：文部省及东京师范学校的"小学教则"和"中学教则"的分析 [J]. 静冈大学教育研究，2015（11）：1-23.
③ 中学校教则大纲 [A/OL]. （1881）[2022-12-04].
④ 文部省. 明治维新之后的教育改革 [M]// 学制百年史. 东京：帝国地方行政学会，2009[2020-11-17].
⑤ 文部省. 学制的制定 [M]// 学制百年史. 东京：帝国地方行政学会，2009[2020-11-17].

究教育机关东京开成学校和东京医学校合并为东京大学，标志着近代日本高等教育的起步。[①] 此时的东京大学属于现代新式大学，设有文学、法学、理学、医学四个学部。不久，文部省兼管的东京法律学校并入该校，隶属法学部。除本部外，东京大学还为预录取学生设置了预科教育机构东京大学预备门，在校园内增设教育博物馆和植物园，教学设施相当完备。[②] 在教育内容上，政府为吸收欧美国家学术、技术和制度成果，高薪聘请了大量外国专家，用外语为学生授课。同时，政府向海外派遣了大量优秀人才求学，为高等教育后期发展提供了人才基础。然而，虽然明治初期《学制》计划在全国8个大学区均设1所大学，但由于经费受限，在这一阶段最终成果仅限于1877年创办的东京大学，规模十分有限。

4. 职业教育

随着工业化对日本经济发展的作用日益凸显，职业教育很快受到日本政府的重视。1972年，《学制》中首次以法律形式规定了对国民实施职业教育。此后，日本政府于1873年和1879年分别颁布了《学制二编追加》和《教育令》，二者均对职业教育和职业学校做出了明确规定。自此，日本近代职业教育快速发展。

（二）代表性政策分析

学制

（1）背景

1871年，明治政府成立文部省，既管辖各级学校，也总管全国的教育行政事务。文部省成立后，立即着手制定全国范围的学校制度。一方面，翻译、调查西方学校制度的法规和文献；另一方面，依靠箕作麟祥、内田正雄等多位著名西学和汉学学者，起草学校制度法令。立案起草工作迅速进行，翌年《学制》就此公布。

（2）内容

《学制》是明治政府制定的关于学校制度和教师培训的基本法令，由109章组成，分为"大中小学区之事""学校之事""教员之事""生徒及试业之事""海外留学生规则之事""学费之事"六大项目。其中，学校制度以美国为原型，由小学、中学、大学三个等级构成。在学校行政设置上，日本全国被分为8个大学区，每个大学区设1所大学，辖中学32所，每一中学区又分为210个小学区，每区有600人设小学一所。按照这一计划，全国范围须建立8所大学，256所初中和5万余所小学。[③] 全国所有儿童无论性别、父母职业或社会地位，原则上都要求接受教育。总体上，学区制等制度的大纲是以法国为范本，在教育内容上受到美国等国的影响，与以往的儒家指导思想截然不同。

（3）结果与影响

《学制》的颁布标志着日本现代学校教育制度正式起步。各地因地制宜，利用一切

[①] 文部省.东京大学的创设[M]//学制百年史.东京：帝国地方行政学会，2009[2020-11-17].
[②] 文部省.东京大学的创设[M]//学制百年史.东京：帝国地方行政学会，2009[2020-11-17].
[③] [日]木村良成.明治时代的实业教育[J].法政大学教职课程年报，2017（16）：32-39.

条件兴办西式学堂，办起了幼稚小学、贫民小学、村落小学、女子小学、残疾人小学等新式小学。颁布后 2 年，全国共修建 2 万多所小学。颁布后 6 年，日本全国入学率超过 40%。① 最为重要的是，《学制》传达的民主、平等的教育理念传遍全国，改变了人们对教育和学校的认识，影响深远。但是，由于《学制》中庞大的学校建设计划难以获得足额经费，并且模仿欧美教育的教育内容受到强烈批判，后被《教育令》取代。②

二、日本教育现代化制度化阶段（1885—1945 年）

（一）阶段发展特征

1885 年，日本取消了模仿封建时期政治的太政官制，建立了内阁制，由伊藤博文担任第一任总理大臣。曾在美国、英国等地担任外交官的森有礼被任命为第一任文部大臣，开始了日本新的教育改革。森有礼接受了德国国家主义的思想，主张通过教育维护君主立宪制，加强国家对教育系统的控制，实现国家富强。基于这一思想，他废除了原先囊括各级各类教育的教育法令，为每一级教育规定了学校法令，明确规定了各级学校在国家体系下的功能与责任。③ 由此形成了此后日本教育发展的教育制度基本框架。在这一阶段，日本教育的国家主义、军国主义色彩愈加浓厚，直到第二次世界大战期间，日本教育事业完全被军国主义思想扼制。在战争结束时的 1945 年，日本的学校体系几乎完全瘫痪。④

1. 学前教育

1887 年，文部省以损害身心发展为由，禁止了未达学龄的幼儿入读小学，并进一步鼓励开设简易幼儿园，开启了学前教育的繁荣期。从东京、大阪、京都到冈山等地方城市都陆续开设了幼儿园，到 1889 年共开设了 40 多所幼儿园。⑤ 1890 年，一种新型幼儿保育机构——保育所在日本出现。⑥ 民间人士赤泽钟美夫妇于新潟市创立了日本第一所私人性质的保育所，其专门为贫民子女开设，负责看管孩子，收费较低。受其影响，1894 年，大日本纺绩公司在工厂内附设了保育所，解决参加工作母亲的托儿问题；日俄战争期间，也设置了大量照顾士兵子女的保育所。日本内务省高度关注这类保育所的发展，拨出经费予以资助。由此，日本发展出了具有独特性质的双轨制学前教育体系，包括幼儿园和保育所，这一体系一直延续至 21 世纪。1926 年，日本政府颁布了《幼儿园令》⑦。《幼儿园令》共 14 条，目的是使幼儿园能保育幼儿，促使其身心健全发

① 文部省.小学校的普及和就学状况 [M]// 学制百年史.东京：帝国地方行政学会，2009[2020-11-17].
② 石艳春.日本明治初期的《学制》[J/OL].学术论坛，2010，33（6）：180-183.[2020-11-17].
③ 文部省.森文相与诸学校令的公布 [M]// 学制百年史.东京：帝国地方行政学会，2009[2020-11-17].
④ 文部省.战时教育体制的进行 [M]// 学制百年史.东京：帝国地方行政学会，2009[2020-11-17].
⑤ [日] 田中文子，松田知明，小林宏子.幼儿园·保育园的明治时代到大正时代的成立过程和制度 [J].羽阳学园短期大学纪要，2015，10（1）.
⑥ [日] 柴崎正行，柴崎正之.明治时代如何形成保育设施的概念 [J].东京家政大学研究纪要 1 人文社会科学，1998（38）：85-91.
⑦ 幼儿园令（大正十五年四月二十二日勅令第七十四号）[S/OL].[2021-06-08].

育，培养善良的性情，补充家庭教育。自此，幼儿园在法律上也承担了保育功能。

2. 初等与中等教育

基于文部大臣森有礼的国家主义思想。1886 年，森有礼领导的文部省颁布了《小学校令》和《中学校令》，明确划定了基础教育的任务：中学应面向帝国大学进行入学前预备教育，小学应成为培养忠于天皇的臣民的训练中心。[1]《小学校令》将小学学制分为寻常（4 年）、高等（4 年）两个阶段，其中寻常小学校的 4 年被定为面向全体国民的无偿义务教育。《中学校令》将中学设为寻常（5 年）、高等（2 年）两个阶段，高等中学只有官立，全国分五区，每区一所。1894 年，五所高等中学改称"高等学校"（即高中），设法、医、工、文、理、农、商等专业学科，被视为面向高等教育的专门学校，成为大学的预备学校。这是中学教育的重点学校，为东京帝国大学等输送了许多优秀的后备力量。1899 年《改正中学校令》《实业学校令》《高等女学校令》颁布后，中学、高等女学校、实业学校三者共同构成了完整的中学教育体系，修业年限分别为 5 年、4 年、3 年，形成了明治时期独特的分支型学校体系。可以说，此时日本政府确立的学校制度为此后数十年的日本学校制度奠定了基本格局。在该意义上，森有礼的校令在日本教育现代化历程中有重要地位。[2] 随着基础教育的普及，1880 年后，日本基础教育入学率不断上升，从 1883 年的 47% 升至 1898 年的 69%。[3]1900 年，小学全面取消学费，并取消了衔接义务教育各阶段的考试升学制度。1907 年，日本义务教育年限从 4 年延长到 6 年。[4]

然而，20 世纪 30 年代后，日本政府实施的军国主义政策严重损害了基础教育的发展。特别是在 1937 年日本侵华战争全面爆发后，日本基础教育转入战时体制，大幅加强了效忠天皇的思想灌输和法西斯军事训练教育。1941 年，日本政府公布《国民学校令》，将小学阶段义务教育定为国民学校初等科 6 年与高等科 2 年，通过整合教育机构与延长学制加强军国主义教育的连贯性。在中等教育阶段，为扩大兵源，日本政府于 1935 年将原本的实业补习学校和青年训练所合并为青年学校，对小学毕业的学生实行 6～8 年的军事训练，1939 年开始强制所有 12～19 岁的适龄男性入学，不择手段实现"国家总动员"。1943 年，日本政府将原本的中学、高级女学校和实业学校合并为中等学校，将中等教育学制缩短至 4 年，形成中等学校和青年学校的双轨制中学教育系统。[5]这种过度偏向于军事化训练、急功近利的教育制度并不符合人才培养的客观规律，严重干扰了师生的正常教学活动，给一代人带来了难以愈合的伤痛。

3. 高等教育

1886 年，由森有礼制定、明治政府颁布的《帝国大学令》[6] 将东京大学改为帝国大学，并在帝国大学内设置了专门从事学术研究的大学院（即研究生院）。《帝国大学令》

---

① 文部省 . 森文相与诸学校令的公布 [M]// 学制百年史 . 东京：帝国地方行政学会，2009[2020-11-17].
② [日] 青山和弘 . 近代日本的教育变迁（1868—1945）——以教育制度和学校教育为中心 .[J]. 2023，51：63-70.
③ 国际合作机构 . 日本的教育经验：思考发展中国家的教育开发 [M]. 东信堂，2005.
④ 小学校令中改正 [EB/OL].（1907）[2022-11-28].
⑤ 中等学校令（摘要）（昭和十八年一月二十一日勅令第三十六号）[S/OL].[2024-01-30].
⑥ 帝国大学令（明治十九年三月二日勅令第三号）[S/OL].[2021-06-08].

鲜明地展现了国家主义思想，规定"帝国大学以应国家之需要，教授学术技艺并探究其奥秘为目的"。帝国大学的职能一方面包括专门培训西方先进学问与技术的精英领袖，另一方面也要响应国家急需，致力研究发展现代科学技术，因此帝国大学被授予相当大的教学和学术特权。1893 年，日本修改了《帝国大学令》，决定增设帝国大学，相继成立了京都帝国大学（1897 年）、东北帝国大学（1907 年）、九州帝国大学（1910年）、北海道帝国大学（1918 年）、大阪帝国大学（1931 年）、名古屋帝国大学（1939年），在位于朝鲜半岛和我国台湾地区的海外殖民地分别成立了京城帝国大学（1924年）与"台北帝国大学"（1928 年），原来的"帝国大学"改称为东京帝国大学。在日本政府的扶持下，发展最快的东京帝国大学的教育模式成为日本高等教育现代化的旗帜。[①]受日俄战争和第一次世界大战刺激，日本资本主义迅速发展，国民教育需求也随之增大，要求高等教育体系扩张的呼声高涨。1918 年，日本政府颁布《大学令》，规定除帝国大学外，允许设立公立、私立大学，每一所大学都必须设置研究科，若大学有多个学部，可成立统合各学部研究科的大学院。[②]《大学令》使得庆应义塾学校、早稻田大学、同志社大学等私立学校成功升格为大学，日本高等教育体系逐渐完善。值得一提的是，随着大学设立的研究生院增多和研究生教育规模的扩大，日本于 1920 年第三次颁布《学位令》，废除了推荐博士制度，同时规定修读博士学位者都必须提交论文，论文必须合格，论文博士实质上成为日本获得最高学位的主要途径，研究生教育与学位制度已逐步成型。[③]

然而，在第二次世界大战期间，日本高等教育完全被军国主义钳制。学者、教师无法自由发表学术思想，若被发现具有自由主义倾向则会遭受压迫和驱逐。为了缓解军医不足的状况，政府在全国帝国大学和官立医科大学设置了临时医学专门部，同时新设医学专门学校和医学研究所，大规模发展医学。"二战"末期，随着日本陷入太平洋战争的泥淖，原本在读高校学生享有的兵役豁免权被取消，在日本国内及海外殖民地的高等教育机构在读的 20 岁以上文科类学生被迫服兵役，奔赴一线战场，史称"学徒出阵"。此外，中学及以上教育阶段的学生被强迫参与战时义务劳动，从事急需大批低成本劳动力的军事物资和农业生产，史称"学徒动员"。[④]据估计，至日本投降，参与义务劳动的学生超过 340 万人，死伤者近 2 万人。[⑤]

4. 职业教育

职业教育方面，明治维新前期，政府现代化改革的重点以引进西方先进科学、文化和技术，发展官营资本工商业为主。但到了 19 世纪 90 年代，轻工业为主的民间产业开始蓬勃发展，急需大量具有基本技能的专业人才。因此，日本政府在 1893—1894 年颁布了

① 文部省. 帝国大学的发足和扩充 [M]// 学制百年史. 东京：帝国地方行政学会，2009[2020-11-17].
② 文部省. 大学令的制定和大学的扩张 [M]// 学制百年史. 东京：帝国地方行政学会，2009[2020-11-17].
③ 学位令（大正 9 年 7 月 6 日勅令第 200 号）[A/OL].（1920）[2022-11-29].
④ 文部省. 战时教育体制的进行 [M]// 学制百年史. 东京：帝国地方行政学会，2009[2020-11-17].
⑤ 文部省. 战时教育体制的进行 [M]// 学制百年史. 东京：帝国地方行政学会，2009[2020-11-17].

《实业补习学校规程》[①] 和《徒弟学校规程》[②]，成立隶属小学教育的实业补习学校和中学教育的徒弟学校，初步建立职业教育体系。针对中等教育阶段的职业教育，日本政府于1899年颁布《实业学校令》[③]，将实业补习学校、徒弟学校涵摄至实业学校范畴下，与中学、高等女学校构成完整的中学教育体系。针对高等教育阶段的职业教育，政府于1903年颁布《专门学校令》[④]，规定专门学校是以中学、高等女学校毕业为入学资格，进行医学、药学、法律、工业、商业等专门教育的机构，其中进行实业教育的学校被称为实业专门学校。日本的高等教育制度由此过渡至培养精英的帝国大学和培养劳动者的专门学校并存的双轨制模式。

（二）代表性政策分析

《教育敕语》

（1）背景

1885年，森有礼担任文部大臣后，基于国家主义思想，试图在教育中协调两个方面：一方面是国家现代化，另一方面是通过加强国民道德实现国民的思想统一。在他上任前，政府已制定了《教学圣旨》（1879年）和《幼学纲要》（1882年）等反对自由民权运动与欧化政策，倡导以仁义忠孝为核心的传统儒教的德育强化方针。延续这一背景，日本政府于1890年以天皇诏书的名义颁布了以儒家仁爱忠孝和日本古典道德为教育内容的《教育敕语》。[⑤]

（2）内容

《教育敕语》的主要目的是纠正当时日本教育的崇洋风气，弘扬日本传统的道德教育。《教育敕语》规定日本教育的目标是培养忠于天皇的臣民和忠于父辈的孝子，要求学校、社会、家庭都要教育人们在家做孝子，在外做忠臣。在道德教育方面，要求培养学生"忠君爱国""保卫天皇"的品质，在学习时也必须培养、锻炼自身的道德与修养。全国学校必须悬挂《教育敕语》和天皇、皇后的照片，在学校活动和国民仪式上，学生必须庄重地朗诵《教育敕语》。此外，道德教育教科书必须按照《教育敕语》中所示的道德原则编撰。

（3）结果与影响

战时，《教育敕语》无论在本土或殖民地均被神圣化，学生必须背诵，其内容成为日本军国主义的教典与"二战"战败前日本教育的总纲领，可以说集中体现了这一时期日本教育改革思想的主旋律。虽然《教育敕语》在"二战"后被废除，但其中爱国主义教育和道德教育的精神内核深刻影响了日本近代教育发展的方向，奠定了传承至今的日本国民道德教育基础。[⑥]

---

① 实业补习学校章程（明治二十六年十一月二十二日文部省令第十六号）[A/OL]．（1893）[2022-12-04]．
② 徒弟学校章程（明治二十七年七月二十五日文部省令第二十号）[A/OL]．（1894）[2022-12-04]．
③ 实业学校令[A/OL]．（1899）[2022-12-04]．
④ 专门学校令（明治36年3月27日勅令第61号）[EB/OL]．（1903）[2022-12-04]．
⑤ 教育敕语[S/OL]．[2021-06-08]．
⑥ 贾佳．日本战前学校道德教育及其教科书[J]．历史教学（下半月刊），2012（5）：52-57．

三、日本教育现代化成长阶段（1946—1970 年）

（一）阶段发展特征

"二战"结束后的 1946—1951 年，日本一直处于以美国为首的驻日盟军总司令部的控制之下，在此期间秉持非军事化、民主化原则进行战后重建。为了探讨战后日本教育改革的整体构想，驻日盟军总司令部请求美国派遣由教育专家组成的调查小组"美国教育使节团"。美国教育使节团在 1946 年对日本教育进行了分析和调查，在最终提交的报告书中提出了为中小学提供义务教育，接受教育机会平等的原则，以及禁止教育中的性别歧视、允许女性进入大学学习、教育权力去中心化等原则。之后，日本废除《教育敕令》，陆续颁布《教育基本法》《学校教育法》等法规，奠定了日本沿袭至今的现代教育体系基础。[①]

以战后教育改革为基础的日本教育制度推动了日本教育的发展。日本教育规模从 20 世纪 50 年代以后迅速扩大，并刺激了经济的快速复苏。日本经济在 20 世纪 50 年代中期超过了战前，并在 60 年代后实现了经济高速增长。随着家庭经济稳定、城市中产阶级扩大、第一产业人口减少、劳动力雇佣兴盛、学历崇拜等社会现象的出现，日本社会更加需要具有高学历的人才，这进一步刺激了国民教育规模的扩张。

1. 学前教育

1947 年，日本文部省制定了《保育大纲》。虽然这一大纲主要供幼儿园、保育所和家庭在幼儿教育时参考使用，并不具有法律约束力，但其作为国家首次编撰的学前教育指导文件，实际上得到了广泛应用。1956 年，文部省发布了具有法律效力的《幼儿园设置标准》，并对《保育大纲》进行了修改，最终形成了《幼儿园教育大纲》。

2. 初等与中等教育

日本政府于 1947 年废止了战前作为敕令的各种学校令，颁布《教育基本法》，成为战后教育改革的主要依据。[②] 依据宪法及《教育基本法》，政府同年颁布《学校教育法》。[③] 该法改变了战前从明治维新起开始采纳的多元分科学校体系，基于保障教育机会均等的理念，规定小学、中学、高中教育全部由同一性质的小学、中学、高中学校和幼小中高一贯制的特殊教育学校实施，高等教育由大学和短期大学实施，不另划分职业院校、女子院校等学校类别。基本学习年限实行"6—3—3—4"学制，其中小学 6 年与初中 3 年组成 9 年义务教育。除小学、初中、高中、大学、高等专门学校、盲校、聋校、养护学校及幼儿园外，还设置专修学校和各种学校。1947 年，政府同时出台了《学习指导要领》，作为日本幼儿园、小学、初中和高中各学科、课程计划、教科书编制的纲要，旨在保证全国幼儿园至高中学生接受相对均衡的教育。[④] 最初的《学习指导要领》缺少法律效力，仅作为教师授课的参考性文件，其中鲜明地贯彻了以儿童

---

① 文部省 . 战后教育史的概况 [M]// 学制百年史 . 东京：帝国地方行政学会，2009[2020-11-17].
② 文部科学省 . 关于教育基本法 [EB/OL][2021-06-08].
③ 学校教育法（昭和二十二年三月二十九日法律第二十六号）[S/OL].[2021-06-08].
④ [日] 野崎刚毅 . 学习指导要领的历史与教育意识 [J]. 国学院短期大学纪要，2006，23：151-171.

为中心的理念，提出以每一个人的人性化、人格发展为教育目标，尊重儿童的兴趣与发展阶段特点，不作强制要求。到了 1958 年，日本政府受苏联 1957 年成功发射人类第一颗人造地球卫星事件的刺激，对《学习指导要领》进行了修订，着力解决 1956 年"全国学力调查"反映的儿童学业表现不佳的问题，强调各学科的系统性，提高学生的基础知识与能力，规定了各科目最低授课时数。此外，日本在教育中重新强调"爱国"与道德教育，在《学习指导要领》中设置了"道德时间"，道德教育再次出现在学校课程当中。为整顿和改善就学环境，保障机会公平，政府还制定了一系列配套法律。例如，《僻地教育振兴法》规定了充实偏僻地区学校设施设备、对偏僻地区学校工作的教师给予津贴等措施。[1]《学校给食法》规定了校园餐饮的基本标准。[2]《学校保健安全法》规定了校园卫生标准与保障学生健康的基本措施。[3]《关于义务教育诸学校教科用图书无偿化的法律》建立了面向所有义务教育学生分发免费教科书的制度。[4]《关于公立义务教育各学校的班级编制及教职员定额标准的法律》完成了班级编制和教职员定额的规范化，明确了地方向教职员支付工资的计算基准。[5]此后又制定了《公立义务教育各学校教育职员工资特别措施法》[6]《教育职员人才确保特别措施法》[7]等法规，提高了教师待遇标准。基础教育得到快速恢复和发展，后为顺应产业界对劳动力的需求，日本基础教育开始进行课程改革，着重基础知识技能、纪律、意志等的训练。例如，1968 年《学习指导要领》将原本规定的最低授课时数修改为标准授课时数，在教育课程上强调课程的系统性与统一性，重视语文、数理等课程的训练，帮助学生以获得基本知识和技能为主，同时培养健康的体力、正确的判断力、创造性、丰富的情操和坚强的意志、关于国家和社会的正确理解和爱心。[8]这一时期课程改革对集体意识的强调和对学生过分的纪律约束饱受争议。以考入著名高中和一流大学为目标的升学考试竞争日益激烈，常常被形容为"应试地狱"，学生的探究心和创造力被剥夺。日益繁难的知识体系导致越来越多的儿童跟不上学校课程，旷课、校园暴力、孤立、青少年犯罪、青少年自杀等问题频频出现。1970 年，经济合作与发展组织派教育调查团访问日本，将日本评价为"今后属于哪个社会阶级，取决于各个学习阶段的入学考试"的学历社会，问题可见一斑。[9]

3. 高等教育

1946 年，美国教育使节团提出日本应广泛向公众开放高等教育，提高对普通教育的重视。受使节团报告书中高等教育民主化、自由化等提议的影响，1947 年颁布的《学校

---

① 僻地教育振兴法 [A/OL]．（1954）[2022-12-04].
② 学校给食法 [A/OL]．（1954）[2022-12-04].
③ 学校保健安全法 [A/OL]．（1958）[2022-12-04].
④ 关于义务教育诸学校教科用图书无偿化的法律 [A/OL]．（1962）[2022-12-04].
⑤ 关于公立义务教育各学校的班级编制及教职员定额标准的法律 [A/OL]．（1958）[2022-12-04].
⑥ 公立义务教育各学校教育职员工资特别措施法 [A/OL]．（1971）[2022-12-04].
⑦ 教育职员人才确保特别措施法 [EB/OL]．（1974）[2022-12-04].
⑧ [日] 生野金三，香田健治，生野桂子．昭和三十三年与昭和四十三年的学习指导要领相关研究 [J]．综合福祉科学研究，2019，10：39-47.
⑨ [日] 渡边良智．学历社会中的学历 [J]．青山学院女子短期大学纪要，2006，60：87-106.

教育法》具有美国的自由教育特色，规定高等教育层次设立大学，目的是"作为学术的中心，在给予广泛的知识的同时，深入地教授、研究专业学艺，培养知识、道德及应用能力"①。在大学之上，还规定了研究生院层次，其目的是"教授研究学术的理论和应用，穷尽其奥妙，或培养符合高度专业性职业要求的渊博学识和卓越能力，为文化的发展做出贡献"。战前的帝国大学、公立大学、私立大学、专门学校等全部统一为大学。1948年起，日本全国重新进行了高等教育学制改革。在改革规模最大的1949年，日本共设立了70所国立大学、17所公立大学和81所私立大学。②对于国立大学，为了促进地方教育公平，政府特意制定了国立大学"一府县一大学"的原则；对于私立大学，政府于1952年制定了《私立学校振兴会法》，由政府投资设立私立学校振兴会，资助私立大学研究设备经费。③除大学外，战后的《学校教育法》还规定建立"短期大学"，参照美国两年制初级学院，实行2年制或3年制的高等教育。虽然短期大学最初仅定位于暂行措施，但是由于短期大学很大一部分改编自战时成立的专门学校，规模相当庞大，而且较高的性价比满足了以女性为主的弱势群体接受高等教育的需求，常被称为"新娘学校"。1964年，《学校教育法》将其修订为一项常规化制度。④随着经济的增长以及战后婴儿潮一代开始进入高等教育，大学和短期大学的数量与入学率急剧增加。自20世纪60年代以来，日本高等教育已从高等教育精英化阶段转移到大众化阶段。经过20世纪五六十年代的高速增长，适龄人群入学率在1971年达到26.8%，大学数增至389所，短期大学数增至486所。⑤然而，这一时期的高等教育问题依然严峻。一是教育质量严重下滑。为了满足民众对高等教育的需求和社会劳动力需要，政府在很长一段时间采取不作为的态度，放任私立大学肆意新建，原本的大学设置标准形同虚设，高等教育质量保障机制不能正常发挥作用。二是学校等级差距扩大，国立大学和私立大学的教学与就业质量愈发不平衡，民众对优质教育资源的争夺给基础教育带来了过多的应试竞争，催生了兴办预备学校、补习班的风潮。⑥

4. 职业教育

日本职业教育在"二战"后陷入了萧条。战前以职业教育为主的实业学校、战时的青年学校和国民学校高等科在战后改革中被改为新制中学或高中。然而由于《学校教育法》规定新制学校必须遵循学区制、男女共学、综合制的原则，职业高中数量下降，生源紧张。此外，因战争破坏，职业教育缺乏必要的设施和物资，实施极为困难。⑦为应对这一局面，1951年日本政府颁布了《产业教育振兴法》⑧，决定大力发展职业教育，给予其更充分的经费支持，希望能通过产业教育，确立对劳动的正确信念，在学习产业技

① 学校教育法 [A/OL].（1947）[2021-06-08].
② [日]长右卫门菅野.国立大学法人"大学"的未来 [J].电气学会志，2006，126（11）：711-711.
③ 文部省.私立学校法的制定和私学助成 [M]// 学制百年史.东京：帝国地方行政学会，2009.
④ [日]斋藤英之.短期大学制度，短期大学毕业学历 [J].上智短期大学纪要，2001（21）：11-30.
⑤ 武库川女子大学教育研究所.大学、短期大学、女子大学数量和18岁人口的变迁 [EB/OL].[2024-01-30].
⑥ HASEGAWA W.日本的高等教育系统 [D].哥伦比亚大学，1999.
⑦ 文部省.产业教育振兴法的制度 [M]// 学制百年史.东京：帝国地方行政学会，2009.
⑧ 产业教育振兴法（昭和二十六年法律第二百二十八号）[S/OL].[2021-06-08].

术的同时培养创造力，培养能经济自立的有为国民，谋求产业教育的振兴。自此，日本制定了职业技术教育发展规划，发展多种多样的中等职业教育，逐步增设了各种层次的职业教育机构，培养更多高水平的各级各类职业技术专门人才。1962 年，高等专门学校制度正式实施。[①] 据《学校教育法》规定，高等专门学校应以"深入教授专业学艺，培养职业必备能力"为目的，招收中学毕业生实行五年一贯制教育。高等专门学校是高中教育序列中隶属职业教育的一环。高等专门学校的设立初衷是填补处于职业型高中和大学毕业生之间的中级技术人员的空白，在高中教育阶段专门培养职业导向的技术人才。随着高等专门学校的设立，日本战后单轨制的学制再次恢复为多轨制。

（二）代表性政策分析

《教育基本法》

（1）背景

"二战"结束后，在美国为首的联合国盟军最高司令部主导之下，《教育敕语》于1946 年被废止，急需根据最新的宪法精神重新制定一部教育根本大法。因此，政府在1947 年制定了《教育基本法》。由于崇高的教育理想和精练概括的语言，《教育基本法》被誉为日本的"教育宪法"。[②]

（2）内容

《教育基本法》直接继承 1946 年宪法彰显的"国民主权""尊重人权"与"和平主义"精神，主要内容有：确定教育必须以陶冶人格为目标，培养和平的公民及社会的建设者；全体国民接受九年义务教育；尊重学术自由，培养国民的理智；公立学校禁止宗教教育；教育机会均等，男女同校；尊重教师，提高教师的地位等。值得注意的是，《教育敕语》中提倡道德教育的内容在《教育基本法》中仍被保存。

（3）结果与影响

日本《教育基本法》作为战后教育改革的核心法律，其修订与实施对日本教育体系产生了深远影响。1947 年颁布的初版法律确立了"人格完善"和"和平国家建设"的教育理念，奠定了日本现代教育民主化基础。根据这部法律的精神，日本战后建立了完善的教育法律体系，其影响至今依然不减。在此期间，日本教育水准得到极大提高，对日本社会、经济的发展做出了极大贡献。

四、日本教育现代化反思阶段（1971—2000 年）

（一）阶段发展特征

1971 年，日本文部省中央教育审议会发布了《关于今后学校教育综合扩充整备的基本措施》的报告。[③] 因当年为日本昭和四十六年，该报告通称为"四六报告"，被视为新

---

①　[日] 陈武元. 日本高等专门学校的现状与改革动向 [J]. 有色金属高教研究，1999（4）：52-54.

②　[日] 伊藤满. 教育基本法是教育宪法 [J]. 社会科研究，1958（6）：36-41.

③　中央教育审议会. 关于今后学校教育的综合性扩充整备的基本策略（答复）[EB/OL].（1971-06）[2021-06-08].

一轮教育改革的先声。这一报告提出了推进幼小衔接及小中、中高一贯制，划分高校种类与层次，分类推动高等教育发展等前瞻性改革理念，极大影响了之后的教育改革。

为了落实这一构想，政府在1984年成立了直属首相的咨询机构临时教育审议会（临教审），审议当时内阁总理大臣中曾根提出的教育改革基本方针，即重视个性、向终身学习体制过渡、面向国际化和信息化教育改革三大基本方针。[①]此后至20世纪90年代，日本的教育改革一方面继承临教审建议的积极要素，另一方面又适应新情况、针对新问题而有所发展和创新。1997年，日本文部省中央教育委员会讨论并发表了《关于展望21世纪的我国教育的应有状态》的报告[②]，明确提出今后日本教育改革的基本方向是在"宽松"的教育环境中培养孩子们的"生活能力"，彰显每个人的个性，培养"丰富的人性"。基于这一主张，文部科学省于1998年修订了《学习指导要领》，重视心灵教育，继承此前的"宽松"路线，导入完全学校五日制。[③]

1. 学前教育

20世纪70年代，日本经济持续高速增长，城市化进程加快，社会对学前教育的需求迅速增加。为了应对这一需求，政府加大了对学前教育的投入，幼儿园的数量大幅增加。1971年，日本政府实施《教育改革基本方针》，强调了学前教育的重要性，并开始投入更多资源和政策支持。1990年，文部省颁布了新版的《幼儿园教育要领》，进一步明确了幼儿园教育的目标和内容，即将原版的六个方面的教育内容——"健康""社会""自然""语言""音乐"和"绘画与手工"，改为"健康""人际关系""环境""语言"和"表现"五个方面，强调以儿童为中心的教育理念，促进认知、情感、社会性和身体素质的协调发展。

2. 初等与中等教育

在全国基础教育入学率不断攀升，学生升学竞争日益加剧，校园压力增大的背景下，日本政府于1977年再一次大幅修订指导学前教育和基础教育课程的《学习指导要领》，要求进一步精选整合教育内容，大幅削减标准授课时间，充实道德教育和体育，提高教育课程的弹性。1989年《学习指导要领》首次提出要培养丰富的心灵和"生活能力"，提升公民意识与传统文化认识，同时引入了不同于以往以知识学习为主的"新学力观"，强调主动学习、思考和应对的能力。1998年《学习指导要领》更是总结了过往教育理念，提出生活能力与主动学习应对能力的培养要在"宽松"环境中通过个性化教育培养，扩大了学校的自主裁量权。[④]同时，构成"宽松教育"措施的政策还有：1988年政府开始在非全日制高中推行学分制，并于1993年推行至全日制高中；1994年，开始要求高中增设"综合学科"，内设若干科目群，允许学生根据自己的兴趣与职业计划主动挑选科目修读。[⑤]1998年，政府成立了中等教育学校制度，这是推行初中和高中合并的"中高一贯制"的主要学校载体，旨在提高中学课程、教学内容和教学方法的连续

① 张德伟. 当代日本教育体系改革的政策走向[J]. 外国教育研究，2013，40（12）：3-11.
② 中央教育审议会. 展望21世纪日本教育的方向[EB/OL].（1997-06）[2021-06-08].
③ [日]野崎刚毅. 学习指导要领的历史和教育意识[J]. 国学院短期大学纪要，2006，23：151-171.
④ [日]野崎刚毅. 学习指导要领的历史与教育意识[J]. 国学院短期大学纪要，2006，23：151-171.
⑤ [日]横井敏郎. 高中教育改革政策的逻辑及其课题[J]. 国立教育政策研究所纪要，2009，138：53-63.

性与一贯性，提高学生学习活动的连续性，缓解中考应试教育所带来的压力。① 总体而言，"宽松教育"为学生提供了相对"宽松"的环境，学习压力相对减轻，对改善"灌输教育""应试教育"带来的弊端起到了一定的积极作用。此外，日本注重加强基础教育投入和保障，增加受教育机会，特别是稳固私立学校在受教育机会保障中的重要地位。1975 年，政府颁布了《私立学校振兴助成法》，努力缓解私立学校因物价、薪酬支出上涨导致的经费负担，解决因入学人数飞速上涨而导致的师资力量不足等问题，明确了国家关于振兴私立学校的基本态度和财政援助的基本方向。②

3. 高等教育

随着倡导新自由主义的临教审的成立，1987 年日本政府设立了"大学审议会"。面对出生人口开始减少的趋势，提出要发挥大学的个性，促进高等教育多样化。这一理念的代表性措施是 1991 年对 1956 年制定的《大学设置标准》进行大幅度修订。③ 这次修订，首先取消了学部门类原有的"文学、法学、经济学、商学、理学、医学、齿学、工学、农学"的限定，允许大学自由设置跨学科的学部；课程方面废止了一般教育科目、外语科目、保健体育科目、专业教育科目的区分，允许大学自由设定不同科目的学分数。在学位授予上，学士学位统一以"学士（××学）"标记，括号内名称可自由设定。为减轻学生的应试压力，阻止各大学故意考超过考生一般水平的难题。日本政府在国立大学协会的调查研究基础上，对报考国立公立大学的考生实施"共通第一次学力试验"，形成"在各大学入学考试前，在全国同一日期以同一试题进行的第一次考试 + 根据各大学、学部等的特性进行的第二次考试"的组合，多元化选拔学生。④ 第二次考试也逐步减轻应试压力，考查科目从平均 5 科减少到平均 2 科左右，选拔方法开始包括面试、小论文、推荐入学、回国子女与社会人等特别选拔方式。⑤ 此外，为了改变激烈的升学应试竞争状况，增加高等教育学生流动性，《大学设置标准》放宽了从高等专门学校和短期大学毕业后转入大学及研究生院的名额限制，1995 年，日本政府允许学生从高等专门学校和短期大学毕业后编入大学及研究生院，1998 年又允许专修学校毕业生获得同等权利，同时鼓励试行学分互认制度、社会人入学制度和入学时间灵活化制度。这进一步增强了多轨制学制的制度基础，为学生获得向上流动机会打开了窗口。⑥

对于研究生院，日本在 1989—1993 年分步对《大学院设置》进行修订，一方面注重规模的扩大，另一方面注重改善学生就学环境与便利程度。具体措施包括：放宽研究生修业年限限制，允许缩短或延长；允许博士学位授予具有高度业务能力的学生，而非研究能力；增设方便社会人修读的"夜间大学院"和仅致力于研究的"独立大学院"；允许认定入学前修读学分；不再设定入学时的招生名额等。⑦ 同时，随着经济泡沫的破

① 文部科学省 . 关于引入中高一贯教育制度的学校教育法等部分修正 [A/OL].（1998）[2022-12-18].
② [日] 荒井英治郎 . 私立学校振兴助成法的制定过程 [J]. 日本教育行政学会年报，2006（32）：76-93.
③ [日] 清水一彦 . 大学设置标准的概要化与大学的变貌 [J]. 日本教育行政学会年报，1994（20）：25-37.
④ 文部省 . 共通第一次学力试验的引入 [M/OL]// 学制百二十年史 . 东京：行政，1992[2021-06-08].
⑤ 孙浩 . 论日本高等教育改革 [J/OL]. 日本研究，1995（2）：89-93. [2022-12-18].
⑥ [日] 吉川裕美子，浜中义隆，林未央，小林雅之 . 学生的流动化和学士课程教育：全国大学调查中的转学，单位认定，学生交流和支援体系的实态 [J]. 学位研究，2004（18）：3-104.
⑦ 大学院设置标准 [EB/OL].（1974）[2022-12-18].

灭，日本政府反思后认为，只有开展基础性、开拓性的前沿研究才能保证国家和产业的持续竞争力，由此提出科学技术创新立国战略，希望能提升国家的整体创新能力。"产学官"合作成为日本经济与科技发展战略的重要举措。在 1995 年《科学技术基本法》和 1996 年开启的"科学技术基本计划"的指引下，日本出台了一系列旨在促进"产学官"合作的政策与法律，合作进入快速增长阶段，形成了更加规范、稳定的"产学官"合作。①

4. 职业教育

职业教育方面，虽然"6—3—3"学制为顺应儿童发展特点实施相应教育提供了制度保障，但是这一制度也导致学生在不同教育阶段转换时在课程方面缺乏良好的过渡。出于分类培养适应社会需求的多元人才，增强教育制度弹性的考虑，1970 年以来，《学校教育法》在历次修订中又增加了专修学校等制度，形成了层次分明、选择面宽泛的学校学制体系。② 专修学校制度于 1975 年成立，是"以培养职业或实际生活所需的能力，或提高教养为目的进行有组织的教育"，可由符合资质条件的任何个体成立。③ 作为高中毕业后新的高等教育机构，专修学校规模扩大迅速，学科包括工业、农业、医疗、卫生、教育和福利、商业实务、家政、文化和教养等。1995 年 5 月，专修学校已有 3 437 所，在校人数超过 84 万人。④

（二）代表性政策分析

《学习指导要领》

（1）背景

20 世纪 90 年代，日本泡沫经济崩溃，社会发生巨大变化。企业破产和裁员导致的大量解雇，瓦解了以终身雇佣制和年功制为主的日本特色经营体系，很多人失去了奋斗目标。1995 年，奥姆真理教制造了轰动世界的地铁沙林事件，其中很多信徒与头目拥有高学历，使人们对学校教育失去了信任。学校内"班级崩溃"、青少年犯罪等成为社会问题，儿童价值观失去了引导和方向。⑤

（2）内容

为了缓解少年犯罪率攀升和价值观崩溃的危机，1998 年修订的《学习指导要领》更加重视心灵的塑造，进一步明确并强化了"宽松教育"的指导方针。"宽松教育"的具体落实措施有：①减少单纯的知识背诵，严选最应该掌握的基础教育内容，减少上课时间数；②推动教育课程弹性、改进指导方法和创建个性化学校；③充实志愿者活动、自然体验、职场体验等体验活动；④设置"综合性学习时间"，不设教科书，由各学校自

① 陈劲，张学文. 日本型产学官合作创新研究——历史、模式、战略与制度的多元化视角 [J/OL]. 科学学研究，2008（04）：880-886+792. [2022-12-18].
② 学校教育法 [A/OL].（1947）[2021-06-08].
③ [日] 三上和夫，平冢真树，广井多鹤子，等.「1975 年法制」学校制度的变化：以专修学校为焦点 [J]. 日本教育学会大会研究发表要项，1991（50）：87.
④ HASEGAWA W. Japan's System of Post-Secondary Education[J]. New York，NY: Columbia University，1999.
⑤ [日] 野崎刚毅. 学习指导要领的历史与教育意识 [J]. 国学院短期大学纪要，2006（23）：151-171.

主安排。1992 年以来，政府强制要求公立学校逐步推行完全的"周五日制"，将所有周六、周日作为休息日。[①] 总体上，《学习指导要领》呈现出了大纲化、弹性化的特点，删除了对各年级必修内容的规定，代之以学年的总体目标和内容，允许各学校根据自身情况落实。2003 年实施的部分修订也明确了《学习指导要领》的规范性以及"最低标准"的特性。

（3）结果与影响

1998 年修订的《学习指导要领》提出的"宽松教育"虽然实现了理念上的突破，但是引起了很大争议，甚至是误解。围绕《学习指导要领》产生了大量以讹传讹的谣言。例如，"宽松教育"精简了部分乘法、除法和小数点的学习内容，导致"学校教学生将 3 作为圆周率计算"的流言广泛传播。这进一步加剧了因学习能力低下而导致日本国际竞争力下降的忧虑。[②]

五、日本教育现代化新阶段（2001 年至今）

（一）阶段发展特征

"宽松教育"在教育理念上具备革新性，对改善应试教育弊端起到了一定积极作用，但批评者认为"宽松教育"导致学生知识水平与学习成绩明显下降，对日本经济发展、科技创新以及国际竞争非常不利。其倡导的"创造力""创新性""自主性"的培养容易变成"松懈教育""自由放任"。基于此，日本开始重新审视"宽松教育"，逐步增加学校授课时间，试图在一味强调知识学习的"填鸭式教育"和强调自由发展的"宽松教育"间取得平衡。在"宽松教育"理念基础上，更加强调掌握主动学习能力，培养自己思考、表达和判断如何在社会中利用知识和技能的能力。同时，日本认为，应在 21 世纪全球化、信息化的社会新潮流中重新反思自身教育责任。当前儿童道德观念、社会使命感逐渐丧失，小家庭趋势导致人际关系疏远等问题，需要突出道德、独立、公共精神以及对国际社会和平与发展的贡献。[③]

2006 年，日本全面修订《教育基本法》和《学校教育法》，除了继续贯彻"人格塑造""个人尊严"等普适理念外，新法提出了"塑造完整人格""培养可成为国家和社会的创造者，身心健康的公民"的目标，确立了新时期教育的基本理念。[④] 作为落实《教育基本法》修订新理念的重要举措，日本政府从 2008 年起按 5 年一次的频率，制定、实施教育领域的综合性指导大纲《教育振兴基本计划》，提出涵盖各级各类教育的总体基本方针及具体目标、实施措施、测定指标及参考指标，为文部科学省实施改革提供指导，为地方政府结合实际情况做出应对指明方向。[⑤]

---

① ［日］野崎刚毅 . 学习指导要领的历史与教育意识 [J]. 国学院短期大学纪要，2006（23）：151-171.

② ［日］佐藤年明 . 所谓的"宽松教育"对学生的认识的检讨 [J]. 三重大学教育学部研究纪要教育科学，2012（63）：239-254.

③ ［日］高田喜久司 ."21 世纪型能力·学力"与学习的探究 [J]. 学校教育研究，2015（30）：8-22.

④ 文部科学省 . 关于教育基本法 [EB/OL].[2021-06-08].

⑤ 文部科学省 . 教育振兴基本计划 [EB/OL].[2022-12-19].

1. 学前教育

日本政府完善了相关法律保障制度，颁布了《儿童、育儿支援法》（2012 年）、《关于全面开展学前儿童教育、保育等的促进法》（首次颁布于 2006 年，修订法颁布于 2012 年）、《关于实施〈儿童、育儿支援法〉和〈关于全面开展学前儿童教育、保育等的促进法〉部分条文修正法的法律》（2012 年）。① 此三项法律的制定基于自民党、公民党和民主党三党的共识，旨在确立监护人对育儿负有首要责任的基本前提下，全面促进学前儿童学校教育和保育的开展，加强对地区儿童教育和保育的援助。具体措施包括：设立保育所、幼儿园和认定孩童园共通的给付金（设施型给付金），面向小规模保育等的给付金（地区保育型给付金）以及儿童补贴；改善认定孩童园制度（改善幼稚园和保育所一体化的认定孩童园）；加强对地区儿童、育儿的援助（监护人支援、地区育儿支援基地等）；各市町村是实施主体；由社会全体分担费用；调整政府的推进体制等。通过以上法律，日本在原有的幼儿园和保育所二元结构中，再次推进幼保一体化改革，从 2006 年起成立新型设施"认定孩童园"。② "认定孩童园"结合幼儿园与保育所的长处，将一部分幼儿园改造为兼具幼儿园与保育所职能的新型学前教育机构，这种"认定孩童园"对于儿童监护人是否需要上班工作无任何要求，更好地解决了"留守儿童"问题，并能够对缺乏育儿知识的新父母提供一定指导和帮助。此外，针对日本幼儿教育面临由生活环境疏远化带来的幼儿生活体验不足、幼儿教育与小学教育衔接不良等问题，2017 年修订的《幼儿园教育要领》继承了《学习指导要领》的基本精神，梳理了幼儿应当具备的"资质与能力"。③ 其中包括"知识与技能的基础""思考力、判断力与表现力的基础""向学力与人性的基础"等，总结了幼儿在幼儿期结束后应当具有的形象，包括：健康的心灵与身体，自立心、协同性、道德性与规范意识的萌芽；与社会生活建立关联、思考力的萌芽；关爱自然尊重生命；对数量、图形、文字的兴趣与感觉；使用语言进行交流；丰富的感受与表现力等。这一改革动向有利于为幼儿教育与小学教育的平稳衔接创造条件。

2. 初等与中等教育

进入 21 世纪后，日本中小学生中出现了缺乏尊重生命和自尊精神、生活习惯不良、规范意识下降、人际关系构建能力下滑等问题。对此，2006 年修订的日本《教育基本法》在教育目标中增添了培养"丰富的情操和道德心"④；《学校教育法》在义务教育的目标中增加了培养"规范意识""公共精神""尊重自然和生命的精神"等。⑤ 为了继承这一精神，2008 年修订的《学习指导要领》更强调道德课程的地位，要求教师指导学生确立良好的生活习惯和自律的生活态度，具有爱心、宽容心，讲究文明礼貌，重视友情，珍爱自己和他人的生命，关心环境，对大自然产生敬畏之心，并培养公德心、协同心以及主

---

① 内阁府儿童育儿支援新制度执行准备室 . 关于儿童育儿支援新制度 [EB/OL].（2014）[2024-01-30].
② 内阁府，文部科学省，厚生劳动省 . 幼保联结型认定儿童园教育・保育要领解说 [EB/OL].（2014）[2024-01-30].
③ 文部科学省 . 幼儿园教育要领解说 [R]. 2018.
④ 文部科学省 . 关于教育基本法 [EB/OL].[2021-06-08].
⑤ 学校教育法的部分改正（平成 19 年 6 月 27 日法律第 96 号）[S/OL].（2007）[2024-01-30].

持正义、公道的精神和对待社会群体的道德意识。① 与之相应，政府开始在基础教育阶段充实传统文化教育、道德教育、体验活动、外语教育、主权者教育、消费者教育、防灾安全教育等内容。针对"宽松教育"引发的学力低下的问题，2007 年，日本政府恢复了 1956 年起进行的全国学力调查，以全国中小学最高学年（小学 6 年级、初中 3 年级）全体学生为对象进行"全国学力学习状况调查"②，在学力上考查数学和语文，从 2012 年和 2019 年起考查理科和英语，在学习状况上对学生的学习生活环境进行问卷调查。

基础教育阶段的校园欺凌现象是学生道德下滑的重要体现，也是造成弱势群体儿童边缘化、厌学乃至不上学等问题发生的主要原因。2011 年，日本滋贺县大津市一所私立中学发生的初中二年级学生跳楼自杀事件引发了众怒，直接促成了 2013 年《欺凌防止对策推进法》的出台。③ 整体而言，该法律对待欺凌的解决方案在于"防"。国家需要制定欺凌防止基本方针，构建职能部门的联系；地方公共团体和学校均需参照上位欺凌防止基本方针，制定各自的欺凌防止对策，并成立常设组织，随时监测情况。

在基础教育制度改革上，2006 年，日本新修订了《教育基本法》，制定义务教育学校制度，实施多样化、弹性化的九年一贯制学制，促进学生身体、心理的发展，提升学生的天然学习兴趣。实行义务教育一贯的学校在分类上属于独立的"义务教育学校"，同样适用于义务教育相关法律，由国家财政拨款支持。④《学校教育法》增加了与学校评价和积极提供学校运营信息的相关规定，除自我评价外，还必须经过第三方认证评价。为了改善运营，学校要以自我评价结果为基础，采取必要的措施。⑤

在基础教育国际化、卓越化方面，日本也进行了一系列探索。2002 年起，日本政府陆续实施了"超级理科高中""超级英语高中""超级国际高中"等一系列计划，引进国际师资力量教学，在提高学生语言能力的同时，培养学生对社会问题的关切、基础素养、交流能力、解决问题能力、领导力、全球胜任力等能力。⑥ 其中，"超级国际高中"计划自 2014 年起，选拔开发、实践致力于培养全球领导人的教育体系的高中，将该计划的理念经验辐射到更多学校。⑦

进入 21 世纪后，由于产业结构和就业结构的变化，日本年轻人通过教育所掌握的素质能力与就业所需并不完全匹配。与此同时，日本生育率持续低迷，适龄劳动力数量不容乐观。在此背景下，日本开始重视将学校教育与职业实践相互结合的职业教育与终身教育，希望以劳动力素质的提升弥补数量的不足。2011 年，中央教育审议会发布了《关于今后生涯教育和职业教育的应有状态》⑧，明确了职业教育的概念、各学校阶段的指导内容等，为将职业教育融入各级各类教育提供了指南。对于职业教育，日本以培养职

① 蔡凤林.日本青少年传统道德礼仪教育探究 [J].中国青年社会科学.2015，34（6）：117-22.
② 国立教育政策研究所.全国学力·学习状况调查：教育课程研究中心 [EB/OL].[2022-12-19].
③ 欺凌防止对策推进法（平成二十五年法律第七十一号）[S/OL].[2021–06–08].
④ 文部科学省.关于教育基本法 [EB/OL].[2021-06-08].
⑤ 文部科学省高等教育局高等教育规划司认证.关于评价制度 [R/OL].2020 [2024-01-30].
⑥ ［日］渡边敦司.SSH 的下一步是 SGH 吗？超级国际高中的指定 [EB/OL].（2013）[2022-12-19].
⑦ 文部科学省.超级国际高中 [EB/OL].（2014）[2022-12-19].
⑧ 文部科学省.关于今后生涯教育和职业教育的应有状态 [EB/OL].（2011-01）[2021-05-09].

业自立能力为目标，明确各级各类院校功能，充实与产业界的合作、对话，明确所需的人才能力资质期待与愿景，帮助有针对性地设计、开展职业教育与实践教育。在这一职业教育方针的指导下，日本在基础教育阶段重点加强生涯教育，培养面向社会、职业自立的必要基础能力和态度，引导树立正确的劳动观、职业观，通过观测学生的职业观形成情况提供细致支援。从高中阶段起，日本开始充实职业教育，具体措施包括培养基础知识技能和问题解决能力等职业能力，通过长期实习等实践活动、聘用实务人士等方式加强实践教育，通过与本土企业的密切合作来完善学科课程，促进高中与大学职业教育衔接等。2014年，日本还在专修学校认证了一批"职业实践专门课程"项目[①]，项目大部分课程采用校企合作形式开展，更加突出实践性与职业针对性。

3. 高等教育

日本于2003年制定了《国立大学法人法》[②]，于2004年将99所此前作为国家内部组织的国立大学重组为87个法人，使各大学能更加独立自主地运营，以适合自身校情的方式制定提高教育和研究水平的策略。[③]国立大学法人放宽了在预算、人事方面的限制，采用类似企业的管理体制，责任主体由校长、校长任命的副校长以及校外人士担任，但审议机构由教育研究评议会、经营协议会组成。每一所国立大学法人的规划需要以每6年文部科学大臣提出的中期目标和中期计划为基础进行，由第三方机构进行评价和检查。这一措施大大放松了原本钳制国立大学创造性的各类限制，使之能更灵活地开展办学活动。

2012年，文部科学省发布《大学改革实行计划——作为社会变革引擎的大学建设》[④]报告，标志新一轮高等教育改革开幕。报告提出，大学作为培养社会改革人才的"知识基地"，承担着研究和创新的使命，应注重培养能够终身学习、自主思考和行动的人才，活跃于国际社会并具有创新能力的人才，以及能够跨越不同语言、年代、立场的差异进行交流的人才。大学应涵盖以下类型：①培育基础扎实，具有主体性学习能力的学生的大学；②全球化进程中世界知名的大学；③能够创造世界性研究成果的创新型大学；④作为地区复兴核心的大学；⑤作为终身学习基地的大学；⑥发挥社会知识基础作用的大学。改革分为三个阶段实施：第一阶段为改革的初期（2012年），召开国民会议，探讨必要的制度和组织的合理性；第二阶段为改革集中实行期（2013—2014年），设立改革实施必要的制度及支援措施；第三阶段为改革检验、深化发展期（2015—2017年），主要任务是对改革进行评价、检验，促进改革的深化发展。

2013年，文部科学省实施"地方大学促进地方创生事业"。[⑤]这一政策将大学作为地方复兴的核心力量，一方面旨在促进各大学的功能差异化，充分利用各大学的优势服务地方社会；另一方面希望能与地方政府和企业合作，倒逼课程体系改革，培养适应地

---

① 文部科学省.关于职业实践专门课程[EB/OL].（2013）[2021-05-09].
② 国立大学法人法（平成十五年法律第百十二号）[S/OL].[2021-06-08].
③ 吴越.日本国立大学法人化的政策变迁研究——基于支持联盟框架的分析[J].复旦教育论坛,2009,7（4）:58-62.
④ 文部科学省.大学改革实行计划——作为社会变革引擎的大学建设[EB/OL].（2012）[2021-06-08].
⑤ 地方大学促进地方创生事业（COC+）[EB/OL].（2013）[2021-06-08].

方社会需求的区域型人才。该政策目标包括为地方创造就业机会、促进地方复兴、振兴地方产业。通过对地方问题的研究，在改善地方现状的同时，也有助于提升大学的研究能力，培养学生的学习兴趣，拓宽学生的见识。其评价指标包括地区人才培养（地区的企业、公共机构、行政部门的就业情况、在地区实习的情况、地区面向就业人员开设的讲座等）、支援终身学习和地区共同体（开设公开讲座的情况和效果、与地方共同开展的学习机会、地方学生的志愿者活动）、为带动地区产业发展所做的贡献（与当地企业进行共同研究的情况、是否有地区复兴中心、其活动效果如何）等。

为提高大学国际化程度，2008 年，日本政府提出了"留学生 30 万人计划"，并于次年推出"Global 30 项目"，选定 7 所国立大学和 6 所私立大学开设英文授课项目，旨在加速大学国际化进程，但其建设效果却不及预期。[①] 在总结教训后，2014 年，日本政府设立了"超级国际化大学计划"[②]，旨在对日本国内有冲击世界前 100 名潜力的 13 所顶级大学与具备国际化试验条件的 24 所国际化牵引型大学进行彻底的教育国际化改革，提高大学的教育通用性与国际竞争力。具体的措施包括：对国内入学时间进行调整，引入 4 学期制；导入国际化的教育体系，实行国内外联合培养；加强校长主导的管理体制等。此外，还通过"大学的全球拓展能力强化事业"，支持与日本有重要战略关系的国家和地区进行国际教育合作，促进学生交流。[③] 通过"居住环境与就业支持等接收环境的完善事业"帮助留学生改善在日就业和居住环境[④]。在海外配置"留学协调员"，通过发送关于日本留学的信息和加快当地入学许可等措施，鼓励来日本留学。[⑤]

对于研究生教育，为了突破科研生产力不足的困境，日本政府于 2006 年开始以五年计划的形式制定了《大学院教育振兴政策纲要》，目的是针对研究生院课程多样化的特点，将现有日本研究生教育进一步塑造成"卓越大学院"，为今后研究生教育改革提供方向性的政策指导。[⑥]2016 年确定的第三期《大学院教育振兴政策纲要》指出，要系统推进研究生教育，保证学生培养质量；推动产学官民合作与在职人士修读；提高专门职研究生院的培养质量；确保研究生毕业生的职业发展，促进职业道路的可视化；创造一个吸引世界各地高素质人才的环境；确保足以提高教育质量的规模，并推进职能分化；改善博士生的待遇。[⑦]

增强研究生教育的实践性，避免其培养的人才脱离实践一直是日本教育的关注点。2002 年，中央教育审议会报告《关于大学院对高水平专业职务人士的培养》指出，以往的日本硕士课程与推行以培养高水平的专业职务人士为目标，与以提升通用综合素质与能力为目的的实践型教学并不相兼容，反而可能成为制约因素。[⑧] 鉴于此，根据这一

① 关于 G30[EB/OL].（2017）[2022-12-19].
② 超级国际化大学计划 [EB/OL].（2014）[2022-12-23].
③ 日本学术振兴会. 大学的全球拓展能力强化事业 [EB/OL].[2022-12-19].
④ 文部科学省. 居住环境与就业支持等接收环境的完善事业 [EB/OL].（2015）[2022-12-19].
⑤ 文部科学省. 留学协调员配置事业 [EB/OL].（2016）[2022-12-19].
⑥ 文部科学省. 大学院教育振兴政策纲要 [EB/OL].（2006）[2022-12-19].
⑦ 文部科学省. 第 3 次大学院教育振兴政策纲要 [R/OL].[2021-06-08].
⑧ 中央教育审议会. 关于大学院对高水平专业职务人士的培养 [R/OL].[2021-06-08].

指导思想，政府于 2003 年颁布《专门职大学院设置标准》，正式确立专门职研究生院制度。① 这一制度的目标是培养拥有高水平专业能力、丰富实务经验、国际化视野、可以适应全球化与科技快速发展环境下职业对人才需求的高水平专业人士，大力推行有实务型教师参与、以产学结合为特色的实践教学，增强硕士教育的柔性化，并引入第三方评价保证其质量。基于沟通理论与实务的桥梁这一定位，日本专门职学位十分强调师资力量和实务人士力量的结合。在师资内部构成上，研究型教师和实务型教师都须占有一定比例，双方在一定机制下互相合作，共同教学。

此后，日本政府不断进行集中改革，努力提高专门职研究生院的培养质量。例如，中央教育委员会专门职研究生院工作组在 2016 年 8 月初发布报告，回顾了以往的建设得失，采取相应措施；② 对于培养法律职业人才的法科大学院，按照 2015 年政府举办的"关于进一步推进法律职业者培训制度改革"研讨会中列出的举措进行集中改革；③ 改善经管类专门职研究生院核心课程的教育质量，开展以课程开发为目的的调查研究等。

4. 职业教育

职业教育方面，进入 21 世纪后，由于产业结构和就业结构的变化，日本年轻人通过教育所掌握的素质能力与就业所需并不完全匹配。与此同时，日本生育率持续低迷，适龄劳动力数量不容乐观。在此背景下，日本开始重视将学校教育与职业实践相互结合的职业教育与终身教育，希望以劳动力素质的提升弥补数量的不足。2011 年，中央教育审议会发布了《关于今后生涯教育和职业教育的应有状态》④，明确了职业教育的概念、各学校阶段的指导内容等，为将职业教育融入各级各类教育提供了指南。为更好地落实职业教育，日本区分了生涯教育和职业教育的不同含义。二者的目标都是帮助学生发挥自己所承担的职业功能，更好地利用自身所长为社会贡献价值，但侧重有所不同。生涯教育强调培养社会和职业自立所必备的基础能力和态度，帮助促进职业发展；而职业教育则强调培养从事某一或特定职业所需的专门知识、技能及态度。二者相辅相成，密切结合，在学校教育中均不可或缺。在具体实践上，生涯教育和职业教育有不同的落实方针。对于生涯教育，日本提出从幼儿教育到高等教育，要根据学生的发展阶段系统地实施各类教育活动，培养重点是包括人际交往能力、自我理解管理能力、问题解决能力、职业规划能力等在内的基础通用能力。对于职业教育，日本以培养职业自立能力为目标，明确各级各类院校功能，充实与产业界的合作、对话，明确所需的人才能力资质期待与愿景，帮助有针对性地设计、开展职业教育与实践教育。在这一职业教育方针的指导下，日本在基础教育阶段重点加强生涯教育，培养面向社会、职业自立的必要基础能力和态度，引导树立正确的劳动观、职业观，通过观测学生的职业观形成情况提供细致支援。从高中阶段起，日本开始充实职业教育，具体措施包括培养基础知识技能和问题解决能力等职业能力，通过长期实习等实践活动、聘用实务人士等方式加强实践教育，

---

① 专门职大学院设置标准 [A/OL].（2003）[2022-12-19].
② 中央教育委员会专门职研究生院工作组. 关于专门职研究生院为核心的高度专门职业人才培养功能的充实·强化方案 [R/OL].（2016）[2022-12-19].
③ 法曹培养制度改革推进会议. 关于进一步推进法律职业者培训制度改革 [EB/OL].（2015）[2021-02-18].
④ 文部科学省. 关于今后生涯教育和职业教育的应有状态（答申）[EB/OL].（2011-01）[2021-05-09].

通过与本土企业的密切合作来完善学科课程，促进高中与大学职业教育衔接等。2014 年，日本还在专修学校认证了一批"职业实践专门课程"项目[①]，项目大部分课程采用校企合作形式开展，更加突出实践性与职业针对性。

（二）代表性政策分析

第三期《教育振兴基本计划》

（1）背景

21 世纪以来，少子化、老龄化使得日本劳动力市场缺乏活力，社会阶层开始固化。日本缺少适应信息化、智能化社会的科技人才。各级各类教育同样面临一些问题，如儿童缺乏生活经验、难以掌握基本技能；中小学生缺少主动解决问题的能力、校外学习时间过短；大学生的学习投入不足，"宽松教育"遗留的大学"休闲化"趋势依然明显；家庭以独生子女为主，容易过度骄纵。此外，国际教育政策对日本教育产生了一定影响。《教育 2030 行动纲要》、2016 年日本冈山 G7 峰会教育部长会议提出教育应发挥"促进社会内含和共同价值观的理解""培养新时代所需的素养和能力"等新作用。为有计划、有步骤地推进与日本教育振兴相关的政策，日本政府于 2018 年制订了第三期《教育振兴基本计划》。[②]

（2）内容

第三期《教育振兴基本计划》确立了培养自我实现所需的能力、培养能够推动社会持续发展的人才、打造终身学习的良好环境、为学习构建安全的支持网络、为推进教育政策实施巩固基础等五大教育基本方针，对应 21 个教育政策目标、101 项基本措施。同时，初步设定了 37 个测定指标、20 个参考指标。在每一个教育方针下，都有一个或若干个政策目标，政策目标下又设有实现目标的具体措施以及跟踪实施情况的衡量标准和成果指标。

例如，基本方针一"培养自我实现所需的能力"下设置的政策目标"培养扎实的学习能力"列举了以下基本措施：提高幼儿教育质量；使新的学习指导要领的实施落到实处；对全国学生的学力及学习状况进行调查、分析和活用；推进高中教育改革；推进各教育阶段的相互衔接；加强政治教育；推进可持续发展教育；推进灾后地区重建教育；通过学校教育保证学力水平等。测定指标则定为：培养在知识技能、思维能力、判断能力、表现能力等素养上协调发展的人，并且在 PISA 等国际评估项目中保持世界领先水平。参考指标为：PISA 熟练水平、熟练水平在 5 级以上 2 级以下学生所占比例。此外，基于对 2030 年后日本社会的发展变化的展望，第三期《教育振兴基本计划》还指出要以客观事实驱动教育政策，加大人才投资，基于新时代的到来研究如何创造适于下一代的教育。

（3）结果与影响

第三期《教育振兴基本计划》的开展时间为 2018—2022 年，延续了第二期《教育振兴基本计划》中提出的"建设基于知识的自立、协作、创造型终身学习社会"构想，即让每一个人都能发展多重个性和能力，自主开拓充实的人生，构建互助、互促、包容、共生的社会，在自立与协作的基础上努力创造新价值。这一计划的落实有利于促进社会公民的自我实现、社会生产力的提高以及人与人之间关系的深化。

---

① 文部科学省.关于"职业实践专门课程"[EB/OL].（2013）[2021-05-09].
② 文部科学省.第 3 期教育振兴基本计划 [EB/OL].（2018）[2021-06-08].

《面向 2040 年的日本高等教育宏观规划》

（1）背景

在当前变幻莫测的时代，面向未来的教育应培养什么样的人才，成为各国共同关心的问题。经济合作与发展组织自 2015 年起开始规划制定"OECD 学习罗盘 2030"项目。该项目以核心能力为导向，强调培养个人的价值创造能力、抗逆能力和责任意识等。顺应这一趋势，2018 年日本"面向未来 2040 年"首次从宏观层面做出高等教育规划，为支持和领导未来社会变革储备人才资源，其核心理念是让高等教育在满足所有学习者"学习"意愿的同时，也能持续成为支撑社会发展的重要基础，并能在不断支持下自我进化。[①]

对于未来时代发展趋势，日本做出了四大战略判断，以此推断、梳理高等教育的培养方向。第一，未来社会将致力于实现联合国于 2015 年提出的 17 个可持续发展目标，包括在世界各地消除一切形式的贫困、促进有利于可持续发展的和平与包容性社会等。为此，必须实行包容平等的可持续发展教育，使青年能具有创造新价值观和行动的能力，迎接人类面临的挑战。第二，日本加速建设中的智能化社会和方兴未艾的第四次工业革命正使技术迅速、持续地进化，未来学习者必须拥有变化适应能力，才能避免知识结构的老化。第三，日本人均寿命长，社会老龄化程度高，未来可迎来人均寿命超过100 岁的"人生百年时代"，日本需要建立一个从幼儿教育、小学教育直至终身教育各阶段相互衔接、贯通的教育体系，为不同年龄的民众自由选择职业生涯发展路径提供教育保障。第四，日渐加深的全球化进程将创造相互依存的新的形式，人类行为远远超出个人所属的区域和国家，人们必须掌握与不同文化和习俗的他人相接触的全球胜任力。同时，产业链的多元化与附加值的增加也能使日本实施"地方创生"战略，让日本全国各地都能实现繁荣而可持续的发展。

（2）内容

在总体的宏观战略愿景上，日本前瞻式描绘了 2040 年所需的人才形象与高等教育的应然形态。在难以预测、瞬息万变的未来时代，适应时代需求的人才应该综合具备横跨人文和科学的通用知识与技能，更深入地掌握专业领域的知识与技能，还应具有高度的逻辑思维、判断能力、表达能力等素质，能顺应时代的变化，积极支持改善社会。高等教育必须向"以学生为中心"的方向转变，摆脱过去专注提升师资教学能力与研究水平的模式，实现个人学习成果的可视化，增强学生自由选择学习内容、进行终身学习的灵活性与流动性。

在教学研究制度上，日本强调要在多方面保证多样性与灵活性。在招生上，高等教育应摆脱以 18 岁左右的日本人为主要对象的传统招生模式，积极接纳社会人士和留学生，推进高等教育的国际交流。在师资上，继续完善聘用具有工作经验的人士、青年骨干、女性、外国人等各种研究人才的机制，为教师安心进行各种教育研究活动创造完备的环境。在课程项目上，扩大跨学科的范围，适应时代变化，增加一批快速且灵活的课程项目，试点以"学位项目制"为中心的跨学科教学制度，促进多所大学共享办学资源，加速在线教育发展。在高等教育治理上，加强各院校的管理职能和管理能力，便利

---

① 中央教育审议会.面向 2040 年的日本高等教育宏观规划 [R/OL].[2021-05-09].

院校之间的合作和整合，进一步明确各机构的"优势"和"特色"并加以强化。

在质量保障上，日本计划从三大方向进行改革。第一，确立全校性教学管理制度，帮助各大学制定与大学教学方面改善、改革有关的总体方针；第二，可视化学习成果并促进信息披露，收集并公布学生学分和学位的取得状况、学生的成长感和满意度、对学习的热情等与教育质量相关的信息，同时实施全国性学生调查和大学调查，进行整理比较；第三，建立教育质量保证体系，重新评估规范大学教育质量评价方法的科学性与适切性。

在高等教育规模与地域合作上，日本提出要着眼于将来的社会变化，实现包括社会人、留学生在内的"多元价值观校园"，为此将严格控制在学规模，对不能保证教育质量的院校进行更严格的评估。在加强地域合作上，构筑地域合作平台，推动当地高等教育院校和地方公共团体、产业界参与讨论各地区未来图景、具体合作、交流等方案。

在教育类型体系上，日本希望能由不同类型的院校提供差异化的教育，满足社会发展的不同需求。为此，日本要求针对不同院校类别，分门别类地总结问题、予以研究，凸显差异性；同时建立不同类型院系之间的联系，通过加强转校、插班等机制，帮助实现更多样化的分流道路，增加流动性。

在经济支持上，日本提出扩充来自各产业部门的资金来源，一方面继续充实财政支持；另一方面扩充来自民间的投资和社会捐赠等支援，实现财源的多样化。为此，政府将明确不同类型院校产生的经济效益与成本，及时向学生和社会披露相关信息，实现成本效益的可视化。

（3）结果与影响

基于这一宏观规划，日本已开始推进改革相关的法令和制度的修订补充。例如，为推进学位项目制改革，日本于 2019 年修订了《大学设置标准》等法规，规定可以通过不同学科专业联系合作，设置教职员可兼任的跨学部学位项目。[①] 为促进多所大学共享办学资源，文部科学省在 2021 年首次认定了"大学等联携推进法人"[②]，以大学领导为成员，统一实施校际合作相关的协议调整和合作事业等业务。在该制度下，其他大学与该大学联合开设的授课科目（联合开设科目）也破例视为该大学自己开设的课程，一定程度上消除了校际合作的隔阂。

第三节 日本教育现代化的核心指标分析

一、普及与公平

从各级教育的毛入学率来看，由于小学、中学教育是日本法定的义务教育阶段，其毛入学率基本维持在 100% 以上。而日本高等教育在 20 世纪六七十年代已超过 15% 的大众化标准，并在 2003 年后超过 50%，进入了普及化阶段。这一显著扩张一定程度上

---

① 大学院设置标准 [EB/OL].（1974）[2022-12-18].
② 文部科学省 . 大学等联携推进法人 [EB/OL]. [2021-05-09].

得益于私立大学的繁荣，为日本全国各地的学生就近接受高等教育提供了很大便利。但是，学校和毕业生数量的激增和高等教育规模的扩张也带来许多问题，如大学所得投资收入下降、整体办学质量倒退、学生就业竞争激烈程度加剧等。在特殊教育上，日本设置的"特别支援学校"按学生残疾类型（如视觉障碍、听觉障碍、智力障碍、肢体障碍等）合理配备了相应的师资力量，在各个教育层级上系统化接受残疾学生，招收人数自 2000 年来有所上升，2021 年有 14.6 万名残障儿童接受特殊教育。2000 年、2005 年、2010 年、2015 年、2021 年的日本教育普及与公平指标表现如表 6-1 所示。

表 6-1　日本教育普及与公平指标表现

教育阶段	年份				
	2000	2005	2010	2015	2021
义务教育年限（单位：年）	9	9	9	9	9
学前教育毛入学率（单位：%）	84.5	87.7	88.2	89.3	/
小学教育毛入学率（单位：%）	101.0	101.9	102.2	102.4	102.2
中学教育毛入学率（单位：%）	103.3	99.7	101.8	101.6	100.9
高中教育毛入学率（单位：%）	100.5	102.2	101.4	102.8	103.3
高等教育毛入学率（单位：%）	48.7	55.0	58.1	62.5	63.2
特殊教育在学人数（单位：人）	90 104	101 612	121 815	141 944（2017）	146 285

数据来源：各级毛入学率数据来自联合国教科文组织统计研究所，特殊教育在学人数来自日本文部科学省网站。

注："/"表示数据缺失。

二、质量与结构

日本法律保障公民享有 9 年义务教育。数据显示，日本的义务教育完成率已达100%，初中至高中的完成率也高于 90%，基础教育阶段基本实现了普及普惠。同时，2015—2020 年硕士毕业生与博士毕业生的规模保持基本稳定。

高等教育毕业生学科结构一定程度上反映了日本不同层次教育的学科发展情况。数据显示：日本 2019 年结构规模最大的三个学科为商科、管理和法律（20.3%），工程制造（18.5%）和健康福利（15.8%）。近 5 年来，教育，人文，社科、新闻与信息等学科的比例有所下降，商科、管理和法律，工程制造，健康与福利，服务学科的比例显著上升。

历年 PISA 测试结果中，日本学生 2018 年的阅读排名为第 15 位，数学排名第 6 位，科学排名第 5 位，相较于 2015 年分别上升 7 位、1 位、3 位。若以日本大学排名和学科排名评估日本高等教育质量，2022 年 QS 世界大学排名中共有 5 所大学进入前 100 名，10 所大学进入前 300 名[1]，125 个学科进入世界前 100 名[2]；2022 年泰晤士高等教育排名

① 数据来源：2022 年 QS 世界大学排名。
② 数据来源：2022 年 QS 世界大学学科排名。

中共有 2 所大学进入前 100 名，3 所大学进入前 300 名[①]；2020 年美国新闻与世界报道排名中共有 1 所大学进入前 100 名，5 所大学进入前 300 名[②]；2019 年软科学世界大学学术排名中共有 2 所大学进入前 100 名，8 所大学进入前 300 名[③]；44 个学科进入世界前 100 名。[④] 从 2020 年 QS 世界学科排名看，日本共有 14 所大学拥有跻身前 100 名的学科，总学科数为 128 个；东京大学共有 40 门学科进入前 100 名，世界排名第 8；京都大学、大阪大学、早稻田大学分别有 29 个、11 个、10 个进入前 100 名。2015 年、2020 年的日本教育质量与结构指标表现如表 6-2 所示。

表 6-2　日本教育质量与结构指标表现

年份		2015	2020
研究生教育毕业人数	硕士	71 301	71 453
	博士	15 684	15 654
PISA 测试成绩排名	阅读	8	15（2018）
	数学	5	6（2018）
	科学	2	5（2018）
科类结构	教育	9.4	8.8（2019）
	人文	15.1	15.0（2019）
	社科、新闻与信息	8.4	7.2（2019）
	商科、管理和法律	19.9	20.3（2019）
	自然科学、数学和统计	3.3	3.3（2019）
	工程制造	17.7	18.5（2019）
	农林渔和兽医	2.8	2.8（2019）
	健康与福利	15.4	15.8（2019）
	服务	7.9	8.3（2019）

数据来源：研究生教育毕业生人数来源于文部科学省，PISA 成绩来源于经济合作与发展组织官网。

三、条件与保障

日本政府机构的教育经费占 GDP 比例始终稳定在 3% ～ 4%，研发经费占 GDP 比例也稳定在 3% ～ 3.5%。稳定的研发经费有助于持续开展知识创新策源。

师资队伍上，可以看到近年来日本师资总体呈现年轻化趋势，40 岁以上的教师比例有所下降，小于 30 岁的教师比例稳步提升。小班化趋势逐步显现，生师比也有所下降，

[①]　数据来源：2022 年泰晤士高等教育世界大学排名。
[②]　数据来源：2020 年美国新闻与世界报道大学排名。
[③]　数据来源：2019 年软科学世界大学学术排名。
[④]　数据来源：2019 年软科学世界一流学科排名。

这表明日本师资供应较能满足学生受教育需求，个体学生平均可享受的教育资源逐步增加，更容易受到教师和学校的关注。教师法定年薪的总体增长趋势与教龄的梯度分配能较好地保证教师职业对年轻人的吸引力和良好的职业发展前景。2015 年、2020 年的日本教育条件与保障指标表现如表 6-3 所示。

表 6-3　日本教育条件与保障指标表现

年份		2015	2020
公共教育财政占 GDP 比例（单位：%）		3.44	3.59
公共研发经费占 GDP 比例（单位：%）		3.24	3.27
师资队伍年龄结构（单位：%）	<30 岁	16.1	17.0
	30～39 岁	23.5	25.1
	40～49 岁	27.4	24.7
	50～59 岁	27.6	24.9
	>60 岁	5.6	8.4
班额大小（单位：人）	小学	27.29	27.16
	初中	32.39	31.87
生师比	学前	14.79	13.21
	小学	16.91	15.62
	初中	13.60	12.72
	高中	11.96	11.43
教师初始法定年薪（单位：美元）	小学、初中、高中	29 009	29 439
教师 10 年后法定年薪（单位：美元）	小学、初中、高中	42 851	41 862
教师 15 年后法定年薪（单位：美元）	小学、初中、高中	50 635	49 133

　　数据来源：政府教育机构经费占 GDP 比例数据来源于联合国教科文组织统计研究所，教师工资数据来源于世界银行，其他指标数据均来源于经济合作与发展组织。

四、服务与贡献

2000 年以来，日本高校毕业生总体就业形势较好，大学本科、硕士和博士就业率均有明显上升。若考虑到升学人群所占比例，各级就业率均在 85% 以上。但需要注意的是，日本博士层次的就业率显著低于本科和硕士，这表明日本在一定程度上存在过度教育的情形。

在不断普及的高等教育推动下，日本人口中受过高等教育的比例从 2000 年的 33.6% 上升至 2020 年的 54.0%，取得了相当大的进步，这充分体现出高等教育对提升人口素质的重要作用。2000 年、2005 年、2010 年、2015 年、2020 年日本教育服务与贡献指标表现如表 6-4 所示。

表 6-4　日本教育服务与贡献指标表现

年份		2000	2005	2010	2015	2020
平均受教育年限（单位：年）		/	/	12.53	14.60	14.79
毕业生就业率（单位：%）	本科	55.8	59.7	60.8	72.6	74.5（2022）
	硕士	62.9	67.7	71.4	76.2	76.1（2022）
	博士	55.9	57.2	61.9	67.2	69.3（2022）
受高等教育人口占比（单位：%）		33.6	39.9	44.8	49.5	54.0

数据来源：①平均受教育年限数据来源于联合国教科文组织统计研究所。②就业率数据不含升学率、短期聘用签约率或临时劳动，数据来源于日本文部科学省。③各级受教育程度人口占比来源于经济合作与发展组织。

注："/"表示数据缺失。

第四节　日本教育现代化的经验与启示

一、日本教育现代化的经验

（一）政府主导，因地制宜

日本现今发达、普及的基础教育系统离不开明治维新期间各地因地制宜、利用一切有利条件兴建学校的先行实践。为了落实《学制》"邑无不学之户，家无不学之人"[①]这一教育普及计划，明治政府主动着手改革，首先将教育的发展重点集中在小学的建设上，经自下而上的方式塑造近代学校体制，通过向青少年儿童传授知识技能以谋求国家未来的富强。虽然政府无力承担全国所有中小学的建设经费，但各地纷纷改造寺子屋、私塾、藩校等幕府时期留下的传统民间教育机构，初步建成简易的现代初等教育机构，并通过学区内集资、征收学费等方式筹措办学经费，总体遵照政府规定的课程大纲设置课程。除了一般的寻常小学外，根据入学对象和办学地点的不同，还出现了女子小学、村落小学、贫民小学、幼稚小学等其他类型的小学，初步满足了过往鲜少有受教育机会的农村儿童和女性的教育需求。在初步完成小学教育建设的基础上，1886 年后经数次修订的《中学校令》放宽了建立中学的限制，允许市、村一级根据自身情况成立中学，并将设立中学纳入各府县的建设义务之中。多种力量合力构建的基础教育体系在当时一方面为向帝国大学输送、选拔人才铺设了上下贯通的渠道；另一方面也为社会培养了大批中等技术人才，为现代化教育普及奠定了良好基础。

（二）照应实际，普惠民生

在教育现代化过程中，为民众提供贴合民生实际的优质教育常常是政府主导教育改

---

① 文部省.学制的制定 [M]// 学制百年史.东京：帝国地方行政学会，2009[2020-11-17].

革的宗旨之一。例如，从明治政府时期开始，幼儿园与保育所相互结合的学前教育模式得到普及，在一个世纪内解决了民众教育和看护幼儿的双重需求。21 世纪后，鉴于有儿童因无人照顾、缺乏社会体验遭受心理创伤，性情孤僻，日本进一步成立须经政府认证的、更优质的"认定孩童园"，兼顾了看护和教育两方面的功能，同时为家长提供咨询服务，体现了引导家庭、社区与学校共同帮助幼儿在接触社会生活、自然生活的过程中，初步树立道德观念与社会认知的目标。在基础教育与高等教育阶段，日本一度因优质教育资源稀缺和应试导向教育而诱发了学生中的应试竞赛。针对此现象，日本一方面扩充教育资源，增强资源供给，扩大招生规模，扶持专修学校、短期大学等其他类型教育机构的发展与职业教育轨道的畅通，在高等教育阶段较快进入了大众化与普及化阶段，将教育资源普惠至民众；另一方面也着手改革人才选拔方式，运用多次测试、面试、小论文、推荐入学等方式综合考察学生的能力潜质，努力降低民众的补学应试负担。特别是当今逐渐试点推广的义务教育学校、中等教育学校等一贯制学校教育形式更是消除或弱化了中间的入学考试环节，让学生能将应试精力更好地用于独立思考、解决问题和探索社会生活。

（三）以法定标，五育并举

为确保课程效果与质量，日本在"二战"前以政府颁布的教育令和校令，"二战"后以《教育基本法》《学校教育法》《学习指导要领》等法规为纲领，对各级各类教育提供切实可行的课程设置、教学指导、教材使用方案和要求，订立了基本教育质量规范的标准。特别是《学习指导要领》的修订过程，更是体现了日本政府教育质量观的演进，如 20 世纪 60—90 年代的《学习指导要领》就彰显了从以反复训练夯实基础知识能力到减轻学业负担的"宽松教育"、素质教育的渐变过程。特别是日本政府近年为进一步克服应试教育的弊端，通过五年实行一期的《教育振兴基本计划》，界定各级各类学校在德、智、体、美、劳等育人方面应达成的阶段性目标，保证总体教育事业全面协调可持续发展。从教育内容看，日本注重取得知识传授和人格塑造之间的平衡，一方面注重个人能力培养和知识的学习教育；另一方面对每个学生的个性都保持尊重，引导形成对祖国与文化的热爱和公民意识，加强校园安全与预警机制，增强呵护与关照，体现以学生为中心的理念。

（四）公私协同，综合布局

日本教育体系结构相对复杂，国立、公立和私立学校在日本学术及职业人才培养职能上各有侧重。总体上，国立学校数量较少，教育、科研力量较强，是日本培育拔尖人才、展现学术研究高度的基地；公立、私立学校数量较多，覆盖面、辐射面广泛，便于日本各地学生均能就近享受有质量保障的教育。目前，除高等专修学校外，其他各级各类教育的在学人数仍然以公立、私立居多。其中，绝大多数义务教育阶段的儿童进入公立学校学习，而在幼儿园、高等教育阶段私立学校则占有主要地位。国立学校数量较少，但往往被视为教育改革的"试验田"，彰显创新和探索的办学精神。例如，日本国立小学多为某一国立大学的附属实验小学，一般是教师教学研修实习、尝试前沿教学成果、为其他小学提供改革范本的场所；^①日本国立大学发轫于明治时期的帝国大学，具有更悠久的办学历史和优质的教育资源，也往往是政府高等教育改革的重点对象。接续2012年《大学改革实行计划》实施的2013年《国立大学改革计划》要求各国立大学重新定义自己的办学任务，实施国际性战略计划，尝试按地区或学科分类建立大学群，有效实现校际合作。^②这反映了政府希望以国立大学为抓手，带动同地域其他公立、私立大学完善教育质量，共同培育全球化视野的希望。

近年来，地方衰退是日本社会面临的严峻问题之一，少子化、人口过度集中化等问题使得日本非中心区域劳动力日渐稀缺，严重威胁当地未来经济发展。为了振兴地方发展，日本在教育上实施了中央调控与地方创生相结合的模式。在中央层面，日本政府从2008年起按5年一次的频率，制定、实施教育领域的综合性指导大纲《教育振兴基本计划》，提出涵盖各级各类教育的总体基本方针及具体目标、实施措施、测定指标及参考指标，为文部科学省实施改革提供指导，也为地方政府结合实际情况做出应对指明方向。大学开放与合作是《教育振兴基本计划》的重要内容之一，旨在与企业、地方政府部门及国外院校的合作中激活教育、研究和实践资源流动，进一步加强办学水平。在地方层面，"地方大学促进地方创生事业"计划将大学建设作为地方复兴的核心，强调强化地方与大学的合作；强化大学的终身学习职能，并为地方创造就业岗位，帮助解决地区问题。^③日本希望通过大学这一人才、知识、资金集结的"场域"和"枢纽"，在当前日本经济趋于停滞的现在，以智力和知识为驱动力，重新振兴日本经济与国际影响。

（五）设定底线，把关审批

传统上，日本采用特许制方式批准设立新建学校，基于当时施行的《学校教育法》，通过制定法规对学校的最低限度设置条件加以约束，将教育拨款集中在经批准后正常办学的有限学校中，其中有代表性的法律包括1956年颁布的《幼儿园设置标准》^④和《大学设置标准》^⑤，以及2002年后颁布的《小学校设置基准》^⑥和《中学校设置标准》^⑦等。此外，《僻地教育振兴法》^⑧《学校给食法》^⑨《学校保健安全法》^⑩等法规也在教育细分领域中规定了基础教育中办学所需的基本条件。以《大学设置标准》为例，其内容覆盖了教学组织管理、教师资格、课程结构、图书馆配置等方面，一度包含大量量化指标内容。不过，20世纪90年代后，日本教育开始出现由事前评价到事后评价的改革趋势，如1991年对《大学设置标准》的修订，在较大程度上弱化了量化指标等硬性要求，代之以大纲化的

---

① 文部科学省. 国立附属学校概要 [R/OL].（2016）[2022-12-19].
② 文部科学省. 国立大学改革计划 [EB/OL].（2013）[2022-12-19].
③ 文部科学省. 地方大学促进地方创生事业（COC+）[EB/OL].（2013）[2021-06-08].
④ 文部省. 幼儿园设置标准 [A/OL].（1956）[2022-12-21].
⑤ 文部省. 大学设置标准 [A/OL].（1956）[2022-12-21].
⑥ 文部科学省. 小学设置标准 [A/OL].（2002）[2022-12-21].
⑦ 文部科学省. 中学设置标准 [A/OL].（2002）[2022-12-21].
⑧ 僻地教育振兴法 [A/OL].（1954）[2022-12-04].
⑨ 学校给食法 [A/OL].（1954）[2022-12-04].
⑩ 学校保健安全法 [A/OL].（1958）[2022-12-04].

软性要求，要求大学定期进行自我评价，查询缺陷并加以改进。利用事后评价结果，政府通过差异化地分配拨款金额，将竞争机制引入学校之间，并鼓励学校通过研究成果转化、校企合作等方式自主筹措经费，扩大财源。① 例如，2004 年起实施的国立大学法人化改革较为明显地体现出了大学自主管理运营的特征，使大学人事制度和国家财政、公务员人事制度脱钩，强化学校的自律性与责任心。②

二、日本教育现代化的启示

19 世纪下半叶，日本进入明治维新时期，从国家层面上开始以欧美为典范，着手建立现代教育系统。相比其他西方国家，虽然日本现代化起步较晚，但是日本教育体系在短期内得到迅速发展，政府与国民对教育的重要性形成了普遍共识。应当说，日本近现代教育改革在建设速度和普及范围上均取得了显著成效。20 世纪初，日本基础教育已基本普及，高等教育在 20 世纪 60 年代达到大众化水平，教育的高质量为日本"二战"后经济快速崛起提供了人力资源与知识技术的坚实保障。传统上，日本长期受我国影响，在政治制度、思想文化上有颇多相似之处，其人口、土地、资源等地理人文条件远不及我国，但其教育现代化进程在时间上却领先我国。因此，日本教育现代化的成功经验可供我国借鉴。

（一）遵循国情实际，加强政府作用

日本教育现代化的实现过程离不开政府对"教育立国"国策的贯彻，以及对西方经验的借鉴与本土化改造。实现教育现代化，需要着眼大局、因地制宜，适应国情、民情、校情，科学决策、合理规划，稳步推动教育普及普惠，贴合民众实际需求。鉴于教育具有一定的公益性与非排他性，必须强调政府在教育基础性建设工程中的主导作用，把握时代主题与任务，做好教育现代化顶层设计，逐级逐步分解落实，才能保证教育始终保持在优先发展的战略地位，不受短期利益影响，为我国长期发展储备优秀人才。

（二）保障经费投入，夯实发展基础

日本"二战"后教育现代化的腾飞很大程度上得益于政府拨付的教育经费与公共团体的教育投资，而高质量的教育又进一步增加了人力资本积累，促进了日本经济快速恢复和增长。在当前大多数地区公办教育仍占主流的情形下，实现教育现代化，必须科学把握发展规律，切实夯实经济基础。一方面，保障公共基础教育经费的投入，将蛋糕做大；另一方面，须注重教育经费使用效益，优化资源配置，通过经济杠杆激励学校提升办学质量，将蛋糕切好。

（三）重视教育立法，守住质量底线

法规的制定、颁布与执行贯穿了日本教育现代化的主线，不断完善、丰富的教育法

---

① 清水一彦 . 大学设置标准的概要化与大学的变貌 [J]. 日本教育行政学会年报，1994（20）：25-37.
② 国立大学法人法（平成十五年法律第百十二号）[A/OL].（2003）[2021-06-08].

律法规体系充分保障了日本教育发展质量规格能有法可依。这显示了教育法制建设是教育现代化的重要支柱。我国在当前全面依法治国的背景下，需要从中国国情和实际出发，审视现有教育法制体系，及时弥补漏洞与缺陷，实现各级各类教育法律体系全覆盖。对于我国各级各类教育质量不均衡的客观现状，有必要仔细论证出台相应规章制度，划定教育质量底线，全面规范办学过程，实现教育质量标准化、透明化、可视化。

（四）科学均衡发展，办出特色标杆

总体而言，日本对义务教育、高中教育、高等教育和职业教育均保持密切关注与高度支持，利用民间力量，较好地发挥了国立、公立和私立学校的功能与特色。在近年教育改革中，日本不断鼓励地方学校办出本土特色，扶持一批重点学校成为标杆。在提升教育均衡上，一方面，教育存在一定程度的"短板效应"，任何一处存在薄弱环节，均有可能损害整体的人才培养成效；另一方面，教育均衡也不等于"平均主义"，在不断满足教育硬件条件相对均衡的同时，可以有重点、有倾斜地提升教育效益，注重受教育者个性化、多样化发展，培养国家急需的重点领域拔尖人才与技术人才。

（五）前瞻时代未来，及早谋划布局

当前，日本已着眼未来发展，制定了宏观规划纲要，提前布局，培养善于积极应变、具备终身学习能力的可塑造人才。我国亦已制定了《教育强国建设规划纲要》，提出建成文化强国、教育强国、人才强国、体育强国、健康中国，国民素质和社会文明程度达到新高度，国家文化软实力显著增强。借鉴日本规划经验，我们认为有必要进一步推动"以学生为中心"的教学模式转变，重点培养学习者的学习能力与适应能力，激发学生的学习意愿与求知欲，同时完善终身学习体系，增强学习氛围，建设学习型社会，努力让学生具备适应瞬息万变的时代的能力，为持续发展综合国力提供人才支撑。

第七章　韩国教育现代化

　　韩国的教育现代化过程是典型的后发型发展模式。[1]20 世纪 50 年代的韩国还是一个落后的农业国家，自然资源较为贫乏，并且面临着战争引起的经济政治混乱。但是在60—90 年代，韩国经济进入起飞阶段，逐渐成长为新兴工业国家。教育的改革与发展正是韩国经济迅速崛起的重要原因之一。1994 年，韩国教育改革委员会提交给总统的报告中提出："过去韩国的教育取得了令世人刮目相看的量的发展并成为国家发展的原动力。"[2]韩国在向现代化国家转型的过程中，将教育视为一种生产力，把教育改革看作发展中的经济性问题，将经济发展作为教育改革与发展的根本目标，甚至将教育战略置于国家战略的地位。[3]从发展特征来看，有研究认为韩国现代化的特征是内部衰败化与半边缘化交织，经济殖民地型畸形增长，最终通过革命化的独立运动转入现代发展轨道，走上有自己特色的工业化道路。[4]韩国的教育现代化作为韩国现代化过程的重要组成部分，同样受到了韩国社会现代化的外发型特征影响，但似乎是在缺乏足够教育观念革新的前提下，匆忙地迎接由社会现代化变革而促成的教育从传统向现代化转型，因此也迎来了一系列挑战。[5]

　　总体来看，韩国的教育现代化历程可以划分为三个阶段：第一个阶段是 1945—1978年，韩国制定了新的教育制度和教育政策，积极推进义务教育，大力举办各类学校，完善教育法律法规体系，教育规模迎来了大幅增长；第二个阶段是 1979—1992 年，韩国更加重视教育在经济社会发展中的作用，提高教育质量成为关注的焦点；第三个阶段是 1993年至今，韩国开始注重培养复合型创新型人才，以适应国际化与信息化时代的要求。

　　短短几十年间，韩国在教育事业上取得了突飞猛进的发展。本章梳理了韩国教育现代化的演进历程，研究了韩国近些年来的教育政策与策略，探讨教育现代化的实现路径，以期分析其对中国教育现代化的借鉴意义。

第一节　韩国教育概况

　　韩国现行学制如图 7-1 所示。

　　韩国的教育体系包括学前教育、小学教育、初中教育、高中教育以及高等教育。韩国不仅实现了基础教育普及，高等教育也正式迈入了普及化的阶段。[6]20 世纪 90 年代以来，韩国的教育改革和"教育立国"战略使其实现了四个转换：①从"划一"的教育

①　冯增俊，张运红，王振权，等 . 教育现代化论 [M]. 广州：广东高等教育出版社，2014：167.
②　王留栓 . 亚非拉十国高等教育 [M]. 上海：学林出版社，2001：53.
③　冯增俊，张运红，王振权，等 . 教育现代化论 [M]. 广州：广东高等教育出版社，2014：143-144.
④　罗荣渠，董正华 . 东亚现代化：新模式与新经验 .[M] 北京：北京大学出版社，1997：5.
⑤　吴式颖，褚宏启 . 外国教育现代化进程研究 [M]. 太原：山西教育出版社，2006：804.
⑥　袁本涛 . 从属与自立：韩国教育发展研究 [M]. 太原：山西教育出版社，2006：182.

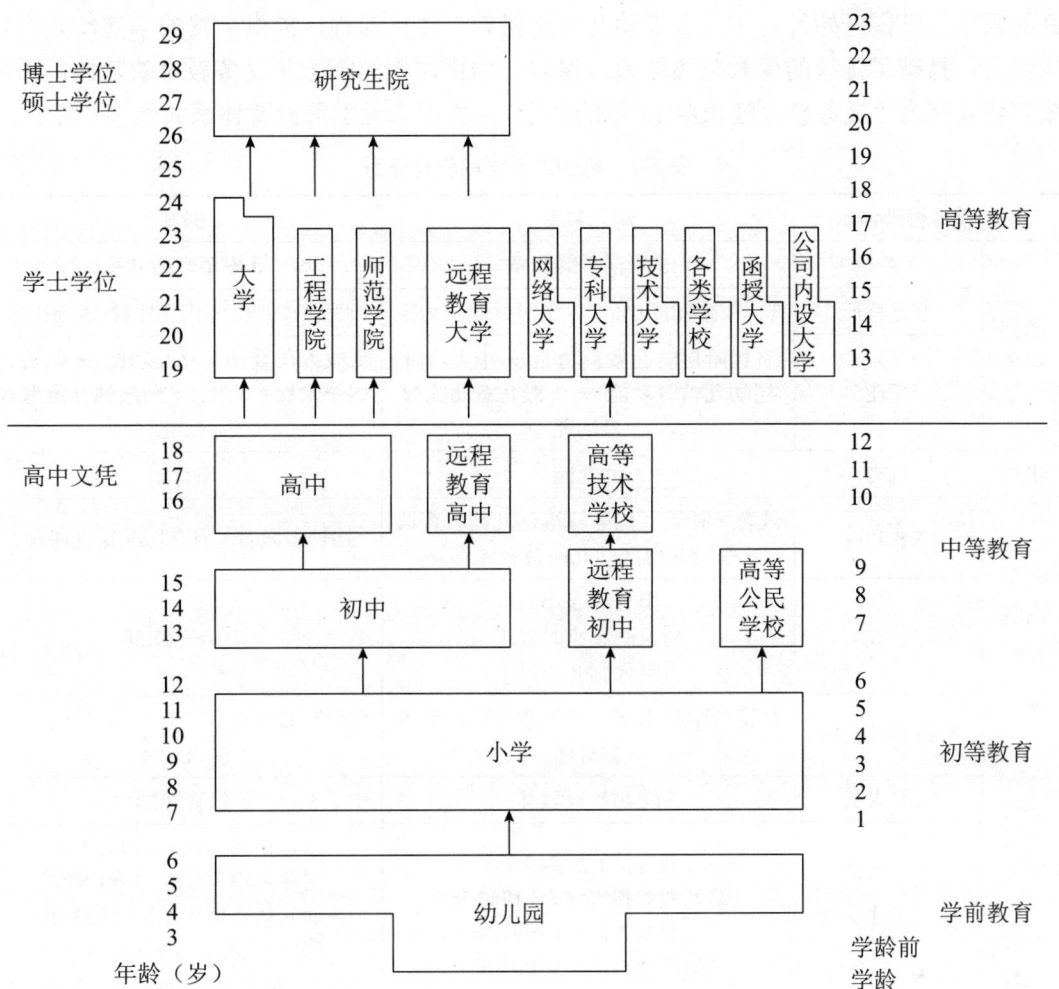

图 7-1　韩国现行学制

资料来源：韩国教育开发院网站.2023年教育统计分析资料——中小学教育统计 [EB/OL].

向培养素质、创意性的"多样化教育"转换；②从"供给者决定的教育"向"尊重需要者选择的教育"转换；③从"规章制度为主的教育"向"自律教育""参与教育"转换；④从"传统的重视教育"理念向"人力资源开发"理念转换。[①]

一、韩国教育体系概览

（一）学前教育

韩国实行幼儿园与保育园并立的二元学前教育管理体制。在韩国建立学前教育制度的过程中，负责幼儿教育的幼儿园被视作教育机构，受《幼儿教育法》《幼儿教育法实施令》规范，由韩国教育科技部管辖。保育园是社会福利机构，由保健福利家庭部负责，适用的法律是《婴幼儿保育法》。2011年，为了提高学前教育质量、满足双职工家

---

① 孙启林，安玉祥.韩国科技与教育发展 [M].北京：人民教育出版社，2004：178-179.

庭的需求，韩国开始针对 3～5 岁幼儿实施保教一体化课程，提供免费的学前幼儿教育与保育，打破了传统的保教分离体系。保教一体化课程实际上是义务教育的延伸，韩国政府将其称为"义务教育延长至 12 年的效果"。韩国二元学前教育体系如表 7-1 所示。[①]

表 7-1　韩国二元学前教育体系

学前教育管理体制		幼儿教育	保育
面向对象	年龄段	3 岁至学龄儿童	0 岁至学龄儿童
	家庭特征	职场妈妈占 30%，以临时性职位为主	职场妈妈、全职妈妈各占 50%
	变迁	贫民阶层幼儿教育功能 → 中上流阶层幼儿教育功能 → 一般儿童幼儿教育功能	低收入层婴幼儿托儿功能 → 职场妈妈子女保育功能 → 一般性儿童保育功能
机构	机构	幼儿园	保育园
服务内容	主要功能	教育·托管（国家标准幼儿园教育课程及各地区幼儿园教育课程）	托管·教育（国家标准保育课程）
	运营时间	半日制 3 小时 延长制 5 小时以下 全天制 8 小时	7:30—19:30
行政管理	行政管理部门	教育科学技术部；市道教育厅；地方教育厅	保健福祉家庭部；市、道及市、郡、区自治体
	主要人员	幼儿教育教师	保育教师
	相关法律法规	《教育法》（1949 年）《幼儿教育振兴法》（1982 年）《教育基本法》（1997 年）《幼儿教育法》（2004 年）	《儿童福利法》（1961 年）《儿童福利法》（1981 年）《幼儿教育振兴法》（1982 年）《婴幼儿教育法》（1991 年）《婴幼儿保育法专门修订》（2004 年）
	主管部门的变迁	文教部（1949 年）教育部（1991 年）教育人力资源部（2001 年）教育科学技术部（2008 年）	保健社会部（1949 年）内务部（1981 年）保健社会部（1991 年）保健福利部（1994 年）女性部（2004 年）保健福利家庭部（2008 年）

资料来源：韩国教育开发院.幼儿教育与保育体制 [R]. 2011.

（二）初等与中等教育

韩国的初等教育属于义务教育，入学年龄一般为 6 周岁。作为"6—3—3—4"学制的第一阶段，一般为 6 年制。学龄儿童的家长或监护人有义务保证儿童从满 6 岁开始接受初等教育，违反法令的儿童家长或监护人将会受到惩罚。[②] 根据《初中等教育法实施令》，初等教育的主要课程包括国语、道德、社会、数学、科学、实科、体育、音乐、美术及外

① 韩国教育开发院.幼儿教育与保育体制 [R]. 2011.
② 袁本涛.从属与自立：韩国教育发展研究 [M].太原：山西教育出版社，2006：183.

语（英语）等。[①] 韩国将初等教育定为国民教育的基础，认为发展中等与高等教育均须在打好初等教育的基础之上，因此把国语能力、社会生活所需的公德精神和协作精神、基本的数理能力、对自然的科学观察能力、对工作的理解和对劳动精神、美的感情的态度、对健康生活的理解等基本能力和态度作为教育目的，即把实施全人教育作为初等教育的基本目的。韩国的小学分为国立、公立、私立三种，绝大多数为国立、公立学校。[②]

韩国的初中教育学制为 3 年，是韩国中等教育的一部分。韩国政府于 1968 年推行初中免试入学制度，为普及中等教育提供了条件。20 世纪 70 年代末，韩国已经基本普及了初级中等教育。[③] 1984 年修订的《教育法》将义务教育从 6 年制延伸至 9 年制，将初中教育也纳入了义务教育阶段。[④] 据《初中等教育法实施令》，韩国中等教育的主要课程包括国语、道德、社会、数学、科学、技术、家庭、体育、音乐、美术、外语等。[⑤] 韩国的初中教育阶段是使未来国民具备必要的思想道德品质和身体条件、知识和技能、态度和能力的基础性教育的完成阶段。[⑥]

韩国高中教育是韩国中等教育的一部分，学制为 3 年。韩国高中教育随着时代的需求不断变化。2010 年，《初中等教育法实施令》根据学校教育课程与学校的自主性，将高中划分为以下类型：普通高中、特殊目的高中、行业需求定制高中、特色化高中以及自律高中。[⑦]

韩国高中教育体系如表 7-2 所示。

表 7-2　韩国高中教育体系

类型		特点
普通高中		实施普通教育的学校，又分为普通高中和综合高中
特殊目的高中	科学高中	为了培养优秀的科学人才，以数学、科学领域为中心，实施专业性教育的学校
	外国语高中	重点进行外国语教育的特殊目的学校
	国际高中	以培养适应国际化、信息化时代的全球化人才为目的，重点进行国际政治、国际经济、国际法、外国文化、外语等科目教育的特殊目的学校
	体育高中	为具有体育运动潜能的学生进行特别教育的学校
	艺术高中	为具有艺术才能的学生进行特别教育的学校
行业需求定制高中		以培养最优秀的技术名匠为目的，以小规模精英班形式实施专门性教育的学校
特色化高中		以培养特定领域的人才为目的的学校，包括职业特色化高中和以现场实习等方式为主、专门实施体验性教育的选择性特色化高中
自律高中		可以摒弃标准化的课程和运行模式，自主决定教育课程的高中，包括自律型公立高中和自律型私立高中

资料来源：索丰，孙启林．韩国基础教育 [M]．上海：同济大学出版社，2015：33-37．

---

① 韩国国家法律信息中心网站．初中等教育法实施令．第 43 条 [EB/OL]．[2022-12-22]．
② 索丰，孙启林．韩国基础教育 [M]．上海：同济大学出版社，2015：31．
③ 袁本涛．从属与自立：韩国教育发展研究 [M]．太原：山西教育出版社，2006：187．
④ 韩国国家法律信息中心网站．教育法．第 8 条 [EB/OL]．[2022-12-22]．
⑤ 韩国国家法律信息中心网站．初中等教育法实施令．第 43 条 [EB/OL]．[2022-12-22]．
⑥ 索丰，孙启林．韩国基础教育 [M]．上海：同济大学出版社，2015：32．
⑦ 韩国国家法律信息中心网站．初中等教育法实施令．第 76 条第 2 项 [EB/OL]．[2022-12-22]．

（三）高等教育

韩国实行的是国立、公立、私立高校三者并存的办学体制。从学校类型来看，韩国的高等教育机构主要包括大学和学院、大学院（即研究生院）、专门大学（即专科学校）、教育大学（即示范学院）等。此外，韩国的高等教育正努力扩大各种终身教育渠道，例如建立广播函授大学、开放大学、网络大学等。[①]

（四）职业教育

韩国的职业教育体系是为培养具备实际操作技能和专业知识的技术型人才而设立的，旨在满足国家经济发展和产业需求。韩国的职业教育体系主要包括：①中等职业教育。韩国的中等职业教育通常为3年制，面向初中毕业生提供与特定行业或职业相关的教育和培训。职业高中既包括以农业、技术、商业、渔业、经济、工业为主要内容的一般职业高中，也包括针对特定职业领域的专门职业高中。职业高中的课程设置以实际操作和技能培训为主，同时也包含一定的普通教育课程。职业高中的学生毕业后可以直接进入劳动力市场，也可以选择继续深造。②高等职业教育。其中，专门大学旨在培养具有专业技术和实践能力的中级技术人员，专业领域广泛，包括工程、商业、艺术、护理、酒店管理等。学生在完成学业后，可以获得副学士学位，并且可以选择直接就业或继续攻读四年制大学的学士学位。

二、韩国教育发展现状

韩国学前教育阶段呈现公立为主、私立补充的结构特点。根据韩国教育统计年报数据[②]，在学前教育方面，2021年韩国共有幼儿园8 660所（其中国立3所，公立5 058所，私立3 599所），在园幼儿数582 572人，幼儿教师数53 457人。

基础教育普及率及完成率度高。2021年韩国共有小学6 157所（其中国立17所，公立6 067所，私立73所）。在校学生2 672 340人，教师191 224人。初中3 245所（其中国立9所，公立2 603所，私立633所），在校学生1 350 770人，教师113 238人。高中2 375所（其中国立19所，公立1 410所，私立946所），在校生学生1 299 965人，教师131 120人。

高等教育层次结构较为多元。2021年韩国共有四年制大学190所（其中国立33所，公立1所，私立156所），在校学生1 938 254人，教师67 473人。大学院数量1 174所（其中国立232所，公立10所，私立932），在校硕士生103 786人，博士生25 355人。两年制大学134所（其中国立2所，公立7所，私立125所），在校学生643 560人，教师12 028人。教育大学10所，均为国立，在校学生15 409人，教师833人。

特殊教育阶段强调教育公平与个别化教学支持。2021年韩国共有特殊学校187所（其中国立5所，公立92所，私立90所），在校学生数26 967人，教师数10 269人。

---

① 徐小洲，等.当代韩国高等教育研究[M].杭州：浙江大学出版社，2007：5-6.

② 数据来源：韩国国家教育统计中心网站.2021教育统计年报[EB/OL].[2022-12-22].

职业教育阶段突出技能训练与就业导向。2021 年韩国共有职业高中 488 所（其中公立 267 所，私立 221 所），在校学生 227 331 人，教师 24 816 人。两年制专门大学 134 所（其中国立 2 所，公立 7 所，私立 125 所），在校学生 576 041 人，教师 12 028 人。

第二节　韩国教育现代化的历史进程

一、韩国教育现代化起步阶段（1945—1978 年）

（一）阶段发展特征

1. 学前教育

韩国学前教育机构在 20 世纪 60 年代之前主要为私立机构，多集中在大城市，儿童入园率极低。[①]1963 年颁布《幼儿园设置基本令》，学前教育开始起步，从 70 年代起开始由民间主导型向政府主导型转变。[②]

2. 初等与中等教育

1948 年制定的《大韩民国宪法》第 16 条明确规定"全体国民有平等地接受教育的权利"；"至少初等教育应是义务和免费的"。[③] 这是实施义务教育的法律基础。1949 年颁布的《教育法》第 8 条规定："所有国民有接受 6 年制小学教育的权利，国家和地方公共组织必须建立和管理小学教育所必需的学校，学龄儿童的监护人有使其保护的儿童接受小学教育的义务。"[④] 由此，学龄儿童入学成为所有公民必须履行的义务。1952 年 4 月《教育法实施令》颁布后，义务教育政策得到认真落实，初等教育进入了正常发展的轨道，学龄儿童入学率在 1959 年达到了 96.13%，义务教育机构的收容能力不断扩充，教育条件得到了改善，到 1971 年几乎消除了教室不足的现象。[⑤] 与此同时，中学的入学率大幅提升，为实施中学义务教育奠定了基础。

3. 高等教育

"二战"后，韩国开始重建高等教育体系。恢复和扩建大学，培养急需的技术和管理人才。1948 年，韩国将"弘益人间"的教育思想写入新宪法，并在次年发布的《教育法》中颁布了小学、初中、高中、大学"6—3—3—4"学制。此后的 20 世纪 50 年代，韩国高等教育学生人数快速增长。70 年代后，韩国政府为了培养工业化所需的人才，将 2～3 年制的高等教育机构改为专科大学，并成立开放通讯大学以满足高等教育需求。

4. 职业教育

为了满足第一个与第二个五年计划对人才的需求，韩国政府于 1963 年制定了一系列职业教育振兴的政策，具体包括：第一，增设短期培训学校与企业附属的职业技术研

① 孙启林.战后韩国教育研究[M].南昌：江西教育出版社，1995：53.
② 黄亨奎.韩国学前教育[M].长春：吉林人民出版社，2005：5-6.
③ 韩国国家法律信息中心网站.大韩民国宪法.第 16 条[EB/OL].[2022-12-23].
④ 韩国国家法律信息中心网站.教育法.第 8 条[EB/OL].[2022-12-23].
⑤ 索丰，孙启林.韩国基础教育[M].上海：同济大学出版社，2015：10-11.

修院，以满足经济发展计划对技能人才的需求；第二，加强对农业、工业、渔业领域职业教育教师的培训，以提高教师整体素质；第三，在文教部设置与运营职业教育审议会，为公立职业高中与水产高中的学生补贴实习费用，延长实践时间，增加实践科目的教师数量；第四，将职业教育学校改造为培养国家技术人才的五年制职业高中；第五，为了适应韩国五年计划开展的需要，通过了《产业教育振兴法》，推行"产校协作"制度；[①]第六，颁布职业学校课程，明确职业教育的教学目标与方针。[②]

这一阶段的发展特征主要体现在以下几方面。

第一，权威主义政府的影响。韩国的现代化是在政府主导之下进行的，韩国现代化进程的推动力量就是强有力和高效率的权威主义政府。[③]1910 年《日韩合并条约》签订，朝鲜被日本吞并。"二战"结束后，1945 年朝鲜半岛人民摆脱了日本帝国主义 36 年的殖民统治。在美军的支持下，1948 年成立了以亲美派李承晚为总统的大韩民国。领土分裂与政治经济的混乱交织在一起，沉重打击了韩国经济，持续几年的朝鲜战争导致原本就薄弱的基础生产设施被进一步破坏。1953 年签订停战协定时，韩国的生产水平仅恢复到 20 世纪 30 年代后期的水平，经济结构也更加恶化。[④]1961 年，朴正熙军人集团通过政变掌握了韩国的最高权力。朴正熙政府上台之后，建立了中央集权的权威主义政府。朴正熙执政期间主要做了五个方面的大事：①唤醒民族精神，利用国家的权力和政府的权威，把人民推上了实现国家现代化的"战场"。②制定国家现代化战略。1963 年朴正熙在就任第 5 届总统的就职演讲中说，20 世纪 60 年代韩国所面临的历史使命是在政治、经济、社会、文化等各个领域促进国家的现代化。③制订和实施经济开发五年计划。④振兴全民教育。⑤振兴科学技术。以上五个方面的大事对韩国发展而言具有开创性的意义，奠定了韩国现代化的根本基础。[⑤]"教育先行"是韩国政府实行的重要战略。[⑥]韩国建国后逐渐废除了日本帝国主义的奴化教育制度，在 1948 年拟定的宪法中规定"所有国民都有平等地接受教育的权利"[⑦]。在经济困难的 20 世纪 50 年代，韩国的教育发展速度就已经领先于经济发展速度。1961 年朴正熙接管政权后，更是将教育作为发展的重点以保证经济对人才的需求。在高效率的权威政府的带领下，教育优先发展的战略得到了充分保证。

第二，经济计划与教育发展的相互促进。朝鲜战争之后，韩国制定了"经济复兴计划"与"经济再建计划"，并且依靠美国援助克服了战后粮食短缺等困难，缓和了通货膨胀，促进了经济复苏。[⑧]韩国在 1945—1950 年废除了殖民地时期的教育制度，探索了新的教育理念，建立了新的教育制度，兴办了各类学校，为国民素质的提高做出了积极的贡献。1951 年，韩国政府公布了《战时教育特别措施纲要》，恢复了学校的正常教学活动。1954 年起实行"义务教育六年计划"，1958 年实施"职业技术教育五年计划"，

① 孙启林.战后韩国教育研究[M].南昌：江西教育出版社，1995：118-119.
② Park Dong-Yeol，等.解放 70 年职业教育政策的变迁与展望[R].韩国职业技能开发院，2016：38.
③ 赵虎吉.揭开韩国神秘的面纱——现代化与权威主义：韩国现代政治发展研究[M].北京：民族出版社，2003：191-192.
④ Kim K S，Kim K S，Roemer M.Growth and structural transformation[M].Harvard Univ Asia Center，1979：39.
⑤ 李庆臻，金吉龙.韩国现代化研究[M].济南：济南出版社，1995：44-47.
⑥ 冯增俊，张运红，王振权，等.教育现代论[M].广州：广东高等教育出版社，2014：168.
⑦ 韩国国家法律信息中心网站.大韩民国宪法.第 16 条[EB/OL].[2022-12-23].
⑧ 孙启林.战后韩国教育研究[M].南昌：江西教育出版社，1995：19.

为产业结构的转变提供了大量的劳动力与技术工人，也为第一个五年计划的完成奠定了人力资源基础。[①] 朴正熙上台后，执行了三个五年计划，每一个五年计划侧重点不同、各有特色，教育政策也是围绕着经济发展计划的需求而制定的，二者相互促进，为经济发展提供了稳定可靠的人力资源，为经济快速增长立下了汗马功劳。第一个五年计划（1962—1966 年）的重点是建立经济增长的基础。20 世纪五六十年代，韩国的经济基础极为薄弱，此时的首要任务是摆脱贫困，加强基础设施建设，减少对国外的依赖。这一阶段，韩国建起大批工厂，走上了出口主导型的经济发展道路。60 年代，韩国抓住国际低油价、低利率、低外汇以及国内低工资的有利时机，通过出口劳动密集型工业产品增加了外汇收入。第二个五年计划（1967—1971 年）的基本目标是"进一步促进产业结构的现代化和自立经济的确立"，计划的重点是实现粮食自给自足，促进山区绿化和水产业开发；建设化工、钢铁、机械工业，实现工业生产翻一番，为工业结构的提升打下基础；扩大就业，并推行计划生育；增加国民收入，提高农民的收入；振兴科学技术，培养人力资本，提高技术水平和生产力。第三个五年计划（1972—1976 年）继续坚持高速增长的开发战略。[②]70 年代以来，韩国在坚持外向型经济发展战略、继续推动出口扩张的同时，也将重心转移到了重工业的发展，并开始推行新村运动，促进农村的现代化发展。在这一时期，人才对于经济发展的重要意义不断凸显，第二、第三个五年计划都将培养人力资源、振兴科技作为重要的着力点之一。从这一时期教育发展情况来看，60 年代韩国教育规模得到了大幅度的扩张。"义务教育六年计划"的完成使小学学龄儿童几乎都能就学，中学比 50 年代增长约 3 倍，高等教育同样出现了急剧膨胀现象。到了 70 年代，韩国致力于整顿教育体制，加强教育公平。[③] 总体而言，教育的发展保证了韩国充足的劳动力，为经济发展提供了稳定持久的动力。

第三，西方文化的强势影响。韩国受儒家文化影响颇深，儒家文化已渗透到社会生活的方方面面。然而近代以来，西方文化以强势姿态进入韩国并冲击着其传统文化，对韩国的社会与文化产生了深远的影响。"二战"以后，美国通过政治、经济、文化教育等多个层面对韩国进行影响与控制，特别是在教育方面，美国科学技术上的帮助和教育民主化观念与体制的引入，与韩国悠久的爱国主义和崇尚教育的传统相结合，在一定程度上促进了韩国教育观念的变革与教育的发展。[④]

（二）代表性政策分析

义务教育发展计划

（1）背景

1945 年，长达 36 年的日本殖民统治彻底结束，朝鲜半岛迎来了解放。但是由于日本帝国主义长期推行的愚民政策和奴化教育政策，韩国国民素质普遍低下。1945 年，韩国文盲占 12 周岁以上人口总数的比重高达 78%。在这种百废待兴的情况下，最为紧迫的就是向儿童提供保障教育的条件和制度上的措施。在这一时期，韩国面临的主要任务

① 孙启林. 战后韩国教育研究 [M]. 南昌：江西教育出版社，1995：24-25.
② 尹保云. 韩国的现代化：一个儒教国家的道路 [M]. 北京：东方出版社，1995：162-164.
③ 孙启林. 战后韩国教育研究 [M]. 南昌：江西教育出版社，1995：25-26.
④ 吴式颖，褚宏启. 外国教育现代化进程研究 [M]. 太原：山西教育出版社，2006：824-825.

是：废除奴化教育制度，消除其影响；树立民主教育思想，建立新的教育制度；积极扫除文盲，普遍提高国民素质。[①]

（2）内容

韩国义务教育政策于1950年6月1日开始实施，但因朝鲜战争爆发而暂停，1951年小学教育的入学率降低至86.2%。1952年4月《教育法实施令》颁布后，义务教育政策得到认真落实，义务教育进入了正常发展的轨道。这一时期，文教部制订了"义务教育六年计划"，主要目标是1954—1959年，将适龄儿童入学率提高到96%，加强硬件基础设施的建设，修建教室，确保义务教育所需的资金。为推进这一计划的实施，政府将75%～81%的教育预算用于义务教育，并制定了临时土地所得税退税制度、教育税和义务教育财政补助法，加强义务教育的财政补助。至1959年"义务教育六年计划"结束时，韩国适龄儿童入学率达到了96.4%，超额完成了原定目标。但是由于资金不足，学校设施和教室扩建没有实现原有计划，师资也无法满足需求。[②]

为了扩大学校设施和师资队伍，伴随着经济开发五年计划，韩国政府从20世纪60年代起推行了数次"扩大义务教育设施五年计划"，致力于改善义务教育的办学条件。1962年，韩国开始实施"第一次扩大义务教育设施五年计划"，5年间共投入90亿韩元扩充义务教育基础设施。从1967年开始实施"第二次扩大义务教育设施五年计划"，包括修缮老教室、新建教室、向公立学校儿童提供免费教科书、保证义务教育的财政来源等。为了进一步缩小学校规模，1967—1971年，韩国平均每年新建学校102所，1971年新建学校更是达到510所。到20世纪70年代以后，文教部继续实施了第三、第四次"扩大义务教育设施五年计划"，进一步提高了义务教育的质量。[③]

（3）结果与影响

在20世纪60年代，尽管韩国财政相当困难，但政府仍然向义务教育投资了90亿韩元，包括新建教室18 142间，修缮教室4 715间，购买教学用地96.5万平方米等，前四次"扩大义务教育设施五年计划"的实施结果如表7-3所示。伴随着计划实施，韩国义务教育开始起步与发展。

表7-3　义务教育发展计划的实施结果

计划时期	实施结果			
	新建教室（单位：间）	修缮教室（单位：间）	购买教学用地（单位：千平方米）	投入总金额（单位：百万元）
1962—1966 年	18 142	4 715	965	9 000
1967—1971 年	35 314	12 921	1 413	64 978
1972—1976 年	6 959	13 561	1 034	53 673
1977—1981 年	12 780	8 351	967	314 182

数据来源：Hong Woong-seon．韩国小学教育的数量增长过程和前景[J]．韩国教育,1991,18（1）．

---

① 池青山，金仁哲．韩国教育研究[M]．北京：东方出版社，1995：1.
② 韩国国家档案馆网站．教育是一项公益事业[EB/OL]．[2022-12-23].
③ HongWoong-seon．韩国小学教育的数量增长过程和前景[J]．韩国教育，1991，18（1）．

《产业教育振兴法》

（1）背景

"二战"后，韩国教育界人士深感过去没有技术之苦，认识到职业技术教育的重要性。但是在 20 世纪 50 年代的韩国，"振兴职业技术教育"基本上只是一句口号。到 60 年代，韩国制订并公布了第一个五年计划（1962—1966 年）。随着出口主导型经济下工业化的发展和产业结构的变革，韩国国内的就业机会增加，就业要求也随之提高。《经济开发五年计划》的实施，加上人民脱贫致富的强烈要求与努力，韩国逐渐找到了摆脱贫困的途径。同时，人们意识到教育必须适应社会经济发展的需要，教育与就业的联系变得更加紧密。在此背景下，60 年代以后，韩国的职业技术教育取得了快速发展。[①]

（2）内容

1963 年 9 月 19 日，韩国颁布了《产业教育振兴法》。[②] 这是韩国职业教育发展过程中具有里程碑性质的举措，使得职业教育有法可依，迎来了真正的发展。1965 年 6 月 8 日颁布的《产业教育振兴法实施令》要求加强职业教育相关专业课程，扩充实习设施与装备，开展教师培训，加强与社会的联系以指导实践与就业，加强对毕业生的就业指导。[③]1973 年 6 月 4 日，文教部修订了《产业教育振兴法》，把"产学合作"写入该法并使之制度化。具体来说，该法规定在校学生在就读期间必须完成实地实习。[④] 文教部可以直接要求主管产业企业的中央行政部门指定接纳学生实习的产业企业，而接到该要求的中央行政部门在指定产业企业后，必须通知文教部。《产业教育振兴法实施令》的执行令具体规定了产业企业在职业教育中的作用，并按照不同领域对实习时间做出了规定。

（3）结果与影响

随着《产业教育振兴法》与一系列相关政策的制定，韩国的职业教育开始正式起步与发展，此后政府对于职业教育的财政投入呈现出整体增长的态势。从职业教育财政投入占文教部总体财政支出的比例来看，1965 年为 0.8%，1970 年为 2.9%，1975 年为 3.8%，1979 年为 4.1%，总体来说不断增加。[⑤] 可以说，韩国工业化的发展与产业结构的变革，离不开职业技术教育的大力发展。

高中平均化政策

（1）背景

1959 年"义务教育六年计划"完成之时，韩国小学教育的入学率已经超过了96%。[⑥] 特别是由于 20 世纪 70 年代之前，韩国不同地区、不同学校的教育资源分配不平等现象较为严重，学生择校问题的凸显加剧了学校之间、学生之间的竞争。为了扩大中学教育机会，韩国于 1968 年取消了初中入学考试制度，改为按照区域抽签分配。但是，这一制度使得原来初中升学时出现的过度竞争又重新出现在高中升学阶段。[⑦] 为此，

---

① 孙启林 . 战后韩国教育研究 [M]. 南昌：江西教育出版社，1995：118-119.
② 韩国国家法律信息中心网站 . 产业教育振兴法（1963）.[EB/OL]. [2022-12-23].
③ 韩国国家法律信息中心网站 . 产业教育振兴法实施令（1965）.[EB/OL]. [2022-12-23].
④ 韩国国家法律信息中心网站 . 产业教育振兴法实施令（1973）.[EB/OL]. [2022-12-23].
⑤ Park Dong-Yeol，等 . 解放 70 年职业教育政策的变迁与展望 [R]. 韩国职业技能开发院，2016：49-50.
⑥ 韩国国家档案馆网站 . 教育是一项公益事业 [EB/OL]. [2022-12-23].
⑦ 索丰，孙启林 . 韩国基础教育 [M]. 上海：同济大学出版社，2015：17-18.

文教部于 1972 年组织各界专家成立了"招生制度研究协议会",从教育与社会经济两个层面出发,针对当时面临的教育问题进行了诊断。诊断发现,教育层面存在以下问题:第一,初中教育以高中入学考试为导向,过于功利主义,失去了教育的原本功能;第二,对于中学生来说,入学考试导致学生学业负担过重,对身心健康造成了不利影响;第三,由于不同高中的教学质量存在差异,毕业生更倾向于进入"名牌""一流"高中,进一步扩大了不同学校间的差异。社会经济层面存在的问题有:第一,过重的课外辅导不但增加了个人的经济投入,还造成了国家资源的浪费;由于很多学生无法参加课外辅导,可能加深相对剥夺感,导致社会不平等意识;第二,一些学生为进入"一流"高中选择复读,导致了教育资源的浪费;第三,由于一流高中多位于汉城[1]、釜山等大城市,一些地方的学生出于升学的考虑,向"一流"高中所在区域流动,使城市地区人口更为集中。这种现象不仅妨碍了教育和整个社会的均衡发展,而且加剧了大城市人口过于集中的弊病。[2]

(2)内容

高中平均化政策于 1974 年在汉城和釜山启动,次年扩大到大邱、仁川、光州,1979 年、1980 年扩大到中小城市,1981 年扩大到 21 个市区。[3]"平均化"是指教育质量在达到标准、均衡的基础上,实现统一与公平。高中平均化政策的主要内容可以大致分为入学考试制度改革与教育条件的平均化。[4]在入学考试制度方面,此前的招生制度是由各学校接收学生的申请,并以考试的方式选拔出合格人选。新政根据学校类别差异采取不同的遴选措施,将报考与录取顺序设置为"先职业高中,后普通高中",职业高中仍然需要学生报考、学校选拔,普通高中则以平均化为原则,将重点高中分散至各学校群,对升学考试合格者以学校群为单位进行抽签。此外,在教育条件的平均化方面采取了四项措施。第一,充实学校设施。对设施与设备不足的学校给予经费支持,首先保障教室及教学必要设施;提高公立学校学费用于学校设施建设,允许私立学校将学费用于购置设备等。第二,提高教师素质,改善教师待遇。对全体教师开展培训;整顿不符合教师资格的教师;实行教师考试制度;公立教师实行学校间、地域间轮转制度等。第三,扶植和支援私立学校。对私立学校教师工资给予 20% 的补贴,并在税收政策上进行优惠等。第四,制定各类制度与法规。禁止教师开展课外辅导,设置相应处罚条款;设立广播通信高中开展远程教育;放宽学生在不同类型高中之间的转学限制;支持农村、渔村地区的学校发展,配备优秀教师,扩建基础设施等。[5]

(3)结果与影响

尽管高中平均化政策在推行过程中遭遇了一些反对和抵制,但还是取得了一定的成果。主要成果体现在如下几方面:缓和了高中入学考试的激烈竞争,使初中教育逐渐走入正常化;促进了不同地区、不同学校的教育设施的均衡配置,使其得到均等的发展

---

① 2005 年改称首尔。

② 金钟国 . 高中教育平均化政策有关分析 [D]. 韩国南原市:西南大学,2008:8-10.

③ Kang Young -hye,等 . 高中教育平均化政策的合理性研究 [R]. 韩国教育开发院 . 2005.

④ 徐廷华,宋采贞 . 高中平均化政策的完善方向与任务 [J]. 教育研究,2002(19):131-160.

⑤ Park Boo-kwon,等 . 高中教育平均化政策诊断及完善方案研究 [R]. 教育人力资源部 教育政策研究,2002:13-16.

机会，有利于教育公平；将部分人才吸引至职业教育学校，满足了经济社会发展对技能人才的需求；遏制了课外辅导的风气，节约了社会资源；抑制了由于高中教育导致的人口向大城市流动与集中的现象。根据韩国教育开发院的调研结果，1990 年教师群体中的 44.8%、家长与学生群体中的 54.4% 对高中教育平均化政策持赞成态度，而到了 1995 年，这一比例分别增长到 73.3% 与 64%。[①] 此外，高中平均化政策也遭到了一系列诟病：随机抽签入学剥夺了学生的选择机会，不利于学生学习水平的提高；对学校而言，不利于高中发挥办学特色与提高办学质量；不同地区间的教育差距仍然存在，未能解决根本问题。[②]

二、韩国教育现代化飞跃阶段（1979—1992 年）

（一）阶段发展特征

这一阶段，"强化国民精神教育"的政策目标成为教育政策的发展方向。20 世纪 80 年代前期的政策重点是教育正常化与大学入学考试制度改革，后期则着眼于通过教育培养能够应对经济环境剧变的国民意识与劳动能力。[③] 具体举措上，适应时代发展的要求，韩国政府在各个教育阶段着力推进多样化与高质量发展。

1. 学前教育

1981 年，韩国创办了"新乡村协同幼儿园"，促进了农村幼儿教育的发展。1982 年，颁布了《幼儿教育振兴法》，促进了学前教育的公共教育化，为幼儿教育的蓬勃发展提供了法律保障。

2. 初等与中等教育

义务中学教育是"第五个经济和社会发展五年计划"的一部分。1984 年对教育法的修改，明确了中学义务教育的法律基础。1985 公布了《关于实施初中义务教育的规定》，首先在岛屿、偏远地区开始实施初中义务教育，在 20 世纪末 21 世纪初期逐渐将初中免费义务教育扩大到全国。[④]1981—1984 年，韩国政府把原来的 2 年制教育大学升格为 4 年制本科，又一次提高了小学教师的培养规格和层次。科技英才教育也在 80 年代后形成体系。

3. 高等教育

1979 年朴正熙遇刺，韩国政局出现动荡。面临社会和政治动荡的挑战。新政府通过政策调整来稳定高等教育发展，相关政策主要包括：加强高校管理和控制，同时继续扩展高等教育体系，以满足日益增长的教育需求。然而，政府对大学的控制引发了学术界和学生群体的反抗，导致校园抗议和冲突。随着政治局势的稳定，政府开始大力发展高等教育。这一时期，私立大学兴起，高等教育普及率大幅提高。随着韩国政治民主化运动的兴起，高等教育领域也开始逐渐走向开放。1988 年汉城奥运会后，韩国政府认识到全球化对国家发展的重要性，开始积极推动高等教育的国际化进程。

①　徐廷华，宋采贞 . 高中平均化政策的完善方向与任务 [J]. 教育研究，2002（19）：131-160.
②　Kang Dae-jung. 高中教育平均化制度的展开过程 [J]. 教育批评，2002（8）：56-74.
③　袁本涛 . 从属与自立 韩国教育发展研究 [M]. 太原：山西教育出版社，2006：137.
④　索丰，孙启林 . 韩国基础教育 [M]. 上海：同济大学出版社，2015：12-13.

4. 职业教育

20 世纪 70 年代末期，韩国经济从以轻工业为主转向以重化工业和高技术产业为重点的发展模式。这一经济转型使得对技术工人的需求急剧增加，推动了职业教育发展。这一时期，韩国采取各项措施提高职业高中的教学质量，扩大职业高中生奖学金的受惠率，免除部分职业高中教育的学费，优先保障职业高中毕业生就业。与此同时，韩国将实业高等专门学校和初级大学合并成立了专科大学，专科大学与高中相衔接，培养较高层次的科技人才。此后，韩国不断充实专科大学办学条件，扩大招生名额。

这一阶段的发展特征体现在以下两个方面。

第一，经济体制转型与产业结构转换。韩国 20 世纪 50—70 年代的产业政策基本侧重于基础产业的发展，这对于一个新兴的工业化国家而言是非常必要的。但是，到了 70 年代末 80 年代初，过度发展重工业的弊端显现，产业结构不平衡的问题显现，重化工业与轻纺工业、出口工业与内需工业、大型企业与中小企业出现了失衡，韩国经济出现了负增长。80 年代，韩国政府开始对经济进行大的调整，产业政策也发生了根本性变化。政府认识到一味追求经济增长和过多采用行政手段代替市场机制的危害，开始注重发挥市场的作用，将政府的作用调整为间接管理与引导为主，减少了行政力量的过分干预，使经济从过去的"政府主导式的资本主义市场经济"转变为"民间主导型的资本主义市场经济"。此外，根据当时的经济发展状况与产业结构的变化规律，韩国政府决定将产业政策的重点转向高新技术产业。为此，从 1982 年开始，政府制订了科技发展五年计划，有计划地发展以半导体、计算机、办公自动化机器、产业机器人、精密器械、汽车等产品为主的高级电子工业和新材料工业。为了使产业结构尽快地由资本密集型产业转为技术密集型产业，1989 年，韩国政府成立了尖端技术产业发展审议会。从 1980 年至 1987 年，电子工业产值增长了 75.4 倍。电子产品 1998 年出口额为 157.2 亿美元，占总出口额比重的 25.9%，上升至出口产品的首位。[①] 这在一定程度上影响了教育政策和人才培养方式的转变。

第二，教育发展的重心从"量"转向"质"。20 世纪 80 年代以来，韩国政治经济体制的转轨和"地球村"时代的国际激烈竞争，对教育提出了更高的要求。从 80 年代起，提高教育质量成为韩国教育界研究的中心议题，对多样化和高质量的追求主导着韩国教育发展的基本方向，这也反映了劳动密集型产业向尖端技术产业转变的背景下必须确保优秀人力供给的经济需求。[②]1985 年，韩国成立了韩国教育改革审议会，确立了人才培养目标、改革方向和原则、新教育体制。教育改革审议会所描绘的 21 世纪韩国人的形象是：自主的人、创造性的人和有道德的人。其中，自主的人指具有主人翁意识、自我约束力和自立精神，有历史的文化意识和透彻的国家意识的人；创造性的人指具有思考问题的应变能力、正确的辨别能力与合理的判断能力，以及具有独创和开拓性的人；有道德的人是指具有健全的伦理意识和审美观念以及共同体意识和协作精神，同时还应具备民主国民的素质，适应国际化时代的开放性的人。[③]1988 年，韩国成立了中央教育审

---

① 刘旭明. 韩国经济发展之路 [M]. 北京：东方出版社，1995：51-54.

② 袁本涛. 从属与自立 韩国教育发展研究 [M]. 太原：山西教育出版社，2006：140.

③ 刘鹏辉，郑信哲. 韩国——雾幕后的国家 [M]. 北京：世界知识出版社，1995：192.

议会，作为教育部常设的教育计划审议专家咨询机构。

（二）代表性政策分析

《幼儿教育振兴法》

（1）背景

韩国 1962 年制定并公布的《幼儿园设施基准》是改善幼儿教育环境的重要法规与行政标准。20 世纪 60 年代以前，韩国的幼儿教育完全依靠私立学校。60 年代时，政府虽对幼儿教育表示关心，但由于注意力集中在整顿高等教育，国家财力不足，并没有加强幼儿教育的力量。进入 70 年代以后，韩国政府对幼儿教育的政策开始转变，主要受到以下因素的影响：第一个"经济开发五年计划"促进了经济增长，妇女走向社会参加劳动，但家庭教育和福利较差，大力发展幼儿教育是急需；1970 年"世界教育之年"前后，终身教育思潮猛烈冲击各国教育事业。直属于国务总理的"长期综合教育计划审议会"制订了长期综合教育计划，幼儿教育的发展方案是其中长期综合教育发展的一环。在此基础之上，韩国政府意识到了仅仅依靠私立幼儿园是不行的，必须由国家负责创办幼儿园、开展学前教育。随着韩国第九个"经济开发五年计划"（1977—1981 年）的实施，韩国公立幼儿园逐渐发展起来。[1] 到 1980 年，韩国仅有 794 个幼儿园，611 个保育园，入学儿童人数仅占全体对象儿童的 8% 左右，极有必要扩大学前教育的规模。[2]

（2）内容

1982 年，韩国政府制定了第六个"经济开发五年计划"，这表明政府对学前教育的重要性有了充分认知。1982 年 12 月 31 日，制定并颁布了《幼儿教育振兴法》，使学前教育有了制度、法规和行政上的保证。《幼儿教育振兴法》规定幼儿教育机构包括文教部领导下的幼儿园和内务部领导下的新村保育园，正式确立了二元化的学前教育体制。4 岁至学龄的幼儿就读幼儿园，未满 4 岁的幼儿则进入新村保育园。新村保育园在招收幼儿时，应当优先考虑社会福利对象的子女。国家对幼儿教育所负的职责包括：制订幼儿教育基本计划；改进幼儿教育内容和方法；研究、开发和推广幼儿教育教材、培训教具；幼儿教育师资；婴幼儿保健医疗；补助幼儿教育费用；其他促进幼儿教育的政策。[3]

（3）结果与影响

《幼儿教育振兴法》颁布后，韩国开始改革学前教育体制，大力增设公立幼儿教育机构。与此同时，私立幼儿园的数量也不断增加，进一步增加了幼儿受教育的机会。此外，韩国政府采取了扶贫的倾斜政策，在大城市贫民居住区增设了幼儿园和新村幼儿园，扩大贫民子女接受幼儿教育的机会。由于韩国政府采取了一系列幼儿教育振兴政策，幼儿入园率不断上升，5 岁幼儿入园率在 1980 年仅占 7.3%，到 1986 年就上升为57.0%，增长了 7.8 倍。[4]

---

[1]　孙启林.战后韩国教育研究 [M].南昌：江西教育出版社，1995：55-58.
[2]　Na Eun-kyung，Oh Kyung-hee.重新思考《幼儿教育促进法》以促进教保一体化：一种历史社会学方法 [J].未来幼儿教育学会刊，23.1（2016）：183-200.
[3]　韩国国家法律信息中心网站.幼儿教育振兴法 .[EB/OL]. [2022-12-23].
[4]　孙启林.战后韩国教育研究 [M].南昌：江西教育出版社，1995：57-58.

《教育正常化及消除过热课外补习方案》

（1）背景

20 世纪 70 年代，韩国高中毕业生的数量不断增加，学历在就业中的作用越来越大，但是韩国大学的入学率仍处于较低水平。在这种环境下，国民对于接受高等教育特别是进入一流大学的愿望越来越强烈，由此导致复读生数量大幅增加、课外补习过热等社会问题愈加凸显。[1]1979 年 12 月，经济计划委员会对全国 26 513 名中小学生进行了调查，发现 10.43% 的高中生参与课外补习。国家安全委员会估计，每年的补习费用约为 5 000 亿韩元，相当于当时国民生产总值 22.25 万亿韩元的 2.25%。[2] 在这种情况下，80 年代韩国政府发布了《教育正常化及消除过热课外补习方案》，即著名的"7·30 教育改革案"。

（2）内容

1980 年 7 月 30 日，国家安全委员会发布公告，提出为了脱离以备考为导向的教育风气、营造注重培养学生健全人格的教育氛围、消除教育不平等导致的社会阶层分化、进一步促进民族团结，有必要出台激进的措施以消除社会上过度的"课外补习热"。该计划的要点如下：第一，改革高考入学制度，根据高中成绩单和初试成绩择优录取；第二，调整课程设置，减少高中以下各级学校科目数量，降低科目难度；第三，实行学校的毕业配额制度，允许招生的数量超过配额，但毕业有配额限制；第四，大学全天开设课程与讲座，最大限度地利用大学的设施和人力；第五，拓宽大学门槛，计划 1981 年招生人数增至最多 10.5 万；第六，改善广播电视高中的运营，增加播出时间与学习科目；第七，扩大广播通信大学招生规模，延长教育大学的修业年限。为了更好地落实这一计划，以上措施将与提高对教育的财政支持力度、扩建大学设施、改善教师待遇、完善政府和行业就业政策等长期政策相结合。此外，将在全国范围内开展消除过热课外补习的运动。具体措施包括：第一，禁止公职人员的子女参与课外学习，违规者将处以免职惩罚；第二，禁止在公立和私立学校工作的所有教授和教师参加课外活动，违规者将被强制退出教师行业；第三，所有补习教师都必须在相关机构注册，按规定缴纳税款；第四，私立教育机构禁止招收初高中生，违规者撤销其认证资格。[3]

（3）结果与影响

"7·30 教育改革案"对于抑制当时韩国社会课外补习过热的现象有一定作用，但是无法从根本上解决教育竞争激烈这一深层次问题。在学校教育中，填鸭式与灌输式的课程教学仍在继续，课外补习实际上也依然私下偷偷进行，这一政策旨在实现的"教育正常化"并未实现。[4] 政策实施以后遭遇了部分民众的激烈反对，政府迫于压力逐步放松了禁令要求。到了 20 世纪 90 年代，课外补习规模迅速扩大，禁止课外补习的问题重新提上政治日程，这也导致"7·30 教育改革案"再次遭到许多人的批评。批评者认为，"韩国政府通过禁止课外补习来应对小学及中学教育存在的不足的做法，就好像通过声

① 袁本涛. 从属与自立 韩国教育发展研究 [M]. 太原：山西教育出版社，2006：128.
② 韩民族日报网站.20 世纪 70 年代的主要考试："黑暗的历史"[EB/OL]. [2022-12-23].
③ 韩国国家档案馆网站. 教育正常化及消除过热课外补习方案的公告 [EB/OL]. [2022-12-23].
④ 首尔市教育研究和信息中心网站. 韩国大学招生制度的变化及未来走向 [EB/OL]. [2022-12-23].

明全体人民都贫困来减少抢劫一样荒唐"。2000 年，韩国法院宣布政府的课外补习禁止令"违宪"，禁止课外补习的政策自此走到尽头。[①]

三、韩国教育现代化重整阶段（1993 年至今）

（一）阶段发展特征

随着知识经济初现端倪，以往适应劳动密集型产业社会的教育体系已经不再能满足国民经济的发展需求。20 世纪 90 年代以来，为了满足知识和信息社会对人才的需要，韩国教育改革的基本任务和目标是改革原有的教育体系。无论是教育数量的扩张还是教育质量的提高，都要保证每个学生能够充分发挥其能力和创造性，这也要求建立更加有弹性的教育体系和教育制度。各级各类教育都必须配合这一目标，进行相应的改革与重组。[②]

1. 学前教育

进入 20 世纪 90 年代，韩国政府认识到早期教育对儿童全面发展的重要性，更加重视学前教育的全面普及化。1996 年，韩国提出《学前教育改革方案》，旨在将学前教育纳入国家公共教育体系，使所有育龄儿童都能接受学前教育。2004 年，韩国国会通过《幼儿教育法》，决定将学前一年教育纳入义务教育体系，小学入学前一年幼儿园实行免费。2012 年，韩国进一步将免费学前教育时间延长为入学前三年。与此同时，韩国政府不断扩大全日制幼儿园规模，并对低收入家庭幼儿给予教育补贴。与此同时，韩国政府提出教育和保育合一的"Nuri 课程"以提升学前教育课程质量。"Nuri 课程"内容包括运动健康、社会交往、自然探索、交流沟通、艺术鉴赏五大领域，并与小学阶段课程衔接。

2. 初等与中等教育

进入 20 世纪 90 年代，韩国教育面临社会经济变革的压力，政府开始推进一系列教育改革。1995 年，韩国教育改革委员会发布了《建立主导全球化·信息化时代的教育体制的教育改革报告》，即"5·31 教育改革报告"，强调以学生为中心，推动教育民主化和多样化，提升学生的批判性思维和问题解决能力。在此背景下，韩国将培养学生的创造力与人性（道德性、社会性、情感等）的教育纳入正规课程，减少填鸭式教育的影响。此后，为了应对中小学课外辅导过热这一现象，韩国政府实施"放学后教育计划"，该计划包括了韩国现有的学校艺能兴趣教育、小学的课后课堂、中学的补充辅导等项目，旨在灵活运用正规教育教学课程之外的课余、放假、休假等弹性时间，充分使用下课后学校的空闲教室和教学设备，提高学生的创新能力和艺术修养，促进教育公平。然而，当前韩国学生仍面临着巨大的高考压力，政府近年来越来越关注学生的心理健康和全面发展，以期减少过度竞争对学生的负面影响。

这一时期，韩国的初等和中等教育也更加注重对于拔尖创新人才的培养，推行英才教育。"5·31 教育改革报告"提出韩国必须建立英才教育体制机制。1997 年韩国《教育基本法》也规定，英才教育是国家与地方团体的责任与义务。2000 年，韩国政府首次

---

① 许政法. 韩国课外补习政策述评 [J]. 上海教育科研，2009（2）：35-37+29.
② 袁本涛. 从属与自立 韩国教育发展研究 [M]. 太原：山西教育出版社，2006：142.

制定《英才教育振兴法》及其施行令，正式以国家法律的形式确定了英才教育制度及其实施方案。以此为基础，韩国分别于 2002—2006 年、2007—2012 年和 2013—2017 年推行了第一次、第二次和第三次"英才教育振兴综合计划"，建立起了完备的英才教育体系，英才教育规模与质量快速发展。

3. 高等教育

20 世纪 90 年代中期，韩国高等教育进入了快速扩张阶段。随着经济的持续增长和社会对高等教育需求的增加，韩国政府大力推动高等教育的普及。20 世纪末，韩国成为高等教育大国。然而，从高等教育国际竞争力来看，韩国落后于大多数发达国家。对此，韩国实行了"面向 21 世纪的智力韩国工程"，遵循竞争下的"选择和集中"原则，政府对一批大学投巨资进行重点建设，以建立世界高水平的研究型大学。此后，韩国高等教育科研质量显著提升，逐渐建立起以研究为导向的高等教育体系。

4. 职业教育

自 1993 年以来，韩国政府通过一系列政策文件和计划，着力提升职业教育的质量和适应性。20 世纪 90 年代末至 21 世纪初，韩国政府出台了《职业高中培育方向》《应对知识型社会的人力资源开发战略》等政策文件，推动职业教育体系的完善和课程改革，加强职业教育与产业需求的联系。此后，韩国进一步出台了《21 世纪知识型社会中的职业教育体系创新》《专门高中培养计划》等政策文件，强调职业教育的多元化发展、国际化进程以及进一步深化校企合作。2010 年后，政府通过《职业高中发展计划》等措施，提高职业教育的吸引力和学生就业竞争力，并推行"先就业—后大学"的支持体系，鼓励职业高中毕业生在职场中积累经验后继续深造。整体来看，韩国的职业教育在过去几十年里逐步形成了高度灵活、与市场需求紧密结合的体系，为国家的经济发展和产业升级提供了重要的人才支持。

这一阶段的发展特征体现在以下两个方面。

第一，新自由主义的经济改革。进入 20 世纪 90 年代以来，全球经济不景气给韩国经济发展带来了不良影响，国际贸易方面出现了衰退，长期以来以发展制造业为主的出口主导型战略已经无法再适应国际经济的新环境。在这种情况下，韩国进入了新的调整时期，制订了《第七个经济社会发展五年计划（1992—1996）》，主要发展战略包括：加强工业竞争力，实现社会平等和均衡发展，谋求经济发展的国际化和自由化。[①]1993 年韩国政府公布的《新经济五年计划（1993—1997）》取代了《第七个经济社会发展五年计划（1992—1996）》，确立了新的经济发展框架，推行了包括政治、经济、文化、科技、教育等多个方面的政策举措。"新经济"意为政府和民间共同经营的经济，与过去民间主导的经济有着根本区别。[②]然而，1997 年爆发的亚洲金融危机将韩国经济推向了崩溃边缘。1997 年 11 月，韩国向国际货币基金组织申请 570 亿美元救济资金，代价是接受强制性的经济改革与结构调整。[③]新自由主义经济改革的推进也进一步加速了新自

① 孙启林，安玉祥. 韩国科技与教育发展 [M]. 北京：人民教育出版社，2004：19.
② 国务院发展研究中心国际技术经济研究所，国家科委综合计划司，吉林省国际经济技术交流服务中心. 韩国新经济五年计划 1993—1997[R] .1994：5.
③ 周月琴. IMF：韩国的经济改革与儒教资本主义社会的文化症结探源 [J]. 中州学刊，1999（1）：37-44.

由主义的教育改革。在金融危机的影响下，1997—1999 年，韩国政府的教育预算金额占政府预算总额的比例从 23.9% 下降至 19.8%。[1]2000 年起韩国的经济开始复苏，进一步提高国际竞争力的目标对教育提出了新的要求。

第二，信息化、全球化时代教育观念的转变。到了 20 世纪 90 年代，韩国已经发展为比较先进的经济强国。面对 21 世纪信息化与世界化的冲击，教育观念必须随之变革。80 年代以来，韩国教育在管理体制、课程内容等方面已经推进了一系列改革，教育的民主化、科学化意蕴不断丰富，培养全人、个性化的人成为新时代的课题。教育改革的目标是：①培养有创造力的人，"为在新的世界里成为创造力的主角，就不能成为他人知识和技术的模仿者，而要成为最新科学技术和新知识的创造者"；②培养适用于未来信息化社会的人，"要把教育制度和办学体系转向适合培养信息化社会专家的方向上来"；③促使教育正常化，最大限度缩小"高考过热"产生的副作用。[2]

（二）代表性政策分析

"5·31 教育改革报告"

（1）背景

为了适应时代发展、科技进步和经济增长的需要，20 世纪 80 年代，韩国制订了《中长期教育综合计划》，以确定符合 21 世纪要求的韩国人形象，最大限度挖掘教育发展潜力，促进教育发展，推动社会经济发展和科技进步。[3]1994 年，韩国教育改革委员会指出了韩国教育存在的弊端。一是大学瓶颈现象。目前高中教育在大学升学考试的压力下，无法有效培养学生能力，并且让学生和父母承受压力。二是人性教育的缺失。家庭教育缺乏以及学校教育的应试导向造成激烈的竞争，共同体意识越来越单薄。三是教育的国际竞争力差，特别是大学以及研究生院的教育质量较差。四是学校基础设施不足，教师地位较低，导致教育质量降低。五是教育的财政支持不足，教育相关法令不够完善，实施有序竞争的教育缺乏支持体系。[4]

（2）内容

1995 年 4 月，韩国总统金泳三出席了在汉城召开的全国教育者大会并发表了有关教育改革方向的讲演，提出了"新教育构想"十大课题。他认为，韩国的"世界化"应当从教育改革开始，要大幅度地改变现有教育的基本结构与方式，站在国民的立场上来推进教育改革。[5]1995 年 5 月 31 日，韩国教育改革委员会发布了《建立主导全球化·信息化时代的教育体制的教育改革报告》，即"5·31 教育改革报告"。这一报告的核心内容是以学生为中心的教育、教育的多样化、学校教育的自主性和责任、与自由和平等理念相协调的教育、教育的信息化、提高教育质量等，更加注重人性、创意、个性化、特色化和多样化教育，以启发、发挥学习者的潜力和主观能动性。"5·31 教育改革报告"不

① 韩国教育开发院.教育统计年报 2003[M].首尔：Yeonam Books，2003：797.
② 金泳三.郑仁甲，译.开创 21 世纪的新韩国 [M].北京：东方出版社，1992：89-91.
③ 孙启林，安玉祥.韩国科技与教育发展 [M].北京：人民教育出版社，2004：174.
④ 韩国教育改革委员会.创造新韩国的教育改革的方向和课题 [J].当代韩国，1995（1）：15-20.
⑤ 驻韩国使馆教育处.韩国总统金泳三提出"新教育构想"十大课题 [J].世界教育信息，1995（8）：1.

仅涉及初、中等教育，还包括大学和终身教育等涉及教育全局的改革内容。[①]其主要内容包括以下几个方面。[②]

第一，建立一个开放的终身学习社会，建立人才客观评价制度。引入"学分银行制度"，完成必修课程后可以被认定为学分，累计达到一定标准就可取得学位，由新设的教育过程评价院对此进行管理。开放中小学校的设施，发挥社区的文化中心功能。开放大学的设施、信息与资料，运营多种类型的教育项目。允许非全日制学生进入大学，推进建立学分学费制度、财政自主运营、延长修业年限。

第二，为了反映不同类型、不同地区大学的特性，培养具备社会各领域所需的各种能力和素质的人才，大学发展模式由大学自主设计、运营。

第三，将培养学生的创造力与人性（道德性、社会性、情感等）的教育纳入正规课程。将学生参与志愿服务等活动的内容与时间记载在综合生活记录簿上，并与大学升学挂钩。根据学生的才能和能力改革课程，减少必修课，增加选修课。

第四，改革大学入学制度，采取多种方式进行招生。从 1997 年开始，公立大学将综合生活记录簿作为必备材料，将高考、论述、面试作为选择资料进行人才选拔。扩大高考试题的出题范围，并反映选修课程内容，以更好地选拔人才。

第五，推动小学与中学类型的多样化，允许设立新的特色化学校（如国际高中、艺术高中等）。为了提高学校质量，由专门的评估机构对学校进行评价，将课程运营、教师、学生等均纳入评价指标。

第六，扩大小学与中学的自主运营权，新设教育过程评价院，对各级学校的教育过程进行评价。

第七，加强师资队伍建设，对小学、中学中担任规定数量以上的课程及担任班主任职责者，给予额外津贴。

第八，到 1998 年，确保教育财政支出达到国内生产总值的 5% 左右。

第九，改革地方自治的教育制度，优化教育委员会的结构与功能，确保专业性。合并市、县、区教育厅，教育厅的权限大幅向学校转移，实现学校教育自治。

（3）结果与影响

"5·31 教育改革报告"作为理念上充满新自由主义意识形态的政策，通常被视为韩国新自由主义教育改革的出发点。[③]1998 年金大中执政以来，在"5·31 教育改革报告"的基础上，进一步对初中等教育、高等教育、职业教育、教师培养、教育设施与教育财政等多方面制度进行改革与创新。时至今日，"5·31 教育改革报告"对韩国教育改革仍产生着十分重要的影响。

《英才教育振兴法》和"英才教育"改革

（1）背景

韩国教育的普及率较高。在 20 世纪七八十年代，韩国教育政策侧重于对教育均衡的追求，但忽视了对拔尖创新人才的培养。特别是高中平均化教育政策实施以来，社会

---

① 朱旭东 . 新比较教育 [M]. 北京：高等教育出版社，2008：286-287.
② 韩国中央日报网站 .《5·31 教育改革报告》摘要 [EB/OL]. [2022-12-24].
③ 梁荣华 . 韩国大学特色化政策变迁研究 [D]. 长春：东北师范大学，2010：109.

舆论对此争议不断,主要问题在于公共教育无法满足对于人才的个性化、特色化教育的需求。80 年代以来,围绕中学教育定位为"平等性或是卓越性""统一性或是多样性"的争论愈演愈烈,"英才教育"的相关论述开始出现。1988 年,文教部提出:"在实施平等主义教育后,为了确保优秀人才的能力不退步,满足国家与社会的需求,有必要使追求教育的卓越性成为可能。"①

（2）内容

"5·31 教育改革报告"明确提出必须建立英才教育体制机制。1997 年《教育基本法》第 19 条规定,进行英才教育是国家与地方团体的责任与义务。②1998 年发布的《初中等教育法实施令》第 90 条提出,特殊目的高中（例如以培养科学人才为目标的科学高中等）采取特殊形式与标准考试。③2000 年 1 月 28 日,韩国政府首次制定并公布了《英才教育振兴法》及其施行令,正式以国家法律的形式确定了英才教育制度及其实施方案,规定了英才教育对象的选拔方法和程序、英才教育机构的设立与运营、英才教师的聘用与培育、英才教育的方式与课程、财政经费等多方面内容。④ 根据法令,政府将釜山科学高中等学校指定为英才学校,开始在全国试点设置与运营英才教育院、英才班级等机构。

此后,以《英才教育振兴法》为基础,韩国开始推进被称为"英才教育蓝图"的"第一次英才教育振兴综合计划（2002—2006）",这是韩国首个在国家具体操作层面上关于英才教育的综合性计划,由教育人力资源部、科学技术部、文化体育观光部、信息通信部、女性部、企划预算处、专利厅等 7 个部门共同实施,该计划规定截至 2007 年,将对基础教育在学学生中的 0.5% 即 4 万人以上实行英才教育,教育厅或大学运营的英才教育院提高至 200 所以上,培养 800 名英才教育教师,培养数学、科学、艺术、信息通信等多个领域的英才。⑤2004 年发表的"培养创新性人才的精英性综合计划"强调实施与维持了 30 余年的公平性原则相协调的精英性教育。此后又继续实施了"第二次英才教育振兴综合计划（2007—2012）",并提出五大推进战略:英才教育机构特性化;改善英才教育机构运营;确保英才教育的连续性;提高英才教育教师专业性;整顿英才教育支持体制。近年来又继续实施了"第三次英才教育振兴综合计划（2013—2017）",从扩大英才教育机会、改善英才教育机构运营状况、提供以受教育者为中心的英才教育课程、加强优秀教师的保障和支持、建立稳定的发展基础等方面着手继续发展英才教育。⑥

（3）结果与影响

在一系列政策与法律法规的影响下,韩国建立起了完备的英才教育体系,在英才教育的规模与质量上获得了很大的发展。表 7-4 是"第二次英才教育振兴综合计划"期间英才教育的发展。就个人发展角度而言,英才教育可以为具有天赋与潜质的学生提供适合他们发展的教育,实现真正意义上的"受教育机会均等"。对于国家社会而言,推行英才教育

① Baek Seon-ui,等.高中招生选拔的变迁与现状 [R].韩国教育开发院.2015:51.
② 韩国国家法律信息中心网站.教育基本法.第 19 条 [EB/OL].[2022-12-23].
③ 韩国国家法律信息中心网站.初中等教育法实施令.第 90 条 [EB/OL].[2022-12-23].
④ 韩国国家法律信息中心网站.英才教育振兴法 [EB/OL].[2022-12-23].
⑤ Kim Mi-sook,等.第一次英才教育振兴综合计划评价与中长期展望研究 [R].韩国教育开发院.2003.
⑥ Lee Jung-gyu,Sung Eun-hyun,Lee Shin-dong.韩国英才教育政策的变化与前景 [J].英才与英才教育,14.2（2015）:49-67.

可以培养知识经济时代所需的拔尖创新人才，对于提高国家竞争力具有重大意义。[①]从近年来 PISA 测试结果来看，韩国学生的成绩在经济合作与发展组织成员国中位于前列，达到较高的水平，这些成就与韩国英才教育体系的确立与发展是密不可分的。

表 7-4　"第二次英才教育振兴综合计划"期间英才教育的发展（单位：所）

类型		年份				
		2008	2009	2010	2011	2012
英才班级		581	967	1 506	2 238	2 520
英才教育院	教育厅管辖	226	251	258	354	261
	大学附属	39	41	55	61	63
英才学校		1	2	3	4	4

数据来源：Lee Jung-gyu，Sung Eun-hyun，Lee Shin-dong. 韩国英才教育政策的变化与前景 [J]. 英才与英才教育，14. 2（2015）：49-67.

"面向 21 世纪的智力韩国工程"

（1）背景

随着知识经济社会的到来，创新性、高素质的知识与技术成为经济增长的动力。韩国政府从 2001 年开始每 5 年制定一次《国家人力资源开发基本计划》，这一计划涵盖了教育、培训、科学研究、就业、福利、产业等多个与人力资源紧密相关的内容。[②]韩国政府计划于 2006—2010 年共投入 52.567 万亿韩元，其中中央政府投入占比 71.9%，地方政府投入占比 26.9%，民间部门投入占比 1.2%。[③]韩国政府对于人力资源的重视程度可见一斑。20 世纪末，韩国成为高等教育大国。但是，从高等教育国际竞争力来看，1998 年，韩国学者发表的 SCI 论文数量的世界排名为第 18 位，这个数字仅为同年美国的 3.9%，英国的 13.8%，日本的 15.2% 和德国的 15.5%。

（2）内容

第一期 21 世纪智慧韩国工程（BK21）项目周期为 1999—2005 年，总计划投资约为 1.34 万亿韩元，项目的主要内容、规模、资助对象、资助方法、评价方式具体如表 7-5 所示。BK21 项目委员会遵循"选择和集中"原则，按照一定的标准挑选一批大学，政府在一定时期内投巨资加以建设。与以往的高等教育改革政策不同的是，BK21 项目直接资助研究生，以建立世界高水平的研究型大学。具体来说，BK21 项目的目标包括：建立国际水准的研究生院，培养高质量的科研人员，争取在 2005 年以后每年培养 1 300 名自然科学与工程技术领域的博士生，重点建设的研究生院争取进入世界前 10 之列。将项目经费的 70% 投入研究生与博士后、特聘研究员，使研究者能够全身投入研究与学习，争取在 2005 年后，SCI 论文数量能够进入世界前 10 位。培育专门化的区域性大学，加强产业界与大学的联系。改革大学人才培养体系，采取灵活的招生制度，拓宽入学渠道，改革研究经济的管理制度等。

---

① 朴钟鹤. 韩国英才教育的历史沿革与特点 [J]. 比较教育研究，2010，32（4）：67-71.

② Kim Shin-bok. 第一期国家人力资源开发基本计划的成果与发展方向 [J]. 职业和人力开发. 2005：4-13.

③ 大韩民国政府. 第二期国家人力资源开发基本计划（2006—2010）（概要）[R]. 2006：28.

表 7-5　第一期 BK21 项目内容概述（1999—2005 年）

目的	通过培养世界水平研究中心大学建立高等教育体系
内容	建立国际水准的研究生院： 科学技术领域：IT、BT、机械材料、化学、物理等 人文社会领域：人文社会全领域 区域性大学发展领域：与本地工业相关的特色学科 研究生院专用设施：研究生院专用宿舍、研究楼等 特别领域（专门大学院）：新产业领域的特色化 核心领域：提高大学院以学科水平、学术组织为中心的研究能力
规模	总额 1.34 万亿韩元（1999—2005 年） 建立世界水准研究生院：共计 1.167 6 万亿韩元（1999—2005 年），为期 7 年 提高研究生院的研究能力：总计 1 700 亿韩元（1999—2004 年），为期 6 年
资助对象	研究生、新进科研人员（包括博士后与合同制教授等）
资助方法	通过竞争"选择和集中"
项目评价	定期进行绩效评估和管理，进行年度和中期评估

资料来源：Kim Soo-il. 头脑韩国（BK）21 事业成果评价研究 [D]. 首尔：东国大学 . 2006: 25-27.

（3）结果与影响

BK21 项目是一项前所未有的政策导向性项目，经过了数年的投入与建设，取得了显著成效，具体体现在以下方面。第一，科研能力显著提高。在实施 BK21 工程之后，2000 年韩国学者发表的 SCI 文章数量较上一年度增长了 15.6%，而同期全球学者发表的 SCI 文章数量仅增长 1.9%。第二，改善了大学的学术风气，韩国高等教育体系逐渐转变为一个以研究为导向的体系。第三，大学系统改革取得明显进展。在 BK21 工程的推动下，韩国逐步建立起大学评估制度，改革招生制度，完善了人才评价机制[①]。1999—2005年，参与 BK21 工程的教师总数为 25 107 人，共引进 9 716 名研究人员，资助了 133 605名本科及研究生。[②]

与此同时，BK21 项目也存在一系列的问题，具体包括：第一，BK21 项目的重心都在科研以及研究成果，一定程度上忽视了大学的教学活动，特别是对于"产学合作"项目的资金投入不足；第二，BK21 项目以 SCI 论文发表数量等自然科学领域的指标来衡量，造成了对人文社会科学的重视程度不足，没有实现不同学科间的平衡；第三，BK21项目在发展地方高校科研能力方面的资助力度不足，造成了马太效应，拉大了首尔地区与地方高校之间研究能力的差异；第四，BK21 项目在实施的过程中缺乏对整个项目的系统化管理，导致不同学科领域、不同地区间的资助金额分配出现了失衡现象。[③]

实施"放学后教育"计划

（1）背景

中小学课外辅导过热是韩国社会长期存在并持续发酵的社会问题。自从"5·31 教

---

① 连进军 . 韩国的世界一流大学建设：BK21 工程述评 [J]. 大学教育科学，2011（2）：97-101.

② 韩国教育人力资源部，韩国学术财团 . 第一阶段头脑韩国 21 事业白皮书 [R]. 2007.

③ 刘志东 . 韩国高等教育管理 [M]. 沈阳：辽宁大学出版社，2010：159-160.

育改革报告"强调了学生的个性化与特色化教育,课后教育活动成为教育改革的重要事项之一。教育改革委员会于1997年发布的报告中提出"放学后教育"是减轻课外辅导费用的方案之一。1999年起,"放学后教育"更名为"特长、适应性教育活动",2005年教育部将其再次更名为"放学后教育",2005年3月,韩国开始在全国48所中小学试行放学后教育制度,2006年起迅速扩大适用范围。①

（2）内容

"放学后教育"计划综合包括了韩国现有的学校艺能兴趣教育、小学的课后课堂、中学的补充辅导等项目。该计划通过实施教育福利、减少课外教育费用、实现学校的地区社会化过程,最终实现任何人都能在学校接受高质量、多样化教育的理想目标。"放学后教育"旨在灵活地运用正规教育教学课程之外的课余、放假、休假等弹性时间,充分使用下课后学校的空闲教室和教学设备,在提高学生的创新能力和艺术修养造诣的同时,充分保障学生受教育的选择权利②。2005年实行的"放学后教育"计划主要有以下特性。第一,经营主体的范围进一步扩大与开放。不仅可以采取学校校长直接负责的经营模式,同时也向学校之外的外部机构开放,学校可与邻近的大学或者非盈利组织进行委托经营,假期或者周末也可以运营。第二,开放了师资来源。除在职教师之外,课外辅导机构教师、大学生以及志愿服务人员（包括大学教授、军人警察、公务员等）均可纳入师资范畴之内。第三,开放了受教育对象的范围。除本校学生外,外校学生与地区内的成年居民均可参与。第四,开放了可使用的教育设施的界限,不仅可以利用本校的设施,还可以利用当地社会的各种设施。③

此外,为了进一步保障"放学后教育"项目的顺利实施,教科部于2009年开启"无校外教育学校"资助项目,重点选拔的是公共教育课程开展状况良好、有效开展"放学后教育"活动、有决心降低学生的校外教育费用且为此确定了具体方案的学校。通过评选而获得支援的学校,将在项目的第一年度中平均获得政府1.5亿韩元（合13.5万美元）的资助,通过开办"放学后教室"等方式强化学校的公共教育。④

（3）结果与影响

以2009年6月到项目第一年度结束的2010年6月为基准,以参与学校的36.3万多名学生和家长为对象展开的调查结果显示,该项目对减少学生参加校外学习起到了一定的作用。从具体数据来看,学生参加校外学习的比例从82%降低到了67.3%,下降了14.7%。学生人均课外辅导费用下降了16%。2009年6月,学生人均月支出校外教育费用为26.8万韩元（约合240美元）,到2010年6月降至22.5美元（约合200美元）。学生对校内教育的满意度从59.6分上升到了65.1分,学校对校内教育的满意度从69.7分上升到了72分。可以看出,"放学后教育"计划与"无校外教育学校"项目对校外补习起到了一定的遏制作用。⑤

① 韩国教育开发院.放学后教育政策研究论坛成果资料集[R]. 2008：33.
② 艾宏歌.当代韩国教育政策与改革动向[M].北京：社会科学文献出版社,2011：61-64.
③ 韩国教育开发院.放学后教育政策研究论坛成果资料集[R]. 2008：36-37.
④ 艾宏歌.当代韩国教育政策与改革动向[M].北京：社会科学文献出版社,2011：63-64.
⑤ 艾宏歌.当代韩国教育政策与改革动向[M].北京：社会科学文献出版社,2011：64.

第三节　韩国教育现代化的核心指标分析

一、普及与公平

韩国实行 9 年义务教育制度。2020 年，韩国学前教育毛入学率为 91.78%，初等教育毛入学率为 99.20%，初中教育毛入学率为 97.01%，高中教育毛入学率为 95.10%。

1987 年，韩国人均 GDP 达到 3 000 美元，该年度小学教育毛入学率为 101.65%，中等教育毛入学率为 94.36%。1994 年在韩国人均 GDP 达到 10 000 美元之际，初等教育毛入学率为 103.68%，初中教育毛入学率为 102.72%，高中教育毛入学率为 91.63%，中等教育毛入学率为 97.18%。2006 年，韩国人均 GDP 达到了 20 000 美元，小学教育毛入学率为 101.74%，初中教育毛入学率为 97.84%，高中教育毛入学率为 96.934%，中等教育毛入学率为 95.81%。2007 年，服务业增加值占 GDP 比重达到了 55%，该年度小学教育入学率为 102.96%，初中教育毛入学率为 97.66%，高中教育毛入学率为 92.68%，中等教育毛入学率为 95.25%。总体来看，从 20 世纪 80 年代开始，韩国小学及中学的受教育程度就达到了较高水平。韩国教育普及与公平指标表现如表 7-6 所示。

表 7-6　韩国教育普及与公平指标表现（单位：%）

教育阶段	年份				
	2000	2005	2010	2015	2020
初等教育毛入学率	100.62	101.11	101.72	98.78	99.20
初中教育毛入学率	100.07	97.19	100.39	103.80	97.01
高中教育毛入学率	92.55	96.93	92.63	96.86	95.10
高等教育毛入学率	74.69	95.37	101.67	93.97	96.88

数据来源：高等教育毛入学率来源于世界银行，其他数据来源于联合国教科文组织统计研究所。

二、质量与结构

2020 年，韩国初等教育及中等教育完成率均高于 96%。其中，初等教育完成率为 101.20%，初中教育完成率为 96.08%，高中教育完成率为 98.70%。在 25 ～ 64 岁人口中，完成高等教育的人口比率呈增长趋势，于 2020 年达到了 50.7%。

国际学生评估项目（PISA）成绩能够在一定程度上反映学生的学业水平。根据 2018 年 PISA 测试结果，在参加的 79 个国家中，韩国学生的阅读平均分数为 514 分，排名 6 ～ 11 位；数学平均分 526，排名 5 ～ 9 位；科学平均分数 519，排名 6 ～ 10 位。各科目均处于较高的水平。[1]

世界大学排名能够作为高等教育发展水平的参考。2023 年 QS 世界大学排名中，韩国共有 6 所大学进入前 100 名，10 所大学进入前 300 名，141 个学科进入学科排名前 100 名。2022 年美国新闻与世界报道世界大学排名中，韩国共有 4 所大学进入前 300 名。2022 年泰

---

[1]　数据来源：韩国教育过程评价院."PISA 2018"结果公布附件资料 [EB/OL]. [2022-12-24].

晗士世界大学高等教育排名中，韩国共有 2 所大学进入前 100 名，9 所大学进入前 300 名。2022 年软科学世界大学学术排名中，韩国共有 1 所大学进入前 100 名，7 所大学进入前 300 名，85 个学科进入学科排名前 100。从高等教育学科结构来看，2020 年，韩国高校中工程、制造和施工类专业占比最高，为 21.04%。其次为健康与福利类专业，占比 16.00%。艺术与人文类专业占比次之，为 15.46%。韩国教育质量与结构表现如表 7-7 所示。

表 7-7　韩国教育质量与结构表现

教育阶段		年份	
		2015	2020
小学教育完成率（单位：%）		100.52	101.20
初中教育完成率（单位：%）		101.00	96.08
高中教育完成率（单位：%）		98.30	98.70
高等教育完成率（单位：%）		45.40	50.70
高中毕业生（单位：人）		619 205	503 687
本科毕业生（单位：人）		350 706	350 137
硕士毕业生（单位：人）		80 648	81 772
博士毕业生（单位：人）		13 077	16 139
高等教育中海外学生占比（单位：%）		1.67	3.73
本科生中海外学生占比（单位：%）		1.38	3.25
硕士生中海外学生占比（单位：%）		6.41	10.56
博士生中海外学生占比（单位：%）		8.72	16.67
高等教育各学科占毕业生比重（单位：%）	教育	7.07	7.15
	艺术和人文	16.54	15.46
	社会科学、新闻和信息	5.27	5.51
	商业、行政和法律	15.42	14.36
	自然科学、数学和统计学	4.45	4.45
	信息通信技术	4.52	4.71
	工程、制造和施工	19.75	21.04
	农业、林业、渔业和兽医	1.25	1.42
	健康与福利	15.391	16.00
	服务业	10.341	9.91

数据来源：小学和初中教育完成率数据来源于世界银行，高中教育完成率数据来源于联合国教科文组织统计研究所，高等教育完成率数据来源于韩国统计厅，各教育阶段学生人数、海外学生占比和高等教育各学科占毕业生比重数据来自经济合作与发展组织统计。

三、条件与保障

在经费投入上，韩国公共教育财政和政府教育支出占 GDP 比重均呈上升趋势。2015 年韩国公共教育财政占 GDP 比重为 4.49%，2020 年达到 4.88%；2015 年政府教育支出占 GDP 比例为 4.45%，2020 年达到 4.80%。

在教师与学生规模上，2020 年韩国幼儿园、小学、初中、高中的学生与教师数量之比分别为 12.19∶1，16.31∶1，13.11∶1，10.90∶1，师资配备较为充足。小学与初中班级规模总体呈下降趋势，小学班级规模从 2015 年的 23.40 人降至 2020 年的 22.7 人，初中班级规模从 2015 年的 29.98 人降至 2020 年的 26.23 人。韩国教育条件与保障指标表现如表 7-8 所示。

表 7-8　韩国教育条件与保障指标表现

项目		年份	
		2015	2020
公共教育财政占 GDP 比例（单位：%）		4.49	4.88
政府教育支出占 GDP 比例（单位：%）		4.45	4.80
公共研发经费占 GDP 比例（单位：%）		3.98	4.81
生师比	学前	13.36∶1	12.19∶1
	小学	16.79∶1	16.31∶1
	初中	15.67∶1	13.11∶1
	高中	14.09∶1	10.90∶1
班级规模（单位：人）	小学	23.40	22.70
	初中	29.98	26.23

数据来源：联合国教科文组织统计研究所。

在教师年龄结构上，幼儿园教师整体年龄偏低，以 30 岁以下教师居多。小学及中学教师年龄分布较为均匀。

从公立教育机构教师薪资水平来看，2019 年韩国小学教师的初始薪资、从业 10 年后薪资、从业 15 年后薪资分别是 32 111 美元、48 439 美元以及 56 587 美元。韩国初中教师的初始薪资、从业 10 年后薪资、从业 15 年后薪资分别是 32 172 美元、48 499 美元以及 56 648 美元。韩国高中教师的初始薪资、从业 10 年后薪资、从业 15 年后薪资分别是 31 444 美元、47 772 美元以及 55 920 美元。韩国师资队伍情况指标表现如表 7-9 所示。

表 7-9　韩国师资队伍情况指标表现

年份		2015	2020
学前教育教师分年龄段占比（单位：%）	<30 岁	55.48	48.81
	30～39 岁	21.88	22.69
	40～49 岁	13.90	17.27
	50～59 岁	7.483	8.84
	>60 岁	1.25	2.40
小学教育教师分年龄段占比（单位：%）	<30 岁	17.28	21.454
	30～39 岁	24.75	29.129
	40～49 岁	26.93	22.256
	50～59 岁	29.52	22.93
	>60 岁	1.53	4.23

续表

年份		2015	2020
初中教育教师分年龄段占比（单位：%）	<30 岁	15.77	17.82
	30 ～ 39 岁	24.63	28.29
	40 ～ 49 岁	28.91	23.42
	50 ～ 59 岁	28.89	25.11
	>60 岁	1.80	5.36
高中教育教师分年龄段占比（单位：%）	<30 岁	2.64	2.47
	30 ～ 39 岁	22.04	19.55
	40 ～ 49 岁	30.39	30.76
	50 ～ 59 岁	26.87	28.42
	>60 岁	18.06	18.81

数据来源：各教育阶段教师分年龄段占比数据来自经济合作与发展组织统计，各教育阶段教师工资数据来源于世界银行。

四、服务与贡献

从就业数据来看，韩国高校毕业生初次就业率先下降后上升。2020 年韩国高校毕业生初次就业率为 65.10%。其中医学类专业的就业率最高，为 82.10%；其次是工学类专业，为 67.70%；人文类专业的就业率最低，为 53.50%。

从总人口中的受教育程度来看，从 2005 年到 2020 年，小学、初中及高中教育程度在人口中的比例呈现下降趋势，接受高等教育人口比例总体上升。2020 年，小学教育程度占总人口比例为 3.69%，初中教育程度占总人口比例为 6.95%，高中教育程度占总人口比例为 38.65%，受过高等教育的人口比例超过一半，约为 50.71%。硕士教育程度占总人口比例为 4.45%。

从各教育阶段就业率来看，2020 年小学教育阶段就业率为 57.43%，初中教育就业率为 67.91%，高中教育就业率为 70.40%，高等教育就业率为 76.97%，本科教育就业率为 76.28%，硕士教育就业率为 84.74%。

在收入方面，以低于高中学历收入者收入为基准 100，高中毕业生的收入为 133.12，高等教育机构毕业生的收入为 185.57，本科毕业生收入为 190.21，硕士毕业生收入为 250.83。韩国教育服务与贡献指标表现如表 7-10 所示。

表 7-10 韩国教育服务与贡献指标表现

服务与贡献	年份			
	2005	2010	2015	2020
高校毕业生初次就业率（单位：%）[1]	75.40	55.00	67.50	67.70

---

[1] 数据来源：韩国统计厅网站 . 高等教育机构毕业生就业率 [EB/OL]. [2022-12-24].

续表

服务与贡献		年份			
		2005	2010	2015	2020
平均受教育年限（单位：年）		11.24	11.64	12.12	13.70
受教育程度人口比例（单位：%）	小学	11.85	8.70	5.73	3.69
	初中	12.51	10.36	8.50	6.95
	高中	44.02	41.90	40.41	38.65
	高等教育	31.62	39.04	45.36	50.71
	本科	22.66	27.06	32.32	32.19
各教育阶段就业率（单位：%）	小学	62.77	61.87	62.90	57.43
	初中	70.65	68.97	67.73	67.91
	高中	70.13	70.13	72.50	70.40
	高等教育	76.80	76.32	77.48	76.97
	本科	77.81	77.20	77.90	76.28
相对收入情况	低于高中学历	100	100	100	100
	高中学历	145.27	141.67	138.63	133.12
	高等教育学历	219.46	205.14	195.43	185.57
	本科学历	232.02	213.17	201.15	190.21
	硕士学历	299.12	282.80	263.16	250.83

数据来源：平均受教育年限数据来源于联合国教科文组织统计研究所，受教育程度人口比例、各教育阶段就业率、相对收入情况数据来源于经济合作与发展组织数据。

第四节 韩国教育现代化的经验与启示

一、韩国教育现代化的经验

（一）立法保障学前教育的政策规范

韩国制定了《婴幼儿保育法》和《幼儿教育法》，为学前教育公共化服务体系建设提供了法律保障。我国也有必要进一步建立健全相关法律与规定，完善学前教育的政策体系，保障适龄儿童接受学前教育的权利，明确政府在学前教育中的责任与权限，提升学前教育的质量。

为了促进学前教育的健康发展，韩国政府非常重视对弱势群体的帮助，对一些弱势群体给予"特惠政策"，包括双职工家庭养育津贴、特殊儿童养育津贴、单亲家庭子女保育津贴以及多元文化家庭保育津贴等。我国各级政府在开展学前教育精准扶贫的过程中，也应当考虑不同地区与不同群体的差异，制定更加有针对性的扶持政策，以促进教育公平的实现。

（二）均衡基础教育公平与质量，抑制课外辅导

在韩国基础教育的改革过程中，如何更好地选拔与评价英才学生，如何因材施教、激发不同学生的潜能，如何避免英才教育对教育公平的损害，是韩国基础教育发展过程中不断探索的问题。为了解决这些问题，韩国政府在提高教育普及率、推进"平均化"教育制度的同时，也注重对于拔尖人才、精英人才的培养，建立起了完备的英才教育体系，满足学生的个性化、特色化、多样化发展需求。正如有研究提出，教育公平与教育效率是两个并行不悖、不可偏废的教育政策目标，政府在两个方面都应该承担起主体责任。[①] 我国基础教育也可以借鉴韩国将均等化教育与英才教育相结合的经验，着力发展公平且有质量的教育。

与此同时，韩国政府采取多种措施，抑制过热的课外辅导现象。在我国基础教育中，此前也出现了教育课程过多、学生课业负担繁重、升学竞争激烈等问题。与此同时，大量线上与线下的课外辅导机构发展势头正盛。过热的课外辅导不但让学生与家长承受过多的心理与经济压力，也造成了整个社会资源的浪费，不利于社会稳定与健康发展。韩国社会自 20 世纪 60 年代起，就陷入了与课外辅导旷日持久的拉锯战，目前是否有效解决了这一问题仍难有定论。但从整体政策变迁历程来看，最为有效的措施是"放学后教育"计划与"无校外教育学校"资助项目，这些对于课外辅导起到了一定的遏制作用。我国也可参考借鉴相关经验，利用现有的学校设施、课程等资源，开发多种多样的教育内容，充分满足学生自我发展、接受各类型教育的需要。

（三）通过高等教育改革推动一流大学建设

韩国高等教育在发展过程中，始终积极响应时代发展的变化，主动寻求变革，包括改革大学的管理体制，改革人才培养模式，适应高等教育的全球化等。主动谋变的精神是韩国高等教育在激烈的国际竞争中取得一系列成果的关键因素。

其中，韩国非常重视一流大学的建设与评价。韩国的 BK21 项目尽管已告一段落，但是对韩国高等教育的影响是深远的。BK21 项目无疑有力推进了韩国建设世界一流大学的进程，增强了大学教育与科研水平，提高了国际影响力，取得了很大的成绩。与此同时，BK21 项目在政策设计与实施中存在的诸多问题，例如，在评价过程中对科研量化指标的过度依赖、对人文社会科学的重视不足、资源过于集中在首都圈大学等，产生了一些负面的效应。

（四）建立完善的产学合作与校企联合培养制度

韩国通过立法来保障职业教育的地位与发展。除了在《教育法》中有所规定外，早在 20 世纪，韩国就已经为职业教育制定了一系列单项法规，如《产业教育振兴法》《资格基本法》等，的这些法规保障了职业教育的地位，保证了职业教育的健康发展。

韩国建立了完善的产学合作与校企联合培养制度，改善职业院校的办学条件。韩国

---

① 褚宏启. 教育公平与教育效率：教育改革与发展的双重目标 [J]. 教育研究，2008（6）：7-13.

的职业教育在发展过程中，不断提高学校的开放力度，加强院校与企业的联系，包括为企业实行委托教育制度，校企共同进行教材开发、现场实习，企业人员参与办学单位的教学工作等，提高了学生的实际操作能力与业务水平。

二、韩国教育现代化的启示

（一）始终坚持教育与科技的战略地位

韩国受到儒家思想的长期影响，崇尚教育、尊师重道的传统由来已久。大韩民国建立以来，在经济状况极度艰难的情况下，韩国政府仍然坚持教育先行，确立了"教育立国"的发展战略，建国初期基础教育与职业教育的发展为经济腾飞输送了大量的高质量的劳动力。纵观经济发展历程，教育发展与经济增长相辅相成，教育从"量"的增长到"质"的飞跃，引领着整个社会政治、经济、文化的进步。

（二）以教育政策主动应对时代变化

韩国的教育政策与改革的前瞻性较强，多能及时响应时代与社会经济的变化，甚至可以起到引领社会的作用，如具有深远影响的"5·31教育改革报告"等；也不乏难以长期为继的政策，如课外辅导禁令等，因为政策后续力量不足而逐渐走向了形式化。但是从整体发展历程来看，这种主动求新、求变的精神是韩国教育屡屡抓住发展机会、取得成果的重要因素。

为了推进教育政策与改革，韩国政府审时度势，依据自身现状与基本规律制订相应的教育发展计划，把长计划与短计划相结合，明确计划的目标和内容，并进行政策效果评价，使其落到实处。与此同时，韩国政府在制订经济发展计划时，也制订了教育发展计划，如大韩民国建立初期的义务教育发展五年计划、职业教育发展计划等。在制订教育发展计划时，韩国政府通过非常明晰的目标与具体实施内容来推进落实，并且根据实际情况的变动及时调整，保障了政策的有效性。

（三）加强不同阶段教育的立法，以法治推动教育发展

根据《大韩民国宪法》的规定，韩国于1949年12月31日出台了《教育法》，并根据《教育法》和其他相关法规，构建了比较完备的教育法规体系。在学校教育方面，设立了《婴幼儿保育法》《幼儿教育振兴法》《幼儿教育法》《初中等教育法》《高等教育法》《产业教育振兴法》《特殊教育振兴法》等；在其他类型教育方面设立了《私立学校法》《科学教育振兴法》《终身教育法》等；在师资方面，设立了《教育公务员法》《提高教师地位特别法》；在教育财政方面，设立了《教育税法》《地方教育财政拨款法》等。韩国政府通过设立与完善教育法律体系，有效地将教育事业纳入了法治轨道，推动了各类教育的规范化发展。

（四）多措并举，持之以恒推进课外辅导教育的治理

韩国的课外辅导教育治理政策历经了不同阶段：20世纪60年代起取消中学的入学

考试，开始推进高中教育"平均化"改革；80年代尝试全面禁止课外辅导，然而政策在执行过程中逐渐松动，禁止课外辅导的政策在2000年被判定为违反宪法；进入21世纪以来，在课外辅导合法化的前提下，韩国政府开始采取提升公立学校教育质量、通过学校提供多样的教育服务等政策，更加强调公平与效率的有机统一，也逐渐取得了一定的效果。韩国课外辅导治理政策的得失值得我国反思与借鉴，对于课外辅导教育应建立长期的治理规划，不断完善相关政策，防止政策执行上产生误区与松动。同时应持续提高公立教育质量，保障教育公平与教育效率，切实发挥学校教育在人才培养中的作用，满足学生多样化的受教育需求。

第八章　中国教育现代化

自 18 世纪工业革命以来，世界范围的现代化浪潮先是以西欧国家为中心，随后开始向全球蔓延，推动民族国家的现代化转型渐成大势所趋。1949 年新中国成立后，迈入现代化国家行列也成为新中国的必然选择。在 1962 年中央工作会议报告中，中国首次提出包括工业现代化、农业现代化、科学技术现代化和国防现代化在内的"四个现代化"战略目标[①]，以期快速实现追赶超越，建设成为社会主义现代化国家。

继工业、农业、科学技术和国防四个领域之后，1983 年 10 月，邓小平为北京景山学校题词："教育要面向现代化，面向世界，面向未来"，教育现代化由此正式进入国家政策话语体系，成为国家重要的战略目标。教育现代化是一个常议常新的论题，不同国家教育现代化的发展道路和改革目标既存在共性，也具有一定差异。研究中国现代化问题需要扎根中国的实际情况，总结中国教育现代化的特色与规律。当前，中国正处于教育现代化进一步深化发展时期，系统梳理中国教育现代化的历史进程、典型政策、指标表现和建设经验有助于我国找准定位，明确方向，推动教育现代化的顺利实现。

第一节　中国教育概况

中国现行学制如图 8-1 所示。

当前中国的教育体系包括学前教育、义务教育、高中阶段教育和高等教育四个层次，普通教育和职业教育两种类型，普通教育和职业教育的分流主要发生在高中阶段，学生年龄约 15 岁。规模庞大是中国教育体系的突出特征，2021 年从学前教育到高中阶段教育的毛入学率均超过 80%，高等教育的毛入学率超过 57%。[②]

一、中国教育体系概览

中国的教育体系可以概括为"四个层次，两种类型"。具体而言，"四个层次"分别是指学前教育、义务教育、高中阶段教育和高等教育，其中小学和初中两个教育阶段属于义务教育层次，高等教育层次包括本专科教育和研究生教育两个阶段；"两种类型"是指普通教育和职业教育，二者具有同等重要地位。为便于进行国际比较，图 8-1 中将我国的教育体系与联合国教科文组织统计研究所研发的《国际教育标准分类法》（International Standard Classification of Education，ISCED）进行对标，ISCED 分为 0 ～ 8 共 9 个等级。

[①] 罗平汉，方涛 . 从"四个现代化"到"第五个现代化"——中国共产党现代化思想的演进轨迹 [J]. 探索，2014（5）：36-40.

[②] 教育部 . 2021 年全国教育事业发展统计公报。

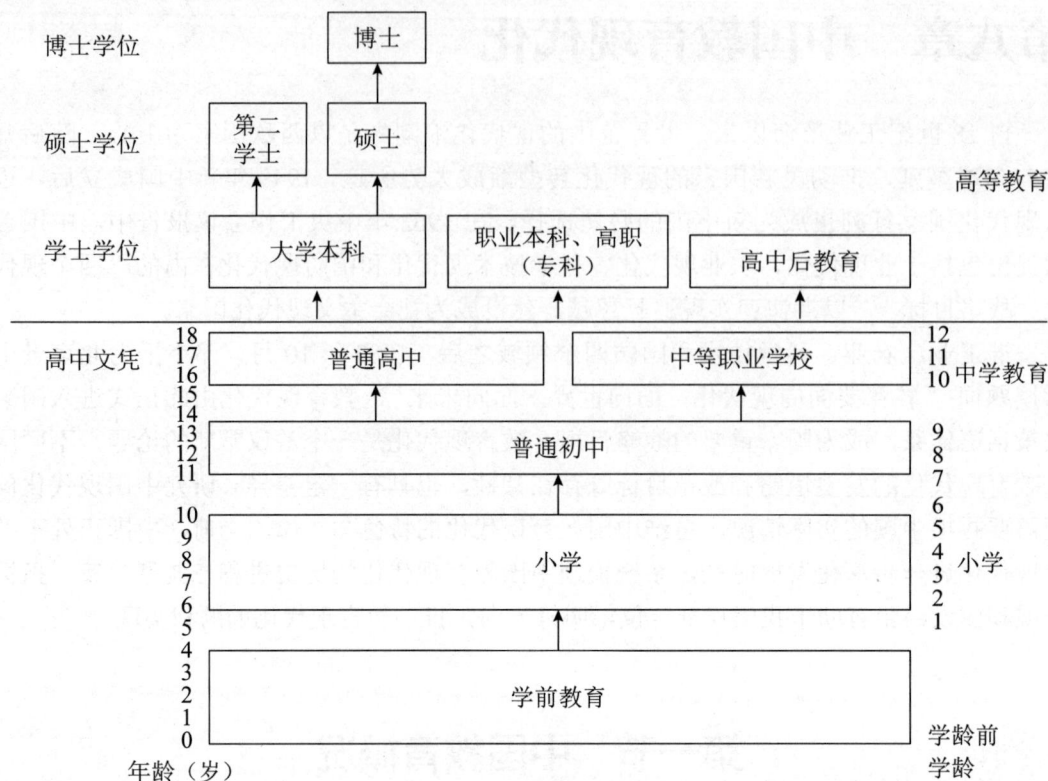

图 8-1　中国现行学制

（一）学前教育

中国的学前教育对应 0 级 ISCED，这一等级包括 ISCED 010 和 ISCED 020 两个部分，前者主要面向 0～2 周岁幼儿，后者的受教育对象则是 3 周岁至小学教育开始阶段的儿童。中国公立学前教育招收 3～6 周岁幼儿，民办幼儿园招收幼儿的年龄范围更加广泛，0 岁至小学入学前均可入学。此外，还存在大量未接受常规学前教育直接进入小学学习阶段的儿童。

（二）初等与中等教育

中国的义务教育法定年限为 9 年，但小学教育阶段和初中教育阶段的年限分配存在地区差异。多数地区采用小学教育 6 年，初中教育 3 年的"六三制"；不过仍有个别地区实行小学教育 5 年，初中教育 4 年的"五四制"，义务教育学制呈现两轨并行态势。^①中国的小学教育对应 ISCED 1，初中教育对应 ISCED 2。

高中阶段教育开始出现分轨。初中毕业后继续求学的学生面临不同类型的教育选择：选择普通教育轨的学生升入普通高中，学制为 3 年，对应 ISCED 3。ISCED 4 为中学后非高等教育阶段，在我国暂无对应学段。

① 学制改革试验 义务教育："五四学制"与"六三学制"相并而行 [J]. 教育，2020（23）：12-15.

（三）高等教育

高等教育继续保持双轨制，且正在构建灵活的衔接、转轨机制。高中毕业后继续求学的学生面临两种教育选择：或者进入职业教育轨，接受高等职业教育，对应 ISCED 5；或者进入普通教育轨，接受普通本科教育，对应 ISCED 6。高等职业教育毕业生也可通过参加考试转入普通本科教育。研究生教育阶段分为硕士教育和博士教育两个层次，分别对应 ISCED 7 和 ISCED 8，类型上包括学术学位和专业学位两种。本科毕业后如想继续深造，既可以先攻读硕士学位再攻读博士学位，部分学校也可以直接攻读博士学位。专科毕业在达到一定条件后也可申请攻读研究生学位。

（四）职业教育

中国职业教育可以分为中等职业教育和高等职业教育。其中，初中毕业后继续求学的学生可以选择进入职业教育轨，进入中等职业学校，学制以 3 年为主，对应 ISCED 3。高等职业教育则为高中毕业学生提供职业轨选择，对应 ISCED 5。

根据《现代职业教育体系建设规划（2014—2020 年）》的政策设计，未来中国的教育体系将实现不同层次、不同类型教育之间的相互转换，共同构成弹性灵活的人才培养"立交桥"，贯彻终身教育理念（见图 8-2）。目前职业教育内部衔接、普通教育与职业教育之间的融通互转仍有待加强。

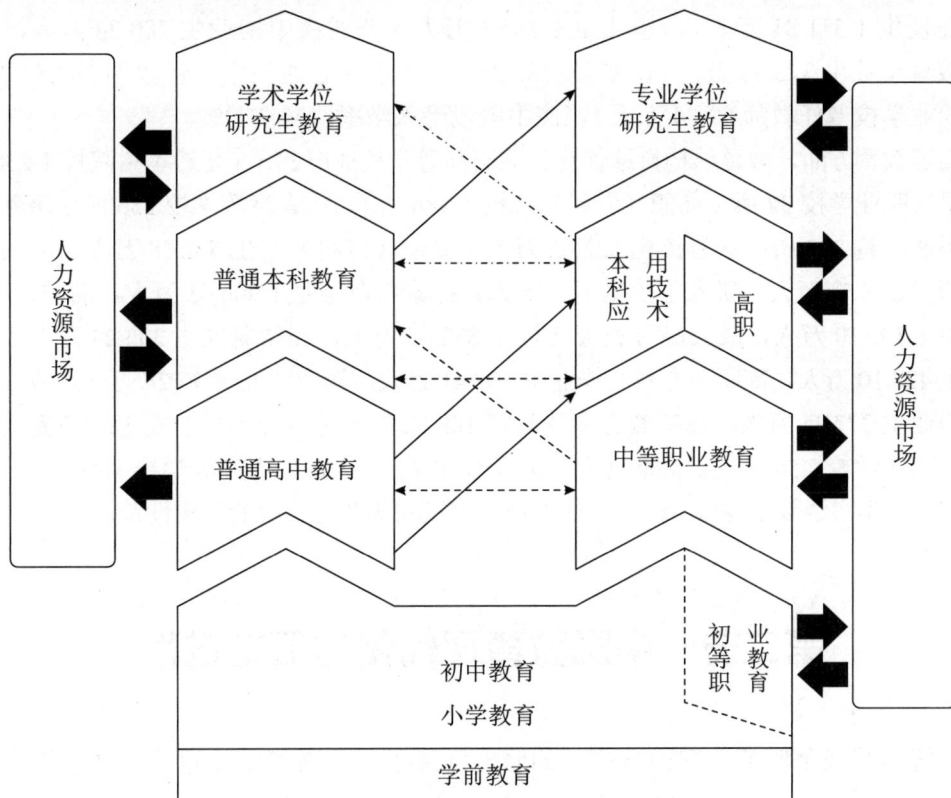

图 8-2　中国教育体系基本框架规划示意图

资料来源：《现代职业教育体系建设规划（2014—2020 年）》。

二、中国教育发展现状

中国已建成包括学前教育、初等教育、中等教育、高等教育在内的当代世界规模最大的教育体系，教育现代化发展总体水平跨入世界中上国家行列。[①] 根据教育部全国教育事业发展统计公报数据，2021 年，中国共有各级各类学校 52.93 万所，各级各类学历教育在校生 2.91 亿人，专任教师 1 844.37 万人。[②]

学前教育方面普及成效明显。虽然受到生育率下行冲击影响，在园幼儿数有所下降，不过学前教育毛入园率已接近 90%。全国共有幼儿园 29.48 万所，在园幼儿 4 805.21 万人，幼儿园专任教师 319.10 万人，其中专科以上学历占比 87.60%，学前教育毛入园率达到 88.1%。

基础教育方面，提质增效显著。九年义务教育巩固率达到 95.4%，专任教师队伍学历层次不断提高。共有普通小学 15.43 万所，小学阶段招生 1 782.58 万人，在校生 1.08 亿人，毕业生 1 718.03 万人，专任教师 1 718.03 万人，其中本科以上学历占比 70.30%。包括 9 所职业初中在内，初中学校共计 5.29 万所，初中阶段招生 1 705.44 万人，在校生 5 018.44 万人，毕业生 1 587.15 万人，专任教师 397.11 万人，其中本科以上学历比例 90.05%。高中阶段教育方面，规模持续扩大。共有学校 2.19 万所（普通高中 1.46 万所，中等职业学校 7 294 所），招生 1 393.94 万人（普通高中招生 904.95 万人，中等职业教育招生 488.99 万人），在校生 3 916.84 万人（普通高中在校生 2 605.03 万人，中等职业教育在校生 1 311.81 万人），毕业生 1 155.6 万人（普通高中毕业生 780.23 万人，中等职业教育毕业生 375.37 万人），专任教师 272.37 万人（普通高中专任教师 202.83 万人，中等职业学校专任教师 69.54 万人），高中阶段毛入学率达到 91.4%。

高等教育方面，教育结构持续优化。共有高等学校 3 012 所 [普通本科院校 1 238 所，本科层次职业学校 32 所，高职（专科）院校 1 486 所]，成人高等学校 256 所，培养研究生的科研机构 233 所；本科招生 522.02 万人，高职（专科）招生 552.58 万人，成人高等教育招生 378.53 万人，研究生招生 117.65 万人；本科在校生 1 906.03 万人，高职（专科）在校生 1 590.10 万人，成人高等教育在校生 832.65 万人，在学研究生 333.24 万人；本科毕业生 428.10 万人，高职（专科）毕业生 398.41 万人，毕业研究生 77.28 万人，成人高等教育毕业生 277.95 万人；高等教育专任教师 188.52 万人 [普通本科学校 126.97 万人，本科层次职业学校 2.56 万人，高职（专科）学校 57.02 万人，成人高等学校 1.97 万人]；高等教育毛入学率达到 57.8%，已实现从大众化阶段向普及化阶段的历史性跨越。

第二节 中国教育现代化的历史进程

尽管鸦片战争时期，在西方列强的坚船利炮下，中国就已开始了教育现代化的萌

---

① 中华人民共和国中央人民政府网.《中国的全面小康》白皮书。
② 教育部.2021 年全国教育事业发展统计公报。

芽，有学者将 1862 年京师同文馆的开办视作中国近代教育的开端[1]，但真正意义上的教育现代化进程实则从新中国成立开始。自 1949 年新中国成立至今，中国的教育现代化进程已经走过了 70 余个年头，现代教育体系从无到有、从有到优，规模不断扩大、质量不断提升、结构不断优化、条件不断夯实、贡献不断升级。根据不同历史阶段推动中国教育现代化发展的重要事件与典型政策，新中国的教育现代化进程可以大致分为曲折发展（1949—1977 年）、初步发展（1978—1998 年）、增速发展（1999—2011 年）、内涵式发展（2012 年至今）四个历史阶段。

一、中国教育现代化曲折发展阶段（1949—1977 年）

现代民族国家的建立是开启教育现代化进程的重要政治前提，1949 年中华人民共和国的成立标志着中国取得新民主主义革命的伟大胜利，正式开启社会主义革命和建设。新中国成立伊始就拉开了改造旧教育、建设新教育的序幕。1949 年《中国人民政治协商会议共同纲领》明确规定："人民政府应有计划有步骤地改革旧的教育制度、教育内容和教育法；有计划有步骤地实行普及教育，加强中等教育和高等教育，注重技术教育，加强劳动者的业余教育和在职干部教育，给青年知识分子和旧知识分子以革命的政治教育，以应革命工作和国家建设工作的广泛需要。"同年 12 月，全国第一次教育工作会议在北京召开。这次会议上讨论决定了建设新教育的路径选择，明确提出新教育的三大经验来源，即以老解放区的教育经验为基础，吸收旧教育某些有用的经验，借鉴苏联教育建设的先进经验。这一时期尽管并未明确出现教育现代化的提法，实则已然开始朝着建立现代教育体系的方向努力。在此过程中虽经历曲折，但也为后期探索教育现代化的中国道路积累了宝贵经验。这一阶段的发展特征体现在以下几个方面。

（一）阶段发展特征

1. 学前教育

制度化是这一时期的鲜明特征。新中国成立后虽然接管了 200 余所资本主义国家在华开办的学前教育机构，收回了学前教育的管理主权，然而学前教育现代化才刚刚起步，尚未建立制度化的办学规范，甚至没有独立的管理部门，彼时幼儿园教育处还设在基础教育司。1951 年《中央人民政府政务院关于学制改革的决定》发布，正式将学前教育（幼儿教育）纳入新中国学制体系，为学前教育发展提供了制度化保障。[2] 幼儿园教育处也调整成教育部直属单位，由张逸园担任幼儿园教育处第一任处长。新中国的幼儿园废除了沿袭已久的入园考试制度，实行学费减免，为更多适龄幼儿接受学前教育奠定了坚实基础。在全国初等教育会议上通过的两份重要文件《幼儿园暂行规程（草案）》和《幼儿园暂行教学纲要（草案）》进一步明确了学前教育的管理体制与办学规范。[3]

① 雷钧.京师同文馆对我国教育近代化的意义及其启示[J].教育与现代化，2002（4）：71-76.
② 曲铁华，王洪晶.我国学前教育制度变迁：轨迹、逻辑与趋势[J].教育科学，2020（3）：85-90.
③ 唐淑，钱雨，杜丽静，等.中华人民共和国幼儿教育 60 年大事记（上）[J].学前教育研究，2009（9）：66-69+71.

这一时期学前教育的现代化之路深受苏联经验影响，几乎是全面苏化下的制度化。1950 年，苏联幼儿教育专家戈琳娜来到中国，受聘为教育部幼儿教育顾问，1954 年，由马努依连柯继任。两位幼教专家通过指导幼儿园的教育、教学实验及培训各级师资，广泛传播苏联的幼教理论和实践。

2. 初等与中等教育

新中国成立初期的基础教育同样呈现出以俄为师、全面苏化倾向。第一，根据苏联教育体系修改基础教育学制。例如，将小学学制由"四·二"分段制改为与苏联一致的五年一贯制。第二，采用苏联教材的编译本授课教学。中小学数学、物理、化学、历史、政治和经济教科书大都采用苏联原文改写的版本，中小学教师普遍学习凯洛夫主编的《教育学》。第三，效仿苏联中小学制定培养目标、教学任务、修业年限、入学条件、指导原则、教学方法、教学计划等，并依照苏联中小学的做法，建立班主任制、团队组织和教研组。[①] 通过学习苏联经验，广大中小学教师接触到较为先进的教育学理论，编制了统一的授课教材，制订了统一的教学计划、教学大纲和考试制度，虽然一定程度上保障了当时基础教育的教学质量，促进了我国基础教育标准化建设，但机械照搬苏联经验忽视了中国基础教育的发展实际，在推广过程中也导致了诸多水土不服问题。例如，由于当时中国尚处于恢复建设时期，向苏联看齐的学制改革导致学校校舍、师资、设备和经费等问题频出。[②] 此外，苏联的基础教育模式以教学计划、教学大纲和教科书"三位一体"的集中管理模式为代表，存在过于注重知识教学导致基础教育价值歧化、教师过度集权不利于学生个性发展、学生自由缺失不利于创造性培养等问题。[③]

中苏关系破裂后，中国开始独立探索教育现代化道路。考虑到当时国民识字率不高、受教育年限偏低的现实情况，尽快扫除文盲、普及小学教育、为广大人民群众提供受教育机会成为推进教育现代化的首要任务。在路径选择上，中共八大二次会议后受经济战线、政治战线和思想战线社会主义革命的影响，在教育领域采取激进的改革措施，试图在标准化的学校教育体系之外探索出一条教育普及"快车道"。1958 年 9 月中共中央、国务院发布《关于教育工作的指示》，提出"全国应在三年到五年的时间内，基本上完成扫除文盲、普及小学教育"的目标，中央向地方大幅下放中小学教育管理权，鼓励以多种形式发展教育，通过开办半工半读、半农半读学校扩大工农子弟受教育机会，各地由此掀起全民办学、全民上学热潮。据统计，和 1957 年相比，1958 年全国中等学校数增长 846%，学生数增长 112%；小学学校数增长 73%，学生数增长 43%。[④] 然而欲速则不达，基础教育过快的普及化步伐不久便面临资源约束和质量压力。直到 1961 年"调整、巩固、充实、提高"八字方针的提出，才让基础教育规模的非理性扩张得到遏制，开始撤并部分学校，精简校内师生。《全日制小学暂行工作条例（试行草案）》（又称"小学四十条"）[⑤] 和《全日制中学暂行工作条例（试行草案）》（又称"中学五十条"）[⑥] 对冒进的教育

---

① 吴全华. 我国教育改革发展须祛除的苏联模式 [J]. 教育现代化，2015（2）：36-45.

② 吴锦，彭泽平. 新中国基础教育学制改革：历程、经验与展望 [J]. 教育与教学研究，2015（10）：32-38.

③ 裴嵘军. 凯洛夫教育学对我国基础教育的影响原因与反思 [J]. 教育理论与实践，2015（17）：6-8.

④ 党的教育方针的凯歌——祝教育与生产劳动相结合展览会开幕 [N]. 人民日报，1958-11-01.

⑤ 全日制小学暂行工作条例（试行草案）[J]. 安徽教育，1978（12）：8-13.

⑥ 全日制中学暂行工作条例（试行草案）[J]. 安徽教育，1978（12）：2-8.

革命予以纠偏，基础教育逐渐迈入理性化的发展之路。

3. 高等教育

强调教育服务经济发展的外部职能。院系调整和重点大学建设深刻重塑了中国高等教育布局，教育发展与国家发展更加紧密地结合在一起。根据 1950 年 6 月全国第一次高等教育工作会议确定的高等教育发展方针与建设方向，以及次年 11 月全国工学院院长会议的讨论意见，从 1952 年开始，教育部按照"以培养工业建设人才和师资为重点，发展专门学院，整顿和加强综合性大学"[①] 的方针，将国家经济发展迫切需要的系科专业从综合性大学中独立出来，建成新的专门学院，适当增加工科和师范院校比例，大量合并同类系科专业。到 1957 年院系调整基本结束时，全国高等学校的布局为：综合类大学 17 所，工业类大学 44 所，师范类大学 58 所，医药类大学 37 所，农林类大学 31 所，语言类大学 8 所，财经类大学 5 所，政法类大学 5 所，体育类大学 6 所，艺术类大学 17 所，其他类大学 1 所，为彼时的国家现代化建设培养了大批专业人才。

这一时期也开展了重点大学建设。1954 年 10 月，高等教育部发出《关于重点高等学校和专家工作范围的决议》，确定北京大学、清华大学等 6 所高校为首批全国重点大学。1959 年和 1960 年中央又先后发布《关于在高等学校中指定一批重点学校的决定》和《关于增加全国重点高等学校的决定》，先确定 20 所高校为全国重点大学，一年后又新增 44 所高校作为全国重点大学。[②] 重点大学建设通过集中优势资源迅速提升了我国部分高等院校的办学质量，这部分大学后来成为推动高等教育现代化乃至国家现代化的"排头兵"，但也由此奠定了高等教育的分层格局，教育公平问题日益突出。[③]

4. 职业教育

以中等职业教育为发展重心，规模化、专业化特征明显。旧中国遗留下来的职业教育基础薄弱。首先，职业教育规模严重不足。职业学校数量不足千所，其中技工学校全国仅有 3 所，在校生不足 10 万人，远远不能满足新中国社会主义建设对于职业技术人才的需求。[④] 其次，职业教育科类分布与经济发展需要存在严重脱节。1950 年，职业教育学校中 36.2% 为中医药及卫生类，21% 属于农林类，而国民经济建设急需的工科类仅占 18%。[⑤] 为解决国家现代化建设所迫切需要的中级和初级技术人才问题，1952 年政务院印发《关于整顿和发展中等技术教育的指示》，提出要"有计划有步骤地整顿与发展"[⑥]。并且不同于西方侧重发展正规化的职业学校，这一时期中国根据实际需要举办各种速成性质的职业训练班和各种业余性质的职业补习班，既迅速弥补了技术人才缺口，又兼顾了广大劳动者提升受教育程度的需求，具有鲜明特色。到 1965 年，中等职业学校数达到 7 294 所，在校生突破 126 万人，占当时高中阶段学生总数的 53.20%。[⑦]

---

① 邱雁，杨新. 解放初院系调整大事记（1949—1953）[J]. 辽宁高等教育研究，1982（4）：199-214.

② 马陆亭. 新中国成立 70 年：高等教育重点建设的历史使命与巨大成就 [J]. 中国高等教育，2019（17）：4-6.

③ 王硕旺. 高水平大学建设过程中的资源配置机制创新——基于新公共管理理论的视角 [J]. 重庆高教研究，2015（3）：20-27.

④ 这一时期的职业教育有时也称为技术教育。

⑤ 闻友信，杨金梅. 职业教育史 [M]. 海口：海南出版社，2000：23.

⑥ 周恩来. 中央人民政府政务院关于整顿和发展中等技术教育的指示 [J]. 山西政报，1952（7）：95-96.

⑦ 高靓. 职业教育：锻造大国工匠 奠基中国制造 [J]. 云南教育（视界综合版），2019（10）：12-14.

此外，为推进学用一致，使所培养的技术人才确能适合各业务部门工作需要，中等职业教育实行专业化改造，大批综合性职业学校改组为单科性学校，同科学校适当合并；同时人才培养由按科培养转变为按专业培养，专业目录参照苏联中等职业学校的专业目录确定，随后由各主管业务部门统一确定对口学校的专业设置。发展中等职业教育为新中国成立初期的国家现代化建设贡献了强有力的专业技术人才支撑，然而这一时期片面发展中等职业教育、忽视初级和高等职业教育的做法也限制了职业教育作为与普通教育并驾齐驱的另一种类型教育功能的发挥，职业教育结构仍需优化。

（二）代表性政策分析

《中央人民政府政务院关于改革学制的决定》

（1）背景

新中国成立后新的政治、经济形势对教育事业发展提出新要求。国民经济建设迫切需要大批专业、技术人才作为支撑。然而原有的各级各类学校教育并不能满足新时期政治和经济形势赋予教育事业的新使命。例如，学校系统中不够重视面向工人、农民的干部学校和各种补习学校、训练班；六年制的初等学校修业年限，以及将初等学校拆分成初—高两级的做法让广大劳动人民子女难以接受完全的初等教育；技术学校的人才培养规模和结构与国家经济建设对于人才资源的需求不相适应等。在此背景下，打破不完善、不合理的旧学制，建立各级各类教育有效衔接的新学制被提上日程，于1951年10月1日颁布《中央人民政府政务院关于改革学制的决定》。

（2）内容

《中央人民政府政务院关于改革学制的决定》规定了新中国的学校教育体系包括幼儿教育、初等教育、中等教育、高等教育、各级政治学校和政治训练班以及特殊教育。其中，初等教育包括两部分：一是面向儿童的初等教育，办学机构为小学；二是面向青年、成人的初等教育，办学机构为工农速成初等学校、业余初等学校和识字学校（冬学、识字班）。中等教育实施"分流"：轨道一是提供普通中等教育的初级和高级中学、工农速成中学、业余中学；轨道二是提供职业教育的中等专业学校。高等教育继续分流：轨道一为提供普通高等教育的大学和专门学院，可设研究部，与中国科学院及其他研究机构配合培养高等学校的师资和科学研究人才；轨道二为提供高级职业教育的专科学校，培养具有高深专业知识的技能型、建设型人才。[①]

（3）结果与影响

作为新中国第一个学制，《中央人民政府政务院关于改革学制的决定》确立了业余教育和职业教育在教育系统中的适当地位，贯彻落实了新中国成立后第一次全国教育工作会议确立的"教育必须为国家建设服务，学校必须向工农开门"的工作方针。[②]它既反映了新中国的政权性质，又为国家经济建设提供了有力的人才支撑。实行新学制后，各级各类教育规模迅速发展，人民文化教育水平显著提升，1951年版学制奠定了中国各

---

① 中央人民政府政务院关于改革学制的决定 [J]. 天津市政，1951（29）：1-3.
② 中国改革信息库.我国教育体制改革大事记（1949—2010）。

级各类教育的基本格局，此后中国的学制虽几经修订，但仍主要沿用这一学制确定的总体框架。[①]

《中央人民政府高等教育部关于一九五三年全国高等学校院系调整的计划》

（1）背景

高等学校大规模院系调整是国际政治局势、国内经济建设和高等教育自身发展三方面因素共同作用的产物。新中国成立初期出于政治考虑，在教育领域全面打破旧有体制，学习借鉴苏联建立新的教育体系，传递出与欧美教育模式彻底决裂的决心，积极向社会主义阵营靠拢。与此同时，新中国也希望集中培养大批国家工业化建设急需的高级专门人才，更好地支撑国家现代化建设。从高等教育自身发展来看，当时的高等教育结构主要存在如下问题。第一，区域结构不合理。当时高等学校多数集中在沿海和接近沿海的大城市，内地和边远地区数量较少。1949 年，在 205 所高等学校中，位于北京、上海、江苏和广东的就有 79 所，西北广大地区仅有 8 所。其中仅上海就有高等学校 37 所，在校学生 2 万多人，约占全国高等学校学生数的五分之一。第二，类型结构不合理。国家现代化建设急需的工程、师范、医药、农林等系科办学规模小，师资力量和办学设施较为分散，不能适应需求。第三，系科结构不合理。当时政法系科在校生占总数的 24.4%，财经系科学生占 12.4%，文科学生占 10.2%，而工科、农科和医科在校生分别仅占总数的 7.4%、6.5% 和 7.6%。[②]

（2）内容

针对上述情况，中央人民政府高等教育部开始着手以大行政区为单位，推进高等学校布局结构调整。仿效苏联的高等教育体系，全国高校主要划分为综合大学和专门学院两种类型，同时也保留了一些专科学校以满足国家对专门人才的需要。综合大学设文科和理科两个系科，专门学院按工、农、医、师范、财经、政法、艺术、语言、体育等系科分别设置，其中工科学院和师范学院是发展重点。各类高等学校的布局安排为：综合大学在全国各大行政区最少有 1 所，最多不超过 4 所；专门学院和专科学校以大行政区为单位，视实际情况设置。[③]

（3）结果与影响

至 1953 年底，第一阶段的高等教育院系调整工作基本结束。本次院系合并重组带来的结果之一是大大增加了中国的高等院校数量，全国高等学校共有 182 所，其中综合大学 14 所，高等工业院校 39 所，高等师范院校 31 所，高等农林院校 28 所，高等医药院校 32 所，高等财经院校 13 所，高等政法院校 3 所，高等艺术院校、高等语言院校、高等体育院校、高等民族院校 28 所。[④] 应当说大规模院系调整适应了当时的政治体制与经济体制需要，一定程度上优化了高等教育结构不合理的状态，使人力物力资源的使用更为集中，为国家工业化和国防科技发展培养了大批高级专业人才。

---

① 李国钧，王炳照 . 中国教育制度通史（第 8 卷）[M]. 济南：山东教育出版社，2000：93，96，97.

② 李国钧，王炳照 . 中国教育制度通史（第 8 卷）[M]. 济南：山东教育出版社，2000：96.

③ 李国钧，王炳照 . 中国教育制度通史（第 8 卷）[M]. 济南：山东教育出版社，2000：97.

④ 李国钧，王炳照 . 中国教育制度通史（第 8 卷）[M]. 济南：山东教育出版社，2000：97-98.

但客观而言，本次调整也存在一些弊端。一是以大行政区为单位进行院系调整的方式未能有效解决高等学校地区分布不合理问题。高等学校仍然过分集中在各大行政区领导机关所在地。二是从此奠定了中国高等教育重理轻文的格局，人文学科遭受重大打击。三是由于专业划分过细，不利于人才的全面发展。四是虽然适应当时的计划经济体制，但随着时间的推移体制僵化问题也逐渐凸显，限制了大学办学的自主性和灵活性。[①]

《中共中央国务院关于教育工作的指示》

（1）背景

在中国共产党的领导下，1956 年中国基本完成对生产资料所有制的社会主义改造，全面转入社会主义建设时期。经济战线上的社会主义革命取得基本胜利，政治战线和思想战线上的社会主义革命取得决定性胜利，教育工作也取得巨大成就，顺利完成了从旧教育向新民主主义和社会主义教育的根本转变。为彻底完成社会主义革命，适应大规模社会主义建设对人才的迫切需求，需要及时调整党的教育方针，明确社会主义教育方向。1958 年 9 月 19 日，中共中央国务院发布了《关于教育工作的指示》。

（2）内容

《中共中央国务院关于教育工作的指示》共六个部分。第一，指出必须调动一切积极因素，鼓足干劲、力争上游，多快好省地扫除文盲，普及教育，培养出一支数以千万计的又红又专的工人阶级知识分子的队伍。第二，全国解放九年来，我国教育工作在党的领导下取得了巨大的成绩。第三，党的教育方针是教育为无产阶级的政治服务，教育与生产劳动相结合。第四，提出全国将有三类主要的学校：第一类是全日制的学校，第二类是半工半读的学校，第三类是各种形式的业余学习的学校。第五，要求各大协作区建立起一个完整的教育体系。第六，规定全国应在三年到五年的时间内，基本上完成扫除文盲、普及小学教育的任务。其中明确提出："党的教育工作方针，是教育为无产阶级的政治服务，教育与生产劳动结合；为了实现这个方针，教育工作必须由党来领导。没有党的领导，社会主义的教育是不能设想的。教育是改造旧社会和建设新社会的强有力的工具之一。教育工作必须在党的领导之下，才能很好地为社会主义革命和社会主义建设服务。"

（3）结果与影响

党的教育方针是党在一定历史阶段提出的有关教育事业的总方向和总指针，是教育基本政策的总概括，是指导整个教育事业发展的战略原则和行动纲领。教育方针的制定和落实，事关国家教育事业发展的战略方向和兴衰成败。这是新中国成立后，中央文件表述中首次冠以"教育方针"字样，该方针突出强调党对社会主义教育的领导，对后来的教育发展影响深远，[②]既继承了党在民主革命时期关于新民主主义文化教育总方针的优良传统，也为我国社会主义教育事业指明了前进的道路和发展的方向。

综上，这一时期中国的教育现代化道路曲折发展，虽然依靠国家强大的动员力量在

① 方晓东. 中华人民共和国教育史纲 [M]. 海口：海南出版社，2002：81-82.
② 杨东平. 艰难的日出：中国现代教育的 20 世纪 [M]. 上海：文汇出版社，2003：134-135.

短时期内迅速完成新教育体系的建立，特别是新中国前十七年教育取得了突出成就，在当时特定的历史背景下为国家现代化建设做出了重要贡献。但"全面苏化"在后期出现了体制僵化、水土不服等弊端，中苏关系破裂后自主摸索的教育现代化之路也遭遇了"教育大跃进""文化大革命"等挫折。中国的教育现代化究竟该往何处去？这成为国人心头挥之不去的难题。

二、中国教育现代化初步发展阶段（1978—1998 年）

开始改革开放和社会主义现代化建设后，改革开放的总设计师邓小平为中国教育现代化指明了方向。1978 年党的十一届三中全会后，中国教育发展的面貌焕然一新。1983 年，邓小平为北京景山学校题词："教育要面向现代化，面向世界，面向未来。""三个面向"树立了中国现代教育的航标，标志着教育与现代化更紧密地联系在一起，随后教育现代化正式作为发展目标进入国家政策话语，中国教育现代化由此开启初步发展时期。这一阶段的发展特征体现在以下几个方面。

（一）阶段发展特征

1. 学前教育

重视培育师资，加强条件保障。1978 年起我国学前教育发展重新步入正轨，教育部在普通教育司恢复设立已中断 16 年的幼教特教处，随后幼儿师范院校和高师学前教育专业也开始陆续恢复招生。这一时期加强师资队伍建设、夯实条件保障成为推进学前教育现代化的重要抓手。1978 年 10 月，教育部颁布《关于加强和发展师范教育的意见》，要求"积极办好幼儿师范学校，为幼儿园教育培养骨干师资……原有学前教育专业的师范院校应积极办好这个专业，扩大招生名额，为各地幼儿师范培养师资"。1981 年 11 月召开的第五届全国人民代表大会第四次会议上也提出"要培训大批合格的幼儿教师，使更多的学龄前儿童能够进入幼儿园"。培育师资队伍的主要举措一方面在于大力发展国内学前师范教育，另一方面在改革开放的大背景下也在积极开展国际合作。1982 年，教育部与联合国儿童基金会共同启动"学前教育师资培训项目"。该项目第一期由南京师范大学负责执行，为时 3 年（1982—1984 年）；第二期执行单位扩大到 8 所高校和 17 所幼儿师范学校，为时 6 年（1985—1990 年），从而为我国学前教育发展储备了大批合格师资。[①]

2. 初等与中等教育

大力推进九年制义务教育普及化。普及九年义务教育是提高国民文化素质的奠基工程，这一历史时期国家在诸多政策文件甚至是法律法规中都明确强调要普及义务教育。例如，1980 年 12 月颁布的《关于普及小学教育若干问题的决定》对全国普及义务教育分学段提出要求：小学教育应实现基本普及，初中教育可在有条件的地区开展普

---

① 唐淑，钱雨，杜丽静，等. 中华人民共和国幼儿教育 60 年大事记（上）[J]. 学前教育研究，2009（9）：66-69+71.

及。1982 年 12 月新修订的《中华人民共和国宪法》第 19 条第一次以国家根本大法的形式明确规定普及初等义务教育。1985 年 5 月《中共中央关于教育体制改革的决定》首次将普及义务教育的年限确定为 9 年。1986 年 4 月《中华人民共和国义务教育法》颁布，标志着我国实行九年制义务教育正式取得法律地位。1992 年党的十四大提出到 20 世纪末基本普及九年义务教育的战略目标。为确保"基本普九"目标的实现，中央对义务教育特别是贫困地区义务教育的投入加大，1995—2000 年国家教委和财政部组织实施第一期"国家贫困地区义务教育工程"，共计 126 亿元，其中中央财政投入专款 39 亿元，地方配套资金 87 亿元。[1] 这一阶段中国普及九年义务教育成就显著，截至 1998 年底，全国共有 2 242 个县（区/市）通过"两基"验收，人口覆盖率达到 73%。小学学龄儿童入学率和初中阶段毛入学率分别达到 98.93% 和 87.3%，超过同期发展中国家平均水平。小学、初中和高中教师的学历合格率分别从 1992 年的 83%、56% 和 49% 提高到 1998 年的 94.6%、83.4% 和 63.49%，同时推行的"百万校长培训计划"，也带动中小学管理水平得到明显改善。

3. 高等教育

对内恢复研究生教育；对外"引进来"与"走出去"相结合，积极推进国际化。为培养高层次人才，中国从 1978 年起恢复招收研究生，1980 年通过的《中华人民共和国学位条例》标志着我国正式确立本、硕、博三级学位制度。高等教育国际化一方面表现在"走出去"，即恢复选派出国留学生。1978 年共选派 860 人，为人力资本积累奠定了制度基础。[2]1981 年，"突出重点，统筹兼顾，在保证质量的前提下争取多派一些，并在最近几年内保持派出数量相对稳定"的公派方针在《关于出国留学人员管理工作会议情况的报告》中确立下来。[3] 国际化的另一方面表现在"引进来"，即接收来华留学生。1979 年 5 月颁发的《外国留学生工作试行条例（修订稿）》规范了来华留学生在接收、教学、思想政治、政治活动、生活以及社会等各个方面的管理工作。[4]1978 年在华外国留学生数仅为 1 236 人，到 1998 年这一数字增长到 43 084 人，是改革开放初期的 35 倍。

4. 职业教育

体系更加灵活，职业教育内部以及与普通教育之间的衔接分流更为顺畅。这一时期中国提出要有计划地实行小学后、初中后和高中后三级普职"分流"，逐步形成初等、中等和高等职业教育与对应阶段的普通教育共同发展、相互衔接、比例合理的教育体系。1980 年，《教育部、国家劳动总局关于中等教育结构改革的报告》明确提出中等教

---

① 王慧，梁雯娟.新中国普及义务教育政策的沿革与反思 [J].河北师范大学学报（教育科学版），2015（3）：31-38.

② 胡鞍钢，王洪川.中国式教育现代化与教育强国之路 [J].新疆师范大学学报（哲学社会科学版），2023（1）：56-72+2.

③ 刘国福.近三十年中国出国留学政策的理性回顾和法律思考 [J].浙江大学学报（人文社会科学版），2009（2）：130-139.

④ 孙霄兵.中国教育对外开放 70 年的政策演变与发展成就 [J].国家教育行政学院学报，2019（10）：10-15+22.

育"应当实行普通教育与职业、技术教育并举"[①]。1990 年全国各类职业技术学校数、招生数和在校生数分别是 1980 年的 2 倍、3 倍和 2.5 倍，高中阶段各类职业技术学校和普通高中的招生数之比接近 1∶1。[②]1996 年通过的《中华人民共和国职业教育法》以法律形式明确了职业教育的地位、作用与任务、自身体系、各方职责、实施与保障条件，标志着我国职业教育进入有法可依、依法治教新阶段。考虑到全国各地区的教育普及程度不同，经济发展水平各异，这一时期职业教育的发展方向是根据各地实际开展以初中后为重点的分阶段教育分流，在推进职业学校教育的同时也强调职业培训，并力争实现职业教育与其他教育的互融互通、协调发展。此外，普通中学也可以因地制宜地开设职业教育课程，或者根据实际需要适当增加职业教育的教学内容。

（二）代表性政策分析

《中共中央关于教育体制改革的决定》

（1）背景

改革开放后全国思想风貌焕然一新，关于教育事业的若干新论断、新决策不断涌现，教育工作在党中央领导下逐步走上恢复发展之路。但是，当时我国僵化的教育体制与落后的教育发展水平难以有效适应经济体制改革全面展开的新形势，难以回应对外开放、对内搞活新布局对于教育事业的新需求，教育发展与社会整体发展相比表现出一定的滞后性。当时存在的主要问题体现在教育管理、教育结构以及教育内容和教育方法三方面。在教育管理方面，政府与学校的管理权责划分不明，特别是在高等教育层次，政府对学校"管得过多、统得过死"，一定程度扼杀了高校办学活力。在教育结构方面，各级各类教育都面临着不同的问题。基础教育面临的突出问题是教育资源不足，如师资、教学场所、教学设备等数量不足、质量不高；职业技术教育面临的突出问题是人才培养无法满足经济建设所需；高等教育面临的突出问题是学科结构、层次结构不够合理。在教育内容和教育方法方面，课程内容陈旧，教学方法死板，专业设置与当时的经济和社会发展存在一定程度的脱节。[③] 鉴于此，1984 年 10 月，中央将教育改革提上日程，成立领导小组，要求尽快提出关于教育体制改革的初步方案，教育体制改革文件起草工作正式启动。[④] 我国开始从体制入手，系统推进教育现代化改革。1985 年 5 月 27 日中共中央颁布了《关于教育体制改革的决定》。

（2）内容

《中共中央关于教育体制改革的决定》共五个部分。第一，教育体制改革的根本目的是提高民族素质，多出人才、出好人才；第二，把发展基础教育的责任交给地方，有步骤地实行九年制义务教育；第三，调整中等教育结构，大力发展职业技术教育；第四，改革高等学校的招生计划和毕业生分配制度，扩大高等学校办学自主权；第五，加强领

---

①　国务院批转教育部、国家劳动总局关于中等教育结构改革的报告 [J]. 中华人民共和国国务院公报，1980（16）：491-496.

②　周明星，刘晓，王良，等 . 中国四代领导人职业教育思想初探 [J]. 职教论坛，2008（30）：6-33.

③　中共中央关于教育体制改革的决定 [J]. 中华人民共和国国务院公报，1985（15）：467-477.

④　胡启立 .《中共中央关于教育体制改革的决定》出台前后 [J]. 炎黄春秋，2008（12）：1-6.

导，调动各方面积极因素，保证教育体制改革的顺利进行。

教育体制改革的总思路可以概括为"两个必须""三个面向""四有人才"。"两个必须"强调教育事业发展与社会主义建设的关系，即社会主义建设必须依靠教育，教育必须为社会主义建设服务；"三个面向"强调人才培养方向，即教育要面向现代化、面向世界、面向未来，为我国经济社会发展培养各行各业人才，储备智力资本；"四有人才"强调人才特质，即教育所培养的人才必须做到有理想、有道德、有文化、有纪律。其中，"三个面向"是核心和灵魂，"两个必须"是根据"三个面向"对教育与社会关系的阐述，"四有人才"是实现"三个面向"所需的人才规格和素质结构。

改革教育体制采取的重要举措包括如下几项。第一，在基础教育层次，按步骤有计划地推进九年义务教育，同时向地方下放管理权限。第二，在中等教育层次，优化中等教育结构，着力推进普通教育与职业技术教育分流，力争通过 5 年左右时间实现全国大多数地区普通高中招生数与高中阶段职业技术教育招生数 1∶1。教育分流通常从初中教育或高中教育开始，初中教育分流包括就读普通高中与就读高中阶段职业技术教育两条轨道，高中教育分流包括就读普通大学与就读高等职业技术教育两条轨道。若小学毕业后就读于初中阶段职业技术教育，则就业或升学道路均可选择。对于既没有接受普通高中或普通大学教育，也没有接受职业技术教育的学生，应为其提供接受短期职业技术培训的机会。第三，扩大高等学校办学自主权，高校实行校长负责制，并改变高校招生和毕业生分配制度。改革以前高校全部按国家计划统一招生、学生毕业后全部由国家包分配的做法。改革后多轨并行，对于国家计划招生的学生，就业时需要综合考虑本人选报的志愿、学校推荐意见以及用人单位录用决定，同时接受国家计划指导；对于用人单位委托招生的学生，高校可根据委托合同向委托单位收取合理数量的培养费，就业时由委托单位负责接收毕业生到岗工作；对于国家计划外招收的少数自费生，高校可向学生收取合理数量的培养费，就业时既可以自主择业，也可以由学校推荐就业。[①]

（3）结果与影响

第一，基础教育管理权的下放极大调动了地方发展基础教育的积极性，不过由于各地教育发展水平和财政支持力度差异巨大，下放管理权也导致了基础教育发展失衡。第二，职业教育得到长足发展，普通教育与职业教育基本实现良性互动，到 1990 年全国高中阶段普通教育和职业教育在校生比例接近 1∶1。第三，高等学校的办学自主权在若干领域稳步扩大，高校招生方式和毕业生就业途径日益多元，关于高校与政府关系的大讨论一直延续至今。第四，进一步提高了全党全社会对教育事业地位和作用的认识。[②]

《中国教育改革和发展纲要》

（1）背景

1985 年《中共中央关于教育体制改革的决定》颁布后，中国各学段教育改革稳步推进，同时教育经费严重短缺、教育体制"包得过多，统得过死"等弊端也日益凸显。面对教育发展新要求，时任国家教育委员会主任李铁映提出："教育问题不能就教育来谈教

① 中共中央关于教育体制改革的决定 [J]. 中华人民共和国国务院公报，1985（15）：467-477.
② 方晓东，李玉非，毕诚，等 . 中华人民共和国教育史纲 [M]. 海口：海南出版社，2002：372.

育；经费少、教师流失等问题，光靠教育部门很难解决，要从国家层面整体思考，制定一个总体性的文件来解决。"[1] 研究制定《中国教育改革和发展纲要》由此提上日程。随着社会主义市场经济体制的确立，国家生产力得到飞速发展，中国的现代化建设逐渐驶入快车道，综合国力不断迈上新台阶。在这一过程中，必然需要高素质劳动力提供有力支撑，这就迫切需要教育事业加快转变人才培养模式，努力适应经济社会发展需求，尽快建立与社会主义市场经济体制、政治体制和科技体制相配套的教育体制，从而为实现中国特色社会主义现代化奠定坚实的人力资本基础。在此背景下，《中国教育改革和发展纲要》于 1993 年 2 月应运而生。

（2）内容

《中国教育改革和发展纲要》是 20 世纪 90 年代指导中国教育现代化建设的纲领性文件，该文件根据我国社会主义现代化建设"三步走"的战略部署，提出了中国到 20 世纪末期教育发展的总目标。该纲要具体涵盖：全民受教育水平明显提高；城乡劳动者的职前、职后教育有较大发展；各类专门人才的拥有量满足现代化建设的需要；形成具有中国特色的、面向 21 世纪的社会主义教育体系的基本框架。当时的规划是再经过几十年的努力，建立起比较成熟和完善的社会主义教育体系，实现教育的现代化。[2]

在总目标指引下，也确定了各级各类教育的具体发展目标，大致可以概括为"两基本""两全面""两重点"。"两基本"指要基本扫除青壮年文盲，基本普及九年制义务教育；"两全面"指要全面贯彻教育方针，全面提高教育质量；"两重点"指要建设百余所重点大学，建设一批重点学科、专业。

《中国教育改革和发展纲要》对基础教育、职业技术教育和高等教育各学段的发展目标和发展任务均有所规定，核心内容覆盖"规模""结构""质量""效益""保障""公平"六大关键词。在教育规模方面，强调办学规模要实现较大发展；在教育结构方面，彼时人才培养的核心任务在于初、中级人才，因而推进九年制义务教育是基础，基础教育是重点，同时积极推进职业技术教育、高等教育以及成人教育发展；在教育质量方面，要求将教育质量提升至新的更高水平；在教育效益方面，突出提高教育经费使用效益和办学效益的重要性；在教育保障方面，既需要加强教师队伍建设，同时也必须保障教育经费投入；在教育公平方面，充分尊重我国各地区教育、经济、文化等发展不平衡的客观实际，总体原则是因地制宜、分类发展。对于教育、经济、文化发达地区，鼓励对标 20 世纪 80 年代末中等发达国家的教育发展水平率先发展；对于贫困地区和民族地区，国家对其教育发展给予大力支持。

（3）结果与影响

《中国教育改革和发展纲要》是继《中共中央关于教育体制改革的决定》之后指导我国教育改革和发展的全局性、纲领性规划文件，从规模、结构、质量、效益、保障和公平多个维度确定了 20 世纪 90 年代至 21 世纪初我国教育发展的总体方针、目标和任务，勾勒了教育改革与发展的基本框架和实施蓝图，对普及九年义务教育、重视教育质

[1] 谈松华，丁杰，万作芳.《中国教育改革和发展纲要》的制定及其历史作用 [J]. 教育史研究,2019(2)：4-9.
[2] 中国教育改革和发展纲要 [J]. 中国高等教育，1993（4）：8-17.

量、保障教育公平、提高教育经费投入等方面影响深远。[①] 例如，提高教育经费投入的要求后来演变为著名的"4%"目标，即在国内生产总值中，国家财政性教育经费支出的比例要达到4%。在各方不懈努力下，2012年这一目标终于得以实现，此后教育经费投入连续十年都守住了4%的"红线"，[②] 为实现教育现代化提供了有力经济保障。此外，《中国教育改革和发展纲要》首次明确将"教育现代化"作为独立发展目标，同时提出把教育摆在优先发展的战略地位。

《中华人民共和国教育法》

（1）背景

就国际背景而言，世界主要国家在20世纪八九十年代相继掀起教育立法热潮。英国于1988年率先通过《教育改革法》，1989年和1990年法国和日本先后制定《教育改革指导法》和《终生教育振兴法》，俄罗斯于1992年通过新的《俄罗斯教育法》，美国于1994年颁布《2000年教育目标法》，印度尼西亚制定了《国家教育制度法》。要想在激烈的国际教育竞争中占据一席之地，教育立法的步伐必须加快。就国内背景而言，新中国成立后我国教育改革与发展所取得的成功经验需要通过立法巩固下来，所出现的偏差和失误也需要通过立法加以规范引导，因而教育立法势在必行。[③]1995年3月18日，第八届全国人民代表大会第三次会议通过了《中华人民共和国教育法》。

（2）内容

《中华人民共和国教育法》共10章86条。第一章为总则，规定立法目的是发展教育事业，提高全民族的素质，促进社会主义物质文明和精神文明建设。教育现代化与社会主义现代化之间的关系是：一方面，教育是社会主义现代化建设的基础，对提高人民综合素质、促进人的全面发展、增强中华民族创新创造活力、实现中华民族伟大复兴具有决定性意义，教育必须为社会主义现代化建设服务、为人民服务，必须与生产劳动和社会实践相结合，培养德智体美劳全面发展的社会主义建设者和接班人；另一方面，国家保障教育事业优先发展，推进教育改革，推动各级各类教育协调发展、衔接融通，完善现代国民教育体系，健全终身教育体系，提高教育现代化水平。第二章至第九章依次明确了中国教育基本制度；学校及其他教育机构的基本条件、权利义务、法律责任等；教师和其他教育工作者的权利义务、基本制度等；受教育者的基本类型、权利义务等；教育与国家机关、军队、企业事业组织、社会团体及其他社会组织和个人的互动等；教育投入体制与财政经费、基础设施、信息技术等条件保障；教育对外交流与合作的原则、中国境内公民出国、中国境外个人来华、中国与境外教育机构学历互认的基本规定；教育领域违反法律规定需要承担的法律责任等。第十章为附则。

（3）结果与影响

《中华人民共和国教育法》作为我国第一部教育基本法，是我国教育法制建设进程中一件具有里程碑意义的大事。《中华人民共和国教育法》的颁布和实施标志着我国教育事

① 谈松华，丁杰，万作芳.《中国教育改革和发展纲要》的制定及其历史作用 [J]. 教育史研究,2019(2)：4-9.
② 王峰 . 教育十年投入与产出：国家财政性教育经费支出占 GDP 比例连续十年超 4%[N]. 21 世纪经济报道，2022-09-28（2）.
③ 李连宁 . 我国教育法制建设的里程碑 [J]. 教育研究，1995（5）：3-8+30.

业进一步走上全面依法治教的轨道，对于确保教育在国民经济和社会发展中处于优先发展的战略地位，促进教育改革和发展具有重大的现实意义和深远的历史意义。[①] 一方面，它进一步加快了我国教育法制建设的进程。各地通过形式多样的宣传、学习活动，依法治教的观念逐渐深入人心。另一方面，它也为其他教育法律法规的制定提供了基本依据，此后我国教育立法步伐明显加快。《教师资格条例》《社会力量办学条例》等主要配套法规相继出台。截至 1997 年 9 月，全国人大及其常委会制定了 5 项教育法律，即《中华人民共和国教育法》《中华人民共和国义务教育法》《中华人民共和国职业教育法》《中华人民共和国教师法》《中华人民共和国学位条例》；国务院制定了《幼儿园管理条例》《扫除文盲工作条例》《残疾人教育条例》《教师资格条例》《普通高等学校设置条例》《高等教育自学考试条例》《教学成果奖励条例》《学校体育工作条例》《学校卫生工作条例》等教育行政法规 16 项；国务院教育行政部门制定了教育行政规章 200 余项。[②]

三、中国教育现代化增速发展阶段（1999—2011 年）

世纪之交，各国之间的竞争日趋激烈，知识、人才等智力要素的战略意义在全球范围内形成共识。在此背景下，中国适时提出实施"科教兴国""人才强国"战略，《国民经济和社会发展第十个五年规划纲要》肯定了教育"提高全民素质、培养人才"的基础性地位，强调教育要面向现代化，面向世界，面向未来，适度超前发展，走改革创新之路，教育现代化由此进入提速发展时期。这一阶段的发展特征体现在以下几个方面。

（一）阶段发展特征

1. 学前教育

受教育机会先降后升且增速明显。20 世纪 90 年代中后期，受到我国国有企事业单位逐渐剥离教育职能的影响，学前教育普及化进程遭遇短期曲折。2000 年，在园幼儿数比 1995 年减少 467 万，学前三年幼儿入园率降低 2.1 个百分点，学前一年入园率降低 1.7 个百分点。[③] 直到 2003 年教育部等部门出台《关于幼儿教育改革与发展的指导意见》，这一下降趋势才得到遏制，教育规模有所回升。2005 年，在园幼儿数回升到 1996 年水平，学前三年毛入园率达到 41.4%。[④] 特别是 2010 年《国务院关于当前发展学前教育的若干意见》（即学前教育"国十条"）颁布后，各级政府对学前教育的关注度明显提升，政策文件频频出台，为更多学龄幼儿提供受教育机会。

2. 初等与中等教育

圆满达成"两基"目标。我国于 2001 年初步实现"两基"目标：一是基本扫除青壮年文盲，二是基本普及九年义务教育。这使得世界上人口最多国家的义务教育问题得

① 丁广举. 论教育优先发展的战略地位——纪念《中华人民共和国教育法》实施三周年 [J]. 东北师大学报，1998（5）：82-85.
② 陈立鹏. 依法治教显成效——纪念《中华人民共和国教育法》颁布三周年 [J]. 中小学管理，1998（3）：4-6.
③ 梁慧娟. 改革开放 40 年我国学前教育事业发展的回望与前瞻 [J]. 学前教育研究，2019（1）：9-21.
④ 梁慧娟. 改革开放 40 年我国学前教育事业发展的回望与前瞻 [J]. 学前教育研究，2019（1）：9-21.

到初步解决，被国际社会视为人类教育发展史上的奇迹。[1]但客观而言，城乡教育不平衡和区域教育不平衡的问题还很严峻。在农村地区、西部地区等教育欠发达地区尚未普及九年义务教育。随后国家通过农村寄宿制学校建设工程、"两免一补"工程、农村中小学现代远程教育工程、农村教师"特岗计划"等制度设计不断攻坚克难，到2007年，西部地区"两基"攻坚如期完成，全国"两基"人口覆盖率达到99%，青壮年文盲率下降到3.58%；[2]到2011年，全国所有县（市、区）和其他县级行政区划单位、所有省级行政区全部通过普及九年义务教育和扫除青壮年文盲的国家验收，全国"两基"人口覆盖率达到100%，青壮年文盲率下降到1.08%，我国全面实现"两基"目标。[3]

3. 高等教育

经历了由精英化阶段向大众化阶段的转变。在1997年亚洲金融危机的冲击下，1999年我国政府做出高校扩招的决定，当年招生人数大幅增加，普通高校本专科招生总数为159.68万人，比上年的108.36万增加51.32万人，较上年增长47.5%，成为新中国成立以来高校招生数量最多、增幅最大、发展最快的一年。此后中国高等教育的规模迅速扩张，1998年高等教育毛入学率为9.8%，还不足10%，短短四年后的2002年已升至15%，高等教育进入大众化阶段。[4]

4. 职业教育

规模扩张也是这一时期的主旋律。2002年7月，全国职业教育工作会议在北京召开，会上进一步明确新世纪职业教育服务我国经济和社会可持续发展的战略地位，提出面向社会需求，合理配置结构，着力提高职业教育质量，培养和造就高素质的劳动大军。[5]同年8月《国务院关于大力推进职业教育改革与发展的决定》发布，要求以中等职业教育为重点，保持中等职业教育与普通高中教育的比例大体相当，扩大高等职业教育的规模，"十五"期间为社会输送2 200多万名中等职业学校毕业生和800多万名高等职业学校毕业生。[6]2006年《加强示范性职业院校建设》中提出重点建设1 000所培养高水平的高素质技能型人才的示范性中等职业学校和100所示范性高等职业院校，职业教育取得跨越式发展。[7]

（二）代表性政策分析

《面向21世纪教育振兴行动计划》

（1）背景

在改革开放和现代化建设新时期，邓小平同志反复强调，实现社会主义现代化，科

① 翟博.人类教育发展史上的奇迹——改革开放30年中国推进全民教育的奋进历程[J].教育研究，2009（1）：3-11.
② 翟博.人类教育发展史上的奇迹——改革开放30年中国推进全民教育的奋进历程[J].教育研究，2009（1）：3-11.
③ 翟博，刘华蓉，李曜明，等.人类教育史上的奇迹[N].中国教育报，2012-09-09（1）.
④ 王胜今，赵俊芳.我国高等教育大众化十年盘点与省思[J].高等教育研究，2009（4）：25-33.
⑤ 中国教育年鉴2003.全国职业教育工作会议.
⑥ 中华人民共和国中央人民政府.国务院关于大力推进职业教育改革与发展的决定.
⑦ 中华人民共和国中央人民政府.加强示范性职业院校建设.

技是关键，教育是基础。在世纪之交的重要时刻，江泽民同志又深刻指出：当今世界，以信息技术为主要标志的科技进步日新月异，高科技成果向现实生产力的转化越来越快，初见端倪的知识经济预示人类的经济社会生活将发生新的巨大变化。

21 世纪，国家的综合国力和国际竞争能力将越来越取决于教育发展、科学技术和知识创新的水平，教育将始终处于优先发展的战略地位。但彼时中国教育发展水平及人才培养模式尚不能适应现代化建设的需要，要实现社会主义现代化目标和中华民族伟大复兴迫切需要振兴教育事业。放眼国际，世界许多国家都把振兴教育作为抢占国际科技、产业和经济制高点的重要手段。如何主动迎接知识经济的新挑战，应对国际竞争新局势成为教育战线必须谋划的严峻课题。在此背景下，教育部于 1998 年 5 月成立调研小组，研究论证跨世纪教育视野为"科教兴国"战略服务的总体思路和工作重点。[1] 在扎实调研和征求意见的基础上，遵循邓小平关于"教育要面向现代化，面向世界，面向未来"的战略指导方针，制订了《面向 21 世纪教育振兴行动计划》。

（2）内容

《面向 21 世纪教育振兴行动计划》规划了 21 世纪前十年的教育发展目标，即到 2000 年，全国基本普及九年义务教育，基本扫除青壮年文盲，大力推进素质教育；完善职业教育培训和继续教育制度，城乡新增劳动力和在职人员能够普遍接受各种层次和形式的教育与培训；积极稳步发展高等教育，高等教育入学率达到 11% 左右；瞄准国家创新体系的目标，培养造就一批高水平的具有创新能力的人才；加强科学研究并使高校高新技术产业为培育经济新的增长点做贡献；深化改革，建立起教育新体制的基本框架，主动适应经济社会发展。到 2010 年，在全面实现"两基"目标的基础上，城市和经济发达地区有步骤地普及高中阶段教育，全国人口受教育年限达到发展中国家先进水平；高等教育规模有较大扩展，入学率接近 15%，若干所高校和一批重点学科进入或接近世界一流水平；基本建立起终身学习体系，为国家知识创新体系以及现代化建设提供充足的人才支持和知识贡献。

为实现上述目标，党和国家部署实施七大工程：一是"跨世纪素质教育工程"，旨在提高国民素质；二是"跨世纪园丁工程"，旨在大力提高教师队伍素质；三是"高层次创造性人才工程"，加强高等学校科研工作，积极参与国家创新体系建设；四是继续并加快进行"211 工程"建设，大力提高高等学校的知识创新能力；五是创建若干所具有世界先进水平的一流大学和一批一流学科（即"985 工程"）；六是"现代远程教育工程"，形成开放式教育网络，构建终身学习体系；七是"高校高新技术产业化工程"，带动国家高新技术产业的发展，为培育经济新的增长点做贡献。[2]

（3）结果与影响

《面向 21 世纪教育振兴行动计划》是立足我国社会主义初级阶段基本国情，为迎接 21 世纪知识经济挑战做出的战略谋划，对于全面实施科教兴国战略、缩小我国与发达国家在综合国力上的差距具有重要战略意义。[3] 该行动计划明确了振兴教育事业是实现我

---

① 方晓东，李玉非，毕诚，等 . 中华人民共和国教育史纲 [M]. 海口：海南出版社，2002：512.

② 光明日报 . 面向 21 世纪教育振兴行动计划 .

③ 方晓东，李玉非，毕诚，等 . 中华人民共和国教育史纲 [M]. 海口：海南出版社，2002：515.

国社会主义现代化目标和中华民族伟大复兴的客观需要，并且在该行动计划中首次提出中国高等教育大众化的发展目标，即到 2020 年高等教育规模有较大扩展，入学率接近 15%，由此拉开中国高校大规模扩张的序幕，高校招生规模基本以每年 40 万人以上的速度递增。[①]

《关于深化教育改革全面推进素质教育的决定》

（1）背景

从国际背景来看，知识经济下各国综合国力的竞争日趋激烈，而综合国力的强弱无疑与该国劳动者素质的高低密切相关，取决于各类人才的质量和数量，这就对教育事业提出了新要求，中国于 1995 年正式提出"科教兴国"战略，1997 年党的十五大也强调了教育所处的重要战略地位，必须予以优先发展。因此迫切需要改革教育发展理念，培养造就能够有力支撑国家综合国力竞争的一代新人。

从国内背景来看，在经济方面，1984 年 10 月《中共中央关于经济体制改革的决定》公布后，中国经济体制突破了把计划经济同商品经济对立起来的传统观念，经济发展方式逐渐从粗放型向集约型转变。与此相适应，教育发展也亟须改变长期以来单纯追求规模扩张的外延式发展方式，转而把发展重心放到提高受教育者素质上来，坚持内涵式发展。同时，当时中国经济的稳步发展也为推进素质教育改革提供了物质支持。

在文化方面，"学习型社会"理念的广泛传播助推了素质教育改革。这一理念源自《学习型社会》一书，在 20 世纪 60 年代由美国芝加哥大学校长罗伯特·赫钦斯（Robert Hutchins）首次提出。[②]1972 年联合国教科文组织国际教育发展委员会的报告《学会生存——教育世界的今天和明天》又围绕学习型社会进行了详细阐释，提出了"向学习型社会前进"的响亮口号。[③]在学习型社会中，教育和社会紧密联系，注重培养受教育者终身学习的意识和能力，学校、家庭和社会更广泛地结合起来，努力实现人的全面发展，这些理念都与素质教育不谋而合。

在科技方面，随着科技革命飞速推进，知识更新速度日益加快，知识内容也更为庞杂、分散，这就需要培养学生学会自主学习、养成批判精神和怀疑态度、锻炼跨学科探究等能力。然而，科学技术是一把"双刃剑"，科技发展所带来的影响未必都是正面的，科学技术的滥用和片面崇拜也导致了自然环境恶化、人格畸形发展等恶果，人本精神式微在 21 世纪这一科技发达的时代表现得更为突出。这同样呼唤素质教育改革，从而实现现代人自身深刻的自我革命。1999 年 6 月 13 日《中共中央国务院关于深化教育改革全面推进素质教育的决定》颁布（以下简称《决定》）。

（2）内容

《决定》共分四个部分：全面推进素质教育，培养适应 21 世纪现代化建设需要的社会主义新人；深化教育改革，为实施素质教育创造条件；优化结构，建设全面推进素质教育的高质量的教师队伍；加强领导，全党、全社会共同努力开创素质教育的新局面。

---

① 叶晓阳，丁延庆. 扩张的中国高等教育：教育质量与社会分层 [J]. 社会，2015（3）：193-220.

② 顾明远，石中英. 学习型社会：以学习求发展 [J]. 北京师范大学学报（社会科学版），2006（1）：5-14.

③ 徐辉，李薇. 迈向学习型社会的重要宣言——写在《学会生存》发表 40 周年之际 [J]. 教育研究，2012，（4）：4-9.

《决定》明确要求全面推进素质教育，培养适应 21 世纪现代化建设需要的社会主义新人，造就的社会主义事业建设者和接班人既要做到有理想、有道德、有文化、有纪律，也要力求德智体美等全面发展。全面发展一方面体现在素质教育要贯穿于幼儿教育、中小学教育、职业教育、成人教育、高等教育等各级各类教育，贯穿于学校教育、家庭教育和社会教育等各个方面；另一方面体现在教育各个环节要力争实现德育、智育、体育、美育等的协调统一。要认识到学校教育的功能不仅在于做好智育，还包括统筹协调好德育、体育、美育、劳动技术教育和社会实践等。当然，推进素质教育也需要相应的配套措施与条件保障。《决定》也指出要继续深化教育体制机制改革，建设高质量的教师队伍，坚持党的领导，调动社会多方参与，从而为素质教育的全面实施创造有利条件。

（3）结果与影响

《决定》通过后，素质教育真正成为国家的教育战略。[①] 全面推进素质教育改变了我国长期以来"智育第一""升学为主"的教育教学模式，彰显了"以人为本、以学生为中心"的现代教育理念，把培养学生德智体美全面发展视作教育活动的核心目标，突出体现了教育现代化建设中人的现代化。

《国家中长期教育改革和发展规划纲要（2010—2020 年）》

（1）背景

进入 21 世纪以来，世界政治格局风云变幻、多极化特征明显；经济全球化加速推进，科技革命与产业变革不断迭代，对高素质人才的竞争进入白热化阶段。从当时的国内形势看，国家改革发展正处在关键时期，推进经济、政治、文化、社会和生态文明建设都有赖于国民受教育程度的提高和高素质人力资本的积累。可以说中国跨越式发展的关键取决于人才，基础奠定在教育。而当时我国教育事业发展的主要矛盾在于，教育发展水平与人民群众接受优质教育和国家经济社会发展的要求还不能完全适应，因此迫切需要对处于重要战略机遇期的教育改革和发展做出前瞻布局，培养适应 21 世纪的创新型人才。2010 年 5 月 5 日，《国家中长期教育改革和发展规划纲要（2010—2020 年）》颁布。

（2）内容

《国家中长期教育改革和发展规划纲要（2010—2020 年）》不仅确定了基本实现教育现代化的时间点，而且概括了教育现代化的核心特征。从基本实现教育现代化的时间点看，"两基本，一进入"的战略目标规定："到 2020 年，基本实现教育现代化，基本形成学习型社会，进入人力资源强国行列。"教育现代化的核心特征具体包括：普及教育实现更高水平，公平教育惠及全民，优质教育更加丰富，终身教育体系更加完备，以及教育体制充满活力并逐步健全。这一时期教育改革发展的举措内容广泛，涉及优化人才培养模式、创新招生考试制度、完善现代学校制度、深化办学体制、健全管理体制、扩大教育开放等诸多方面。它们都围绕一个战略主题，那就是坚持以人为本，推动素质教育的全面贯彻落实。改革强调要牢牢把握"一个核心"和"一个重点"。"一个核心"是指

① 杨兆山，时益之. 素质教育的政策演变与理论探索 [J]. 教育研究，2018（12）：18-29+80.

教育工作必须解决好培养什么人、怎样培养人的重大问题;"一个重点"重在服务全体学生的全面发展。学生全面发展不仅包括不断增长的基础知识,而且包括勇于开拓的创新精神、善于解决问题的实践能力等,同时也必须引导学生树立服务国家、服务人民的社会责任感。

（3）结果与影响

《国家中长期教育改革和发展规划纲要（2010—2020年）》实施五年后的总体评估结果显示,教育改革目标达成度高,总体实现改革前设立的阶段性目标。[①] 各级各类教育取得重大进展,教育改革全面推进、一些领域取得重点突破,保障水平明显提升,教育事业迈上新的台阶,教育现代化迈出坚实步伐。具体体现在以下方面。

一是我国各级教育普及程度得到大幅提升,教育发展平均水平已达到或超过世界中高收入国家平均水平。以2014年数据为例,学前三年毛入园率（70.5%）已基本与中高收入国家平均水平持平。小学教育净入学率（99.8%）与初中教育毛入学率（103.5%）均已超过高收入国家平均水平。高中教育毛入学率（86.5%）以及高等教育毛入学率（37.5%）均已超过中高收入国家平均水平。劳动力平均受教育年限也在逐年提高,主要劳动年龄人口中取得高等教育学历者占到15.83%。各级教育的大规模普及有效保障了不同学龄人口的受教育权利,劳动力素质的全面提升为支撑经济社会发展提供了强有力的人力资本。

二是立德树人深入落实。整体规划大中小学德育课程,初步实现各学段有机衔接。社会主义核心价值观融入国民教育全过程,加快编修义务教育品德、语文、历史教材,推进普通高中课程修订和高等教育马克思主义理论研究和建设工程教材编审。修订《中小学生守则》,将社会主义核心价值观细化为学生日常行为规范。中华优秀传统文化教育全面加强,恢复书法教育,增加古典诗词在课程中的比重。通过组织参加公祭烈士活动、寻访烈士足迹等多种方式,切实加强革命传统教育。学校体育、美育切实加强,中小学生体质持续下滑的趋势得到遏制。

三是教育公平成就显著。考虑到我国教育资源配置在城乡之间、区域之间的非均衡样态,通过引导教育资源不断向农村地区、边远贫困地区、民族地区和弱势群体优先配置,努力弥合教育差距、保障教育公平。针对城乡教育差距,从学校、教师和学生等不同层面分别实施专项计划,全方位发展农村教育。学校层面的专项计划包括农村义务教育薄弱学校改造计划等,教师层面的专项计划包括乡村教师支持计划等,学生层面的专项计划包括农村学生营养改善计划、农村贫困地区定向招生计划等。针对东中西部教育差距,加大财政投入向中西部倾斜力度,大力助推中西部地区高等教育实现振兴,支持中西部办出一批有特色、高水平的大学。

四是教育对经济社会发展的支撑力不断增强。通过人才培养,职业教育每年培养的高素质技术技能型人才达到千万量级,开展各类职业培训达到上亿人次,基本满足各行各业人才需求,为传统产业转型升级、新产业新业态发展壮大提供了有力支撑。高等教育培养的大批高层次专业型人才为科技创新与产业升级注入新的动力与活力。与此同

---

① 教育部.《教育规划纲要》贯彻落实情况总体评估报告（摘要）。

时，在蓬勃开展的高校创新创业教育鼓励与支持下，高校学生作为"大众创业、万众创新"生力军的地位逐渐凸显。截至 2015 年 7 月，全国 42.3 万名高校学生具有创业或参与创业经历。通过科学研究和技术攻关，高校在基础研发与科研转化方面成果丰硕。无论是国家科技三大奖还是社会科学重大成果奖，高校作为获奖单位的比例均超过 70%。同时，专利申请数以及政策咨询报告数逐年增长，科学研究的经济效益、社会效益与政策效益不断提升。

四、中国教育现代化内涵式发展阶段（2012 年至今）

2012 年党的十八大以来，中国进入中国特色社会主义新时代。以习近平同志为核心的党中央坚持把教育摆在优先发展的战略位置，全面深化教育领域综合改革，围绕我国教育事业改革发展形成了一系列新理念新举措，一批标志性、引领性的改革举措取得明显成效，各级各类教育教育发展由此揭开新篇章。党的二十大报告明确指出："要坚持教育优先发展、科技自立自强、人才引领驱动，加快建设教育强国、科技强国、人才强国，坚持为党育人、为国育才，全面提高人才自主培养质量，着力造就拔尖创新人才，聚天下英才而用之。"[①] 党的二十大报告旗帜鲜明地将加快教育现代化与办好人民满意的教育联系在一起。"提高质量"与"保障公平"成为这一时期教育现代化的关键词。这一阶段的发展特征体现为以下几个方面。

（一）阶段发展特征

1. 学前教育

发展重心由普及转向普惠。《国家中长期教育改革和发展规划纲要（2010—2020年）》提出"积极发展学前教育，到 2020 年，普及学前一年教育，基本普及学前两年教育，有条件的地区普及学前三年教育"的发展目标。为落实该目标，中国在 2011 年启动了"学前教育三年行动计划"，目前这一行动计划已经开展了三期。第一期（2011—2013 年）后，学前教育资源快速扩大，财政投入不断增加，教师队伍建设逐步加强，"入园难"问题得到初步缓解。但是由于底子薄、欠账多，学前教育仍是教育体系中的薄弱环节，2014—2016 年开始实施第二期学前教育三年行动计划。第二期坚持公益普惠原则，新增资源重点向农村地区、连片特困地区、少数民族地区、留守儿童集中地区等区域，以及残疾适龄儿童等群体倾斜，同时通过调整结构、健全机制、提升质量等途径，着力保障学前教育的教育公平，提高学前教育质量。2017—2020 年实施的第三期学前教育行动计划将"到 2020 年，基本建成广覆盖、保基本、有质量的学前教育公共服务体系"作为主要目标。一方面，通过大力发展公办幼儿园与扶持普惠性民办幼儿园增加普惠性资源供给，保障学前教育公平；另一方面，通过建立健全幼儿园保教质量评估体系，保证保育质量。

① 习近平.高举中国特色社会主义伟大旗帜 为全面建设社会主义现代化国家而团结奋斗——在中国共产党第二十次全国代表大会上的报告。

2. 初等与中等教育

中国在基础教育学段已经圆满完成了全面普及九年义务教育的目标，随后需要考虑的问题是，如何调和人民群众日益增长的对优质均衡的义务教育的需求，与当前义务教育不平衡不充分发展的矛盾。2006 年 6 月修订的《中华人民共和国义务教育法》以法律形式对义务教育的优质均衡发展做出明确要求，其中第 3 条着重强调义务教育应当通过全面推行素质教育，从而保证教育质量的稳步提高；第 6 条强调应当通过引导优质义务教育资源向欠发达地区（如农村地区、民族地区等）、办学条件薄弱学校、弱势群体（如家庭经济困难的学龄人口、身患残疾的学龄人口等）倾斜，从而促进义务教育实现均衡发展。[1] 中国从 2013 年起启动县域义务教育均衡发展国家督导评估认定工作，截至 2021 年，全国 31 个省份共 2 895 个县实现了县域义务教育基本均衡发展，成为继全面实现"两基"后，中国义务教育发展中的又一重要里程碑。[2] 为全面提高义务教育质量，引导各地将义务教育从基本均衡发展推进到优质均衡发展，我国又于 2017 年起建立县域义务教育优质均衡发展督导评估制度，开展义务教育优质均衡发展县（市、区）督导评估认定工作。[3]

3. 高等教育

"提高质量"的重要性在全国研究生教育质量工作会议（2014 年）、全国高等学校本科教育工作会议（2018 年）和全国研究生教育会议（2020 年）等会议上被反复提及。各类旨在保障高等教育质量的评估更是层出不穷，高等教育领域的代表性质量评估包括本科教学工作水平评估、本科教育教学审核评估、一级学科水平评估、专业学位水平评估以及学位授权点合格评估等。与此同时，通过推进一流大学和一流学科建设带动高等教育高质量发展。为缓解高等教育区域发展的不平衡，国家于 2013 年制订了《中西部高等教育振兴计划（2012—2020 年）》，多措并举支持中西部高等教育发展。

4. 职业教育

一方面，推进东西协作，支援贫困地区，保障教育公平。加快落实《职业教育东西协作行动计划（2016—2020 年）》，积极协调东中部地区及职教集团、国家示范性和重点职业院校及社会力量加大帮扶力度，发展贫困地区职业教育。截至 2020 年，施援方与受援方共建专业点 670 余个、实训基地 310 多个，受援方委托施援方管理学校 66 个，共建分校（教学点）59 个，共同组建职教集团（或联盟）99 个；开展劳动预备制培训、就业技能培训、岗位技能提升培训、创业培训等共 30 余万人。[4] 另一方面，构建标准体系，校企协同育人，提升教育质量。2012 年至今已构建起专业、教学、课程、实习、实训条件"五位一体"的国家标准体系。先后发布 230 个中职专业和 347 个高职专业教学标准、51 个职业学校专业实训教学条件建设标准、136 个专业（类）顶岗实习标准以及 9 个专业仪器设备装备规范等；制定 497 个职业（工种）技能鉴定标准，6 万余项行业培训标准和 42 大类企业培训标准。同时支持职业学校与企业开展订单班、现代学徒

---

① 中华人民共和国中央人民政府网.中华人民共和国义务教育法.
② 中华人民共和国中央人民政府网.全国县域义务教育基本均衡发展国家督导评估认定收官.
③ 教育部.教育部关于印发《县域义务教育优质均衡发展督导评估办法》的通知.
④ 教育部.对十三届全国人大四次会议第 3913 号建议的答复.

制、产业学院、集团化办学等多种合作。截至 2021 年，全国组建约 1 500 个职教集团，吸引 3 万多家企业参与，覆盖近 70% 的职业学校。培育 3 000 多家产教融合型企业、试点建设 21 个产教融合型城市。职业学校与企业共建实习实训基地 2.49 万个，年均增长 8.6%。"十三五"期间，分三批在全国布局了 558 个现代学徒制试点，覆盖职业学校 501 所，1 000 多个专业点，惠及 10 万余名学生。[①]

（二）代表性政策分析

《中华人民共和国职业教育法》

（1）背景

1991 年，《中华人民共和国职业教育法》被列入全国人大常委会的立法规划中，为该法的制定和起草提供了动力源泉和现实基础。1996 年 5 月 15 日，第八届全国人民代表大会常务委员会第十九次会议审议通过《中华人民共和国职业教育法》[②]。随着我国经济社会的发展，《中华人民共和国职业教育法》已无法满足职业教育新形势对相关法律的需求，2008 年，全国人大常委会首次提出修改《中华人民共和国职业教育法》。2022 年 4 月 20 日，第十三届全国人民代表大会常务委员会第三十四次会议对《中华人民共和国职业教育法》进行全面修订，回应了职业教育改革的实践成果，是我国职业教育发展进程中的重要里程碑。

（2）内容

新修订的《中华人民共和国职业教育法》共八章六十九条，包含职业教育体系、职业教育的实施、职业学校和职业培训机构、职业教育的教师与受教育者、职业教育的保障、法律责任等内容。该法指出，职业教育与普通教育具有同等重要地位，是国民教育体系和人力资源开发的重要组成部分，是培养多样化人才、传承技术技能、促进就业创业的重要途径。新法对产教融合、普职融通提出了新的要求，并明确了企业开展职业教育的情况应当纳入企业社会责任报告，鼓励企业与职业学校联合培养人才，依法支持职业教育。

（3）结果与影响

我国已建成世界规模最大的职业教育体系，并形成"政府主导、学校主体、产教融合"的职业教育发展模式。2023 年，中国中等职业教育招生 454.04 万人，高中阶段教育毛入学率 91.80%，其中，中等职业教育在校生占高中阶段教育总数近 40%；职业本科招生 8.99 万人，高职（专科）招生 555.07 万人，高等职业教育年招生数超过普通本科，助力高等教育毛入学率突破 60%。

《关于深化教育体制机制改革的意见》

（1）背景

迈入新时代以来，中国坚持教育优先发展，持续深化教育改革，教育总体发展水平显著提升，已进入世界中上行列，与教育发达国家之间的差距逐步缩小，差距类型也从办学条件等物质性要素转向体制机制等制度性要素。党的十九大之后，中国社会的主要

---

① 教育部 . 中国职业教育发展报告 2012—2022 年。
② 郭嘉辉 . 教育法法典化背景下《职业教育法》修订的回顾与前瞻 [J]. 职业技术教育，2022，43（31）：47-53.

矛盾已经从人民日益增长的物质文化需要同落后的社会生产之间的矛盾，转化为人民日益增长的美好生活需要和不平衡不充分的发展之间的矛盾。具体到教育领域，中国人民对于"有学上""学有所教"的需求基本得到满足，对于"上好学""学有优教"的需求日益迫切。在新发展阶段，教育改革的重点、难点更加集中在体制机制方面，亟待解决体制僵化、机制不活、制度缺失、政策不协调等深层次矛盾和问题，政府、学校、社会三者的关系还没有理顺，教育治理体系和治理能力还不能完全适应教育现代化的需要。在此背景下，全面深化教育体制机制改革成为这一时期推进中国教育现代化的重要抓手。

（2）内容

2017年9月，中共中央办公厅、国务院办公厅印发《关于深化教育体制机制改革的意见》。深化教育体制机制改革的主要目标是到2020年，教育基础性制度体系基本建立，形成充满活力、富有效率、更加开放、有利于科学发展的教育体制机制，人民群众关心的教育热点难点问题进一步缓解，政府依法宏观管理、学校依法自主办学、社会有序参与、各方合力推进的格局更加完善，为发展具有中国特色、世界水平的现代教育提供制度支撑。

具体而言，实现教育现代化重点需要完善以下制度建设：一是健全立德树人系统化落实机制；二是创新学前教育普惠健康发展的体制机制；三是完善义务教育均衡优质发展的体制机制；四是完善提高职业教育质量的体制机制；五是健全促进高等教育内涵发展的体制机制；六是深化普通高中教育教学改革；七是完善民族教育加快发展机制；八是完善特殊教育融合发展机制；九是建立健全融合教育评价、督导检查和支持保障制度；十是健全支持和规范民办教育发展的制度；十一是健全促进终身学习的制度体系；十二是创新教师管理制度；十三是健全教育投入机制；十四是健全教育宏观管理体制。[①]

（3）结果与影响

《关于深化教育体制机制改革的意见》标志着中国教育改革进入全面推进教育治理体系与治理能力现代化、建设具有中国特色社会主义教育制度体系的新阶段。[②]教育现代化在硬件条件、显性指标建设基础上，更加注重制度体系构建。

《中国教育现代化2035》和《加快推进教育现代化实施方案（2018—2022年）》

（1）背景

中国特色社会主义进入新时代后，我国面临着诸多新的发展机遇与挑战，教育的基础性、先导性、全局性地位和作用更加凸显。当今世界正处于大发展大变革大调整时期，政治格局复杂多变、经济分工大幅调整、科学技术日新月异、创新版图深刻重塑，新一轮科技革命和产业革命正在孕育兴起，重大科技创新正在引领社会生产新变革，互联网、人工智能等新技术的发展正在不断重塑教育形态，知识获取方式和传授方式、教和学关系正在发生深刻变革。要加快实现中华民族伟大复兴、实现国富民强的中国梦，归根到底还是要靠人才、靠教育，所以必须加快推进教育现代化。从当前中国所处的发展阶段来看，正在加快向创新型国家前列迈进，要想在新一轮科技革命和产业革命中拔

---

① 中华人民共和国中央人民政府网.中共中央办公厅 国务院办公厅印发《关于深化教育体制机制改革的意见》。

② 范国睿，孙闻泽.改革开放40年教育体制机制改革的历史与逻辑分析[J].教育研究，2018（7）：15-23+48.

得头筹，就必须以教育变革为抓手，抓紧培养能够适应和引领未来发展的一代新人，特别是培养聚集大批拔尖创新人才。从教育对经济社会发展的支撑服务功能来看，现代化经济体系和产业体系要求加大人力资本投资，从要素驱动、投资驱动转向创新驱动，而教育正是积累人力资本的核心途径。从当代中国社会的主要矛盾来看，教育发展水平仍无法有效满足人民群众对更高质量、更加公平、更具个性教育的迫切需求。新时代新形势赋予教育现代化以新任务、新期待。

在此背景下，必须抓住机遇，超前布局，以更高远的历史站位、更宽广的国际视野、更深邃的战略眼光对加快推进教育现代化做出战略部署和总体设计，推动我国教育体系不断朝着更加普及、更加公平、更加优化、更高质量、更大贡献的方向前进。2035年是我国基本实现社会主义现代化的重要时间节点，面向2035目标描绘教育现代化的远景蓝图具有重要的现实意义和深远的历史意义。2019年2月，中共中央、国务院印发《中国教育现代化2035》；同年，《加快推进教育现代化实施方案（2018—2022）》颁布。

（2）内容

《中国教育现代化2035》系统提出了八个"更加注重"的基本理念，即以德为先、全面发展、面向人人、终身学习、因材施教、知行合一、融合发展、共建共享。这八个基本理念，遵循了教育规律和人才成长规律，也顺应了国际教育发展趋势。提出的总体目标分"两步走"：到2020年教育现代化取得重要进展；到2035年总体实现教育现代化。届时学前教育毛入学率将突破95%，九年义务教育巩固率达到97%，高中阶段毛入学率达到97%，高等教育毛入学率达到65%，学前教育教师接受专业教育比例以及义务教育专任教师中本科以上学历比例均超过95%，并重点部署了面向教育现代化的十大战略任务。这十大战略任务分别是：①学习贯彻习近平新时代中国特色社会主义思想；②发展中国特色世界先进水平的优质教育；③推动各级教育高水平高质量普及；④实现基本公共教育服务均等化；⑤构建服务全民的终身学习体系；⑥提升一流人才培养与创新能力；⑦建设高素质专业化创新型教师队伍；⑧加快信息化时代教育变革；⑨开创教育对外开放新格局；⑩推进教育治理体系和治理能力现代化。[①]《加快推进教育现代化实施方案（2018—2022年）》立足五年内的发展变化，围绕"促进教育公平"与"提高教育质量"两大主题，将推进教育现代化具体分解至十项重点任务。这十项重点任务分别是：①实施新时代立德树人工程；②推进基础教育巩固提高；③深化职业教育产教融合；④推进高等教育内涵发展；⑤全面加强新时代教师队伍建设；⑥大力推进教育信息化；⑦实施中西部教育振兴发展计划；⑧推进教育现代化区域创新试验；⑨推进共建"一带一路"教育行动；⑩深化重点领域教育综合改革。[②]

（3）结果与影响

《中国教育现代化2035》是联合国教科文组织《教育2030行动框架》的"中国版本"与"中国表达"，展现了我国积极参与全球教育治理，积极履行对联合国2030年可持续发展议程的庄严承诺，为世界教育发展贡献了中国智慧、中国经验、中国方

① 教育部.中共中央、国务院印发《中国教育现代化2035》。
② 中华人民共和国中央人民政府网.中共中央办公厅、国务院办公厅印发《加快推进教育现代化实施方案（2018—2022年）》。

案。[①]2015 年 5 月，联合国教科文组织发布《教育 2030 行动框架》。为对标该框架，中国于 2016 年开始组织力量编制《中国教育现代化 2030》。综合考量当时的国际国内形势和我国已具备的发展条件，党的十九大报告将全面建设社会主义现代化国家的进程分为 2020—2035 年、2035—2050 年两个阶段，故而将中国教育现代化的时间节点从 2030 年改为 2035 年。[②] 作为新中国首个专门聚焦教育现代化的中长期战略规划和实施方案，《中国教育现代化 2035》和《加快推进教育现代化实施方案（2018—2022 年）》的政策时段横跨"十三五"至"十六五"时期，描绘了今后一段时期我国教育现代化建设的规划蓝图和行动路线。虽然文件颁布时期较短，尚无法有效评估政策影响，但无疑在我国推进教育现代化进程中具有里程碑意义。这一阶段中国教育现代化的内涵更为丰富，逐渐形成囊括教育现代化概念、内容、实施、评价的完整体系，指引中国教育事业走出一条区别于他国，具有中国特色的中国式现代化道路。[③]

第三节　中国教育现代化的核心指标分析

本节内容依据国际可比性和数据可得性原则，选取普及与公平、质量与结构、条件与保障、服务与贡献四个维度依次呈现中国教育现代化的若干核心指标表现，从数据的视角分析中国教育现代化水平。如无特别说明，以下全国性统计数据均不包括台湾地区、香港特别行政区和澳门特别行政区。

一、普及与公平

毛入学率是衡量各级教育普及程度的常用指标。在经济合作与发展组织统计口径下，截至 2021 年，我国各级教育普及化成就显著，特别是处于学历教育体系底端的学前教育以及处于学历教育体系顶端的高等教育。其中，学前教育毛入学率从 1974 年的 2.25% 跃升至 2021 年 93.07%，提高了约 40 倍；高等教育毛入学率从 1970 年的 0.13% 跃升至 2021 年 63.60%，提高了约 488 倍，2000 年受到 20 世纪末高等教育扩招政策的影响增长尤为明显。基础教育阶段圆满实现普及化，其中小学教育毛入学率在 2021 年达到 104.12%，初中教育毛入学率在 2010 年就已突破 100%（见表 8-1）。

在我国教育部统计口径下，各级教育毛入学率的具体年份数据虽然与经济合作与发展组织统计口径下有所出入，但总体变动趋势基本一致。如表 8-2 所示，我国各阶段教育普及化成就举世瞩目，尤以高等教育毛入学率提升最为明显，从 1990 年的 3.40% 提高到 2020 年的 54.40%，已正式进入普及化阶段。到 2020 年，小学和初中毛入学率分别

---

① 教育部. 绘制新时代加快推进教育现代化建设教育强国的宏伟蓝图——教育部负责人就《中国教育现代化 2035》和《加快推进教育现代化实施方案（2018—2022 年）》答记者问.

② 杨九诠. 理解《中国教育现代化 2035》的基本框架 [J]. 吉首大学学报（社会科学版），2020（3）：9-11.

③ 程天君，陈南. 中国教育现代化的百年书写 [J]. 教育研究，2020（1）：125-135.

达到 102.90% 和 102.50%，学前教育和高中教育毛入学率也都超过 85%。

表 8-1　各级教育毛入学率，经济合作与发展组织统计口径（单位：%）

教育阶段	年份				
	2000	2006	2010	2015	2021
早期教育	44.86	44.79（2007 年）	53.67	78.66	93.07
学前教育	44.86	42.56	53.67	78.66	93.07
小学教育	115.91（2001 年）	106.50	105.00	97.15	104.12
初中教育	77.81	99.32	100.29	/	/
高中教育	38.51	49.19	76.84	79.13	84.56
高等教育	7.59	20.22	24.20	46.04	63.60

数据来源：小学教育数据来源于世界银行，其他数据来源于联合国教科文组织统计研究所。

注："/"表示数据缺失。

表 8-2　各级教育毛入学率，教育部统计口径（单位：%）

教育阶段	年份				
	2000	2005	2010	2015	2020
学前教育	35.00	41.40	56.60	75.00	85.20
小学教育	104.60	106.40	104.60	103.50	102.90
初中教育	88.60	95.00	100.10	104.00	102.50
高中教育	42.80	52.70	82.50	87.00	91.20
高等教育	12.50	21.00	26.50	40.00	54.40

数据来源：《中国教育统计年鉴》。

注：表中高中教育毛入学率为高中教育阶段全口径数据。

特殊教育发展情况可以从一个侧面反映一国的教育公平。如表 8-3 所示，自 20 世纪 90 年代末以来，中国特殊教育学校数稳步增加，近十余年来特殊教育专任教师数也逐年上升，有力保障了身体障碍儿童的受教育机会。2023 年，我国特殊教育共有特殊教育学校 2 345 所，专任教师 7.70 万人，在校生数达到 91.18 万人，教育公平得到彰显。

表 8-3　特殊教育发展情况

项目	年份				
	2000	2005	2010	2015	2023
特殊教育学校（单位：所）	1 539	1 593	1 706	2 053	2 345
特殊教育专任教师（单位：万人）	3.20	3.19	3.97	5.03	7.70
特殊教育招生数（单位：万人）	5.29	4.93	6.49	8.33	15.50
特殊教育在校生数（单位：万人）	37.76	36.44	42.56	44.22	91.18

数据来源：1998—2023 年《全国教育事业发展统计公报》。

教育系统必须与经济系统相适应，因而有必要分析既定经济发展水平下的教育发展情况。"英格尔斯现代化指标体系"中将人均国内生产总值实现 3 000 美元作为现代化的衡量指标之一。中国于 2008 年人均国内生产总值首次突 3 000 美元，彼时，小学教育毛入学率和初中教育毛入学率均超过 100%，高中教育毛入学率为 64.55%，可以看到除义务教育阶段外，我国其余各级教育距离普及化仍有一段距离。

随着我国经济的飞速发展，2019 年人均国内生产总值首次突破 10 000 美元，新的经济发展水平迫切需要与之相对应的教育体系。截至 2019 年，从各级教育毛入学率看，中国义务教育及高等教育均已进入普及化阶段，其中小学教育毛入学率超过 100%，高等教育毛入学率超过 50%；学前教育毛入学率接近 90%，高中教育毛入学率接近 80%，不过仍有进一步提升空间。2035 年的远景目标提出届时人均国内生产总值将达到中等发达国家水平约为 20 000 美元，为适应这一新的经济发展水平，中国在保持义务教育毛入学率，稳步提升高等教育毛入学率的基础上，需要着力提升学前教育和高中教育毛入学率，推动两学段教育实现全面普及。

二、质量与结构

就质量维度而言，联合国教科文组织统计研究所统计口径下中国小学至高中各级教育完成率数据显示，2020 年小学、初中和高中教育完成率分别达到 98.00%、90.80% 和 75.30%。根据《中国教育统计年鉴》，2020 年中国小学到初中升学率达到 99.50%，初中到高中阶段升学率也已达到 94.60%。从义务教育年限看，长期以来中国义务教育的法定年限定为 9 年。在研究生教育阶段，2000 年之后受到 20 世纪末高等教育扩招的影响，中国研究生教育规模也开始大幅扩张，到 2020 年中国硕士和博士毕业生数超过 72 万人，自主培养高层次人才的研究生教育体系基本建成。

若以 PISA 测试成绩评价中国基础教育质量，从 2009 年上海首次参加 PISA 测试至今，所取得的成绩令人振奋。从 2018 年的测评结果看，中国学生的科学、阅读和数学得分分别为 590 分、555 分和 591 分，在参评国中均位列第一名。不过也应注意的是，2018 年参加 PISA 测试的是北京、上海、江苏、浙江四个中国东部地区省（直辖市），完全以 PISA 成绩衡量中国基础教育质量可能有失偏颇。

若以世界大学排名评价中国高等教育质量，近年来中国大学在各世界大学排行榜上均取得骄人成绩。2021 年 QS 世界大学排行榜中共有 3 所中国大学进入全球前 100 名，8 所进入全球前 300 名；2021 年泰晤士高等教育世界大学排行榜中共有 5 所中国大学进入全球前 100 名，9 所进入全球前 300 名；2021 年美国新闻与世界报道大学排行榜中共有 2 所中国大学进入全球前 100 名，18 所进入全球前 300 名；2020 年世界大学学术排名中共有 5 所中国大学进入全球前 100 名，32 所进入全球前 300 名。

从结构维度来看，2020 年中国本科、硕士和博士毕业生学科结构如表 8-4 所示。总体而言，本科毕业生占比最高的三个学科为工学、管理学和文学，占比最低的三个学科为哲学、历史学和农学；硕士毕业生占比最高的三个学科为工学、管理学和医学，占比最低的三个学科为军事学、哲学和历史学；博士毕业生占比最高的三个学科为工学、理学和医学，占比最低的三个学科为军事学、艺术学和哲学。由此也可以一定程度上反映出 20 世纪 50 年代院系调整的深远影响，时至今日，工科仍是中国高等教育人才培养规模最大的学科专业。

表 8-4　2020 年中国本科、硕士和博士毕业生学科结构

学科	本科		硕士		博士	
	人数	占比（单位：%）	人数	占比（单位：%）	人数	占比（单位：%）
哲学	2 260	0.05	3 226	0.49	729	1.10
经济学	249 086	5.92	31 708	4.79	2 193	3.31
法学	147 207	3.50	46 389	7.00	3 134	4.74
教育学	171 334	4.07	50 921	7.69	1 199	1.81
文学	409 351	9.73	33 527	5.06	2 149	3.25
历史学	18 659	0.44	4 839	0.73	775	1.17
理学	274 006	6.52	44 424	6.71	13 975	21.12
工学	1 381 245	32.85	226 198	34.15	24 084	36.39
农学	71 265	1.69	26 830	4.05	3 147	4.76
医学	288 359	6.86	69 771	10.53	10 634	16.07
军事学	/	/	51	0.01	24	0.04
管理学	795 289	18.91	101 302	15.29	3 467	5.24
艺术学	397 036	9.44	23 265	3.51	666	1.01

数据来源：中华人民共和国教育部。

注："/"表示数据缺失。

三、条件与保障

教育事业的发展离不开人力、物力、财力各方面条件提供保障。在师资队伍保障方面，生师比指标反映了教师数量能否满足教育发展需求。根据 2014 年下发的《中央编办教育部财政部关于统一城乡中小学教职工编制标准的通知》，小学、初中和高中生师比标准依次为 19∶1、13.5∶1 和 12.5∶1。[1]2004 年教育部印发的《普通高等学校基本办学条件指标（试行）》按照办学层次与学校类别分类规定了普通高校生师比标准，对于综合、师范、民族、工科、农、林、语文、财经和政法院校，生师比为 18∶1 属于合格标准；对于医学院校，生师比为 16∶1 属于合格标准；对于体育和艺术院校，本科层次学校生师比为 11∶1 属于合格标准，高职（专科）层次学校生师比为 13∶1 属于合格标准。[2]

表 8-5 集中展现了 1993 年以来中国各级教育生师比情况，可以看到近年来各级教育的生师比都符合国家标准，这表明目前我国各级教育的师资队伍数量均能够满足教育需求。

---

① 教育部. 中央编办 教育部 财政部关于统一城乡中小学教职工编制标准的通知.

② 教育部. 教育部关于印发《普通高等学校基本办学条件指标（试行）》的通知.

表 8-5　各级教育生师比，教育部统计口径

教育阶段	年份					
	1993	2000	2005	2010	2015	2020
小学生师比	22.37：1	22.21：1	19.43：1	17.70：1	17.05：1	16.67：1
初中生师比	15.65：1	19.03：1	17.80：1	14.98：1	12.41：1	12.73：1
普通高中生师比	14.96：1	15.87：1	18.54：1	15.99：1	14.01：1	12.90：1
中职生师比	13.42：1	19.09：1	21.34：1	25.69：1	20.47：1	19.54：1
普通高校生师比	8.00：1	16.30：1	16.85：1	17.33：1	17.73：1	18.37：1

数据来源：中国教育统计年鉴。

专任教师学历合格率指标则反映了教师队伍质量能否满足教育发展需求。如表 8-6 所示，中国小学、初中和高中三个学段专任教师学历合格率从 1998 年至今总体呈现稳步上升趋势，截至 2021 年均接近 100%，分别达到 99.98%、99.91% 和 98.82%，这从一个侧面表明我国义务教育和普通高中教师队伍质量基本能够满足教育发展需求。其中普通高中专任教师学历合格率虽略低于小学和初中阶段，但在三个学段中增长幅度最大。

表 8-6　各级教育专任教师学历合格率（单位：%）[①]

教育阶段	年份					
	1998	2000	2005	2010	2015	2021
小学专任教师学历合格率	94.60	96.90	98.62	99.52	99.90	99.98
初中专任教师学历合格率	83.4	87.00	95.22	98.65	99.70	99.91
普通高中专任教师学历合格率	63.49	68.43	83.46	94.81	97.70	98.82

数据来源：历年全国教育事业发展统计公报。

反映师资队伍保障情况的另一个核心指标是专任教师的年龄结构。由表 8-7 可知，2020 年中国义务教育阶段的专任教师中，年龄在 29 岁及以下的教师人数占比最大，其中，小学教育阶段 29 岁及以下专任教师占比 23.29%，初中教育阶段 29 岁及以下专任教师占比 19.06%。而在中等职业教育、普通高中教育和高等教育阶段，年龄在 35～39 岁的专任教师人数占比最大，其中，中等职业教育阶段 35～39 岁专任教师占比 17.34%，普通高中教育阶段 35～39 岁专任教师占比 34.13%，高等教育阶段 35～39 岁专任教师占比 20.89%。由此可见，我国各级教育专任教师队伍整体呈现年轻化态势，保障了师资队伍活力。

教育经费保障方面，从研发经费占 GDP 比例看，中国研发经费占 GDP 的比例均表现出逐年上升趋势，在 2015 年已突破 2%。不过在未来教育经费投入仍需加强，政府教育支出占国内生产总值（GDP）比例自 2012 年首次突破 4% 后每年基本维持在 4% 以上，

---

① 专任教师学历合格率是指某一级教育具有国家规定的最低学历要求的专任教师数占该级教育专任教师总数的百分比。各级教育教师的最低学历要求，参照《中华人民共和国教师法》中的相关规定：取得小学教师资格，应当具备中等师范学校毕业及其以上学历；取得初级中学教师、初级职业学校文化、专业课教师资格，应当具备高等师范专科学校或者其他大学专科毕业及其以上学历；取得高级中学教师资格和中等专业学校、技工学校、职业高中文化课、专业课教师资格，应当具备高等师范院校本科或者其他大学本科毕业及其以上学历。

到 2020 年这一数字为 4.23%，仍需进一步提升。一般公共预算教育经费占一般公共预算支出比例自 20 世纪末以来基本在 14% 至 15% 之间波动，2015—2020 年呈现上升趋势。

表 8-7　各级教育专任教师年龄结构（单位：%）

教育阶段	年龄阶段							
	29 岁及以下	30～34 岁	35～39 岁	40～44 岁	45～49 岁	50～54 岁	55～59 岁	60 岁及以上
小学教育	23.29	15.99	15.67	16.28	12.87	10.53	5.32	0.06
初中教育	19.06	13.70	15.14	17.42	16.00	13.10	5.50	0.08
中等职业教育	16.75	15.72	17.34	15.10	15.19	13.01	6.67	0.23
高中教育	33.70	27.75	34.13	29.46	23.05	21.22	10.10	0.33
高等教育	10.63	17.88	20.89	17.81	12.30	9.51	8.74	2.24

数据来源：2020 年教育统计数据。

从生均教育经费看，1997—2020 年各级教育生均一般公共预算教育事业费均表现为逐年上升趋势，小学、初中、中职、高中和普通高校生均一般公共预算教育事业费平均增幅分别为 33.91 倍、27.13 倍、13.40 倍、13.88 倍和 2.21 倍，可见虽然教育层次越高，生均一般公共预算教育事业费也越高，但是生均一般公共预算教育事业费增幅反而越低。比较不同学段生均一般公共预算教育事业费占人均 GDP 的比例，2020 年幼儿园教育阶段的这一比例最低（12.04%），其次为小学教育阶段（16.23%），高等教育阶段的这一比例最高（29.12%），初中、中职和高中教育阶段的这一比例均保持在 20% 左右。

除人力资源和财力资源外，班级大小也是保障教育现代化的重要条件指标。2021 年中国小学总班数为 287.06 万个，比上年增加 1.02 万个。其中，56 人以上大班和超大班 2.10 万个，比上年减少 1.21 万个，占总班数的 0.73%，比上年下降 0.43 个百分点；其中 66 人以上超大班 482 个，比上年减少 441 个，占总班数的 0.02%，比上年下降 0.02 个百分点。初中总班数为 109.89 万个，比上年增加 2.55 万个。其中，56 人以上大班和超大班 7 225 个，比上年减少 5 470 个，占总班数的 0.66%，比上年下降 0.53 个百分点；66 人以上超大班 106 个，比上年减少 119 个，占总班数的 0.01%，比上年下降 0.01 个百分点。[1] 大班和超大班数量及占比的下降一定程度上说明我国义务教育阶段的教育质量保障条件正在逐渐向好。

四、服务与贡献

就服务与贡献维度而言，全国高校毕业生初次就业率连续多年保持在 77% 以上[2]，为国家现代化建设培养造就了大批高层次人才。国际学生流入数反映了一国教育体系的全球化水平与国际吸引力，2010 年中国国际学生流入数保持在 10 万人以内，到 2021 年这一

---

① 教育部 . 2021 年全国教育事业发展统计公报。
② 教育部 . 全国高校毕业生初次就业率多年超 77%。

数字已超过 22 万人，国际学生流入率从 2006 年的 15.58% 提升至 2021 年的 41.18%，为国际合作与交流作出了较大贡献，也标志着中国正在成为世界上重要的留学目的地国家。

劳动力人口的受教育程度也有显著提升。根据国际标准，劳动力人口的年龄范围通常为 25 ～ 64 岁。1982—2019 年，中国 25 ～ 64 岁人口识字率从 61.95% 提高到 98.43%，圆满实现扫盲目标。教育部公布的数据显示，2021 年中国劳动年龄人口平均受教育年限达 10.9 年，比 2012 年增加 1.0 年，按照我国目前的教育体系大致相当于高中阶段教育水平。劳动年龄人口中 24.9% 受过高等教育，比 2012 年提高 10.3 个百分点，为经济高质量发展提供了强大智力支撑。[1]

2021 年 5 月公布的第七次全国人口普查数据显示，全国具有大学文化程度的人口为 21 836 万人，与 2010 年相比每 10 万人中具有大学文化程度者由 8 930 人上升为 15 467 人，15 岁及以上人口的平均受教育年限由 9.08 年提高至 9.91 年，文盲率由 4.08% 下降为 2.67%，[2] 这些成就均表明中国国民受教育程度的稳步提升。

第四节　中国教育现代化的经验与方向

一、中国教育现代化的经验

（一）坚持党对教育事业的全面领导

坚持党对教育事业的全面领导是中国推进教育现代化的根本保证和最大优势。教育是国之大计、党之大计，教育事业取得的举世瞩目成就离不开中国共产党的高瞻远瞩与科学决策。我国拥有世界上规模最大的教育体系，教育发展水平在区域之间、城乡之间、学校之间存在巨大差距，教育事业底子薄、担子重，带领超大规模、高度异质、基础薄弱的教育各子系统共同实现现代化的任务艰巨，加强组织领导尤为必要。自 1958 年《中共中央国务院关于教育工作的指示》明确要求加强党对社会主义教育的领导以来，教育战线始终牢牢把握社会主义办学方向，坚决贯彻党的教育方针，坚持将党的全面领导贯穿教育工作全领域、全过程，统一思想，提高站位，使教育领域始终成为坚持党的领导的坚强阵地，充分发挥新型举国体制优势，实现了从文盲半文盲大国到教育大国、迈向教育强国的历史性跨越，努力推动教育体系向现代化方向前进。

（二）坚持以人民为中心发展教育

坚持以人民为中心发展教育是中国推进教育现代化的基本遵循和核心指南。教育是以人为中心、促进个人全面发展的活动，教育现代化的本质是人的现代化，人的现代性是检验教育现代化水平高低的标准之一。中国作为社会主义国家的国家性质也决定了

---

① 教育部发展规划司.数说"教育这十年"。
② 国家统计局.第七次全国人口普查公报。

中国式教育现代化必须坚持以人民为中心，办好人民满意的教育，加大力度普及各级教育、促进教育公平、提高教育质量，落实立德树人根本任务，培养德智体美劳全面发展的社会主义建设者和接班人，针对人民群众反映强烈的突出问题，集中攻坚、综合改革、重点突破，顺应人民期盼，扩大改革受益面，力争让教育现代化的成果更多、更公平地惠及全体人民，切实增强人民群众对优质教育的满意度、获得感，以教育公平促进社会公平正义。以人民为中心推进教育现代化也体现在全面发展素质教育。全面发展素质教育是启蒙个体现代性、帮助个体灵活适应现代社会、抵御不确定风险的重要途径，有助于培养德、智、体、美、劳全面发展的现代人，更好地实现人的现代化。但与西方国家强调个体主义、追求原子化的现代人不同，中国推崇集体主义，致力于带领全体人民共同落实素质教育，这也是中国教育现代化所赋予人的现代化新的理论意涵。

（三）坚持教育现代化融入国家现代化

坚持融入国家现代化是中国推进教育现代化的不竭动力与重要使命。教育是全面建设社会主义现代化国家的基础性、战略性支撑，教育现代化是国家现代化的关键组成部分，建设教育强国是中华民族伟大复兴的基础工程，现代化的教育不仅要适应国家现代化，而且要引领国家现代化。立足于建设社会主义现代化国家的关键时期，必须深入实施科教兴国、人才强国战略，坚持教育优先发展，加快建设教育强国，全面提高人才自主培养质量，着力造就拔尖创新人才，自觉扛起教育现代化在全面建设社会主义现代化国家新征程中肩负的历史使命，为2035年基本实现社会主义现代化、2050年建成社会主义现代化强国提供高质量人力资本基础，为经济转型、科技创新、文化繁荣、民生改善、社会和谐提供更有力支撑，进而为人类社会特别是发展中国家追求教育现代化开拓新道路，提供中国经验。

（四）坚持扎根中国大地办教育

坚持扎根中国大地办教育是中国推进教育现代化的必然要求与道路自信。习近平总书记指出："世界上既不存在定于一尊的现代化模式，也不存在放之四海而皆准的现代化标准。"[1]"现代化道路并没有固定模式，适合自己的才是最好的，不能削足适履。"[2] 中国教育事业独特的发展历程，独特的文化传统，独特的学情教情，决定了我们不能简单移植他国教育的现代化模式，必然要走契合自己特点的教育现代化道路。新中国成立初期盲目照搬苏联模式，全盘苏化的教育发展路径由于水土不服，致使我国教育现代化遭遇曲折，也令国人清醒地认识到独立自主探索的必要性。随后开始坚持扎根中国大地办教育，发掘继承我国优秀教育传统，立足我国国情，遵循教育规律，坚定不移地走具有中国特色的教育现代化道路，道路自信、制度自信、理论自信不断增强。但自主探索不等于自我封闭，中国式教育现代化同时也强调对外开放，批判性地性吸收和借鉴教育现代化先发国家的成功经验与失败教训，努力发挥后发优势，力争实现弯道超车。

① 习近平.新发展阶段贯彻新发展理念必然要求构建新发展格局。
② 习近平.加强政党合作 共谋人民幸福——在中国共产党与世界政党领导人峰会上的主旨讲话。

二、中国教育现代化的方向

（一）处理好教育规模与教育质量的矛盾

庞大的人口基数以及由此形成的庞大的各学段学龄人口数决定了中国教育体系的大规模。经过 70 余年的锐意探索，新中国的教育事业从一穷二白、百废待兴到蓬勃发展、举世瞩目，教育规模不断扩大。截至 2021 年，全国共有各级各类学校 52.93 万所；各级各类学历教育在校生 2.91 亿人 [①]，基本建成规模大、普及化高的教育体系。在巨大的人口惯性以及近年来积极的教育政策下，可以预见的是，中国的教育规模和普及化程度仍将进一步扩大。在教育规模扩大至一定程度，基本满足人民群众受教育的数量需求后，下一步需要考虑的问题是教育供给如何从量变转向质变，教育客体如何从"能上学"转向"上好学"；从国家层面整体来看，就是要思考如何从教育大国建设成为教育强国。纵观中国教育现代化的历史进程，自 21 世纪初中国各级各类教育经历提速发展时期、教育规模得到大幅度扩张后，以提高质量为核心的内涵式发展就成为下一阶段的政策重心。

借鉴国内外经验，大规模教育体系保障教育质量的可行思路有二：一是结构调整，如将教育规模扩张的增量指标适度向建设高质量教育倾斜；二是功能分化，分类发展。如职业教育和普通教育一样都是教育体系不可或缺的重要组成部分，二者只有类型上和功能上的差异，而无层次上的区别，因此职业教育无须一味向普通教育看齐，只有明确定位、坚守特色、分类发展才能避免教育体系趋同，保障不同类型教育的质量。

（二）处理好教育效率与教育公平的矛盾

效率与公平涉及教育现代化建设路径的价值取向。在教育现代化建设初期，中国选择了效率优先的发展道路，在资源有限的情况下采取重点学校制度以保证建设效率，如高等教育学段层出不穷的重点大学建设计划。重点大学建设计划通过人力、财力、物力资源向个别院校的高度集中，在最短的时间内实现了大学办学水平和国际声誉的跃升，创造了高等教育发展的中国速度。然而看似高效的重点建设制度也带来了诸多非预期问题，其中对教育公平的侵蚀最为明显。在中国，院校之间、城乡之间、区域之间巨大的教育资源配置和教育发展水平差异尤为突出。随着我国教育投入的逐年增长以及教育非均衡发展的风险日渐凸显，教育公平频繁被提上政策议程。

找寻重点建设制度中效率与公平的平衡点需要构建灵活柔性、能进能出的体制机制。第一，弹性的遴选机制。重点建设计划的入选名单必须兼顾不同层次、不同类型、不同区域的学校，一方面入选学校能够享受政策倾斜和资源倾斜，从而发挥效率红利；另一方面广覆盖的名单设计也能够充分调动各方积极性，从而彰显教育公平。第二，分类的评价机制。不同学校的发展基础各异，应避免"一把尺子量所有"，针对不同发展

---

① 教育部 . 2021 年全国教育事业发展统计公报。

水平的重点建设学校制定差异化的评价考核办法。分类评价既尊重各校建设起点，体现教育公平，又鼓励各校争创特色、体现建设效率。第三，灵活的退出机制。重点学校名单实行动态调整，建设成效评价结果良好的学校持续加大支持力度，评价结果未达标的学校及时予以清理退出，为候选学校预留空间，从而保证建设效率。

（三）处理好教育内部功能与外部功能的矛盾

教育具备内、外部双重功能，教育的内部功能是指教育服务于个人全面、可持续发展，教育的外部功能则是指教育服务于国家重大需求、服务于经济社会发展。

一方面，打造现代教育体系离不开持续稳定的外部资源支持，教育反过来也愈加将服务外部需求作为获得自身存在合法性与汲取发展资源的重要手段。主要表现在：其一，将教育发展与国家发展紧密绑定，主张以教育现代化推动国家现代化，这从我国 2035 年总体实现教育现代化的战略目标超前于党的十九大提出的 2035 年基本实现社会主义现代化可见一斑；其二，人才培养目标强调回应经济社会发展需要，与产业实际需求脱节往往是构成教育领域变革人才培养模式的直接动因。

另一方面，教育也必须兼顾服务个人发展的内部功能。教育本质上是以人为中心的活动，而中国式现代化道路以人的现代化为核心，因此教育是中国式现代化建设进程的重要推动力。[1] 美国社会学家英格尔斯关注人的现代化，发现现代人具有如下十二个方面的品质特征。①准备和乐于接受他未经历过的新的生活经验、新的思想观念、新的行为方式；②准备接受社会的改革和变化；③思路广阔，头脑开放，尊重并愿意考虑各方面的不同意见、看法；④注重现在与未来，守时惜时；⑤强烈的个人效能感，对人和社会的能力充满信心，办事讲求效率；⑥计划；⑦知识；⑧可依赖性和信任感；⑨重视专门技术，有愿意根据技术水平高低来领取不同报酬的心理基础；⑩乐于让自己和他的后代选择离开传统所尊敬的职业，敢于挑战传统教育的内容和传统智慧；⑪相互了解、尊重和自尊；⑫了解生产及过程，并认为只有现代人才可能积极投身到改变国家落后命运的现代化运动中去。并提出教育水平是影响个人现代性的直接因素。因此，推进教育现代化也应回归教育初心，从人才培养目标、教学理念、授课方法等多个方面服务受教育者的全面、可持续发展。简言之，教育现代化要兼顾教育的内部功能和外部功能，不能顾此失彼或厚此薄彼。

（四）处理好教育国际性与本土性的矛盾

新中国成立初期，我国教育全面效仿苏联，在出现种种水土不服后开始走上自主探索发展的道路。不过自主探索初期主要局限在国门之内，尚未与国际广泛接轨，这也导致这一时期的教育发展曲折前行。改革开放后中国的教育体系重新融入世界版图，国际化程度与日俱增，在扩大国际影响、提升国际声誉的同时，某些方面也出现了"唯国外标准是从"的不良倾向。另外，当下逆全球化潮流涌现，中国教育再次面临与国际脱钩风险，扎根本土办教育被赋予新的时代内涵。

---

[1]　韩喜平. 以教育现代化赋能现代化强国战略目标的实现 [J]. 国家教育行政学院学报，2022（7）：3-9.

　　简言之，国际性与本土性在中国教育现代化的历史进程中此消彼长，交替出现，相辅相成，缺一不可。不过二者也有主次之分，中国教育发展首先应从本国国情出发，始终将服务本国人民和国家发展置于首要地位，其次要保持开放心态吸取国外发展经验，积极参与国际教育秩序构建与教育体系治理，唯有立足本土，兼顾国际与国内的发展格局，并在国际性和本土性之间取得适度平衡，方可顺利推进教育现代化的实现。

第九章　结语

本章基于历史的视角、数据的视角和政策的视角分析各国教育现代化的特征，提炼各国教育现代化对中国教育现代化发展的启示。

第一节　教育现代化的国际比较分析

一、历史的视角

（一）美国

自建国至今的 200 多年时间里，美国的教育现代化发展走在世界前列，成为全球教育现代化发展的重要参考。美国教育现代化发展可分为四个阶段。第一，1776 年建国到 1865 年南北战争结束的萌芽阶段。该阶段以公立学校的普遍建立为主要标志，为美国现代学校系统的建设奠定了基础。第二，自南北战争结束到 1929 年间的全面发展阶段。这一阶段，美国形成了从学前教育到研究生教育，涵盖职业教育与特殊教育的专业化、多层次现代教育体系。第三，1930—1999 年的调整完善时期，经历了战后联邦政府主导下的转型发展、20 世纪 60—80 年代对教育机会平等的强调以及 80 年代以后对优质教育的追求。第四，21 世纪以来的新阶段。这一时期，美国面临着市场经济动荡、地缘政治、人口结构变革等一系列严峻挑战，教育现代化在追求更加公正与卓越的道路上艰难前行。

从义务教育的普及到完善的职业教育体系的建立，从高等教育的大众化到研究型大学的崛起，美国教育现代化提高了普通劳动者的素质，培养了大批高水平的科技创新人才，为美国成为经济、科技与军事强国做出了卓越贡献。与此同时，美国教育在学习借鉴他国经验中也形成了富有美国本土特色的教育模式，如综合中学、赠地学院、社区学院等，满足了大众对教育多元化、民主化的需求，也服务于不同时期社会发展对不同类型人才的需要。美国教育现代化的特色体现在以下几个方面。第一，完善的教育立法体系。在教育现代化进程中，美国从学前教育到高等教育再到职业教育，所有阶段均已建立起了相对完善的法律法规，以健全的教育法律政策体系保障教育现代化的稳步推进。第二，分层分类、衔接贯通的教育体系。美国的教育体系鲜明地展现出分层分类的特点，不仅在各教育层次之间，还在不同类型的教育机构之间建立了紧密的连接，为学生提供了灵活多样的学习和发展路径。第三，教育治理的分权化。美国教育强调地方和学校的自主权，注重学校、学生、家长及社区的参与，联邦政府起统筹协调作用，使教育可以反映和满足各方的需求。第四，教育质量与教育公平并重。美国教育现代化的发展离不开对质量与公平的关注与协调。一方面，美国通过科学的评估方法努力提升教育质量；另一方面，采用政策确保所有社会群体，特别是弱势群体可以公平地获得高质量的教育资源。

美国的教育现代化进程为其他国家提供了有益的启示。学前教育阶段，美国注重提升学前教育的环境和质量。完善学前教育的法律和政策，确保学前教育机构的质量与合规性。同时，通过完善资格认证制度，加强教师队伍的建设，从而保证了教育质量的提升。近年来，美国加大了对学前教育的财政投入，为儿童提供更好的学习环境。基础教育阶段，美国将教育质量和教育公平并重。一方面，美国致力于通过教育质量监测来提高教育评估的科学性，并加强了 STEM（科学、技术、工程、数学）教育以培养世界一流的人才。另一方面，为了推动基础教育公平发展，美国采取了高质量的教育补偿措施。例如，通过联邦和州的资金支持，努力缩小城乡及不同社区间的教育差异。高等教育阶段，美国注重优化高等教育结构。通过推动高校的分层分类，满足了美国社会对不同类型人才的需求。同时，高等教育也服务于国家的战略需求，努力提升科技创新和全球竞争力，为美国成为世界强国做出了重要贡献。职业教育阶段，美国推动职业教育与终身学习理念相结合，加强职业教育和企业的合作，提升了职业教育的吸引力和质量，成功突破了人才培养质量的"次等"困境，为国家的经济发展做出了积极的贡献。

（二）英国

英国教育现代化的发展历史悠久，形成了完善和灵活的教育体系。根据英国教育的发展历史，英国教育现代化可分为五个阶段。第一，18 世纪 60 年代至 1918 年的萌芽阶段。19 世纪是英国历史上一个急剧变化的历史时期，工业革命带来了工业生产方式的变化，也进一步推动了教育的发展，英国在这一时期普及初等教育、发展世俗教育。第二，1919—1978 年的加速阶段。这一阶段，英国将公共教育体系的改革划为教育重建工作的重点，进行了教育的恢复与重建。第三，1979—1990 年的纵深发展阶段。撒切尔夫人执政时期推动市场化改革，强调效率优先下的教育公平。第四，1991—2009 年的全面发展阶段。这一阶段，英国继续推进教育改革，注重教育的多样化和适切性。第五，2010 年"联合政府"执政以后的新变革阶段。英国教育增强了自主权、释放办学活力。整个演进过程体现了英国教育系统内部强大的内生性力量，以及英国教育发展特有的"渐进式"推进。

作为世界上工业化最早的国家，英国对人类历史和文明进程产生了深远影响。与英国经济社会发展的特点类似，英国教育发展也体现出了和缓、平稳、渐进的特点。英国教育现代化的特色体现在以下几个方面。第一，内源式的发展模式。英国教育改革的主要动力多来自教育系统内部需求适应政治、经济、文化以及教育发展的需要。因此，英国政府在出台相应的政策前，往往已产生了强大的社会思潮，或者已进行了充分的调查研究和舆论铺垫。这种改革模式不仅与英国教育长期以来形成的保守传统有关，也与英国的分权制政治体制密切相关。第二，浓厚的精英教育色彩。所谓精英教育，不仅体现在对学生学业成绩的重视，也表现在对体能训练、性格陶冶、学术修养、礼仪风度等方面的关注和培养。尽管伴随着教育现代化的推进，英国精英教育逐渐不再局限于贵族群体，但仍受到贵族体制的影响。近几十年来，英国精英教育与大众教育开始碰撞、交流，通过观念上的调整以及办学措施上的变化，重视与现代社会的接轨，给予普通家庭学生更多的参与渠道。第三，较高的教育国际化水平。大量接受留学生不但增强了英国教育的国际影响力，也为英国国家经济增长提供了重要源泉。

英国的教育现代化进程为其他国家的教育改革提供了宝贵经验。学前教育阶段，英国注重提高学前教育的均等化和多样化。通过实施专项计划，提供额外教育资金以增加较低收入家庭的教育机会，促进教育公平。同时，英国积极发展特色学校，提供多样化教育模式，使得家长和孩子能根据个人需求和兴趣选择合适的教育路径。基础教育阶段，英国致力于促进教育公平与提升教育质量。通过推行自由学校，英国释放了办学活力，促进了区域间的教育均衡。高等教育阶段，英国努力处理好本土化和国际化的关系。通过开展大学自主试验，英国大学获得了更多自主权，能够根据多样化需求自行设计课程和研究方向，吸引大量的国际学生。政府也持续出台政策，积极应对高等教育的发展变革，确保高等教育的质量和可持续性。职业教育阶段，英国提高职业教育的灵活性和职业属性。建立与学术教育系统相对应的高质量职业教育体系，通过设置"桥梁课程"，不仅为学生提供在两种选择之间灵活转换的机会，也融入了大量的实践课程，为尚不明确未来发展方向和有志于技能深造的学生提供了灵活多样的学习选择。同时，英国设立了技能就业的专业分类，明晰了职业教育通向高技能就业的路径。

（三）德国

德国教育现代化的历程与德国作为一个统一民族国家的出现与崛起历程是一体化的。教育现代化既是德国国家现代化的推动力量，也是德国国家现代化的有机组成部分。德国教育现代化可以分为三个阶段。第一，18世纪末至1945年的奠基阶段。从德国教育体系发展来看，在统一的德意志帝国出现之前，现代学校制度已经在普鲁士王国基本建立起来，此后尽管政权更迭频繁，但是教育制度始终保持了较强的稳定性。第二，1946—1990年（东、西德统一）的深化阶段。"二战"后德国教育持续应对着不断变化的政治、经济、社会形势，一方面继续沿袭了此前的教育制度，另一方面在政策和具体改革举措上不断深化，以保持其内外部的适应性。第三，1991年至今的新发展阶段。德国教育的现代化进程进入了新的发展阶段。这一时期德国通过各种改革举措提升教育质量、推动教育公平、注重教育绩效。

教育现代化发展奠定的人力资源基础，让德国在第二次工业革命中能够脱颖而出，在第三次工业革命中能够紧跟时代。基础教育领域，德国的识字率、受教育年限、接受职业培训比例等均位居世界前列。高等教育领域，洪堡的改革使德国出现了教学与科研相统一的研究型大学，让德国在"二战"前占据了世界科研中心的地位。德国教育现代化的特色体现在以下几个方面。第一，义务教育普及早、程度高。德国的教育普及程度在19世纪就开始领先于欧洲各国。义务教育为训练学生成为合格公民和适应工业化大规模生产的劳动力奠定了坚实基础，也极大限度地保障了低阶层家庭子女的入学机会公平，同时还在教育系统中贯彻了国家意志。第二，教育结构促进"差别性"的教育公平。德国通过建立不同类型的教育机构（如多种类型的学校、职业培训的工场）满足不同资质学生的需求，没有将所有学生绑在学术型教育的单轨上，通过教育结构设计来实现不同功能。比如普通教育的三轨制、普通教育与职业教育的分轨制、高等教育中大学与应用科学大学的二元制、职业教育中学校和企业的二元制、特殊教育与一般儿童教育的二元制等。第三，多方共同治理推进教育改革。德国教育改革大多是多方合作、共同治理的结果。高等教育领域，德国推行的"卓越计划"由德国科学基金会和科学评议会组织实施；职业教育领域，联邦教育与科研部与联邦劳动与社会事务部合作推进工作。合作共同治理在提升治理效率的同时，也帮助德国教育改革取得了较好的成果。

德国特色鲜明的教育现代化进程为其他国家提供了有益的启示。学前教育阶段，德国政府注重提高学前教育的普及性和质量。通过扩大公共财政投入，降低家庭在学前教育阶段的经济和时间成本，确保了更多家庭能够负担得起高质量的学前教育。为提高学前教育质量，德国注重师资队伍的专业化培训。在农村地区，政府投入资源建立了基本质量保障体系，提升了基础设施和师资水平，为农村地区的学前教育提供了有力支持。基础教育阶段，德国着重于保持教育质量与教育公平之间的平衡。通过实行优质均衡发展政策，德国成功缩小了不同地区和不同类型学校之间的教育质量差距。对于流动学生，德国借鉴了对移民子女教育的相关措施，确保了平等的受教育权利。高等教育阶段，德国注重多主体协同推进高等教育发展。德国明确了学术型与应用型高校的分类，推动了高等教育的分类发展和产教融合。德国还鼓励并支持多主体参与高等教育，包括地方政府、企业家和社会团体等，促进了高等教育的多元化发展。职业教育阶段，德国采取了"双元制"职业教育模式。通过支持企业和行业协会参与职业教育，实现了职业教育与产业的紧密结合。德国还注重职业教育布局的优化，确保职业教育能够满足产业发展的需求。

（四）法国

作为西方国家中启动现代化进程较早的国家，法国教育现代化的进程是漫长的，是与政治、经济、社会的现代化不断适应的过程。法国教育现代化可分为四个阶段。第一，1789 年法国大革命至 1869 年的起始阶段。这一阶段法国建立了中央集权式的教育管理体制，教育的国家化为法国后期建立全面的教育体系奠定了基础。第二，1870 年法兰西第三共和国成立至 1945 年的初步发展阶段。这一阶段，法国基础教育更加普及，追求民主，职业教育形成了基本框架，高等教育实现战后的重新恢复。第三，1946—2000 年的全面发展阶段。这一阶段法国形成了从学前教育、初等教育、中等教育到高等教育以及职业教育与现代化较适应的教育大系统，教育的现代化日益增强。第四，2001 年至今的调整优化阶段。法国进入新世纪后面临经济危机、社会矛盾加剧等困境，教育现代化体现为进一步追求公平、提高质量，应对国际竞争。

与其他西方国家一样，法国在教育现代化方面也体现了教育发展的普及、民主、公平和高质量的共性。然而，法国的教育发展也有其独特之处。法国教育现代化的特色体现在以下几个方面。第一，高度集权式的教育管理方式。这种管理方式确保了教育政策的统一性和连贯性，在一定程度上推动了教育现代化进程。但与此同时，这种管理方式也可能限制了地方和学校的自主性，为追求卓越带来了挑战。第二，深厚连续的教育传统。一些始于两百年前的教育理念和人才培养模式在今天的法国依然得到坚持和延续。这种传承确保了法国教育的连续性和稳定性。在全球化的大背景下，法国仍然坚持其独特的教育理念和模式，这使得法国在教育领域独树一帜。第三，不同类型教育培养模式协同发展。法国高等教育发展至今，形成了综合性高等教育、精英式高等教育以及职业化高等教育三大类。综合性大学是法国实现高等教育普及化的重要阵地，精英式高等教育的目标是培养行业性领军人才，职业化高等教育则培养专业应用型技术人才。不同类型高等教育培养模式协同发展，为法国国家建设输送多样化人才做出了突出贡献。

法国教育现代化对其他国家具有重要的参考价值。学前教育阶段，法国通过坚实的立法保障，为学前教育提供了稳定的法律基础，特别是在保障残疾和弱势儿童的学前教育方面采取了有力的措施。基础教育阶段，法国优化了师资储备与师资学科配置，推进了中等教育的定向辅导与分类培养，以实现更有质量的教育公平。这种多元化的教育方法有助于满足不同学生的需求，为他们提供更为个性化的教育支持。高等教育阶段，法国致力于构建多元化、多层次的高等教育体系，这种体系旨在满足不同层次学生的需求，同时也为人才提供了广泛的发展平台。法国的高等教育机构不仅是人才培养的基地，也是科研和创新的平台，通过这种方式，法国的高等教育机构能够在国际上具有较高的影响力，为法国的长远发展提供了有力的支持。职业教育阶段，法国通过系统化的职业技术教育结构和完善的职业资格认证管理体系，确保了职业教育的质量和效果。此外，法国也重视校企合作，通过推动高度紧密的校企合作，法国的职业教育能够更好地满足市场的需求，为学生提供丰富的实践机会，使他们能够在毕业后快速适应职场的需求。

（五）日本

19 世纪下半叶，日本迎来明治维新，教育现代化序幕开启。相比其他西方国家，虽然日本教育现代化起步较晚，但政府与国民形成普遍共识，在建设速度和普及范围上均取得显著成效。日本教育现代化可分为五个阶段。第一，1868—1884 年的萌芽阶段。1868 年明治维新使日本初步在全国普及了义务教育，大幅削减文盲率，输送大量专业技术人才和掌握西方先进理念的政治人才。第二，1885—1945 年的整备阶段。1885 年，具有浓厚国家主义思想的森有礼担任文部大臣，进一步制定了国家教育法律体系，深刻影响了日本近现代教育基本框架。第三，1946—1970 年的成长阶段。在 20 世纪前叶军国主义思潮影响下，日本教育长期停滞不前，思想受到严格控制，学校体系几近瘫痪。战败后，日本从欧美借鉴引进了民主化、平等化的现代教育体系，颁布了一系列教育基本法令，迅速扩大教育规模，增强普惠性，刺激经济快速复苏。第四，1971—2000 年的反思阶段。20 世纪 70 年代以来，日本反思过往教育问题，提倡"宽松教育"，创造相对自由开放的教育环境，缓解应试竞争，将教育目的回归至人性培养。第五，2001 年至今的现代化新阶段。21 世纪后，日本着眼全球化、信息化的新动向，着力提升教育国际化与技术水平，持续推动现代化。

总体而言，日本教育现代化发展离不开政府主导和其为民众提供贴合民生实际的优质教育的目标引导。相对完善的教育法律法规体系划定了切实可行的教育标准，各级各类学校职能多元、布局多样。教育质量保障方面，日本近年呈现由事前评价到事后评价的改革趋势，师资教育培养保障力度不断增强。日本教育现代化的特色体现在以下几个方面。第一，自上而下的教育战略规划，将教育的着眼点和落脚点放在未来。日本政府关注智能化社会、第四次工业革命、"人生百年时代"等概念，并持之以恒将其融入教育规划之中。通过每五年制订一次《科学技术基本计划》和《研究生教育振兴政策纲要》，明确人才培养方向，为持续发展综合国力提供人才支撑。第二，强化地方与大学的合作。少子化、人口过度集中化等问题使得日本非中心区域劳动力日渐稀缺，地方衰退是日本社会面临的严峻问题之一。在此背景下，日本提出"地方创生"，即充分利用教育优势服务地方社会，强调培养适应地方社会需求的区域型人才。第三，通过教育立法提升教育质量。不断完善、丰富的教育法律法规体系充分保障了日本教育发展能有法可依，教育法制建设成为日本教育现代化的重要支柱。

日本的教育现代化给其他国家带来了许多启示。学前教育阶段，日本注重学前教育质量。围绕民生实际，政府推出了"认定孩童园"项目，不仅提供了高质量的教育，还为家长提供了保育和咨询服务。日本通过制定《幼稚园教育要领》明确了幼儿应具备的基本资质与能力，为幼儿教育与小学教育的顺利衔接奠定了基础。基础教育阶段，日本注重教育均衡和德育教育。通过设立村落小学和贫民小学，日本确保了不同地区和不同社会经济背景的孩子都能获得基础教育。面临道德下滑、人际关系薄弱等社会问题，日本还加强了道德教育的实施，培养孩子的公民素质。高等教育阶段，日本注重提高高等教育质量及其服务国家发展的能力。《国立大学法人法》提升了大学的自主权，使各大学能根据自身的实际情况，以更为独立和灵活的方式制定提高教育和研究水平的策略。面对智能化社会和第四次工业革命的环境变化，日本强化了大学在重新振兴日本经济与提升国际影响力方面的作用。职业教育阶段，日本注重职业教育的实践性。与产业界的合作和对话使教育界能够更好地理解产业界的人才需求，有针对性地设计和开展职业实践教育。日本专修学校的部分课程采用了校企合作的方式开展，突出课程的实践性和职业针对性，为学生提供了宝贵的实践经验。

（六）韩国

韩国教育现代化是典型的后发型发展模式，即在短短几十年间建立了现代教育体系，教育水平取得突飞猛进的发展。韩国教育现代化历程可分为三个阶段。第一，1945—1978 年的起步阶段。这一阶段，韩国建立了高效率的权威政府，在"教育先行"战略的引领下，制定了新的教育制度和教育政策，积极推进义务教育，大力举办各类学校，完善教育法律法规体系，教育规模迎来大幅增长。第二，1979—1992 年的飞跃阶段。随着韩国经济的快速发展，政府更加重视教育在经济社会发展中的作用，提高教育质量成为关注的焦点。第三，1993 年以来的重整阶段。新自由主义经济改革的推进加速了新自由主义的教育改革。面对 21 世纪信息化与世界化的冲击，韩国开始注重培养复合型创新型人才，培养全人、个性化的人成为新时代的课题。

韩国在向现代化国家转型的过程中，将教育视为一种生产力，将教育战略置于国家战略的地位。韩国教育现代化的特色体现在以下几个方面。第一，坚持教育先行，提出教育发展与经济增长具有相辅相成的作用。韩国建国以来，在经济状况极度艰难的情况下，政府仍然确立了"教育立国"的发展战略。建国初期基础教育与职业教育的发展为经济腾飞输送了大量的高质量的劳动力。20 世纪 50 年代，韩国还是一个落后的农业国家，但是在 60 年代到 90 年代这一时期，韩国经济进入了起飞阶段。教育的改革与发展是这一时期韩国崛起的重要原因之一。第二，前瞻性的教育政策与改革。韩国依据自身现状与基本规律制订相应的教育发展计划，把长计划与短计划相结合，明确计划的目标、内容等，并对政策效果进行评价，从而及时响应甚至引领社会的发展。第三，多措并举抑制课外辅导现象。自60年代起，韩国社会就陷入了与课外辅导的持久拉锯战。为了治理课外辅导乱象，韩国出台了全面禁止课外辅导政策，然而这一政策执行较差，反响平平。此后，韩国又出台了提升公立学校教育质量和提供多样化教育服务，更加强调公平与效率的统一，取得了一定效果。

韩国的教育现代化进程为其他国家提供了宝贵的启示。学前教育阶段，韩国注重学前教育的优质化和均等化。通过立法手段来保障学前教育的政策规范，为学前教育的高质量发展提供了法律保障。同时，韩国也加大了对弱势群体学前教育的扶持力度，确保其能享受基本的教育权利。基础教育阶段，韩国努力在教育公平与教育质量间寻找平衡。韩国建立了英才教育体系，为具有天赋与潜质的学生提供适合他们发展的教育，实现真正意义上的"受教育机会均等"，并为国家培养知识经济时代所需的拔尖创新人才。此外，为了抑制过热的课外辅导现象，韩国采取了一系列措施以减轻学生和家庭的负担，设置放学后公共教育课程，有效遏制了"课外补习热"，提高了教育满意度。高等教育阶段，韩国十分重视一流大学建设。通过实施一流大学建设项目，对入选高校给予更高的资金支持，促进大学间竞争和高等教育整体水平的提高。职业教育阶段，韩国重视职业教育的就业导向。通过建立和完善产学合作与校企联合培养制度，韩国为职业教育学生提供了更多实践和就业机会的同时，也为企业输送了大量具有实际操作能力的技术人才。

（七）中国

自1949年新中国成立至今，中国的教育现代化进程已经走过了70余个年头，现代教育体系从无到有、从有到优，规模不断扩大、质量不断提升、结构不断优化、条件不断夯实、贡献不断升级。根据不同历史阶段推动中国教育现代化发展的重要事件与典型政策，中国教育现代化可分为四个阶段。第一，1949—1977年的曲折发展阶段。新中国成立伊始就揭开了改造旧教育、建设新教育的序幕。这一阶段，中国采取了以解放区经验为基础、吸取旧教育有用经验、借鉴苏联教育先进经验的发展方式，完成了新中国教育的制度化过程。第二，1978—1998年的初步发展阶段。改革开放和社会主义现代化建设后，教育与现代化更紧密地联系在一起，强调教育要面向现代化、面向世界、面向未来。在此背景下，中国教育发展的面貌焕然一新。第三，1999—2011年的增速发展阶段。世纪之交各国之间的竞争日趋激烈，中国审时度势地提出实施"科教兴国""人才强国"战略，各类型教育蓬勃发展，对经济社会发展的支撑力不断增强。第四，2012年至今的内涵式发展阶段。这一阶段，中国将教育摆在优先发展的战略位置，全面深化教育领域综合改革。党的二十大报告更是提出"教育、科技、人才是全面建设社会主义现代化国家的基础性、战略性支撑"，"提高质量"与"保障公平"成为教育现代化的关键词。

70余年来，中国教育快速发展，积累了宝贵的经验。中国教育现代化的特色体现在以下几个方面。第一，坚持党对教育事业的全面领导。中国拥有世界上规模最大的教育体系，教育发展水平在区域之间、城乡之间、学校之间存在巨大差距，教育事业底子薄、担子重，带领超大规模、高度异质、基础薄弱的教育各子系统共同实现现代化的任务艰巨，加强组织领导尤为必要。在此背景下，中国坚持将党的全面领导贯穿教育工作全领域、全过程，充分发挥新型举国体制优势，实现了从文盲半文盲大国到教育大国、迈向教育强国的历史性跨越。第二，以人民为中心发展教育。中国作为社会主义国家的国家性质决定了中国式教育现代化必须坚持以人民为中心，切实增强人民群众对优质教育的满意度、获得感，以教育公平促进社会公平正义。第三，扎根中国大地办教育。中国教育现代化过程发掘继承我国优秀教育传统，并且批判性地性吸收和借鉴教育现代化先发国家的成功经验与失败教训，立足中国国情，遵循教育规律，坚定不移地走具有中国特色的教育现代化道路。

中国的教育现代化进程也为其他国家提供了有益的启示。学前教育阶段，中国学前教育实现了快速发展。近年来，中国政府出台大量文件，为更多学龄儿童，特别是为边远、贫困和特殊群体提供广泛的教育机会。与此同时，中国建立了保教质量评估体系，在提高学前教育质量方面取得显著成效。基础教育阶段，中国基础教育注重优质均衡发展。针对义务教育不平衡不充分的问题，中国一方面向贫困地区倾斜优质教育资源，另一方面强调"五育并举"大力推行素质教育。高等教育阶段，中国坚持普及和优质协同发展。2019年中国高等教育毛入学率达到51.6%，成为最快完成高等教育普及化的国家。中国也通过一系列重点大学建设政策，积极创建世界一流大学，为未来社会发展培养高素质人才。职业教育阶段，中国积极推进职业教育改革。近年来，中国提出产教融合理念，深化职业教育的校企合作机制，推进职业教育的现代化进程。

综上所述，中国的教育现代化进程提供了以下宝贵的启示：通过制度创新和实践探索，推动教育公平和质量的双重提升，以满足社会发展的多元需求，为未来的发展奠定坚实的基础。

二、数据的视角

（一）普及与公平

从普及与公平的维度来看，英国、德国、法国在普及学前教育方面具有显著优势，学前教育毛入学率超过100%；在小学、初中和高中教育阶段，美国、英国、德国、法国、日本、韩国和中国均完成了普及任务，提高质量成为这一时期发展的重点；在高等教育阶段，美国、英国、德国、法国、日本、韩国和中国均进入普及化阶段，毛入学率超过60%，韩国高等教育毛入学率更是达到了惊人的102.47%；从义务教育实施的年限来看，美国、英国、德国、法国、韩国均在11年以上，中国、日本为9年（见表9-1）。

表 9-1　教育现代化指标的国际比较（普及与公平维度）

指标	单位	美国（2020年）	英国（2020年）	德国（2020年）	法国（2020年）	日本（2019年）	韩国（2020年）	中国（2021年）
学前教育毛入学率	%	72.40	105.76	108.03	106.66	/	91.78	93.07

续表

指标	单位	美国 （2020 年）	英国 （2020 年）	德国 （2020 年）	法国 （2020 年）	日本 （2019 年）	韩国 （2020 年）	中国 （2021 年）
小学教育 毛入学率	%	100.31	99.66	101.10	102.81	97.79	99.20	104.12
初中教育 毛入学率	%	102.93	115.19	97.48	101.86	98.06	97.01	/
高中教育 毛入学率	%	98.07	118.23	96.42	108.38	103.63	95.10	84.56
高等教育 毛入学率	%	87.57	69.48	72.99	69.35	/	102.47	63.60
实施免费 或义务教 育的年限	年	12	13	13	12	9	11	9

数据来源：联合国教科文组织统计研究所。

注："/"表示数据缺失。

（二）结构与质量

从结构与质量的维度来看，七个国家的层次结构呈现较为明显的"向上扩张"现象。本硕比方面，美国、英国、德国、法国授予学士学位数量不足硕士学位数量的 3 倍，中国和日本授予学士学位数量达到硕士学位数量的 6 倍以上，这表明中国的硕士教育仍有较大的发展空间。硕博比方面，美国、德国、日本、韩国授予硕士学位数量约为博士学位授予数的 5 倍，而英国、中国和法国硕博比均接近 10 倍，由此可见，中国的博士教育相比其他发达国家同样有着较大的发展空间。博士生规模方面，中国与美国是七国中在学博士生规模最大的国家，法国的博士生规模相对较小。高等教育国际化方面，英国的高等教育层次留学生占比最高，德国和法国的留学生比例也相对较高。中国高等教育层次留学生所占比例相比其他六国较低，仅为 0.43%。基础教育质量方面，美国、英国、德国、法国、日本、韩国的 PISA 考试成绩大致接近，阅读、数学和科学成绩均位于 500 分上下，中国北京、上海、江苏和广东地区的成绩以及低分段人数均显著优于相关国家。PISA 也对学生的生活满意度进行了统计，其中德国和法国基础教育学生满意度得分较高，日本学生的满意度相对较低，中国在七个国家中处于中间位置。高等教育质量方面，中国排名在世界前 100 的一流大学数量多于德国、法国、日本、韩国等国家，与美国还有显著差距。从入选世界排名前 100 的一流学科数来看，中国距离美国、英国仍有显著距离（见表 9-2）。

表 9-2　教育现代化指标的国际比较（结构与质量维度）

指标	单位	美国	英国	德国	法国	日本	韩国	中国	数据 年份
授予学士学位与硕士 学位之比		2.42：1	2.11：1	2.78：1	1.49：1	7.83：1	3.91：1	6.40：1	2019

指标	单位	美国	英国	德国	法国	日本	韩国	中国	数据年份
授予硕士学位与博士学位之比		4.46：1	8.07：1	4.94：1	10.00：1	4.70：1	5.37：1	9.87：1	2019
在学博士研究生规模	人	357 201	112 545	201 800	66 901	79 362	75 942	424 182	2019
高等教育层次留学生所占比例	%	5.11	20.15	11.24	9.19	5.73	3.73	0.43(2019)	2020
PISA 平均成绩（阅读）	分	505	504	498	493	504	514	555	2018
PISA 平均成绩（数学）	分	478	502	500	495	527	526	591	2018
PISA 平均成绩（科学）	分	502	505	503	493	529	519	590	2018
至少一门 PISA 成绩位列低分段人数占比	%	32	28.1	28.8	30	20.8	22.9	6	2018
学生对生活的满意度（PISA）	分	6.75	6.16	7.02	7.19	6.18	6.52	6.64	2018
世界一流大学数（以 QS 计前 100）	所	27	17	3	4	5	6	12	2023
世界一流学科数（以 QS 计前 100）	个	1 342	658	223	130	125	141	397	2022
世界一流大学数（以 ARWU 计前 100）	所	29	8	4	4	2	1	9	2022

数据来源：授予学士学位与硕士学位之比、授予硕士学位与博士学位之比和在学博士研究生规模数据来源于中国学位与研究生发展报告（2020），高等教育层次留学生比例数据来源于经济合作与发展组织统计，PISA 相关数据来源于 PISA2018 报告，QS 排名数据链接：https://www.topuniversities.com，ARWU 排名数据链接：https://www.shanghairanking.cn/rankings。

注：授予学士学位与硕士学位之比和授予硕士学位与博士学位之比两项指标的测算中，美国实践型博士（原第一职业学位）按照博士统计口径；在学博士规模计算中，OECD 的统计口径仅包括学术型博士；中国仅有北京、上海、江苏和广东四个地区参加 PISA 考试。

（三）条件与保障

从条件与保障维度来看，师资条件方面，美国、英国、德国、法国、日本、韩国和中国中小学师资队伍的数量均有保障。但从反映质量的学历水平上看，中国在学前教育教师学历水平和高中教育教师学历水平上与其他六个国家相比还存在显著距离；经费保障方面，虽然中国政府教育支出占 GDP 比例有待提升，但从教育支出占政府支出的比例来看，中国相较于德国和法国有一定优势，距离英国仍有不足，这表明中国需要争取更多社会对教育的经费支持；在教师工资待遇上，美国、英国、德国、法国各级教育公立院校的教师平均工资均超过 4 万美元；从高等教育部门所具有的研发经费来看，虽然中国在总量上可圈可点，但相较于中国高等教育规模，特别是在学博士生规模，科研经费的保障力度还有进一步提升的空间（见表 9-3）。

表 9-3 教育现代化指标的国际比较（条件与保障维度）

指标	单位	美国	英国	德国	法国	日本	韩国	中国	年份
学前教育生师比		11.97：1	36.78：1	9.15：1	23.16：1	13.21：1	12.19：1	16.71：1	2020
小学教育生师比		15.03：1	19.62：1	14.86：1	18.42：1	15.62：1	16.31：1	16.39：1	2020
初中教育生师比		15.03：1	16.65：1	12.83：1	14.61：1	12.72：1	13.11：1	12.59：1	2020
高中教育生师比		15.01：1	18.54：1	12.18：1	11.28：1	11.43：1	10.90：1	/	2020
高等教育生师比		13.50：1	13.03：1	11.70：1	16.66：1	/	/	/	2020
学前教育教师学历在本专科以上	%	98.00	98.00	/	88.00	/	84.00	83.57	2020
小学教育教师学历在本专科以上	%	99.00	98.00	100.00	88.00		100.00	97.26	2020
初中教育教师学历在本专科以上	%	98.00	98.00	100.00	96.00		100.00	99.08	2020
高中教育教师学历在硕士以上	%	63.00	75.00	100.00	37.00		38.00	10.59	2020
政府教育支出占 GDP 比例	%	6.05	5.53	4.66	5.50	3.42	4.68 (2019)	3.57	2020
教育支出占政府支出比例	%	/	13.34	11.23	9.72	/	/	11.45	2020
学前教育教师工资待遇	美元	56 199	47 451	/	44 064 (2019)	/	/	/	2020
小学教师工资待遇	美元	57 269	47 451	81 429	42 832 (2019)	/	/	/	2020
初中教师工资待遇	美元	59 974	52 718	89 722	48 209 (2019)	/	/	/	2020
高中教师工资待遇	美元	62 569	52 718	94 580	53 716 (2019)	/	/	/	2020
高等教育研发经费	百万美元	84 035.00	20 228.02 (2020)	27 988.93	15 593.81	21 009.12	10 927.70	54 512.50	2021

数据来源：生师比、教育支出、工资待遇来源于经济合作与发展组织统计，链接：https://stats.oecd.org/#；各学段教育教师学历数据来源于经济合作与发展组织资料，链接：https://www.oecd-ilibrary.org/education/distribution-of-teachers-aged-25-64-by-educational-attainment-and-level-of-education-2020_746ef65c-en；高等教育研发经费数据来源于《中国学位与研究生教育发展报告（2021—2022）》。

注："/"表示数据缺失。中小学教师工资待遇均为公立院校，按照购买力评价折算数值；政府教育支出占 GDP 的比例、教育支出占政府支出比例均按照国际口径折算；高等教育研发经费、在学博士生均高等教育研发经费均为以购买力平价折算数值。

（四）服务与贡献

从服务与贡献维度来看，目前美国、英国和德国的 25 岁以上人口平均受教育年限已达到 13 年以上，中国平均受教育年限为 9.91 年，与发达国家存在较大差距。接受高等教育比例方面，美国、英国、德国、法国、日本、韩国 25 ～ 64 岁人口接受高等教育的比例均在 30% 以上，人均受教育年限较长。从各级毕业生的就业率来看，除韩国本科毕业生就业率为 76.28% 外，其他国家的本科、硕士和博士毕业就业率均在 80% 以上。依据《中国学位与研究生教育发展年度报告 2019》，2019 年作为中国研究生教育的重要阵地 75 所教育部直属高校研究生就业率均在 90% 以上。从收入相对指数来看，美国、英国、德国、法国、韩国学士和硕士的收入均高于高中教育以下人群收入，且层次越高、平均收入水平越高（见表 9-4）。

表 9-4　教育现代化指标的国际比较（服务与贡献维度）

指标	单位	美国	英国	德国	法国	日本	韩国	中国	数据年份
25 岁以上人口平均受教育年限	年	13.68	13.41	14.26	11.61 (2019)	12.85	/	9.91	2020
25 ～ 64 岁人口接受高等教育的比例	%	50.06	49.39	31.26	39.72	54.03	50.71	19.03	2020
本科毕业就业率	%	81.68	86.96	87.61	83.60	88.77	76.28	/	2020
硕士毕业就业率	%	84.92	87.46	89.53	87.95	/	84.74	/	2020
博士毕业就业率	%	89.48	92.69	93.08	90.47	/		/	2020
学士相对收入指数		259.94	208.75	228.02	177.64	/	190.21	/	2020
硕士相对收入指数		248.23	252.01	243.54	235.43	/	250.83	/	2020

数据来源：经济合作与发展组织统计，链接：https://stats.oecd.org/#。

注："/"表示数据缺失。25 ～ 64 岁人口接受高等教育的比例中日本和韩国研究生层次的数据缺失，但依据本科层次的数据统计，应当不低于表格中数值；相对收入指数以高中以下平均收入为基数进行测算，指数越高，说明更高层次教育的收益率越高，指数越低，说明教育与劳动力市场关系不够协调。

三、政策的视角

本书着重考察了七个国家教育现代化过程中产生重要影响的重大政策，七个国家推进教育现代化的政策呈现以下共性特征。

一是普及有质量的学前教育。各国的政策举措集中在三个方面。①以立法形式保障学前教育的入学。美国先后颁布了《儿童保育法》《开端计划法》《入学准备法》等多个学前教育专项法，德国先后颁布了《社会保障法Ⅷ》《儿童促进法》《Kita 质量与参与改进法》，日本先后颁布了《幼稚园令》《儿童、育儿支援法》等，韩国制定了《婴幼儿保育法》《幼儿教育法》。②加大财政投入，优化教育资源配置。美国政府逐年增加对学前教育事业的财政投入，联邦政府为了弥补各州学前教育经费的不足，每年都会给各个州拨款发展学前教育事业。法国把保障残疾和弱势儿童受教育权视为实现其教育公平的重要阵地，设定"优先教育"区域，保证区域内 3 岁以下儿童接受教育，增加师资力量，给予专项经费支持，提供儿童硬件设施。德国给家长提供儿童福利金鼓励生育。根据《儿童促进法》，由联邦政府为日托机构扩建提供三分之一以上的补贴，以增加日托学位。法国先后颁布《费里法》《戈伯莱法》《教育指导法》等。日本为了保证学前教育资源的合理配置，设立了保育所、幼儿园和认定孩童园共通的给付金（设施型给付金），以及面向小规模保育等的给付金（地区保育型给付金）以及儿童补贴。韩国针对 3～5 岁幼儿实施保教一体化课程，开展免费的学前保育与幼儿教育。③建立学前教育质量保障体系，注重学前教育质量提升。美国政府建立了质量评级与促进系统对学前教育机构进行评价和审查，从而保障学前教育质量。德国专业研究机构出台了德国学前教育质量的国家标准，实施"幼儿教育机构国家教育质量行动"计划等诸多举措来保障学前教育的质量。法国通过持续为学前教育教师提供在职培训、不断优化教师的知识结构来提高师资质量，从而保障学前教育的质量。

二是建设优质均衡的基础教育。各国的政策主要集中在三个方面。①为弱势群体提供有针对性的补偿支持，持续推动基础教育公平。公平的教育价值取向是美国基础教育政策改革中的核心观念，美国一直都致力于缩小种族、家庭背景和宗教信仰不同的学生的成绩差距，专门颁布了针对弱势群体的教育服务法（如《不让一个孩子掉队法》《每个孩子都成功法》等），努力推动优质而公平的教育。英国发布《追求卓越的学校教育》《每个孩子都重要》等报告，推动特色学校建设，提供多样化、更加公平的基础教育。德国注重基础教育阶段的财政投入均衡度，联邦政府在财政方面给予落后地区大力支持，避免了地区差距过大。法国发布了《为了全体学生的成功》的报告，提出增加中等教育奖学金、促进男女生教育平等、提高残疾儿童教育质量等新世纪的教育平等目标。韩国在高中阶段推行"平准化政策"，促进了不同地区、不同学校的教育资源的均衡。②汇聚多方合力，为基础教育优质均衡提供支撑。美国政府从《不让一个孩子掉队法》转向《让每个孩子都成功法》，旨在将办学权力从联邦政府下放到州，更加注重学校、学生、家长和社区等各利益相关者的参与。英国推行由教师、家长、大学、慈善机构、企业、社区、宗教团体等社会群体参与建设的公立学校"自由学校"，激发地方的办学热情，释放办学活力，实现因地制宜的办学效果。德国设立全日制学校，为不利地位家庭子女提供额外的教育服务，提升教育结果平等水平。法国自 1977 年开始实施的《哈比法》在教育管理体制上提出"教育共同体"概念，"教育共同体"相当于一个理事会，将学生、教师、非教学人员和学生家长联合在一起，共同促进教育的监督与管理。③确立质量标准，保障基础教育质量。自《不让一个孩子掉队法》实施以来，美国基础教育陷入了"为考试而教"的教育困境中，奥巴马上台后开始对教育评价体系做出一系列调整。多个州联合发起的"共同核心州立标准计划"，一定程度上具备了"国家课程标准"的性质。德国实施了全国性教育标准，编制测试卷并监测其实施，以保障德国基础教育系统的质量。法国提出"共同基础"的概念，包括知识层面和能力层面的基础，这对学校教育应培养的共通能力提出了要求。法国还从国家层面制定了基础教育评估标准，对学生的核心素养，教师教学能力等提出了明确要求。

三是形成有全球竞争力的高等教育。各国的政策主要集中在三个方面。①以服务国家战略需求为导向，提升高等教育的科技创新与全球竞争力。美国政府始终将高等教育，特别是研究生教育视为一国竞争力和创新力的基石，如2006年发布的《领导力的考验：美国高等教育未来规划》建议联邦政府增加对提高美国全球竞争力至关重要领域的投入，吸引全国乃至全世界最优秀和最聪慧的人才，领导新一轮的美国创新。2021年颁布的《创新与竞争力法》也强调，实施大学能力建设，推进关键技术重点领域的创新，提高全美高等教育机构的研究能力，培养基础研究扎实、科技创新与应用能力较强的人才。2017年，英国下议院通过《高等教育和研究法》，设立科研和创新委员会，旨在改变长期以来英国科学实力较强但作为驱动力支持国家创新经济发展不足的状况。德国实施三期"卓越计划"，支持一流大学与学科群建设，提升高等教育的国际竞争力。法国高等教育与科研部与法国工业部联合发起高等教育机构创业发展计划。韩国持续加大支持力度培养"综合半导体强国"战略人才，推动官、产、学合作，在高校创设不同层次的企业需求匹配型教育项目，以期到2030年累计培养1.7万名高精尖技术专才的人才储备战略。②优化高等教育结构，促进高校分层分类。美国各州的高等教育呈现出鲜明的分层分类的特色，既有世界一流的研究型大学，也有培养中高级应用型人才的综合型大学，还有大量四年制本科院校和两年制社区学院，与研究型大学和综合型大学一起构成了适应当地经济社会发展需求的高等教育结构。英国在《罗宾斯报告》后，逐步形成了包括古典大学、近代大学、多科技术学院、教育学院、继续教育学院和开放大学的多层次多规格的高等教育体制。德国在20世纪70年代陆续建立应用科学大学，形成了具有特色的理论型人才和应用型人才双元培养的格局。法国形成了综合性高等教育、精英式高等教育以及职业化高等教育三大类，分别承担高等教育普及化、行业拔尖创新人才培养以及专业应用型技术人才培养的功能。日本形成了国立大学、公立大学和私立大学并行的高等教育体系，且三类院校各具特色。韩国构建了包括专科大学、教育大学、综合大学、学院、研究生院在内的高等教育体制，根据设立主体不同又可分为国立大学、公立大学及私立大学。③持续推进高等教育国际化。美国始终重视高等教育国际化，如2010年7月，奥巴马政府发起了基于共同利益、共享价值和相互尊重的高等教育"国际参与"，使美国政府在推进教育国际化方面迈入了新阶段。英国高度重视高等教育国际化，重要原因在于留学生学费是英国高等教育经费的重要来源。英国2010年正式出炉的《布朗尼报告》建议高校以价格和教学质量为基础为学生提供高质量的课程信息，进而吸引国际生源，确保英国高等教育可持续发展。欧洲大学通过博洛尼亚进程的推进，以实施统一学制、制定学分互认及转换机制等方式，强化欧盟地区内部的教师、学生流动，同时积极开设英文项目，提高欧洲大学的国际影响力。欧盟国家还实施Erasmus等国际资助项目，帮助学生实现欧盟内的流动。日本政府于2014年设立了"超级国际化大学计划"，旨在对日本国内有冲击世界前100名潜力的13所"TOP大学"与具备国际化试验条件的24所"国际化牵引型大学"进行改革，提高大学的国际竞争力。韩国政府在1996年出台《面向国外开放高等教育市场的初步计划》，并于2004年起实施"留学韩国计划"，促进国际交流与合作。此外，在"面向21世纪的智力韩国工程"（BK21）计划中也将大学的国际化水平列为评价指标之一。

四是建设有支撑服务能力的职业教育。各国的政策主要集中在两个方面。①以立法形式促进职业教育发展，加强政府支持力度。美国从 1917 年发布《史密斯—休斯法》到 2018 年发布《加强 21 世纪的职业与技术教育法》，一直都在强化职业教育对应用型人才的培养支持。英国颁布了《技术教育法》《1988 年教育法》等法律支持职业教育的发展。德国的职业教育的基本法律包括《职业教育法》《职业进修促进法》，此外还不断修订职业教育条例，保障双元制职业教育质量。法国职业教育相关法规形成了覆盖全面的法律体系，包括设计制度、师资、经费等方面的基本法，如 1919 年的《阿斯蒂埃法》，也包括学徒制、校企关系等方面的法令或单项法，如 2018 年的《自由选择未来职业法》等。韩国通过立法来保障职业教育的发展，如《产业教育振兴法》《资格基本法》等。②强化校企合作，深化产教融合。2006 年 8 月，美国国会第三次修订《帕金斯法》，支持当地企业、行业与学校建立合作关系，规定拨款 13 亿美元给高中和社区学院，为学生提供高技能、高薪资行业提供理论和技术能力训练。2016 年，英国颁布了《16 岁后技能培训计划》，其中提出要建立新的国家学院，聘任对行业动态和前沿有深刻认识的教师，配备先进的设施设备，在核能、数字技能、高铁、陆上石油和天然气、创意和文化产业五个关键领域开展培训。德国的中等职业教育体系以校企合作的"双元制"为特色。企业占据主导地位，职业学校仅提供理论课的学习。行业协会是监督调节机构，双元制教育企业的资格认定、教育合同的履行管理、考试考核的命题主持、资格证书的制定发放均由行业协会负责。法国高度紧密的校企合作，是法国职业教育的传统也是特色，更是法国职业教育成功的关键因素。国家通过立法促成学校和企业间在管理、教学、资金、实习等多方面的紧密合作。历史悠久并不断与时俱进的"学徒制"使法国职业教育培养的培养与就业市场无缝对接。日本通过长期实习等实践活动、聘用实务人士等方式加强实践教育，通过与本土企业的密切合作来完善学科课程，促进高中与大学职业教育衔接等。韩国不断提高学校的开放力度，加强院校与企业的联系，接受企业的委托教育，校企共同进行教材开发、现场实习，企业人员参与办学单位的教学工作等，提高了学生的实际操作能力与业务水平。

第二节　国际教育现代化进程对中国的启示

比较分析美国、英国、德国、法国、日本、韩国、中国的教育现代化进程，对中国教育现代化的未来发展具有重要的参考价值。其一，在经济全球化和信息化时代，这些国家作为全球经济和科技的领导者，它们的教育模式与发展趋势为世界各国，包括中国教育现代化的发展提供了重要的借鉴和启示。其二，在现代化发展的过程中，世界各国均面临着技术进步、经济转型、社会变革等多重挑战，以上六国在教育现代化中的成功经验和所遇到的问题，为中国提供了丰富的资源和参考。其三，以上六国的教育现代化发展不仅涉及教育内容、方法和手段的更新，还涉及教育体系、管理模式和政策制定的创新。从这些国家的教育改革中，可以看到多种教育现代化的模式和路径，为中国教育现代化的发展提供了更多的选择。

第一，国家应健全教育法律体系，使教育现代化的发展有法可依。从美国教育现代化的经验可以看出，推进教育的法制化能够协调教育内部的各种权力与利益关系、保障教育事业的健康发展。特别是在高等教育阶段，美国通过出台一系列法规来促进高等教育的变革，增进科学与技术方面的领先优势，保持美国经济与军事力量在全球的领先地位。在英国教育现代化的历程中，无论是综合性法规还是针对特定学段的教育方针、重要政策都是议会以法律形式加以确定，以强制性来保证国家教育事业的发展，保障教育改革中所需要的人力、物力、财力能够充分到位。法律法规的制定、颁布与执行也贯穿了日本和韩国教育现代化的主线，不断完善、丰富的教育法律法规体系充分保障了日韩两国教育发展质量和规格能有法可依。目前，我国教育立法历时尚短。为了加强教育决策的法治化依据、促进教育的现代化进程，我国应面对新时代教育的新形势、新变化，完善教育立法体系，出台相关法律，为教育的改革、转型和发展提供法律规范和法律依据。在此基础上，进一步加强和完善教育领域相关保障制度，为教育政策和法律法规的落实提供制度保障和资源支持。

第二，国家应加大教育资金投入，为教育现代化的推进提供保障。美国在国家现代化的发展过程中保持着较高的教育财政投入，教育支出大约占国民经济总值的 5%～6%。从德国和法国的教育现代化经验中，也可以看到财政投入在教育质量和平等方面起到了至关重要的作用。德国政府采取了与企业界合作的方式，为"双元制"职业教育体系提供了充足的资金支持，这不仅提升了教育质量，也为社会经济的持续发展提供了有力的人才支持。法国政府则通过集中的财政投入，确保了全国范围内教育资源的均衡分配，减少了地区和社会阶层之间的教育不平等。在韩国，政府的大量投资使得韩国在短时间内实现了教育现代化，特别是在科技和职业教育方面取得了显著成就。与这些国家相比，尽管中国近年来的教育投入呈上升趋势，但与经济总量和人口基数相比，投入水平仍相对较低。此外，教育资源在城乡、地区之间分配也存在不平等现象，这在一定程度上制约了教育质量和教育公平的提升。因此，中国政府应进一步加大教育财政投入，以进一步促进教育资源的均衡分配和教育质量的不断提升。同时，应建立健全教育投入的长效机制，确保教育财政资金的稳定和可持续，为教育现代化提供持久的物质基础。

第三，国家应重视教育公平，推进教育现代化的高质量发展。效率与公平是教育现代化建设的重要发展目标，然而在教育现代化的建设初期，大部分国家采取了效率优先的发展道路，进而产生一系列教育质量下降、教育费用上涨、教育公平受损等问题。在此背景下，需要充分发挥政府力量来推进教育公平。其中，美国通过联邦和州政府的合作，推出了一系列旨在缩小教育差距的政策和项目，如颁布了《不让一个孩子掉队法》和《每个学生都成功法》。这些政策不仅关注学术成绩，还关注学生的身心健康、社会适应性等多方面的发展，旨在促进美国教育公平。在法国，教育公平同样被视为推进教育现代化的重要一环。法国通过设立优质的公立学校和提供各种社会福利，努力消除教育不平等。德国则通过其多元化的教育体系，包括职业教育和普通教育，为不同需求和能力的学生提供了多样化的教育路径，以实现更加公平的教育机会。韩国通过教育改革，包括减少课外补习和提高公立学校的教育质量，来缩小教育差距。"公平"也是贯穿中国教育现代化发展的关键词。中国在"十三五"规划中将"促进教育公平"确立为教育发展的两大战略之一。党的二十大报告进一步提出要"办好人民满意的教育",把教育公平作为国家基本教育政策。在新的历史时期,中国应更加重视教育公平,通过政策引导和资源配置,确保从学前教育到终身教育的所有学生,无论其社会经济背景如何,都能享有公平且高质量的教育资源与发展机会。

第四,国家应强调德、智、体、美、劳全面发展,重视教育现代化中完整人性的培养。美国于1918年在《中等教育的基本原则》中就提出了教育的七大目标,即保持身体健康、掌握基本技能、成为良好的家庭成员、具有准备就业能力、胜任公民职责、善用闲暇、养成道德品格,重视学生的全面发展。日本政府则于20世纪70年代提出要整合学前教育和基础教育阶段的教育内容,加强道德教育和体育,提高教育课程的弹性。并在此后进一步提出要培养丰富的心灵和生活能力,提升公民意识与传统文化认识,培养学生主动学习、思考和应对的能力。韩国将21世纪的韩国人的形象设定为自主的人、有创造性的人和有道德的人,将培养学生的创造力与人性(道德性、社会性、情感等)的教育纳入正规课程。中国于1996年颁布的《中共中央国务院关于深化教育改革全面推进素质教育的决定》,将素质教育设定为国家的教育战略,体现了"以人为本、以学生为中心"的现代教育理念,把培养学生德智体美全面发展视作教育活动的核心目标。然而,当前我国公众仍存在重视智育、轻视其他的观念和现象。针对此,党的二十大报告中强调"全面贯彻党的教育方针,落实立德树人根本任务,培养德智体美劳全面发展的社会主义建设者和接班人",提出"五育并举"是培养时代新人的必然要求。在此背景下,我国应进一步扭转教育的功利主义倾向,坚持立德树人根本任务,建立全面发展的教育体系,形成"五育并举"的课程体系,构建科学全面的教育评价导向。

第五,国家应将教育、科技、人才协同统筹,将教育现代化作为系统性的过程。美国政府通过发布相关政策措施和法律文件促进教育、科技、人才协同。例如19世纪美国国会颁布的《莫里尔法》,主旨是促进大学与企业界的合作。《国家合作研究法》促进企业、大学与政府研究机构战略研究合作伙伴关系的形成,推动各方技术授权和许可。2011年颁布的《美国发明法》,将100多所高校通过与工业界建立更密切的联系来提升学生的创业潜力。德国从国家层面构建"推动面向国家重大战略的科技创新—强化创新型的专业人才培养—促进公民的终身发展和社会参与"的闭环式发展体系,推进教育界与工业界的紧密合作,在职业教育与高等教育、科研机构与企业之间建立了有效的合作关系,为国家的科技创新和经济发展提供了有力的人才支持。日本自明治维新以来,政府就一直在政产学协同合作中居于主导地位。近年来,日本也十分重视促进地区层面的政产学研协同合作,以2008年颁布的《研究开发力强化法》为标志,日本开始实施以科学技术为基础的地区振兴战略。当前,世界百年未有之大变局深刻演化,新一轮科技革命和产业变革加速发展。在此背景下,党的二十大报告指出:"我们要坚持教育优先发展、科技自立自强、人才引领驱动,加快建设教育强国、科技强国、人才强国,坚持为党育人、为国育才,全面提高人才自主培养质量,着力造就拔尖创新人才,聚天下英才而用之。"明确了科教兴国战略在新时代的科学内涵和使命任务,首次对教育、科技、人才进行"三位一体"统筹安排、一体化部署,并将教育、科技、人才整合到一起进行系统谋划。在未来中国教育现代化发展的过程中，应进一步推进教育、科技、人才的深度协同，加强教育界、科技界和产业界的深度融合，让教育现代化在中国式现代化发展中起到关键支撑作用。

综上，本书针对教育现代化的国际比较研究显示：教育现代化是国家现代化的基石，在国家发展中具有基础性、先导性和全局性的作用。发达国家虽然大多数未使用教育现代化的概念，但却早于我国推进了具有教育现代化内涵的多项改革。各国教育现代化的发展既促进了本国的教育与经济社会繁荣，也为全球教育现代化的发展提供了可借鉴的道路和模式。在新的历史时期，中国必须以更高远的站位、更宽广的国际视野、更深邃的战略眼光进行整体部署并统筹推进教育现代化，才能推动我国成为教育强国、人力资源强国和人才强国，为21世纪中叶建成社会主义现代化强国奠定坚实基础。

后记

党的二十大报告明确指出："教育、科技、人才是全面建设社会主义现代化国家的基础性、战略性支撑。必须坚持科技是第一生产力、人才是第一资源、创新是第一动力，深入实施科教兴国战略、人才强国战略、创新驱动发展战略，开辟发展新领域新赛道，不断塑造发展新动能新优势。"教育是国之大计、党之大计。在新的历史时期，教育系统要进一步加快教育现代化建设，加快推进教育高质量发展，加快建设教育强国，办好人民满意的教育，有力强化现代化建设人才支撑，为全面推进中华民族伟大复兴贡献强大教育力量。

为充分参考全球发达国家推进教育现代化的经验，进而为我国教育现代化推进提供参考，受教育部发展规划司委托，清华大学承担了"教育现代化的国际比较研究"课题研究任务。刘惠琴研究员任课题组组长，牵头承担研究工作。然而，教育现代化具有较强的政策指向，深深植根于我国教育改革发展实践。学术语境下的教育现代化概念也是在追赶西方发达国家教育发展进程中提出的，具有鲜明的时代性和区域性。西方发达国家较少使用教育现代化这一提法，因此在开展国际比较研究时具有一定的对话难度。

课题组经过充分讨论，一致认为西方国家在现代化过程中所伴随的教育体系建设与教育事业发展，实质上就是教育现代化过程，并对教育现代化这一概念给出了以下定义：教育现代化是以人的全面发展为导向，建设服务全民终身学习的现代教育体系的过程。其构成要素包括：普及有质量的学前教育、优质均衡的义务教育、全面普及的高中阶段教育、有支撑服务能力的职业教育、有全球竞争力的高等教育，以及高包容性的特殊教育；教育现代化具有支撑、引领经济社会现代化发展的重要战略功能；具有普及化、优质化、民主化、均等化、个性化、多样化、本土化、国际化、信息化、终身化的特征。因此，应当以国内教育现代化的操作性定义为基础，全面挖掘发达国家在普及高质量学前教育、实现优质均衡义务教育、全面普及高中阶段教育、提升职业教育服务能力、提高高等教育竞争力和建设高包容特殊教育等方面的政策举措以及实践经验，全面分析发达国家在普及与公平、质量与结构、条件与保障、服务与贡献四个维度相关可比指标的数据表现。上述研究内容即可涵盖国家关切、课题组关注的"教育现代化"这一概念。

因此，课题组以开放协作、交流互助的工作机制吸纳了清华大学、北京航空航天大学、华中科技大学、中国社会科学院大学及美国威斯康星大学麦迪逊分校等国内外院校的专家学者，深入剖析美国、英国、德国、法国、日本、韩国、中国七个国家的教育现代化进程，并在相对统一的框架下，分别撰写国别研究的成果。第一章"绪论"，由清华大学刘惠琴、王传毅、靳天宇、段戒备完成；第二章"美国教育现代化"，由清华大学文雯、华南师范大学王嵩迪、西安理工大学高科学院胡蝶完成；第三章"英国教育现代化"，由清华大学余继、谢喆平完成；第四章"德国教育现代化"，由华中科技大学彭湃完成；第五章"法国教育现代化"，由北京航空航天大学马永红、萨日娜完成；第六章"日本教育现代化"，由威斯康星大学麦迪逊分校郑湘完成；第七章"韩国教育现代化"，由中国社会科学院大学高等教育研究所王宇昕完成；第八章"中国教育现代化"，由中国社会科学评价研究院杨佳乐完成；第九章"结语"，由清华大学靳天宇、刘惠琴完成。最后，由清华大学刘惠琴、靳天宇、王传毅、徐子燕统校全书。

感谢清华大学谢维和教授为本书作序，他的学术洞见为我们的研究提供了宝贵的指导。

当然，由于水平有限，时间仓促，研究内容在时间和空间上跨度较大，错误不足之处难免，敬请广大读者批评指正！

参考文献

一、著作

1. 中共中央马克思恩格斯列宁斯大林著作编译局 . 共产党宣言 [M]. 北京：人民出版社，2018.
2. 中共中央马克思恩格斯列宁斯大林著作编译局 . 资本论：第 1 卷 [M]. 北京：人民出版社，2018.
3. 中共中央马克思恩格斯列宁斯大林著作编译局 . 资本论：第 1 卷 [M]. 北京：人民出版社，2018.
4. 罗荣渠 . 现代化新论——世界与中国的现代化进程 [M]. 北京：商务印书馆，2020.
5. 余子侠 . 中国近代思想家文库：陶行知卷 [M]. 北京：中国人民大学出版社，2015.
6. 罗荣渠 . 现代化新论——世界与中国的现代化进程 [M]. 北京：商务印书馆，2020.
7. 褚宏启 . 教育现代化的途径——现代教育论 [M]. 3 版 . 北京：教育科学出版社，2021.
8. 中共中央马克思恩格斯列宁斯大林著作编译局 . 共产党宣言 [M]. 北京：人民出版社 , 2018.
9. 联合国教科文组织 . 反思教育：向"全球共同利益"的理念转变 [M]. 联合国教科文组织总部中文科，译 . 北京：教育科学出版社，2015.
10. [英] 亚当·斯密 . 国民财富的性质和原因的研究 [M]. 郭大力，王亚男，译 . 北京：商务印书馆，2005.
11. [英] 艾伦·麦克法兰 . 现代世界的诞生 [M]. 刘北成，评议 . 上海：上海人民出版社，2013.
12. [美] 托马斯·库恩 . 科学革命的结构 [M]. 张卜天，译 . 北京：北京大学出版社，2022.
13. [美] 乔治·萨顿 . 科学史和新人文主义 [M]. 陈恒六，刘兵，等译 . 北京：华夏出版社，1989.
14. [德] 马克斯·韦伯 . 世界经济通史 [M]. 姚曾嶷，译 . 上海：上海译文出版社，1981.
15. [美] 阿列克斯·英克尔斯，等 . 从传统人到现代人——六个发展中国家的个人变化 [M]. 顾昕，译 . 北京：中国人民大学出版社，1992.
16. [美] 阿历克斯·英格尔斯 . 人的现代化 [M]. 殷陆君，译 . 成都：四川人民出版社，1985.
17. 褚宏启 . 教育现代化的路径——现代教育导论 [M]. 3 版 . 北京：教育科学出版社 , 2021.
18. 扈中平 . 教育学原理 [M]. 北京：人民教育出版社 , 2008.
19. [美] C. E. 布莱克 . 现代化的动力：一个比较史的研究 [M]. 景跃进，张静，译 . 杭州：浙江人民出版社，1989.
20. 联合国教科文组织 . 一起重新构想我们的未来：为教育打造新的社会契约 [M]. 北京：教育科学出版社，2021.
21. 罗荣渠 . 现代化新论——世界与中国的现代化进程 [M]. 北京：商务印书馆，020.
22. [美] 韦恩·厄本，杰宁斯·瓦纳 . 美国教育：一部历史档案 [M]. 周晟，谢爱磊，译 . 北京：中国人民大学出版社，2009.
23. 乔玉全 .21 世纪美国高等教育 [M]. 北京：高等教育出版社，2000.
24. 单中惠，刘传德 . 外国幼儿教育史 [M]. 上海：上海教育出版社，1997.
25. [美] 约翰·L. 古德莱德 . 一个称作学校的地方 [M]. 苏智欣，译 . 2 版 . 上海：华东师范大学出版社，2014.
26. 贺国庆，何振海 . 战后美国教育史 [M]. 上海：上海交通大学出版社，2014.
27. 钱乘旦，陈晓律 . 在传统和变革之间——英国文化模式溯源 [M]. 南京：江苏人民出版社，2010.
28. 张伟贤，王晨，外国教育史 [M].2 版，北京：教育科学出版社，2015.
29. 褚宏启 . 教育现代化的路径：现代教育导论 [M]. 3 版 . 北京：教育科学出版社，2021.
30. 邓特 . 英国教育 [M]. 杭州大学教育系外国教育研究室，译 . 杭州：浙江教育出版社，1987.
31. 王承绪 . 英国教育 [M]. 长春：吉林教育出版社，2000.

32. 倪学德 . 和平的社会革命——一战后初期英国工党艾德礼政府的"民主社会主义"改革研究 [M]. 北京：中国社会科学出版社，2005.

33. 石伟平 . 比较职业技术教育 [M]. 上海：华东师范大学出版社，2001.

34. 姜蕙 . 当代国际高等职业技术概论 [M]. 兰州：兰州大学出版社，2002.

35. 易红郡 . 英国教育的文化阐释 [M]. 上海：华东师范大学出版社，2009.

36. 吕达，周满生 . 当代外国教育改革著名文献：英国卷：第 1 册 [M]. 北京：人民教育出版社，2004.

37. 褚宏启 . 中国现代教育体系研究 [M]. 北京：北京师范大学出版社，2014.

38. [德] 沃尔夫冈·蒂策，苏珊娜·菲尔尼克 . 德国 0 ～ 6 岁幼儿日托机构教育质量国家标准手册 [M]. 田春雨，鲁玉峰，罗毅，译 . 济南：山东科学技术出版社，2018.

39. 皮埃尔·米盖尔 . 法国史 [M]. 桂裕芳，郭华榕，译，北京：中国社会科学出版社，2010.

40. 吴式颖，李明德 . 外国教育史教程 [M]. 3 版 . 北京：人民教育出版社，2018.

41. 周采 . 外国教育史 [M]. 上海：华东师范大学出版社，2008.

42. Maria Vasconcellos, *Philippe Bongrand. Le système éducatif* [M]. Paris：Edition La Découverte，2013.

43. 邢克超 . 法国教育 [M]. 长春：吉林教育出版社，2000.

44. 瞿葆奎 . 教育学文集——法国教育改革 [M]. 北京：人民教育出版社，1994.

45. 吴式颖，李明德 . 外国教育史教程 [M]. 3 版 . 北京：人民教育出版社，2018.

46. 邢克超 . 战后法国教育研究 [M]. 南昌：江西教育出版社，1993.

47. Gaston Miralaret. *Le plan Langevin-Wallon*[M].Paris：PUF，1997.

48. 王保星 . 外国教育史 [M]. 北京：北京师范大学出版社，2008.

49. 瞿葆奎 . 教育学文集：法国教育改革 [M] . 北京：人民教育出版社，1994.

50. 杨进 . 马克龙时代的法国教育观察 [M]. 北京：高等教育出版社，2019.

51. 王晓宁，张梦琦 . 法国基础教育 [M]. 上海：同济大学出版社，2015.

52. [法] 乔治·杜比，罗贝尔·芒德鲁 . 法国文明史 [M] . 傅先俊，译 . 上海：东方出版中心，2019.

53. 贺国庆 . 近代欧洲对美国教育的影响 [M]. 保定：河北大学出版社，1994.

54. 皮埃尔·米盖尔 . 法国史 [M]. 桂裕芳译，郭华榕译，北京：中国社会科学出版社，2010.

55. 周采 . 外国教育史 [M]. 上海：华东师范大学出版社，2008.

56. 端木美 . 法国现代化进程中的社会问题 [M]. 北京：中国社会科学出版社，2001.

57. 吴式颖，褚宏启 . 外国教育现代化进程研究 [M]. 太原：山西教育出版社，2005.

58. 邢克超 . 法国教育 [M]. 长春：吉林教育出版社，2000.

59. Gaston Miralaret，朗之万 - 瓦隆计划（*Le plan Langevin-Wallon*）[M]. Paris：PUF，1997.

60. 王晓宁，张梦琦 . 法国基础教育 [M]. 上海：同济大学出版社，2015.

61. 吕一民，钱虹，汪少卿，等 . 法国教育战略研究 [M]. 杭州：浙江教育出版社，2014.

62. 贺国庆 . 近代欧洲对美国教育的影响 [M]. 保定：河北大学出版社，1994.

63. [法] 乔治·杜比，罗贝尔·芒德鲁 . 法国文明史 [M] . 傅先俊译 . 上海：东方出版中心，2019.

64. [美] 鲁思·本尼迪克特 . 菊与刀 [M]. 吕万和，熊达云，王智新，译 . 北京：商务印书馆，1990.

65. 文部科学省 . 学制百年史 [M]. 东京：帝国地方行政学会，2009.

66. [日] 齐藤泰雄 . 日本教育发展的历史 [M]// 沙特阿拉伯和日本的教育：论文集 . 阿拉伯伊斯兰学院，2007.

67. 国际合作机构 . 日本的教育经验：思考发展中国家的教育开发 [M]. 东信堂，2005.

68. 文部省 . 共通第一次学力试验的引入 [M/OL]// 学制百二十年史 . 东京：行政，1992[2021-06-08].

69. 冯增俊，张运红，王振权，等 . 教育现代化论 [M]. 广州：广东高等教育出版社，2014.

70. 王留栓 . 亚非拉十国高等教育 [M]. 上海：学林出版社，2001.

71. 罗荣渠，董正华．东亚现代化：新模式与新经验 [M] 北京：北京大学出版社，1997.

72. 吴式颖，褚宏启．外国教育现代化进程研究 [M]. 太原：山西教育出版社，2006.

73. 袁本涛．从属与自立：韩国教育发展研究 [M]. 太原：山西教育出版社，2006.

74. 孙启林，安玉祥．韩国科技与教育发展 [M]. 北京：人民教育出版社，2004.

75. 孙启林．战后韩国教育研究 [M]. 南昌：江西教育出版社，1995.

76. 徐小洲，等．当代韩国高等教育研究 [M]. 杭州：浙江大学出版社，2007.

77. 黄亨奎．韩国学前教育 [M]. 长春：吉林人民出版社，2005.

78. 赵虎吉．揭开韩国神秘的面纱——现代化与权威主义：韩国现代政治发展研究 [M]. 北京：民族出版社，2003.

79. Kim K S，Kim K S，*Roemer M.Growth and structural transformation*[M].Harvard Univ Asia Center，1979.

80. 李庆臻，金吉龙．韩国现代化研究 [M]. 济南：济南出版社，1995.

81. 冯增俊，张运红，王振权，等．教育现代化论 [M]. 广州：广东高等教育出版社，2014.

82. 尹保云．韩国的现代化：一个儒教国家的道路 [M]. 北京：东方出版社，1995.

83. 池青山，金仁哲．韩国教育研究 [M]. 北京：东方出版社，1995.

84. 刘旭明．韩国经济发展之路 [M]. 北京：东方出版社，1995.

85. 刘鹏辉，郑信哲．韩国——雾幕后的国家 [M]. 北京：世界知识出版社，1995.

86. 孙启林，安玉祥．韩国科技与教育发展 [M]. 北京：人民教育出版社，2004.

87. 金泳三．郑仁甲，译．开创 21 世纪的新韩国 [M]. 北京：东方出版社，1992.

88. 朱旭东．新比较教育 [M]. 北京：高等教育出版社，2008.

89. 刘志东．韩国高等教育管理 [M]. 沈阳：辽宁大学出版社，2010.

90. 艾宏歌．当代韩国教育政策与改革动向 [M]. 北京：社会科学文献出版社，2011.

91. 闻友信，杨金梅．职业教育史 [M]. 海口：海南出版社，2000.

92. 李国钧，王炳照．中国教育制度通史（第 8 卷）[M]. 济南：山东教育出版社，2000.

93. 方晓东．中华人民共和国教育史纲 [M]. 海口：海南出版社，2002.

94. 杨东平．艰难的日出：中国现代教育的 20 世纪 [M]. 上海：文汇出版社，2003.

95. 方晓东，李玉非，毕诚，等．中华人民共和国教育史纲 [M]. 海口：海南出版社，2002.

96. 索丰，孙启林．韩国基础教育 [M]. 上海：同济大学出版社，2015.

二、期刊文章

1. 何传启．现代化概念的三维定义 [J]. 管理评论，2003（3）.

2. 冯增俊．论中国教育现代化的基本任务 [J]. 中国教育学刊，1995（4）.

3. 袁本涛．教育现代化及其基本特征浅论 [J]. 辽宁高等教育研究，1999（4）.

4. 冯建军．超越"现代性"的中国教育现代化：人的现代化视角 [J]. 南京社会科学，2019 (9): 133-138.

5. 褚宏启．教育现代化的本质与评价——我们需要什么样的教育现代化 [J]. 教育研究，2013(11).

6. 冯建军．教育现代性的反思与批判 [J]. 南京师大学报 (社会科学版)，2004 (4).

7. Schultz, T.W. Capital formation by education[J]. *Journal of Political Economy*, 1960 (6).

8. 郑崧．教育世俗化与民族国家 [J]. 比较教育研究，2002 (11).

9. 贺国庆．近代德国普及教育之路 [J]. 河北师范大学学报（教育科学版），2003 (1).

10. Psacharopoulos, G. Returns to Education: A Further International Update and Implications. *The Journal of Human Resources*[J], 1985, 20 (4).

11. 黄志成．全纳教育：21 世纪全球教育研究新课题 [J]. 全球教育展望，2001 (1).

12. 黄福涛 . 马丁·特罗高等教育发展阶段理论的检视与反思——基于历史与国际比较的视角 [J]. 高等教育研究 , 2022, 43(3).

13. 潘懋元 . 教育基本规律及其在高等教育研究与实践中的应用 [J]. 上海高教研究 , 1997 (2).

14. 顾明远 . 试论教育现代化的基本特征 [J]. 教育研究 , 2012 (9).

15. 沈湘平 . 中国式现代化道路的传统文化根基 [J]. 中国社会科学 , 2022 (8).

16. 陈昌贵 . 国际合作：高等学校的第四职能——兼论中国高等教育的国际化 [J]. 高等教育研究 , 1998 (5) .

17. 刘磊明 . 国际学生评估项目 (PISA) 的"素养政治学"偏好 [J]. 教育研究 , 2022, 43 (3).

18. 刘彦文 , 袁桂林 . 个性化教育的内涵与特征浅析 [J]. 教育评论 , 2000 (4).

19. 祝智庭 . 教育信息化：教育技术的新高地 [J]. 中国电化教育 , 2001 (2).

20. 高志敏 . 关于终身教育 . 终身学习与学习化社会理念的思考 [J]. 教育研究 , 2003 (1).

21. 王晓阳 . 美国教育现代化的历史经验及其启示 [J]. 教育发展研究 , 2008 (23).

22. 庄瑜 . 美国学前教育体系 [J]. 江西教育 , 2012 (Z4).

23. 中国驻美国芝加哥总领事馆教育组 . 重新认识美国基础教育 [J]. 基础教育参考 , 2009 (6).

24. 宿伟玲 , 都莉莉 . 美国高等教育体系观察与比较 [J]. 当代教育论坛（综合研究）, 2010 (4).

25. 张雁 , 张梦琦 . 法国学前教育的实践理据与价值负载——新《母育学校教学大纲》透视 [J]. 比较教育研究 , 2019.

26. 金传宝 . 美国中学普通教育和职业教育结合的模式及启示 [J]. 当代教育科学 , 2010 (13).

27. 刘红 , 徐国庆 . 美国职业教育发展现状 —— 基于 2014 年美国"职业教育国家评估报告"的分析 [J]. 职教论坛 , 2015 (8) .

28. 吴佳星 , 付雪凌 . 美国职业教育体系结构及毕业生升学途径与机制探究 [J]. 江苏教育 , 2018 (20).

29. 李朝阳 . 教育与移民"美国化"（1880—1920 年）[J]. 全球教育展望 , 2018 (11).

30. 曾德琪 . 美国基础教育的特点、问题与改革 [J]. 四川师范大学学报（哲学社会科学版）, 1999 (2).

31. 周敏 . 美国高等教育现代化进程透析 [J]. 苏州大学学报 , 1998 (4).

32. 袁利平 , 段肖阳 . 美国高等教育治理的历史演进与实践逻辑 [J]. 河北师范大学学报（教育科学版）, 2016 (6).

33. 李杨 . 美国中等教育的发展演化与现代思考 [J]. 科技创新与生产力 , 2018（11）.

34. 王定华 . 美国高等教育发展与改革：历史考察 [J]. 河北大学学报（哲学社会科学版）, 2021（5）.

35. 王保星 . 深度解析美国高等教育发展的阶段特征与社会贡献——《美国高等教育史》（三卷本）的学术价值 [J]. 高等教育研究 , 2020（7）.

36. 张文静 . 美国走上高等教育强国的历程及其经验 [J]. 赣南师范学院学报 , 2009（2）.

37. 张斌贤 , 兰玉 , 殷振群 . 迎接工业化的挑战：1870—1910 年的美国手工训练运动 [J]. 清华大学教育研究 , 2013 (5).

38. 杜光强 , 张斌贤 .《中等教育的基本原则》与美国中学综合课程模式的确立 [J]. 教育史研究 , 2019 (1).

39. Karen Graves.The Cardinal Principles: Mapping Liberal Education and the American High School[J]. *American Educational History Journal*，2010 (1).

40. 陈桂香 . 美国《中等教育基本原则》论争的现实思考 [J]. 外国教育研究 , 2020（7）.

41. 蒋春洋 , 柳海民 ."史密斯——休斯法案"与美国职业教育制度的确立及启示 [J]. 黑龙江高教研究 , 2012(5).

42. 钱雨 . 美国学前教育立法的发展、经验与启示 [J]. 湖南师范大学教育科学学报 , 2020（3）.

43. 高书国 . 美国高等教育普及化模式 [J]. 世界教育信息 , 2006（9）.

44. National Commission on Excellence in Education. (1983). A Nation at Risk: The Imperative for Educational Reform[J]. *The Elementary School Journal*, 84（2）.

45. 詹鑫. 美国现代化进程中的职业技术教育 [J]. 外国教育研究，2003（1）.

46. 续润华，宁贵星. 美国"退伍军人权利法案"的颁布及其历史意义 [J]. 河南师范大学学报（哲学社会科学版），2001（1）.

47. 郑宏. 美国《国防教育法》的制定及其历史作用 [J]. 江西社会科学，2011（1）.

48. 李晖. 美国开端计划的学前教育公平政策价值分析与借鉴 [J]. 教育评论，2016（7）.

49. 姚艳杰，许明. 美国开端计划的发展、问题与走向 [J]. 学前教育研究，2008（4）.

50. 续润华，张帅. 美国 1965 年高等教育法的颁布及其历史意义探析 [J]. 黑龙江高教研究，2013（2）.

51. 肖菲. 美国特殊教育立法的发展——历史的视角 [J]. 中国特殊教育，2004（3）.

52. Mitchell L Y, David R, Elisabeth L R.The legal history of special education: what a long, strange trip it's been[J].*Remedial and Special Education*, 1998, 19（4）.

53. National Commission on Excellence in Education. (1983). A Nation at Risk: The Imperative for Educational Reform[J].*The Elementary School Journal*, 84（2）.

54. 段世飞，辛越优. 教育市场化能否让美国教育更公正与卓越？——新任"商人"总统特朗普教育政策主张述评 [J]. 比较教育研究，2017（6）.

55. 段海鹏. 当代美国基础教育的变革及其对我国的启示 [J]. 教学与管理，2011（9）.

56. 张培菡，孔令帅. 大力推动择校能否让美国基础教育更加卓越？——美国特朗普政府基础教育政策择校主张述评 [J]. 外国中小学教育，2019（2）.

57. 李莎，程晋宽. 创新视野下美国高中特色发展经验探究 [J]. 外国教育研究，2020，47（2）.

58. 韩梦洁，张德祥. 美国高等教育结构变迁的市场机制 [J]. 教育研究，2014（1）1.

59. 阚阅，王蓉. 奥巴马政府高等教育改革方案解析 [J]. 中国高教研究，2014（8）.

60. 韩喜平. 以教育现代化赋能现代化强国战略目标的实现 [J]. 国家教育行政学院学报，2022（7）.

61. 杨九诠. 理解《中国教育现代化 2035》的基本框架 [J]. 吉首大学学报（社会科学版），2020（3）.

62. 程天君，陈南. 中国教育现代化的百年书写 [J]. 教育研究，2020（1）.

63. 范国睿，孙闻泽. 改革开放 40 年教育体制机制改革的历史与逻辑分析 [J]. 教育研究，2018（7）.

64. 郭嘉辉. 教育法法典化背景下《职业教育法》修订的回顾与前瞻 [J]. 职业技术教育，2022，43（31）.

65. 叶晓阳，丁延庆. 扩张的中国高等教育：教育质量与社会分层 [J]. 社会，2015（3）.

66. 顾明远，石中英. 学习型社会：以学习求发展 [J]. 北京师范大学学报（社会科学版），2006（1）.

67. 徐辉，李薇. 迈向学习型社会的重要宣言——写在《学会生存》发表 40 周年之际 [J]. 教育研究，2012，（4）.

68. 杨兆山，时益之. 素质教育的政策演变与理论探索 [J]. 教育研究，2018（12）.

69. 沙莉，庞丽娟，刘小蕊. 通过立法强化政府在学前教育事业发展中的职责——美国的经验及其对我国的启示 [J]. 学前教育研究，2007（2）.

70. 赵晓娟，张曼. 美国基础教育改革中的公平观——从 NCLB 法案到 ESSA 法案 [J]. 现代教育论丛，2017（5）.

71. 陈斌. 让每个学生都成功——ESSA 与奥巴马政府的教育政策倾向 [J]. 教育研究，2016（7）.

72. 陈吉，黄伟. 美国基于共同核心州立标准的评估系统述评 [J]. 外国中小学教育，2012（1）.

73. 陈超. 维持世界卓越："美国竞争力计划"与"综合国家战略" [J]. 清华大学教育研究，2008（3）.

74. 王梦钰. 《加强 21 世纪职业技术教育法》开启美国职业技术教育新纪元 [J]. 世界教育信息，2019（16）.

75. 闵维方. 优化高等教育整体结构　实行高等院校的科学分层分类 [J]. 教育与职业，2016（9）.

76. 邓艳玲.美国高等职业教育校企合作相关政策研究 [J].黑龙江教育学院学报，2014，（11）.

77. 王晓阳.美国教育现代化的历史经验及其启示 [J].教育发展研究，2008（23）.

78. 赵晓军，张曼.美国基础教育改革中的公平观——从 NCLB 法案到 ESSA 法案 [J].现代教育论丛，2017（5）.

79. 桑雷.美国职业教育"振兴技能"的政策衍变及经验启示 [J].职业技术教育，2020（21）.

80. 葛道凯.完善现代职业教育体系彰显职业教育类型特征 [J].中国职业技术教育，2019（7）.

81. 金慧，胡盈滢.以 STEM 教育创新引领教育未来——美国《STEM2026：STEM 教育创新愿景》报告的解读与启示 [J].远程教育杂志，2017（1）.

82. 瞿葆奎，沈剑平.伟大的空想社会主义者欧文的教育理论 [J].中国教育科学（中英文），2022,5（2）.

83. 杨汉麟.外国幼儿教育大事记（续）[J].学前教育研究，1997（1）.

84. 杨贤金，索玉华，张金钟，等.英国高等教育发展史回顾、现状分析与反思 [J].天津大学学报（社会科学版），2006（3）.

85. 叶丽娜，方蕾蕾，冯永刚，等.追求教育选择的多元化——英国基础教育学制发展趋势研究 [J].基础教育参考，2023（7）.

86. 饶贵生，宋俊骥，周淑芳.近现代英国职业技术教育的演变及其特点 [J].教育与职业，2010（24）.

87. 刘晖.从《罗宾斯报告》到《迪尔英报告》——英国高等教育的发展路径、战略及其启示 [J].比较教育研究，2001（2）.

88. 蒋盈.英国幼儿教育的历史发展与改革研究 [J].贵阳学院学报（社会科学版），2014,9（5）.

89. 叶丽娜，方蕾蕾，冯永刚，等.追求教育选择的多元化——英国基础教育学制发展趋势研究 [J].基础教育参考，2023（7）.

90. 张羽寰，孟伟，李玲.从"特色学校"到"自由学校"——英国多路径改进薄弱学校政策述评 [J].上海教育科研，2012（6）.

91. 吴峰，刘栋，李梅.英国学前教育发展经验对我国的启示 [J].淮北职业技术学院学报,2018,17（5）.

92. 王璐，周伟涛，曲玲.20 世纪 90 年代以来英国中等教育改革探析 [J].比较教育研究,2010,32（7）.

93. 杨文明.英国职业教育的评估体系与借鉴 [J].外国教育研究，2003（12）：58-61.

94. 徐学莹，肖家楣.英国 QCA 的成立及统一的资格证书体系建设的最新发展 [J].外国教育研究，1999（2）.

95. 徐来群，李俊义，王富强.面向 2010 年的英国高等教育战略规划评析——《高等教育未来》政策的实施及影响 [J].大学教育科学，2008（3）.

96. 张宁珊.英国近二十年学前教育政策及其对我国的启示 [J].外国中小学教育，2019（11）.

97. 周凌.英国现代高等教育发展对我国"双一流"建设的启示 [J].中国高教研究，2017（11）.

98. 刘育锋.英国《16 岁后技能计划》：背景、内容及启示 [J].中国职业技术教育，2017（6）.

99. 陈法宝.PISA 测评对英国基础教育改革动向的影响——例论"中英数学教师交流项目"[J].基础教育，2016（5）.

100. 高存.英国继续教育政策《16 岁后技能培训计划》解读 [J].世界教育信息，2018（2）.

101. 黄道主，刘艳琴.英国教学卓越框架简介 [J].高教发展与评估，2018（4）.

102. 刘强，刘浩.当前英国高等教育改革的路径与发展方向——基于《高等教育与科研法案》的分析 [J].比较教育研究，2018，40（8）.

103. 刘进，林松月，宋文."脱欧"：英国高等教育国际化困境与中国机遇 [J].北京航空航天大学学报（社会科学版），2021（1）.

104. 胡乐乐.论"脱欧"对英国和国际高等教育的重大影响 [J].比较教育研究，2017（1）.

105. 陈慧荣."后脱欧时代"英国跨国教育发展趋势研究——基于《国际教育战略：全球潜力，全球增长》的分析 [J]. 比较教育研究，2020（5）.

106. 张淑细. 英国公学及其改革的历史演变 [J]. 教学与管理，2001（2）.

107. Williams G.& Filipapakou, O. Higher education and UK elite formation in the twentieth century[J]. *Higher Education*. 2010，59（1）.

108. 万圆. 考察个人背景：英国大学促进招生公平的实践 [J]. 复旦教育论坛，2017（4）.

109. 田恩舜. 高等教育质量保证体系及其运行机制 [J]. 高教探索，2003（1）.

110. 徐来群，李俊义，王富强. 面向 2010 年的英国高等教育战略规划评析——《高等教育未来》政策的实施及影响 [J]. 大学教育科学，2008（3）.

111. 何伟强，徐辉. 英国高等教育经费与助学制度改革的新计划——基于对《确保英国高等教育可持续发展的未来》报告的解读 [J]. 比较教育研究，2011，33（6）.

112. 陈慧荣. "后脱欧时代"英国跨国教育发展趋势研究——基于《国际教育战略：全球潜力，全球增长》的分析 [J]. 比较教育研究，2020（5）.

113. 孙科技. 英国高等教育第三方评估及其启示——以高等教育质量保障署为例 [J]. 外国教育研究，2020（6）.

114. 马怀德. 教育决策法治化要论 [J]. 国家教育行政学院学报，2015（8）.

115. 刘颖. 市场化与集团化对学前教育普惠和质量的挑战：英国的案例 [J]. 外国教育研究，2019（4）.

116. 李国强. 德国学前教育简况 [J]. 基础教育参考.2011（8）.

117. 彭湃. 德国应用科学大学的 50 年：起源、发展与隐忧 [J]. 清华大学教育研究，2020（3）.

118. 高书国. 世界教育强国的形成与发展——以英、法、德、美为例 [J]. 教育研究，2023，44（2）.

119. 田慧生. 当前教育智库建设的形势、方向与思路 [J]. 中国教育学刊，2016（11）.

120. 张雁，张梦琦. 法国学前教育的实践理据与价值负载——新《母育学校教学大纲》透视 [J]. 比较教育研究，2019.

121. 彭湃. 德国应用科学大学的 50 年：起源、发展与隐忧 [J]. 清华大学教育研究，2020（3）.

122. 和学新，李博. 21 世纪以来法国基础教育课程改革及其启示 [J]. 教师教育学报，2016. 刘宝存，张伟. 国际比较视野下的创建世界一流大学政策研究 [J]. 比较教育研究，2016.

123. 周琴，苟顺明. 法国学前教育均衡发展的保障措施及启示 [J]. 比较教育研究，2012，34（5）.

124. 张惠，张梦琦. 法国创建世界一流大学的战略实践——以索邦大学为例 [J]. 比较教育研究，2016.

125. 王晓辉. 重建共和国学校——法国当前基础教育改革 [J]. 比较教育研究，2015.

126. 王晓辉. 法国新世纪教育改革目标：为了全体学生成功 [J]. 比较教育研究，2006（5）.

127. 李国强. 德国学前教育简况 [J]. 基础教育参考.2011(8).

128. 彭湃. 德国应用科学大学的 50 年：起源、发展与隐忧 [J]. 清华大学教育研究,2020(3).

129. 高书国. 世界教育强国的形成与发展——以英、法、德、美为例 [J]. 教育研究,2023.

130. 和学新，李博.21 世纪以来法国基础教育课程改革及其启示 [J]. 教师教育学报，2016.

131. 王晓辉. 法国新世纪教育改革目标：为了全体学生成功 [J]. 比较教育研究，2006(05).

132. 王晓辉. 重建共和国学校——法国当前基础教育改革 [J]. 比较教育研究，2015.

133. 刘宝存，张伟. 国际比较视野下的创建世界一流大学政策研究 [J]. 比较教育研究，2016.

134. 周琴，苟顺明. 法国学前教育均衡发展的保障措施及启示 [J]. 比较教育研究，2012，34(05).

135. 张惠，张梦琦. 法国创建世界一流大学的战略实践——以索邦大学为例 [J]. 比较教育研究，2016.

136. 木本毅. 江户时期的近世教育与近代公共教育的思想与哲学：私塾、乡学、寺子屋中的儒学与朱子学 [J].

137. 伊藤循. 日本古代的大学与国学教育及释奠 [J]. 教职课程年报,2018.

138. [日] 船山谦次，藤冈信胜. 战后的教育改革 [J/OL]. 教育学研究,1970.

139. [日]日野纯一.关于教育制度的分歧化 [J].京都产业大学教职研究纪要,2017,12.

140. 江幡裕.在义务教育中的免费制度问题——从方法论的视角提出的问题 [J].教育制度学研究,2014(21).

141. [日]町井辉久.高中教育改革与单元制高中的一项考察 [J].北海道大学教育学部纪要,1995.

142. 朱文富,孙雨.日本职业教育学位体系的构建历程与经验 [J/OL].学位与研究生教育,2022(5).

143. 郎永杰,张冠蓉.日本研究生教育改革背景、现状及动向 [J].教育理论与实践,2016,36(30).

144. 李文英,陈元元.日本硕士专业学位研究生教育的发展及经验 [J].研究生教育研究,2018(4).

145. [日]松尾由希子."学制"成立期的小学校和中学校教育课程的编制相关的基础研究（1）:文部省及东京师范学校的"小学教则"和"中学教则"的分析 [J].静冈大学教育研究,2015（11）.

146. [日]木村良成.明治时代的实业教育 [J].法政大学教职课程年报,2017（16）.

147. 石艳春.日本明治初期的《学制》[J/OL].学术论坛,2010,33（6）.

148. [日]田中文子,松田知明,小林宏子.幼儿园·保育园的明治时代到大正时代的成立过程和制度 [J].羽阳学园短期大学纪要,2015,10（1）.

149. [日]柴崎正行,柴崎正之.明治时代如何形成保育设施的概念 [J].东京家政大学研究纪要 1 人文社会科学,1998（38）.

150. [日]青山和弘.近代日本的教育变迁(1868—1945)——以教育制度和学校教育为中心.[J].2023.

151. 贾佳.日本战前学校道德教育及其教科书 [J].历史教学（下半月刊）,2012（5）.

152. [日]野崎刚毅.学习指导要领的历史与教育意识 [J].国学院短期大学纪要,2006.

153. [日]生野金三,香田健治,生野桂子.昭和三十三年与昭和四十三年的学习指导要领相关研究 [J].综合福祉科学研究,2019.

154. [日]渡边良智.学历社会中的学历 [J].青山学院女子短期大学纪要,2006.

155. [日]长右卫门菅野.国立大学法人"大学"的未来 [J].电气学会志,2006.

156. [日]斋藤英之.短期大学制度,短期大学毕业学历 [J].上智短期大学纪要,2001（21）.

157. [日]陈武元.日本高等专门学校的现状与改革动向 [J].有色金属高教研究,1999（4）.

158. [日]伊藤满.教育基本法是教育宪法 [J].社会科研究,1958（6）.

159. [日]野崎刚毅.学习指导要领的历史和教育意识 [J].国学院短期大学纪要,2006.

160. [日]横井敏郎.高中教育改革政策的逻辑及其课题 [J].国立教育政策研究所纪要,2009.

161. 张德伟.当代日本教育体系改革的政策走向 [J].外国教育研究,2013.

162. [日]荒井英治郎.私立学校振兴助成法的制定过程 [J].日本教育行政学会年报,2006（32）.

163. [日]清水一彦.大学设置标准的概要化与大学的变貌 [J].日本教育行政学会年报,1994（20）.

164. 孙浩.论日本高等教育改革 [J/OL].日本研究,1995（2）.[2022-12-18].

165. [日]吉川裕美子,浜中义隆,林未央,小林雅之.学生的流动化和学士课程教育:全国大学调查中的转学,单位认定,学生交流和支援体系的实态 [J].学位研究,2004（18）.

166. 陈劲,张学文.日本型产学官合作创新研究——历史、模式、战略与制度的多元化视角 [J/OL].科学学研究,2008（04）.[2022-12-18].

167. [日]三上和夫,平冢真树,广井多鹤子等.「1975 年法制」学校制度的变化:以专修学校为焦点 [J].日本教育学会大会研究发表要项,1991（50）.

168. [日]佐藤年明.所谓的"宽松教育"对学生的认识的检讨 [J].三重大学教育学部研究纪要教育科学,2012（63）.

169. [日]高田喜久司."21 世纪型能力·学力"与学习的探究 [J].学校教育研究,2015（30）.

170. 蔡凤林.日本青少年传统道德礼仪教育探究 [J].中国青年社会科学.2015,34（6）.

171. 清水一彦.大学设置标准的概要化与大学的变貌 [J].日本教育行政学会年报,1994（20）.

172. Hong Woong-seon.韩国小学教育的数量增长过程和前景 [J].韩国教育,1991,18（1）.

173. 徐廷华,宋采贞.高中平均化政策的完善方向与任务 [J].教育研究,2002（19）.

174. Kang Dae-jung.高中教育平均化制度的展开过程 [J].教育批评,2002（8）.

175. Na Eun-kyung,Oh Kyung-hee.重新思考《幼儿教育促进法》以促进教保一体化:一种历史社会学方法 [J].未来幼儿教育学会刊,23.1（2016）.

176. 许政法.韩国课外补习政策述评 [J].上海教育科研,2009（2）.

177. 周月琴.IMF:韩国的经济改革与儒教资本主义社会的文化症结探源 [J].中州学刊,1999（1）.

178. 韩国教育改革委员会.创造新韩国的教育改革的方向和课题 [J].当代韩国,1995（1）.

179. 驻韩国使馆教育处.韩国总统金泳三提出"新教育构想"十大课题 [J].世界教育信息,1995（8）.

180. Lee Jung-gyu,Sung Eun-hyun,Lee Shin-dong.韩国英才教育政策的变化与前景 [J].英才与英才教育,14.2（2015）.

181. 朴钟鹤.韩国英才教育的历史沿革与特点 [J].比较教育研究,2010,32（4）.

182. Kim Shin-bok.第一期国家人力资源开发基本计划的成果与发展方向 [J].职业和人力开发.2005.

183. 连进军.韩国的世界一流大学建设:BK21工程述评 [J].大学教育科学,2011（2）.

184. 褚宏启.教育公平与教育效率:教育改革与发展的双重目标 [J].教育研究,2008（6）.

185. 罗平汉,方涛.从"四个现代化"到"第五个现代化"——中国共产党现代化思想的演进轨迹 [J].探索,2014（5）.

186. 学制改革试验 义务教育:"五四学制"与"六三学制"相并而行 [J].教育,2020（23）.

187. 雷钧.京师同文馆对我国教育近代化的意义及其启示 [J].教育与现代化,2002（4）.

188. 曲铁华,王洪晶.我国学前教育制度变迁:轨迹、逻辑与趋势 [J].教育科学,2020（3）.

189. 唐淑,钱雨,杜丽静,等.中华人民共和国幼儿教育60年大事记（上）[J].学前教育研究,2009（9）.

190. 吴全华.我国教育改革发展须祛除的苏联模式 [J].教育现代化,2015（2）.

191. 吴锦,彭泽平.新中国基础教育学制改革:历程、经验与展望 [J].教育与教学研究,2015（10）.

192. 裴嵘军.凯洛夫教育学对我国基础教育的影响原因与反思 [J].教育理论与实践,2015（17）.

193. 邱雁,杨新.解放初院系调整大事记（1949—1953）[J].辽宁高等教育研究,1982（4）.

194. 马陆亭.新中国成立70年:高等教育重点建设的历史使命与巨大成就 [J].中国高等教育,2019（17）.

195. 王硕旺.高水平大学建设过程中的资源配置机制创新——基于新公共管理理论的视角 [J].重庆高教研究,2015（3）.

196. 周恩来.中央人民政府政务院关于整顿和发展中等技术教育的指示 [J].山西政报,1952（7）.

197. 高靓.职业教育:锻造大国工匠 奠基中国制造 [J].云南教育（视界综合版）,2019（10）.

198. 中央人民政府政务院关于改革学制的决定 [J].天津市政,1951（29）.

199. 唐淑,钱雨,杜丽静,等.中华人民共和国幼儿教育60年大事记（上）[J].学前教育研究,2009（9）.

200. 王慧,梁雯娟.新中国普及义务教育政策的沿革与反思 [J].河北师范大学学报（教育科学版）,2015（3）.

201. 胡鞍钢,王洪川.中国式教育现代化与教育强国之路 [J].新疆师范大学学报（哲学社会科学版）,2023（1）.

202. 刘国福.近三十年中国出国留学政策的理性回顾和法律思考 [J].浙江大学学报（人文社会科学版）,2009（2）.

203. 孙霄兵. 中国教育对外开放 70 年的政策演变与发展成就 [J]. 国家教育行政学院学报, 2019（10）.

204. 国务院批转教育部、国家劳动总局关于中等教育结构改革的报告 [J]. 中华人民共和国国务院公报, 1980（16）.

205. 周明星, 刘晓, 王良, 等. 中国四代领导人职业教育思想初探 [J]. 职教论坛, 2008（30）.

206. 中共中央关于教育体制改革的决定 [J]. 中华人民共和国国务院公报, 1985（15）.

207. 胡启立.《中共中央关于教育体制改革的决定》出台前后 [J]. 炎黄春秋, 2008（12）.

208. 谈松华, 丁杰, 万作芳《中国教育改革和发展纲要》的制定及其历史作用 [J]. 教育史研究, 2019（2）.

209. 中国教育改革和发展纲要 [J]. 中国高等教育, 1993（4）.

210. 李连宁. 我国教育法制建设的里程碑 [J]. 教育研究, 1995（5）.

211. 丁广举. 论教育优先发展的战略地位——纪念《中华人民共和国教育法》实施三周年 [J]. 东北师大学报, 1998（5）.

212. 陈立鹏. 依法治教显成效——纪念《中华人民共和国教育法》颁布三周年 [J]. 中小学管理, 1998（3）.

213. 梁慧娟. 改革开放 40 年我国学前教育事业发展的回望与前瞻 [J]. 学前教育研究, 2019（1）.

214. 翟博. 人类教育发展史上的奇迹——改革开放 30 年中国推进全民教育的奋进历程 [J]. 教育研究, 2009（1）.

215. 王胜今, 赵俊芳. 我国高等教育大众化十年盘点与省思 [J]. 高等教育研究, 2009（4）.

三、报纸文章

1. 王博. 深入理解中华文明 增强做中国人的骨气和底气 [N/OL]. 光明日报, 2021-08-04[2024-02-19].

2. 本报评论员. 平视世界有自信 奋斗实干赢未来 [N/OL]. 中国青年报, 2023-03-09(001)[2024-02-19].

3. 党的教育方针的凯歌——祝教育与生产劳动相结合展览会开幕 [N]. 人民日报, 1958-11-01.

4. 王峰. 教育十年投入与产出：国家财政性教育经费支出占 GDP 比例连续十年超 4%[N]. 21 世纪经济报道, 2022-09-28（2）.

5. 翟博, 刘华蓉, 李曜明, 等. 人类教育史上的奇迹 [N]. 中国教育报, 2012-09-09（1）.

四、学位论文

1. 牛滢迪. 美国政府保障特殊教育机会均等的教育法规研究 [D]. 兰州：西北师范大学, 2013.

2. 刘淑琪. 公平而卓越：21 世纪美国基础教育政策研究 [D]. 桂林：广西师范大学, 2017.

3. 曹格.19 世纪英国中等教育学校发展研究 [D]. 天津：天津师范大学, 2021.

4. 于湛瑶. 历史视角下英国近代初等教育的发展 [D]. 北京：首都师范大学, 2014.

5. 辛爱灵. 英国 1988 年教育改革法研究 [D]. 济南：山东师范大学, 2009.

6. 崔秀玲.20 世纪 90 年代以来英国中等职业教育改革研究 [D]. 北京：北京师范大学, 2008（17）.

7. 翟海魂. 英国中等职业教育发展研究 [D]. 保定：河北大学, 2004（111）.

8. HASEGAWA W. 日本的高等教育系统 [D]. 哥伦比亚大学, 1999.

9. 金钟国. 高中教育平均化政策有关分析 [D]. 韩国南原市：西南大学, 2008.

10. 梁荣华. 韩国大学特色化政策变迁研究 [D]. 长春：东北师范大学, 2010.

五、其他

1. 中华人民共和国中央人民政府网.《中国的全面小康》白皮书.

2. 教育部.2021 年全国教育事业发展统计公报.

3. 中国改革信息库. 我国教育体制改革大事记（1949—2010）.

4. 中国教育年鉴 2003. 全国职业教育工作会议.

5. 中华人民共和国中央人民政府. 国务院关于大力推进职业教育改革与发展的决定.

6. 中华人民共和国中央人民政府 . 加强示范性职业院校建设 .

7. 光明日报 . 面向 21 世纪教育振兴行动计划 .

8. 教育部 .《教育规划纲要》贯彻落实情况总体评估报告（摘要）。

9. 中华人民共和国中央人民政府网 . 中华人民共和国义务教育法。

10. 中华人民共和国中央人民政府网 . 全国县域义务教育基本均衡发展国家督导评估认定收官 .

11. 教育部 . 教育部关于印发《县域义务教育优质均衡发展督导评估办法》的通知 .

12. 教育部 . 对十三届全国人大四次会议第 3913 号建议的答复 .

13. 教育部 . 中国职业教育发展报告 2012—2022 年 .

14. 中华人民共和国中央人民政府网 . 中共中央办公厅 国务院办公厅印发《关于深化教育体制机制改革的意见》.

15. 教育部 . 中共中央、国务院印发《中国教育现代化 2035》.

16. 中华人民共和国中央人民政府网 . 中共中央办公厅、国务院办公厅印发《加快推进教育现代化实施方案（2018—2022 年）》.

17. 教育部 . 绘制新时代加快推进教育现代化建设教育强国的宏伟蓝图——教育部负责人就《中国教育现代化 2035》和《加快推进教育现代化实施方案（2018—2022 年）》答记者问 .

18. 教育部 . 中央编办　教育部　财政部关于统一城乡中小学教职工编制标准的通知 .

19. 教育部 . 教育部关于印发《普通高等学校基本办学条件指标（试行）》的通知 .

20. 教育部 . 2021 年全国教育事业发展统计公报 .

21. 教育部 . 全国高校毕业生初次就业率多年超 77%.

22. 教育部发展规划司 . 数说"教育这十年" .

23. 国家统计局 . 第七次全国人口普查公报 .

24. National Center for Education Statistics.Digest of Education Statistics，2008 (No.NCES 2009-020)[R]. Washington, DC: US Department of Education, 2009.

25. College Board.Trends in College Pricing 2008[R/OL].Washington, DC: College Board, 2008：2[2024-02-22].

26. PORTER N.College Ranking Plan in the Works as Student Loan Crisis Poses a "Threat to the American Dream"[N/OL].The Washington Times，2013-09-30[2024-02-22].

27. President Donald J. Trump's State of the Union Address [2024-02-24].

28. U.S.Department of Education.Early Reading First: Funding Status [EB/OL].[2024-02-24].

29. U.S.Department of Education.Every Student Succeeds Act (ESSA)[2024-02-24].

30. OECD Publishing.Education at a Glance 2018: OECD Indicators[R].Paris, 2018: 360[2024-02-24].

31. World Migration Report 2020[R].International Organization for Migration Press, 2019:19-54[2024-02-22].

32. SMOLINSKI P.Reports of Anti-Asian hate crimes rose nearly 150% in major U.S.cities last year[N].2021-03-23[2024-02-22].

33. HANSON.Back to class: Will pandemic-disrupted learners return to school?[R/OL].Strada Education Foundation.2021-05-19[2024-02-22].

34. MCDADE M B, ROMERO L, PASCUCCI C.Newson proposes billions of dollars in budget cuts to deal with California's projected $54 B deficit[N/OL].Associated Press.2020-05-14[2024-02-22].

35. OECD. Education at a Glance 2023: OECD Indicators. [EB/OL]. [2022-09-24].

36. Department for Education. Schools, pupils and their characteristics [EB/OL]. [2022-09-24].

37. OECD. PISA 2018: Insights and Interpretations. [EB/OL]. [2020-08-24].

38. OECD. Where did performance change between 2015 and 2018? [EB/OL]. [2022-10-23].

39. QS. World University Rankings 2021 [EB/OL]. [2022-11-24].

40. U.S. News. Best Colleges [EB/OL]. [2022-11-24]. https://www.usnews.com/best-colleges.

41. ARWU. Academic Rankings of World Universities [EB/OL]. [2022-11-24].

42. Universities UK. Higher education in numbers [EB/OL]. [2020-08-24].

43. Universities UK. International Facts and Figures [EB/OL]. [2020-08-24].

44. Department for Education. Schools, pupils and their characteristics [EB/OL]. [2022-08-24].

45. 英国教育网.《罗宾斯报告》（1963）Education in the UK.The Robbins Report（1963）[EB/OL]. [2020-10-09].

46. 英国教育网.英国教育史.第 7 单元：从 1900 年至 1923 年.Education in the UK.Education in the UK: a history，Chapter 7: 1900-1923[EB/OL]. [2020-10-09].

47. 英国教育网.英国教育史 Education in the UK.Education in the UK: a history.[EB/OL]. [2020-10-09].

48. 英国教育网.英格兰教育白皮书：高等教育，迎接挑战 Education in England.White Paper：Higher education: meeting the challenge [EB/OL]. [2020-10-09].

49. 英国教育网.14～19：机遇与卓越 Education in England.White Paper：14–19: opportunity and excellence [EB/OL]. [2020-10-09].

50. 英国政府.联盟：我们的政府计划 HM Government.The Coalition: our programme for government [EB/OL]. [2020-10-09].

51. Ofsted.The Annual Report of Her Majesty's Chief Inspector of Education，Children's Service and Skills 2009/10 [R].London: The Stationery Office，2010.

52. 英国政府.学校类型 GOV.UK.Types of school [EB/OL].[2020-10-09].

53. Department for Education.Are free schools using innovative approaches? [EB/OL].（2014-09-30）[2020-10-12].

54. Bobbie Mills，Emily Hunt & Jon Andrews.Free schools in England：2019 report[R].London：Education Policy Institute，2019.[2020-10-12].

55. ISC Research and Data Team.ISC Census and Annual report 2022[EB\OL]. [2022-11-24].

56. Higher Education and Research Bill 2016 [EB/O L].[2020-08-21].

57. Peters，C.Why the Higher Education Bill is bad news for students [EB/OL].The Telegraph.[2020-07-21].

58. 联合国教科文组织统计局.其他政策相关指标：平均受教育年限 Other policy relevant indicators：Mean years of schooling [EB/OL].[2022-12-19].

59. 联合国教科文组织统计所.其他教育指标：平均受教育年限，高等教育毛入学率 Other policy relevant indicators：Mean years of schooling，Gross enrollment ratio for tertiary education [EB/OL]. [2022-12-19].

60. 联邦统计局.2019 年统计年鉴 [Y/OL].Wiesbaden：2020[2022-12-29].

61. 联邦教育与研究部.2018 年德国的继续教育 [EB/OL]. 2018[2022-12-29].

62. 德国教育史大事年表 [EB/OL].（2013-09-09）[2024.02.19].

63. 联邦各州日托中心早期教育共同框架 [EB/OL].（2004-06-03）[2024-03-18].

64. 日托扩张法 [EB/OL].[2024-03-18].

65. 儿童促进法 [EB/OL].[2024-03-18].

66. 教育报告编写组.德国教育报告 2020 [M].Bielefeld：wbv，2020：93-95.

67. 教育质量发展研究所 [EB/OL].[2024-03-18].

68. 主干中学与实科中学毕业生数学教育标准与素养分层模型 [EB/OL].[2024-03-18].

69. IQB 教育趋势：基于各州文化部长会议教育标准的国家教育监测 [EB/OL].[2024-03-18].

70. 职业教育 4.0 [EB/OL].[2024-03-18].

71. Weis，M.，Müller，K.，Mang，J.，Heine，J.H.，Mahler，N.& Reiss，K...Soziale Herkunft， 移民背景和阅读能力 Zuwanderungshintergrund und Lesekompetenz[C].In K.Reiss，M.Weis，E.Klieme & O.Köller（Hrsg.），PISA 2018.Grundbildung im internationalen Vergleich（S.129-162）.Münster：Waxmann，2019.

72. Country Note Germany[EB/OL].[2024-03-18].

73. 联邦与州的卓越计划（2005—2017/2019）[EB/OL].[2024-03-18].

74. 卓越计划评估国际专家委员会 [EB/OL].[2024-03-18].

75. 职业教育 4.0 [EB/OL].[2024-03-18].

76. 幼儿园质量与参与改进法 [EB/OL].[2024-03-18].

77. Drop-out rates of German first-degree students，by types of higher education institution and selected degree types[EB/OL]. [2024-03-18].

78. 法国国民教育和青年部 . 2022 年法国教育年鉴 [R/OL]. [2023-12-20].

79. 2019 年 12 月 6 日关于改革职业许可证的命令 [EB/OL].[2023-12-20].

80. 法国国民教育和青年部 . 职业能力证书 [EB/OL]. [2023-12-20].

81. 法国国民教育和青年部 . 学徒中心：运行、人员与学徒 [EB/OL]. [2023-12-20].

82. 法国国民教育与青年部 . 2022 法国国民教育 [EB/OL]. [2023-12-20].

83. 法国高等教育、科研与创新部 . 2022 法国基础教育现状 [EB/OL]. [2023-12-20].

84. 法国国民教育与青年部 . 2022 法国国民教育年鉴 [EB/OL]. [2023-12-20].

85. 法国国民教育与青年部 . 2022 欧洲教育现状 [EB/OL]. [2023-12-20].

86. 世界经合组织 . 2023 教育报告 [EB/OL]. [2023-12-20].

87. 法国高等教育、科研与创新部 . 2021 公立高等教育继续教育 [EB/OL]. [2023-12-20].

88. 法国国民教育与青年部 . 关于大学组织架构的教育法令 [EB/OL]. [2023-12-20].

89. 法国国民教育与青年部 . 关于小学教育的《基佐法》[EB/OL]. [2023-12-20].

90. 法国国家立法网 . 关于高等教育的 84-52 号法案（1984 年 1 月 26 日）[EB/OL]. [2023-12-20].

91. 法国国民教育部 . 2022 教师资格考试成绩 [EB/OL]. [2024-02-25].

92. Konstantinos Chatzis et Thomas Preveraud. 19 世纪前三分之二时期法国在美国工程师教育中的存在：制度 Artefact [DB/CD]，2016.

93. 联合国教科文组织统计局 . 其他政策相关指标：平均受教育年限 Other policy relevant indicators: Mean years of schooling [EB/OL]. [2022-12-19].

94. 联合国教科文组织统计所 . 其他教育指标：平均受教育年限，高等教育毛入学率 Other policy relevant indicators: Mean years of schooling, Gross enrollment ratio for tertiary education [EB/OL]. [2022-12-19].

95. 联邦统计局 .2019 年统计年鉴 [Y/OL]. Wiesbaden: 2020. [2022-12-29].

96. 联邦教育与研究部 .2018 年德国的继续教育 [EB/OL]. 2018[2022-12-29].

97. 德国教育体系的里程碑 [EB/OL]. (2013-09-09)[2024.03.19].

98. 德国教育体系发展概览 [EB/OL]. (2014-10-31) [2022-12-29].

99. 德国教育史大事年表 [EB/OL]. (2013-09-09) [2024.02.19].

100. 各州文化部长会议 . 联邦德国的教育 KMK. 德意志联邦共和国的教育体系 2018/2019[M]. Bonn,2021.

101. 联邦各州日托中心早期教育共同框架 [EB/OL].(2004-06-03)[2024-03-18].

102. 日托扩张法 [EB/OL]. [2024-03-18].

103. 儿童促进法 [EB/OL]. [2024-03-18].

104. 幼儿园质量与参与改进法 [EB/OL]. [2024-03-18].

105. 教育报告编写组 . 德国教育报告 2020 [M]. Bielefeld: wbv, 2020.

106. 教育质量发展研究所 [EB/OL]. [2024-03-18].

107. 主干中学与实科中学毕业生数学教育标准与素养分层模型 [EB/OL]. [2024-03-18].

108. IQB 教育趋势：基于各州文化部长会议教育标准的国家教育监测 [EB/OL]. [2024-03-18].

109. 职业教育 4.0 [EB/OL]. [2024-03-18].

110. 国家融合行动方案 [EB/OL]. [2024-03-18].

111. 移民背景儿童与少年支持计划 [EB/OL]. [2024-03-18].

112. Weis, M., Müller, K., Mang, J., Heine, J.H., Mahler, N.& Reiss, K.. Soziale Herkunft, 移民背景和阅读能力 Zuwanderungshintergrund und Lesekompetenz[C]. In K.Reiss, M.Weis, E. Klieme & O. Köller (Hrsg.), PISA 2018. Grundbildung im internationalen Vergleich (S.129–162). Münster: Waxmann,2019.

113. Country Note Germany[EB/OL]. [2024-03-18].

114. 联邦与州的卓越计划 (2005-2017/2019)[EB/OL]. [2024-03-18].

115. Hartmann M. Die 卓越计划 —— 德国高等教育政策的范式转变 Exzellenzinitiative—ein Paradigmenwechsel in der deutschen Hochschulpolitik[J]. Leviathan, 2006.

116. 卓越计划评估国际专家委员会 [EB/OL]. [2024-03-18].

117. Drop-out rates of German first-degree students, by types of higher education institution and selected degree types[EB/OL].

118. 法国国民教育和青年部 . 2022 年法国教育年鉴 [R/OL].

119. 2019 年 12 月 6 日关于改革职业许可证的命令 [EB/OL].[2023-12-20]

120. 法国国民教育和青年部 . 职业能力证书 , [EB/OL].

121. 法国国民教育和青年部 . 学徒中心：运行、人员与学徒 [EB/OL].

122. 法国国民教育与青年部，2022 法国国民教育 [EB/OL].

123. 法国高等教育、科研与创新部，2022 法国高等教育、科研与创新现状 [EB/OL].

124. 法国高等教育、科研与创新部，2022 法国基础教育现状 [EB/OL].

125. 法国国民教育与青年部，2022 欧洲教育现状 [EB/OL].

126. 法国国民教育与青年部，2022 法国国民教育年鉴 [EB/OL].

127. 世界经合组织，2023 教育报告 [EB/OL].

128. 法国高等教育、科研与创新部，2021 公立高等教育继续教育 [EB/OL].

129. 教育报告编写组 . 德国教育报告 2020[M].Bielefeld: wbv，2020.

130. 法国教育研究院，学前教育 [EB/OL].

131. 法国国民教育与青年部，关于大学组织架构的教育法令，[EB/OL].

132. 法国国民教育与青年布 , 关于小学教育的《基佐法》，（[EB/OL].

133. 法国国民教育部，2022 教师资格考试成绩 , [EB/OL].

134. Maria Vasconcellos, Philippe Bongrand，教育系统 Le système éducatif[M]. Paris : Edition La Découverte，2013.

135. Konstantinos Chatzis et Thomas Preveraud，La présence française dans la formation des ingénieurs américains durant les deux premiers tiers du XIXe siècle : aspects institutionnels et intellectuels，Artefact [DB/CD]，2016.

136. 法国国家立法网 . 关于高等教育的 84-52 号法案（1984 年 1 月 26 日）[EB/OL].

137. 和歌山信爱大学教育学部纪要 , 2020.

138. 文部科学省 . 幼儿教育的现状 [R/OL]. (2019)[2022-11-26].

139. 文部科学省 . 小学和中学一贯的教育课程的编制与实施指南 [R/OL]. (2016)[2022-11-28]

140. 文部科学省 . 中学和高中一贯教育的概述和设置情况 [EB/OL]. (2012)[2022-11-28].

141. 文部科学省 . 特别支援教育 [EB/OL]. [2022-11-28].

142. 文部科学省 . 大学 • 大学院、专门教育 [EB/OL]. [2022-11-28].

143. 文部科学省 . 学校基本调查 [EB/OL].（2022）[2020-04-17].

144. 五条御誓文 [S/OL].[2021-06-08].

145. 教育令（明治十二年九月二十九日太政官布告第四十号）[S/OL].[2021-06-08].

146. 文部省 . 学制 [EB/OL].（2009）[2022-11-28].

147. 中学校教则大纲 [A/OL].（1881）[2022-12-04].

148. 小学校令中改正 [EB/OL].（1907）[2022-11-28].

149. 中等学校令（摘要）（昭和十八年一月二十一日勒令第三十六号）[S/OL].[2024-01-30].

150. 帝国大学令（明治十九年三月二日勒令第三号）[S/OL].[2021-06-08].

151. 学位令（大正 9 年 7 月 6 日勒令第 200 号）[A/OL].（1920）[2022-11-29].

152. 实业补习学校章程（明治二十六年十一月二十二日文部省令第十六号）[A/OL].（1893）[2022-12-04].

153. 徒弟学校章程（明治二十七年七月二十五日文部省令第二十号）[A/OL].（1894）[2022-12-04].

154. 实业学校令 [A/OL].（1899）[2022-12-04].

155. 专门学校令（明治 36 年 3 月 27 日勒令第 61 号）[EB/OL].（1903）[2022-12-04].

156. 教育敕语 [S/OL].[2021-06-08].

157. 文部科学省 . 关于教育基本法 [EB/OL][2021-06-08].

158. 学校教育法（昭和二十二年三月二十九日法律第二十六号）[S/OL].[2021-06-08].

159. 僻地教育振兴法 [A/OL].（1954）[2022-12-04].

160. 学校给食法 [A/OL].（1954）[2022-12-04].

161. 学校保健安全法 [A/OL].（1958）[2022-12-04].

162. 关于义务教育诸学校教科用图书无偿化的法律 [A/OL].（1962）[2022-12-04].

163. 关于公立义务教育各学校的班级编制及教职员定额标准的法律 [A/OL].（1958）[2022-12-04].

164. 公立义务教育各学校教育职员工资特别措施法 [A/OL].（1971）[2022-12-04].

165. 教育职员人才确保特别措施法 [EB/OL].（1974）[2022-12-04].

166. 学校教育法 [A/OL].（1947）[2021-06-08].

167. 武库川女子大学教育研究所 . 大学、短期大学、女子大学数量和 18 岁人口的变迁 [EB/OL].[2024-01-30].

168. 产业教育振兴法（昭和二十六年法律第二百二十八号）[S/OL].[2021-06-08].

169. 中央教育审议会 . 关于今后学校教育的综合性扩充整备的基本策略（答复）[EB/OL].（1971-06）[2021-06-08].

170. 中央教育审议会 . 展望 21 世纪日本教育的方向 [EB/OL].（1997-06）[2021-06-08].

171. 文部科学省 . 关于引入中高一贯教育制度的学校教育法等部分修正 [A/OL].（1998）[2022-12-18].

172. 大学院设置标准 [EB/OL].（1974）[2022-12-18].

173. 学校教育法 [A/OL].（1947）[2021-06-08].

174. 文部科学省 . 关于教育基本法 [EB/OL].[2021-06-08].

175. 文部科学省 . 教育振兴基本计划 [EB/OL].[2022-12-19].

176. 内阁府儿童育儿支援新制度执行准备室 . 关于儿童育儿支援新制度 [EB/OL].（2014）[2024-01-30].

177. 内阁府，文部科学省，厚生劳动省 . 幼保联结型认定儿童园教育·保育要领解说 [EB/OL].（2014）[2024-01-30].

178. 文部科学省 . 幼儿园教育要领解说 [R]. 2018.

179. 学校教育法的部分改正（平成 19 年 6 月 27 日法律第 96 号）[S/OL].（2007）[2024-01-30]

180. 国立教育政策研究所 . 全国学力·学习状况调查：教育课程研究中心 [EB/OL].[2022-12-19].

181. 欺凌防止对策推进法（平成二十五年法律第七十一号）[S/OL].[2021–06–08].

182. 文部科学省高等教育局高等教育规划司认证 . 关于评价制度 [R/OL]. 2020 [2024-01-30].

183. [日] 渡边敦司 . SSH 的下一步是 SGH 吗？超级国际高中的指定 [EB/OL].（2013）[2022-12-19].

184. 文部科学省 . 超级国际高中 [EB/OL].（2014）[2022-12-19].

185. 文部科学省 . 关于今后生涯教育和职业教育的应有状态 [EB/OL].（2011-01）[2021-05-09].

186. 文部科学省 . 关于职业实践专门课程 [EB/OL].（2013）[2021-05-09].

187. 国立大学法人法（平成十五年法律第百十二号）[S/OL].[2021-06-08].

188. 吴越 . 日本国立大学法人化的政策变迁研究——基于支持联盟框架的分析 [J]. 复旦教育论坛，2009，7（4）.

189. 文部科学省 . 大学改革实行计划——作为社会变革引擎的大学建设 [EB/OL].（2012）[2021-06-08].

190. 地方大学促进地方创生事业（COC+）[EB/OL].（2013）[2021-06-08].

191. 关于 G30[EB/OL].（2017）[2022-12-19].

192. 超级国际化大学计划 [EB/OL].（2014）[2022-12-23].

193. 日本学术振兴会 . 大学的全球拓展能力强化事业 [EB/OL].[2022-12-19].

194. 文部科学省 . 居住环境与就业支持等接收环境的完善事业 [EB/OL].（2015）[2022-12-19].

195. 文部科学省 . 留学协调员配置事业 [EB/OL].（2016）[2022-12-19].

196. 文部科学省 . 大学院教育振兴政策纲要 [EB/OL].（2006）[2022-12-19].

197. 文部科学省 . 第 3 次大学院教育振兴政策纲要 [R/OL].[2021-06-08].

198. 中央教育审议会 . 关于大学院对高水平专业职务人士的培养 [R/OL].[2021-06-08].

199. 专门职大学院设置标准 [A/OL].（2003）[2022-12-19].

200. 中央教育委员会专门职研究生院工作组 . 关于专门职研究生院为核心的高度专门职业人才培养功能的充实·强化方案 [R/OL].（2016）[2022-12-19].

201. 法曹培养制度改革推进会议 . 关于进一步推进法律职业者培训制度改革 [EB/OL].（2015）[2021-02-18].

202. 文部科学省 . 关于今后生涯教育和职业教育的应有状态（答申）[EB/OL].（2011-01）[2021-05-09].

203. 文部科学省 . 关于"职业实践专门课程" [EB/OL].（2013）[2021-05-09].

204. 文部科学省 . 第 3 期教育振兴基本计划 [EB/OL].（2018）[2021-06-08].

205. 中央教育审议会 . 面向 2040 年的日本高等教育宏观规划 [R/OL].[2021-05-09].

206. 大学院设置标准 [EB/OL].（1974）[2022-12-18].

207. 文部科学省 . 大学等联携推进法人 [EB/OL].[2021-05-09].

208. 文部科学省 . 国立附属学校概要 [R/OL].（2016）[2022-12-19].

209. 文部科学省 . 国立大学改革计划 [EB/OL].（2013）[2022-12-19].

210. 文部科学省 . 地方大学促进地方创生事业（COC+）[EB/OL].（2013）[2021-06-08].

211. 文部省 . 幼儿园设置标准 [A/OL].（1956）[2022-12-21].

212. 文部省 . 大学设置标准 [A/OL].（1956）[2022-12-21].

213. 文部科学省 . 小学设置标准 [A/OL].（2002）[2022-12-21].

214. 文部科学省 . 中学设置标准 [A/OL].（2002）[2022-12-21].

215. 僻地教育振兴法 [A/OL].（1954）[2022-12-04].

216. 学校给食法 [A/OL].（1954）[2022-12-04].

217. 学校保健安全法 [A/OL].（1958）[2022-12-04].

218. 国立大学法人法（平成十五年法律第百十二号）[A/OL].（2003）[2021-06-08].

219. 韩国教育开发院 . 幼儿教育与保育体制 [R]. 2011.

220. 韩国国家法律信息中心网站 . 初中等教育法实施令 . 第 43 条 [EB/OL]. [2022-12-22].

221. 韩国国家法律信息中心网站 . 教育法 . 第 8 条 [EB/OL]. [2022-12-22].

222. 韩国国家法律信息中心网站 . 初中等教育法实施令 . 第 43 条 [EB/OL]. [2022-12-22].

223. 韩国国家法律信息中心网站 . 初中等教育法实施令 . 第 76 条第 2 项 [EB/OL]. [2022-12-22].

224. 韩国国家教育统计中心网站 . 2021 教育统计年报 [EB/OL]. [2022-12-22].

225. 韩国国家法律信息中心网站 . 大韩民国宪法 . 第 16 条 [EB/OL]. [2022-12-23].

226. 韩国国家法律信息中心网站 . 教育法 . 第 8 条 [EB/OL]. [2022-12-23].

227. Park Dong-Yeol，等 . 解放 70 年职业教育政策的变迁与展望 [R]. 韩国职业技能开发院，2016.

228. 韩国国家档案馆网站 . 教育是一项公益事业 [EB/OL]. [2022-12-23].

229. 韩国国家法律信息中心网站 . 产业教育振兴法（1963）.[EB/OL]. [2022-12-23].

230. 韩国国家法律信息中心网站 . 产业教育振兴法实施令（1965）.[EB/OL]. [2022-12-23].

231. 韩国国家法律信息中心网站 . 产业教育振兴法实施令（1973）.[EB/OL]. [2022-12-23].

232. Kang Young -hye，等 . 高中教育平均化政策的合理性研究 [R]. 韩国教育开发院 . 2005.

233. Park Boo-kwon，等 . 高中教育平均化政策诊断及完善方案研究 [R]. 教育人力资源部 教育政策研究，2002.

234. 韩国国家法律信息中心网站 . 幼儿教育振兴法 [EB/OL]. [2022-12-23].

235. 韩民族日报网站 .20 世纪 70 年代的主要考试："黑暗的历史" [EB/OL]. [2022-12-23].

236. 韩国国家档案馆网站 . 教育正常化及消除过热课外补习方案的公告 [EB/OL]. [2022-12-23].

237. 首尔市教育研究和信息中心网站 . 韩国大学招生制度的变化及未来走向 [EB/OL]. [2022-12-23].

238. 国务院发展研究中心国际技术经济研究所，国家科委综合计划司，吉林省国际经济技术交流服务中心 . 韩国新经济五年计划 1993—1997[R] .1994.

239. 한국교육개발원 . 교육통계연보 2003[M]. 서울 ： 학지사 , 2003.

240. 韩国中央日报网站 .《5·31 教育改革报告》摘要 [EB/OL]. [2022-12-24].

241. Baek Seon-ui，等 . 高中招生选拔的变迁与现状 [R]. 韩国教育开发院 . 2015.

242. 韩国国家法律信息中心网站 . 教育基本法 . 第 19 条 [EB/OL]. [2022-12-23].

243. 韩国国家法律信息中心网站 . 初中等教育法实施令 . 第 90 条 [EB/OL]. [2022-12-23].

244. 韩国国家法律信息中心网站 . 英才教育振兴法 [EB/OL]. [2022-12-23].

245. Kim Mi-sook 等 . 第一次英才教育振兴综合计划评价与中长期展望研究 [R]. 韩国教育开发院 . 2003.

246. 大韩民国政府 . 第二期国家人力资源开发基本计划（2006—2010）（概要）[R]. 2006.

247. 韩国教育人力资源部，韩国学术财团 . 第一阶段头脑韩国 21 事业白皮书 [R]. 2007.

248. 韩国教育开发院 . 放学后教育政策研究论坛成果资料集 [R]. 2008.

249. 韩国教育过程评价院 ."PISA 2018"结果公布附件资料 [EB/OL]. [2022-12-24].

250. 韩国统计厅网站 . 高等教育机构毕业生就业率 [EB/OL]. [2022-12-24].